安德魯・鐸義格 著
李苑蓉 譯

This Mortal Coil

人類死亡史
從瘟疫到失智症

謹將此書獻給

潘妮（Penny）、露西（Lucy）與莎拉（Sarah）

「（因為）當我們解脫塵憂，墜入死亡的沉眠，

將會踏進什麼樣的夢境？

一念及此，我們必然躊躇不決。」

《哈姆雷特》第三幕，莎士比亞，1599/1601 年

導言
錫耶納四騎士

「死去的人太多，以至人人相信世界末日已來臨。」

《錫耶納黑死病：義大利編年紀事》
（ *The Plague in Siena: An Italian Chronicle* ），
迪·圖拉（Agnolo di Tura del Grasso），1348 年

　　法蘭克人、哥德人、薩克遜人和其他侵略者打敗了西羅馬帝國，600 年之後，他們的領土開始發展成大家耳熟能詳的民族國家：法國、英國、西班牙、日爾曼。西元 1000 年到 1300 年，氣候趨暖，人們砍伐森林，墾地耕耘，建造城鎮，改進農耕方法。許多發明問世，包括紙張、指南針、風車、火藥、放大鏡，更有改良的船隻和機械鐘錶，促進經濟成長與貿易。財富大量積累，用來興建新的大學，打造壯麗的哥德式天主教堂，創作豐富的文學與音樂。彼時仍有飢荒，不過中世紀社會結構，也就是教會、貴族、平民三個等級涇渭分明的型式，在那個時候依然十分

穩固。可是到了 1340 年代黑死病侵襲歐洲釀成巨災時，上述這一切發展即將繃到極限，反轉而下。

1347 年的錫耶納（Siena）是義大利中部最富裕、最美麗的城市之一，它的繁榮基礎是金錢借貸、羊毛交易和軍事力量。外來遊客親眼目睹氣勢恢弘的錫耶納市政廳（Palazzo Pubblico），還有一座富麗堂皇的天主教堂正在擴建，完成之後規模將會增大一倍。13 世紀時，錫耶納已經能與北方 30 英里外的主要對手佛羅倫斯（Florence）匹敵，而且這個共和國的疆土仍在穩定擴張。

迪‧圖拉（Agnolo di Tura del Grasso）的身分既是修鞋匠也是收稅員，他根據自己的觀察、查閱公開記錄以及親身經歷，寫下 1300 年到 1351 年之間錫耶納的編年紀事。迪‧圖拉提供當年最詳實的資料，讓我們了解那一場肆虐最慘烈、最致命的疾病——黑死病。

黑死病是在 1348 年 1 月從比薩港（Pisa）進入托斯卡尼（Tuscany），花了兩個月的時間蔓延到上游的佛羅倫斯，然後折向南方入侵錫耶納。迪‧圖拉告訴我們：「錫耶納（1348 年）5 月開始有人死亡，過程殘酷又恐怖……罹難者幾乎迅即斷氣，腋窩和鼠蹊的皮膚下方腫脹，言談間忽然就倒地猝死。為人父者拋棄子女，為人妻者離棄丈夫，為人兄弟者泯滅手足之情。」

死亡率高得離奇，不可能再舉行正常的基督教葬禮。家屬找不到人埋葬死者，被迫將遺體丟棄在水溝裡，不然就是帶到亂葬崗，下葬時往往沒有神父或司祭者在場。可憐的迪‧圖拉痛失所有孩子：「我……親手埋葬 5 個子女。也有遺體埋葬時只覆蓋

少許泥土，不幸被狗拖了出來，整個城裡有很多屍體被狗吞噬。沒有人為死亡哭泣，因為大家都在等死……藥品和防禦手段全都付之闕如。」

迪·圖拉估計錫耶納城裡和郊區人口大概死了 3/4 ──短短 5 個月內大約逝去 8 萬人。整個社會分崩離析：「倖存者都是一副行屍走肉的模樣子，幾乎不再有任何感覺。許多城牆和其他東西都遭到遺棄，錫耶納境內所有銀礦、金礦、銅礦看上去都荒廢了；鄉下地方死亡的人越來越多，大量土地和村落也跟著荒蕪，能走的人都走了。我不想描述鄉間殘酷的景象，那裡未經妥善埋葬的屍體被狼和野獸吞食。錫耶納市幾乎無人居住，因為完全看不到人跡。後來疫情緩和下來，倖存者開始放縱自己，恣意享樂：僧侶、神父、修女、普通老百姓全都縱情聲色，不顧一切揮霍、賭博。因為逃過一死，重回人世，大家都感到自己異常富有。」[1]

錫耶納的鼠疫故事，還有迪·圖拉栩栩如生的見證，說明瘟疫可能帶來多麼可怕的災難。雖然黑死病是極端的例子，但是數千年來，各種傳染疾病造成猝死的故事並不少見，打從人類開始農耕並在城市定居之後，這種現象就不是特例。如今世人憂慮流行性感冒、肺炎、新冠病毒，操這份心確實名正言順，不過這些傳染病的威力其實遠遠比不上霍亂、天花或鼠疫。話又說回來，錫耶納的疫病細節透露人類死亡還有其他兩個主因，那就是饑荒和戰爭，所幸我們已經大致克服了。

1346 年托斯卡尼地區糧食歉收，翌年又遭逢冰雹摧毀農作物。[2] 飢餓、營養不良的鄉村人口遷移到城市，尋求食物、工作

和善心人的幫襯。他們的生活條件加劇黑死病的惡果，因為這種疾病在過度擁擠和髒亂的住宅區傳播更加迅速。飢荒導致傳染病益形嚴重，危險性倍增，害死更多人，因此錫耶納經歷連續兩年飢荒之後，可說是在最脆弱的時候遭到鼠疫侵襲。

義大利城邦和強大的鄰國（諸如法蘭西、西班牙和鄂圖曼帝國），彼此經常發生衝突。戰爭在整個義大利和歐洲其他地方堪稱常態，各國並不徵用自己的百姓打仗，一般是雇用傭兵進行包圍戰。傭兵靠掠奪養活自己，故意摧毀敵國的農作物、牲口和建築，害農民陷入貧困與飢荒的絕境。此時軍隊更利用鼠疫，先等候疫病在城市中肆虐，然後再出兵占領。

在 1340 年代厄運降臨之前，數百年來錫耶納在征戰方面向來卓然有成，將國土一路擴張到海岸。沒想到這一切因為鼠疫嘎然中止，工業、建築、農業、政府全部停頓，等到政治重新運作起來，市議會的規模只剩下原來的 1/3，因為這座城市死了太多菁英。托斯卡尼地區放眼都是廢棄建築和杳無人煙的鬼城，田地雜草叢生，原本砍伐過的森林再度鬱鬱蒼蒼。[2] 錫耶納長達 68 年的寡頭統治在 1355 年遭到推翻，導致接下來一整個世紀政府動盪、革命頻仍。[1] 拿不到薪酬的傭兵公司控制鄉下地方，燒殺掠奪，無惡不作。敵國旁觀錫耶納的新情勢，開始趁火打劫，蠶食錫耶納的領土。錫耶納共和國的國祚終於在 1555 年劃下句點，該國向西班牙的菲利普國王（King Philip）投降，沒想到菲利普旋即將錫耶納交給世仇佛羅倫斯。錫耶納的人口一直到 20 世紀才回復到鼠疫發生之前的水準，該地之所以到現在依然保有中世

紀美麗的市中心景致，這正是原因之一，而那座天主教堂至今仍未完工。

　　瘟疫、飢荒、戰爭，再加上死亡本身，是宣告中世紀末日的四騎士（The Four Horsemen of the Medieval Apocalypse）。反觀當今，人類的主要死因截然不同：心臟衰竭、癌症、中風、失智症。從過往疾病或暴力可能襲擊任何年紀的任何人，農作歉收一兩年就可能引起飢荒的舊世界，我們已經來到完全不同的新世界：許多國家的問題是糧食過剩而非糧食短缺，若有人不到 60 歲就死亡，大家普遍的反應竟然是此人不幸早夭。我們的生活方式和古人的差異不勝枚舉，而這些差異也反映在今人死亡的方式上，這本書的宗旨就是說明這一切是怎麼發生的。

　　現代人的主要死因是什麼？ 2016 年全球總計有 5687 萬 3804 人死亡，有些人在醫院因癌症腫瘤病逝，他們有嗎啡止痛，還有摯愛的親友陪伴。許多人死於傳染病，因為他們的免疫系統無法戰勝致命的微生物。有些嬰兒出生後短短幾個小時就夭折，死因是先天缺陷、遺傳異常或產程傷害。其他人則死於奪命意外——車禍、溺斃或遭逢火災。有些人是自殺死的，借助武器或藥物，一死百了。目前全世界排名第一的死因是心血管疾病，通稱心臟病。排名第二的死因是中風，第三是肺病，包括氣喘、肺氣腫和肺炎。致命的癌症又分許多類別，如果全部加總算作一類，

那麼死於癌症的人數幾乎和死於心臟病的人數相當。

當前人類主要死因來自癌症之類的非傳染疾病，是一種全新的現象。為什麼死亡原因改變如此之大？過去人類以小群體型態居住在危險、暴力的世界，很多人死於意外或遭他人殺害，不過人類也在這種情況下逐漸演化。農耕和早期建立的國家固然帶來安全，卻也付出可怕的代價，那就是慢性營養不良，而且絕大多數人一生都必須從事極為辛苦而枯燥的勞動。除此之外，數千年來人類和動物接觸密切，意味許多病原體跨越物種屏障，產生危害人類的新疾病。人口密度提高，加上衛生條件欠佳，使得疾病不斷蔓延，傳染病因此成為頭號死因。

人們後來成功克服傳染病，必須歸功於弄明白了傳染病為何產生，又是如何傳播。一直到 19 世紀末葉，大家才終於接受具有傳染力的病原體可以散播疾病，進而努力提供潔淨的用水、居家環境和衣物，以去除致命病原體、害蟲、寄生蟲。了解傳染病真正的成因，加上科學方法，使人類有了疫苗和發現治病藥物的計畫，其結果就是傳染病大幅減少，人類壽命從 19 世紀中葉以降普遍延長。

人類壽命延長之後，心臟病、中風、肺病、糖尿病、癌症固然隨之顯著增加，但是生活方式其實也是這些疾病的重要推手。如今人們吃太多食物（尤其是垃圾食物）、使用藥物、吸菸、飲酒過度，而且懶得運動。即便如此，人類的壽命仍在繼續延長，導致老年人罹患神經退化性疾病的比率越來越高，包括帕金森氏症、阿茲海默氏症，以及其他類型的失智症。

　　除了檢討今人生活與死亡的方式，我們也要展望未來，探索人類將會如何進入下一場健康照護的革命，到時候運用各種新科技，諸如幹細胞、器官移植、基因改造，將會消滅更多現階段盛行的死因。由是觀之，人類死亡原因的形成，以及如何克服眾多死亡原因的故事，便是醫學知識增長，社會組織改良的故事；它們既是宣揚人類成就的故事，也是擘劃未來希望的故事。

第一部

死因

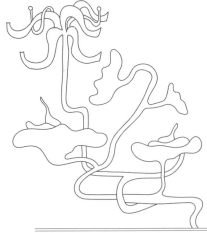

「……我深究這些乏人問津的文件，發現了一些『真相』，
以及並非廣獲世人相信的看法，我進一步思考，
同樣這些知識會替世界帶來什麼益處……
能讓那些山巔上的花朵結出真正的果實。」

《對死亡率報表的自然與政治觀察》（*Natural and Political Observations
Mentioned in a following Index and made upon the Bills of Mortality*），
葛蘭特（John Graunt），1662 年[1]

第一章
死亡是什麼？

1989 年 4 月 15 日，英格蘭足總盃〔FA Cup，全名為足球總會挑戰盃（Football Association Challenge Cup）〕舉行準決賽，當天對決的兩支隊伍是利物浦隊（Liverpool）與諾丁漢森林隊（Nottingham Forest），比賽地點是謝菲爾德星期三隊（Sheffield Wednesday）的主場希爾斯堡（Hillsborough）球場。那一天的交通很壅塞，意味許多從利物浦前來觀賽的球迷遲到了，比賽即將開球時，仍然有好幾千人在球場外面急著想要擠進來，警方因此打開一些閘門放人進去。當時有一處混凝土看台的中央區域早就擠了滿人，這是沒有座位的站票區，看台和比賽場之間以高聳的鐵柵欄隔開，以防止任何人闖入比賽場地。沒想到這些障礙效果太好了，當遲到的球迷擠進看台後方時，站在前方的球迷被擠壓在柵欄上，導致 96 人死亡，766 人受傷。

18 歲的利物浦隊球迷布朗德（Tony Bland）當天和兩個朋友一起去希爾斯堡球場看比賽，他在事件中肋骨被壓斷並戳穿肺葉，造成腦部缺氧，結果使得高層次腦區受到嚴重且不可逆的傷

害。布朗德因此變成植物人，看不見、聽不到，也沒有任何感覺，然而他的腦幹仍然在運作，所以心跳、呼吸、消化功能持續進行。依照當時的法律，布朗德仍然活著，只不過沒有機會復原，只要繼續以鼻胃管餵食，並提供醫療，預計他的身體還能再活很多年。布朗德的醫生和父母認為繼續這樣的醫療照護徒勞無益，應該停止人工餵食和其他續命措施。然而他們擔心這麼做恐怕觸法，特別是某個法醫說他認為拔除餵食管等同謀殺，此話一出，布朗德的醫師和父母顧慮更深。後來這件案子被送進高等法院尋求諮詢。

　　數名法官在考慮此案引發的道德與倫理議題之後，達到以下共識：「幾位負責的醫師達成結論，判斷為維持布朗德的性命，對他施以必要的侵入性醫療程序，並沒有確切的好處，這樣的判斷完全合理。既然做成上述結論，醫師就無權力也無義務繼續進行治療。因此如果他們中斷上述照護，將不會觸犯謀殺罪。」[1]

　　1993 年 3 月 3 日，布朗德的治療停止，那一年他 22 歲。

　　後來足球場裡要命的固定式障礙牆被剷除，所有球場的觀眾席全部改成座椅式，危險的站票看台也都移除了。與這場希爾斯堡災難相關的法律訴訟至今仍未結束，問題來了：布朗德是幾歲去世的？ 18 歲或 22 歲？他是事故當天傷重致死，或是因為中止治療而死？

　　過去死亡的定義曾經是呼吸與心跳停止。為了判斷某人是死是活，要在他的鼻子上方放一面鏡子，看看是否有霧氣形成，藉此偵測非常淺弱的呼吸。還有別的方法：用燈光照眼睛，如果人還活著，瞳孔就會收縮；壓迫指甲的甲床會引起疼痛，活人都有反應；把生洋蔥放在鼻子下，會讓人甦醒。屎尿失禁代表這個人不行了。另外，判斷死活還有更離奇的方法，包括「在嘴裡倒進醋和鹽，或是溫溫的尿液」、「在耳朵裡放進昆蟲」、「用剃鬚刀片割腳底」。[2] 掐乳頭這方法也有很多人用。

　　所有這些方法都不是百分之百有效，所以有很多人深恐自己遭到活埋，而且這樣的憂慮並非毫無理性。1896 年，倫敦預防活埋協會（London Association for the Prevention of Premature Burial）成立，宗旨是推動改革，以確保人在真正死亡之後才埋葬，因為據報先前有一百多人顯然尚未死亡就被埋葬了。為了避免活埋，有個頗受歡迎的方法是使用安全棺木，也就是在棺內安裝一條繩子，拉繩子就會扯響鈴噹。

　　儘管市場上賣出許多各種設計的安全棺木，可是從來沒有任何人因為使用安全棺木而重返人間。當時火葬是可行的選項，不過人體火化之後就不可能復活，教會和傳統都強烈反對，因此一直到 1884 年，火葬在英國才變成合法。

　　弄錯身分也會出亂子。2012 年，來自巴西的 41 歲洗車工艾拉伍玖（Gilberto Araújo）現身自己的靈堂，原來有一個洗車場的同事長得很像他，不幸被人謀殺，警方找艾拉伍玖的弟弟來停屍間認屍，沒想到他錯以為死者是自己的哥哥。後來艾拉伍玖的

朋友對他說，他的家人正在為他舉辦喪禮，於是艾拉伍玖只好親自跑去靈堂，向所有人證明棺材裡的死者不是他。[3]

　　急救課程教你碰到有人心跳或呼吸停止時，譬如溺水之後，該怎麼幫助對方起死回生。這個時候你應該一直努力挽救對方生命，絕不能中斷，直到專業醫療人員抵達接手為止。有很多案例是緊急施救者錯誤判定對方已經死亡，因此太早結束口對口人工呼吸或按壓胸腔的急救措施。如果你沒有受過醫療訓練，根本沒辦法斷定某人死了沒有，即使確定對方已經很久沒有呼吸或心跳了，繼續進行口對口人工呼吸或徒手按壓心臟仍然可能保持大腦存活。

　　現代對死亡的定義，把重心放在腦死，而不是放在呼吸心跳停止、無疼痛反應或瞳孔放大。只有在缺氧太久造成大腦滅亡時，血流或呼吸中斷才會導致死亡，這個過程通常為時 6 分鐘。大腦是意識與思考的所在，因此也是唯一無法移植後不改變接受者身分認同的器官。腦死可以定義為神經活動完全停止而且不可恢復，判定準則是不可逆的昏迷、腦幹反射消失、呼吸停止。[4] 顯然急救人員無法診斷腦死，正因為如此，急救時絕不應該放棄施救。

　　這項原則有個罕見的例外，那就是萬一頭部已經脫離軀幹時，畢竟再怎麼不懂醫學的門外漢都知道，首身分離的人絕對是

回天乏術了。不過在法國大革命期間，據說被斷頭台砍掉的頭部明顯還能再活大約 10 秒鐘。[5]

為什麼判斷死亡與否時，特別挑選腦幹出來觀察，而不是大腦的其他部位？腦幹位於大腦底部的中央，運動神經元和感覺神經元穿過腦幹，將位置較上方的腦部連接到脊髓。腦幹協調從腦部傳到身體的運動控制訊號，人的警覺（alertness）、警醒（arousal）都需要它；腦幹還控制維持生命的基本功能，譬如呼吸、血壓、消化、心率。如果腦幹失去作用，人就不再有意識，也無法維持身體的基本功能。人體有十對重要的腦神經與腦幹直接相連，因此要評估腦幹活動，可以觀察由這些腦神經居間協調的反射是否依然運行。舉例來說，眼睛裡的瞳孔對光線的反應應該是收縮，對黑暗的反應則應該是放大；碰觸眼角膜應該會使人眨眼睛；將頭部迅速從一側轉到另一側，應該會使眼球移動；戳喉嚨會令人作嘔與咳嗽。這些反射都只需要功能正常的腦幹，無法經由意識控制，所以我們不管心裡怎麼動念頭，都不能夠使瞳孔放大或收縮。診斷病人是否腦死，需要利用磁振造影（MRI）檢查腦中血流是否停止，或是利用腦電圖（electroencephalogram）檢查病人是否還有腦電活動（electrical activity）。

用腦死和腦幹活動來判斷某人是死是活的方法也不是萬無一失，因為大腦是由各不相同的部分所組成，萬一某些部分功能

正常，另一些部分已死亡，那怎麼辦呢？假如某人的狀況介於有意識和完全沒有大腦活動之間，那麼定義死亡就不是直截了當的事了。

昏迷是指某人無法被叫醒的意識狀態，他的睡眠／清醒循環失去作用，身體對言語、疼痛之類的刺激沒有反應。意識需要大腦皮質和腦幹正常運作，大腦皮質負責層次較高的思想：語言、理解、記憶、注意、知覺等等，而造成昏迷的原因可能是醉酒、中毒、中風、頭部外傷、心臟病、失血、低血糖和其他許多狀況。身體遭逢上述這些創傷之後，可能會進入昏迷狀態，給自身修復的機會。此外，也能故意引發昏迷，利用藥物幫助大腦受創的人復原。昏迷通常持續幾天到幾個星期，不過也有人在昏迷多年之後甦醒。

植物人狀態的病人雖然清醒，卻沒有感知，意思是他們的身體具有基本功能，像是睡眠、咳嗽、吞嚥和睜開眼睛，可是無法進行較複雜的思考過程。他們的眼睛不會跟著物體轉動，對言語沒有反應，也不會流露情緒。這些現象可能是腦部受損造成的，也可能是神經退化疾病引起的，例如阿茲海默氏症。[6] 長期植物人狀態再甦醒的機會微乎其微。

閉鎖症候群（Locked-in syndrome）是一種可怕的疾症，除了眼睛之外，病人什麼地方都無法動彈，但是意識卻完全清楚。這種病可說無藥可醫，不過治療失眠的藥物佐沛眠（Zolpidem）顯示具有促進復原的潛力。[7] 最糟糕的病例是連眼睛也無法轉動，病人的腦幹受損，但腦部較高層次（包括大腦皮質）卻無礙，這

種情況很容易被誤以為是昏迷，然而閉鎖症候群患者的經驗與昏迷病人截然不同，因為他們是清醒的，卻又全然無助。完全閉鎖症候群可經由現代的腦部顯影（brain-imaging）方法確診，舉例來說，如果要求閉鎖症候群患者想像打網球，他大腦裡的特定部分就會在影像中亮起來。

　　罹患這類疾病的病人究竟屬於什麼存活狀態，一直是爭論不休的議題，涵蓋法律、倫理和醫學領域，相關的棘手議題眾多，布朗德只是其中一個案例。

第二章
對《死亡率報表》的觀察

　　1592 年 12 月，瘟疫重返倫敦，結果造成 1 萬 7 千人一死解塵憂，文豪莎士比亞（William Shakespeare）的三個姊妹、一個弟弟和兒子哈姆奈特（Hamnet）也都死於鼠疫。過去一千年來，鼠疫是歐洲最讓人恐懼、最致命的疾病，因為傳染力太強，除了經常動用但效果極差的隔離措施，根本無從防範，而且一旦感染就無藥可醫。

　　1592 年倫敦民政當局效法義大利北方幾個城市的榜樣，開始追蹤每一星期究竟有多少人死於鼠疫，並出版《死亡率報表》（*Bills of Mortality*），[1] 揭櫫該項統計數字。這些數據是記錄死因統計數字的基礎，也是了解公共衛生的關鍵方法，這項措施的推出，彰顯了現代歐洲公共衛生記錄就此誕生。

　　1592 年倫敦市市長（Lord Mayor of London）依權限通過下述命令，「以備在倫敦市區與郊區內發生鼠疫時使用」：「每一教區都應任命兩位穩重的老婦，使其宣誓擔任驗屍員，一旦有人染病死亡，驗屍員應立即遵照其誓言勘驗屍體，並向該區警察詳

實報告死者亡故的地點或感染地點。」[2]

　　這些「穩重的老婦」又稱「驗屍員」，由倫敦各教區指派，任務是勘驗教區內所有剛剛死亡的遺體並記錄死因；有人死亡時，旁人會搖鈴召喚她們前來。英國公共衛生的這項中心任務一直委由驗屍員記錄，時間長達 250 多年，她們呈報的數據用來編纂《死亡率報表》，內容記載死亡地點和死因。判定死因是鼠疫而非其他疾病，例如天花或斑疹熱，並不是容易的事，因為鼠疫的症狀與徵象差異很大，不容易判讀。這意謂驗屍員必須檢查每一具浮腫和腐爛的屍體，尋找腫脹的淋巴結。

　　一旦辨認出死者是因為感染鼠疫而死亡，可能會導致嚴重後果，因為教區官員必須用木板封死出現鼠疫案例的屋子，屋裡所有住戶都不准出來，這一關就是 28 天，期滿確定沒有人感染鼠疫才予以解封。出現鼠疫患者的屋子會被畫上紅十字作記號，門上還會寫著「願上帝垂憐」字樣，屋外有一人站著看守，阻止任何人進出。遺憾的是，帶病的老鼠不識字，不曉得自己應該留在封死的屋子裡。隔離往往代表宣判一整家人死刑，因此驗屍員承受極大的壓力，誰都不肯讓她們判定自家房子裡有鼠疫。另外，死者的親戚也可能企圖對驗屍員施壓或行賄，拜託她們不要記錄極不體面的死因，例如自殺或梅毒。

　　由於驗屍員反覆接觸屍體，她們自己散播疾病的風險也很高，所以外出執行業務時，必須攜帶一根紅杖，警告大家離她們遠一點。驗屍員必須遠離群眾，走路也選清運垃圾的運河周邊的道路。她們不但備受排斥，還可能被指控行使巫術，因為驗屍員

The Diseases and Casualties this Week.

Imposthume	1		

Abortive	2	Imposthume	1
Aged	32	Infants	7
Bleeding	1	Kingsevill	1
Childbed	5	Mouldfallen	1
Chrisoms	9	Kild accidentally with a Carbine, at St. Michael Wood-street	1
Collick	1	Overlaid	1
Consumption	65	Rickets	9
Convulsion	41	Rising of the Lights	2
Cough	5	Rupture	2
Dropsie	43	Scalded in a Brewers Mash, at St. Giles Cripplegate	1
Drowned at S Kathar. Tower	1	Scurvy	4
Feaver	47	Spotted Feaver	2
Flox and Small-pox	15	Stilborn	13
Flux	3	Stopping of the Stomach	11
Found dead in the Street at Stepney	1	Suddenly	1
Griping in the Guts	15	Surfeit	7
		Teeth	27
		Tissick	12
		Ulcer	1
		Vomiting	1
		Winde	1
		Wormes	1

Christned	Males	121	Buried	Males	195	Plague	0
	Females	111		Females	198		
	In all	232		In all	393		

Decreased in the Burials this Week ———— 69

Parishes clear of the Plague —— 130   Parishes Infected —— 0

The Assize of Bread set forth by Order of the Lord Maior and Court of Aldermen, A penny Wheaten Loaf to contain Eleven Ounces, and three half-penny White Loaves the like weight.

1664 年 2 月 21 日至 28 日的《死亡率報表》
(*Bills of Mortality*, Wellcome Collection, Public Domain Mark.)

的身分大多是年老的寡婦，經常窺伺鄰居，而且以神祕的方式做攸關生死的決定。驗屍員大概是有史以來最令人生厭的職業之一，不過她們是按件收取酬勞，所以爆發新一波鼠疫等於提供優渥的現金紅利。

驗屍員的勘驗結果會送交每一個教區的執事，對方再匯總數據。驗屍員可說毫無醫學訓練，對於這些牛頭不對馬嘴和輕忽錯漏的記錄，想要拿來利用的人不免嚴加批判，〔例如葛蘭特，稍後會更深入討論他的事。葛蘭特說驗屍員「喝了一杯啤酒，拿了兩個銀幣（本來是一個）作酬勞以後，就被買通了」，根本沒辦法正確辨認死因。〕

倫敦市當局利用《死亡率報表》追蹤鼠疫傳染情況，據此採取因應措施。舉例來說，每星期如果多於 30 人死於鼠疫，劇院就必須關閉，否則觀眾在密閉場所中群聚很容易就會互相傳染疫病。[3] 1592 年之前，似乎只有在死亡率很高的時候才會製作報表，以便統治者追蹤鼠疫的發展，到了 1593 年，才開始在每星期四刊印死亡率週報表，銷路甚佳。舉個例子，讀者可以利用報表上的數據，判斷前往倫敦的公共場所是否安全，就像我們今天會參考氣象預報，以決定明天去爬山是不是好主意。1665 年，貝爾（John Bell）的著作《倫敦禮官》（*London Remembrancer*）分析《死亡率報表》：「《死亡率報表》用處很多……它提供關於鼠疫的公告，報告特定地方受到感染，以及哪些地方可能封鎖和應該迴避。」[1] 一開始報表上只記錄受洗和埋葬的總人數，區分因鼠疫而死和其他原因而死兩類。不過從 1629 年開始，報表

上的死因分成六類，分別計算死亡人數，另外所有受洗者與死亡者也依性別區分開來。讀者還能從表格中找到當前麵包價格。當今世界衛生組織（World Health Organization，簡稱 WHO）發布量化死因的數據，可以追溯到當年這些《死亡率報表》。

表1 《死亡率報表》所記錄的死因範例

死因	可能意涵與評語
年老	現在一般已經不接受死亡證明上用「年老」這個詞作為死因。60 歲或 70 歲以上就算「年老」。
驚嚇	嚇死。也許是壓力引發的心臟病或中風？
中風	內臟出血。
產褥熱	產婦在生產之後感染的熱症。
夭折	嬰兒在滿月內死亡。
肺癆	肺結核。
結石開刀	膽結石。
心不在焉	也許死者在狂奔的馬車前面徘徊。
水腫	體液聚積造成身體不正常腫脹，通常肇因於腎臟或心臟疾病。
瘰鬁	可能指國王之病（King's Evil），即淋巴腺結核。
昏厥	癲癇？
跌倒病	癲癇。
熱病	任何會引起高燒的感染。
下痢	痢疾。傳染性腹瀉，有時又稱為「血痢」。
腸胃絞痛	胃腸突然劇痛。盲腸炎？

嬰兒	幼兒。可能死於傳染病。
國王之病	淋巴腺結核，發生在頸部和淋巴腺的結核病。據說國王若將手放在患者身上，就能治癒此病。許多君主花很長時間企圖用這種辦法治療國王之病。
憂鬱	憂鬱症。
毒氣	據信，空氣遭到有毒煙霧汙染而致病（此想法並不正確）。某種傳染疾病。
悶死	母親悶死嬰兒。應該是意外，但也可能是做母親的藉此殺死不想要的孩子。
頭痛	偏頭痛？腦出血？
麻痺	癱瘓。
行星衝擊	突如其來的重病或癱瘓，或許導因於當天特別糟糕的星象。當時大家都很在意占星術。
散黑穗病	皮膚下自發性流血造成的皮疹。可能是多種嚴重疾病的症狀，例如細菌性心內膜炎或腦膜炎。
光芒乍現	「rising of the lights」這個名稱聽起來頗有詩意，很可能是指簡直把肺都快咳出來的哮吼，這是氣管或喉嚨感染，特徵是患者沙啞如犬吠的咳嗽兼呼吸困難。「lights」是肺（lungs）的古字，有些傳統屠宰業者至今依然使用這個字眼。
被聖吉爾斯教堂（St Giles Cripplegate）釀酒坊的麥芽漿燙傷	顧名思義。
歎息	可能是氣喘？
意志消沉	憂鬱症？
腸胃停擺	盲腸炎？
猝死（Suddenly）	意思模糊得無可救藥。心臟病？中風？出血？
汗熱病	15 世紀在英國大流行的傳染病，往往會致命。究竟是哪一種疾病，至今依然是個謎。

牙齒	嬰兒在出牙期間死亡。
麻煩與壓迫	致命性高得出奇。
西班牙病	梅毒。丟臉的疾病往往要怪罪其他國家。

　　《死亡率報表》顯示某個星期情況非常良好，在所有 130 個教區裡，竟然沒有一個人死於鼠疫。報表上只記錄英國國教施洗對象，而不是記載所有新生兒人數，所以這些數字並不包括教友會信徒（Quakers）、不信英國國教者（Dissenters）、猶太教徒或羅馬天主教徒，因此倫敦大約有 1/3 人口不包含在內。除此之外，很多新生兒的家長故意不向有關當局通報，以避免支付費用。至於那個星期死亡的 393 人，有些死因看起來莫名其妙。表 1 羅列《死亡率報表》上的某些死因，其中有許多致死原因究竟是什麼意思，非常令人費解；這背後的理由不僅是驗屍員的醫學素養很差，另外一個原因是，以當代敘述作基礎去辨認從前的疾病，總是困難重重。病症描述不清楚，留下的文字難以詮釋，病原體還可能突變得非常迅速，造成症狀改變。

　　很顯然，那個星期的報表上沒有一個人死於失智症、癌症或心臟病，但也可能是記錄在其他名目底下，譬如「年老」或「猝死」。不論如何，傳染病無疑是頭號死因。1665 年 8 月 15 日至 22 日的《死亡率報表》，離前述 1664 年 2 月 21 日至 28 日僅短短 18 個月，顯示當週總死亡人數從 393 人暴增到 5319 人，而死於鼠疫的人數，從 18 個月前的零人，激增到 3880 人，在 130 個通報死亡率的教區中，有 96 個遭到感染。這張表格已經記錄癌

症，不過只有兩例。

比較這兩份報表，還可發現驗屍員和教區執事刻意偽造的證據。被歸因為模稜不清的「熱病」的死亡案例，從 47 例增加到 353 例——這些其實很可能也是鼠疫造成的。驗屍員和教區官員經常受到壓力，要求他們把鼠疫改成別的死因，以避免死者的住家遭到強制封鎖。只要比較這兩張表格，就能看出鼠疫大起大落的本質，通常它靜靜潛伏，不造成死亡，可是偶爾又會凶猛爆發，迅速蔓延，每星期殺死數千人。從我們現在拿得到的 1560 年到 1665 年的數據來看，大多數年頭都呈現這種模式，也就是平常因鼠疫而死的案例寥寥無幾，但是少數年頭又會爆發大規模感染。[4]

倫敦最後一次發生大規模鼠疫是 1665 年，皮普斯（Samuel Pepys）在他著名的日記裡描述，倫敦的人口在 18 個月內減少了 1/4，大約有 10 萬人死於這場瘟疫。當時有辦法的人都逃走了，譬如英王查爾斯二世（King Charles II）就遷居到索爾茲柏里（Salisbury）。馬車夫在倫敦街頭呼喊：「把你們家的死人搬出來！」他們從城裡拉走一堆又一堆屍體。翌年，這個城市絕大多數地區毀於「倫敦大火」（Great Fire of London）。大火之後的重建，將環境打造得比較不適合老鼠生存；很可能拜此之賜，1665 年之後的倫敦再也沒有爆發像以前那麼嚴重的鼠疫。

將近一百年的歲月，《死亡率報表》除了用來追蹤鼠疫爆發之外，那些表格化數據並沒有拿來好好利用。可是到了 1662 年，情況開始改變了。

The Diseases and Casualties this Week.

Disease	Count		Disease	Count
Abortive	6		Kingsevil	10
Aged	54		Lethargy	1
Apoplexie	1		Murthered at Stepney	1
Bedridden	1		Palsie	2
Cancer	2		Plague	3880
Childbed	23		Plurisie	1
Chrisomes	15		Quinsie	6
Collick	1		Rickets	23
Consumption	174		Rising of the Lights	19
Convulsion	88		Rupture	2
Dropsie	40		Sciatica	1
Drowned 2, one at St. Kath. Tower, and one at Lambeth	2		Scowring	13
Feaver	353		Scurvy	1
Fistula	1		Sore legge	1
Flox and Small-pox	10		Spotted Feaver and Purples	190
Flux	2		Starved at Nurse	1
Found dead in the Street at St. Bartholomew the Less	1		Stilborn	8
			Stone	2
Frighted	1		Stopping of the stomach	16
Gangrene	1		Strangury	1
Gowt	1		Suddenly	1
Grief	1		Surfeit	87
Griping in the Guts	74		Teeth	113
Jaundies	3		Thrush	3
Imposthume	18		Tissick	6
Infants	21		Ulcer	2
Kild by a fall down stairs at St. Thomas Apostle	1		Vomiting	7
			Winde	8
			Wormes	18

Christned			Buried			
Males	83		Males	2656		
Females	83		Females	2663		Plague—3880
In all	166		In all	5319		

Increased in the Burials this Week———1289
Parishes clear of the Plague——34. Parishes Infected——96

The Assize of Bread set forth by Order of the Lord Maior and Court of Aldermen, A penny Wheaten Loaf to contain Nine Ounces and a half, and three half-penny White Loaves the like weight.

1665 年 8 月 15 日至 22 日的《死亡率報表》

　　精算師的工作是處理與金融業有關的風險管理，例如計算人壽保險的成本。為了計算成本，他們必須能夠估算投保人的預期壽命。葛蘭特是第一個從事這類計算的人，他利用《死亡率報表》的數據，將計算結果刊登在他那本至今依然可讀性很高的傑作裡：《對死亡率報表的自然與政治觀察：》（*Natural and Political Observations Mentioned in a following Index and made upon the Bills of Mortality: With reference to the Government, Religion, Trade, Growth, Ayre, Diseases, and the Several Changes of the Said CITY*），該書的初版年份是 1662 年。[5]

　　葛蘭特白天開店賣布料，那是他從父親手上接下來的生意（地點在今天倫敦金融區），另外兼職擔任一隊士兵的隊長。我們不是很清楚究竟是什麼啟發了葛蘭特，促使他開始分析《死亡率報表》。他說明自己最初的興趣：「我不知道是什麼意外使我把心思放在上面」，後來也說過自己「長時間認真閱讀所有的報表」。[5]

　　17 世紀的城市和國家根本不曉得治下究竟有多少人口。像倫敦這樣的大都市，市長或國王就算不知道這項最基本的資訊，照樣不妨礙治理。葛蘭特請教過好幾位「非常有經驗的人士」，他們相信倫敦的人口不是 600 萬就是 700 萬。葛蘭特明白這個數字肯定不正確，因為每年只有 1 萬 5 千個死者入土。假如倫敦有 600 萬人，意思就是每一年每 400 人當中只有一人離世。葛蘭特確定預期壽命遠遠不到 400 歲，他要找出更準確的估算值。

　　首先，葛蘭特認為每個育齡期婦女大概每兩年會生一次孩

子，假設每年誕生 1 萬 2 千個嬰兒，換算起來就有 2 萬 4 千個所謂的「孕婦」（teeming women）。如果成年女性當中有半數是孕婦，而每個婦女家裡有 8 口人（夫妻 2 人、子女 3 人、僕人或房客 3 人），24000×2×8=384000，總人口數就是 38 萬 4 千人。

其次，葛蘭特根據他的個人調查，發現前一年每 11 個家庭中就有 3 個喪失成員。因此死亡人數若為 1 萬 3 千人，13000×11/3=48000，也就是 4 萬 8 千個家庭。以 8 口之家來計算，48000×8=384000，總人口數是 38 萬 4 千人，和以出生嬰兒數推算出來的一致。

最後，葛蘭特利用倫敦地圖，根據房屋數量計算人口總數，得到的結果又和前述兩種算法相同。因此葛蘭特知道倫敦大約有 40 萬人口，遠比先前認為的數字少多了，這意謂現在國王可以推算他的軍隊有多少潛在的「戰士」。這項估算雖然粗糙，但是以前因為欠缺人口普查資料，大家都猜測得很離譜，相較之下，葛蘭特的估計確實是大幅進步。此外，利用各種不同方式來完成同一項任務，而且一再確認答案相符，也是非常了不起的實踐作為。

對於在自己撰寫的《觀察》中納入人口估計值，葛蘭特感到很緊張，因為人口普查犯了「大衛之罪」（sin of David）。根據《希伯來聖經》裡的《歷代志上冊》（Chronicles I）第 21 章，撒旦誘惑大衛王（King David），要他利用人口普查計數子民，結果大衛發現在以色列和猶大（Judah）兩地共有 157 萬名士兵。上帝對於大衛此舉極感震怒，決定懲罰大衛的罪惡（理由不詳），

要他從三項懲罰中選擇一項：飢荒3年、在敵人陣前逃亡3個月，或是瘟疫3天。大衛下不了決心，於是上帝選擇用瘟疫懲罰他，結果一共死了7萬名男子。葛蘭特因「誤解大衛的例子而感到『驚懼』，不敢計算這個『人口稠密之地』的人數。」儘管如此，後來他還是克服自己的恐懼，將他的普查結果納入《觀察》。

葛蘭特發明了生命表（life table），這是從事人口與保險統計的重要工具，它顯示每一年齡層有多少人死亡。表2中葛蘭特的數據和當今使用的表格大同小異。我們從1661年誕生的100個嬰兒開始看：到6歲時，只有64個孩子還活著；到了46歲，只剩下10人存活。嬰兒誕生時，預期壽命只有15歲；36歲的人，接下來的預期壽命只有13年。從6歲到56歲，每一年的死亡機率大約是4%，比這個年齡層年長或年幼的人口，死亡機率甚至高於4%。我們可以理解當時的人為什麼要生那麼多孩子，因為預期只有1/4的孩子能活到24、25歲。

表2　葛蘭特的第一張生命表

年齡	年齡層死亡機率	年齡層起始人數	年齡層死亡人數	年齡層起始預期壽命（歲）
0-6	0.36	100	36	15
6-16	0.38	64	24	16
16-26	0.38	40	15	15
26-36	0.36	25	9	14
36-46	0.38	16	6	13

46-56	0.40	10	4	10
56-66	0.50	6	3	7
66-76	0.67	3	2	3
>76	1.0	1	1	5

　　倫敦無疑是個有礙健康的居住地。葛蘭特指出，從 1603 年開始算到 40 年之後，《死亡率報表》記錄了 36 萬 3935 名死者下葬，以及 33 萬 747 個新生兒受洗。既然死者多於新生兒，倫敦的人口理當越來越少，但情況並非如此，因為「新地基上日日增添建築物，加上宏偉的皇家豪邸改建成小型出租住宅」，[5] 使得這個城市的人口不減反增。葛蘭特提出解釋：「因此可以肯定，來自鄉村的百姓供應倫敦的人口。」[5] 到了 17 世紀，城市比鄉村更不健康（「煙霧彌漫，臭不可聞」[5]）；話雖如此，成千上萬的鄉村人口依然不斷往城市遷徙。

　　葛蘭特發現新生兒中男嬰的數量高於女嬰，比例是 14:13，他認為較多年輕男性死於暴力（戰死、橫死、在海裡溺斃）、被處死、移民，或是一輩子打光棍，沒有留下後代，到頭來這些因素改變了原先男嬰多於女嬰的比率，使得適婚年齡的男女人數達到平衡。表 3 是葛蘭特以自己的用語和分類方式，將倫敦前後 20 年的 22 萬 9250 件死亡細分成不同死因，內容與當今的統計表格大異其趣（見表 4）。表 3 中有一類遠遠超過其他類別，那就是「5 歲以下兒童的疾病」。

　　葛蘭特還指出，在 1634 年之前，從來沒有出現過佝僂病，但之後便逐漸增加，因此他的結論是，佝僂病是一種新疾病。如今我們曉得佝僂病是缺乏維生素 D 而引起，原因往往是兒童沒有曬到足夠陽光，因此不太可能是 1634 年才首度出現的新疾病。反之，佝僂病的增加顯示若非研究人員更加意識到這種疾病，所以通報得更頻繁，不然就是倫敦的煙霧益形嚴重，使更多兒童曬不到充足陽光而致病。還有，隨著倫敦泰唔士河（Thames）越來越受到汙染，造成人們減少攝取富含維生素 D 的高脂肪魚類。重點是葛蘭特報導新的疾病可能產生，而且新疾病的數量可能忽高忽低。

表 3　葛蘭特製作 17 世紀初倫敦英國國教會前後 20 年埋葬死者的死因分類

死因	死亡人數
5 歲以下兒童的疾病：鵝口瘡、痙攣抽搐、出牙、蠕蟲病；還有流產、新生兒、嬰兒、肝腫大、悶死	71,124
天花、水痘症、麻疹、蠕蟲病	12,210
外在傷痛（Outward Griefs）：癌症、瘺管、瘡、潰瘍、手腳破皮和瘀傷、膿腫、搔癢、國王之病、麻瘋病、頭癬、水痘、粉瘤	4,000
惡名昭彰的疾病	
中風	1,306
結石開刀	38
跌倒病	74
路倒	243

痛風	134
頭痛	51
黃疸	998
嗜睡	67
痲瘋	6
瘋癲	158
悶死和餓死	529
癱瘓	423
疝氣	201
結石和痛性尿淋瀝	863
坐骨神經痛	5
猝死	454
受傷	
流血	69
燒燙傷	125
溺水	829
酗酒	2
驚嚇	22
哀痛	279
自縊	222
連續意外	1,021
謀殺	86
中毒	14
窒息	26
槍傷	7
餓死	51
嘔吐	136

　　將總人口按照性別、地點、職業等等因素細分，就能衡量這些變數對人類健康的影響，等於為流行病學打下基礎——也就是研究疾病的分布與成因，以及相關健康狀態的學問。正因為如此，葛蘭特被視為統計學、人口統計學、精算學、流行病學的始祖之一，而這全都來自於一本輕薄的小冊子。葛蘭特證明，有理有據的結論雖然無法預測單一個體，卻能用來推論一群人可能遭逢的經驗。這是爭議性十足的議題，因為預測人們的行為可能被詮釋為否定其自由意志。

　　同輩人對葛蘭特的《觀察》深表佩服，[6] 短短一個月內，他被提名加入皇家學會（Royal Society），旋即獲頒會員身分——皇家學會是當時英國最崇高的科學研究社團，至今地位依然不變。接下來的 14 年中，英國和歐洲各地一共發行了 5 個版本的《觀察》。荷蘭總理德維特（Johan De Witt）受到葛蘭特方法的啟發，利用存活率來計算人壽保險的成本。至於葛蘭特所使用的生命表數據，直到今天仍是許多種預測未來的基礎。

　　為了判斷公共衛生的需求，以及了解各個時代的死因如何演變，就需要將死亡分門別類。疾病分類的標準化始於 19 世紀公共衛生官員的努力，例如英格蘭及威爾斯註冊總署（General Register Office of England and Wales）首位醫學統計專家法爾（William Farr），他直陳《死亡率報表》有所欠缺。1842 年，

法爾撰文指出：「一套統一的統計學命名法雖然未盡完善，但是優點很明顯，然而竟然從未起意推行，實在令人驚訝。報表中有非常多例子，是同一種疾病採用 3、4 種用語：報表上使用意義模糊、不方便的名字，或是以併發症而非主要病症來命名。命名學在疾病調查領域的重要性，相當於重量和測量在物理學領域的地位，應該趕緊解決，不宜再拖延。」[7]

由於相關爭議不斷，第一屆國際統計大會（International Statistical Congress）於 1853 年在布魯塞爾召開時，請求法爾和日內瓦的伊斯派恩醫生（Dr. Marc d'Espine）創建國際通用的死因統一分類標準。兩年後，法爾和伊斯派恩各自提交死因清單，因為倆人根據不同的原則進行分類。法爾的分類方法採用五大群組：流行病、體質病（一般性疾病）、局部疾病（根據身體發生的部位分門別類）、發育疾病、暴力導致的疾病。伊斯派恩則根據疾病的本質（例如影響血液）來分類。因為這兩項提案都有道理，結果是合併在一起，總共羅列了 139 種死因的定義。

儘管國際統計大會的死因清單的確更接近《死亡率報表》，可是因為報表上的死因來自驗屍員沒有章法的隨興編排，所以這張清單的爭議性還是很大，並沒有在所有地方通行。因此 1891 年國際統計學會（International Statistical Institute）在維也納召開會議，指示成立一個委員會，由巴黎市統計局的局長貝提庸（Jacques Bertillon）擔任主席，準備編纂一套新的死因分類標準。1893 年，貝提庸在芝加哥提出報告，他以巴黎所採用的分類標準作為提案的基礎，也就是利用法爾的原則，此分類法在法

國、德國、瑞士這幾國實踐得最徹底。「貝提庸死因分類」（The Bertillon Classification of Causes of Death）就是後人熟知的「國際疾病分類」（International Classification of Diseases，簡稱 ICD），終於在 1898 年獲得許可，也被多個國家採納，包括加拿大、墨西哥與美國。[8] 於是過去 120 幾年來，我們才有可靠的死因數據，在此之前，死因的診斷和記錄都不可靠。

從那時候開始，國際疾病分類每 10 年修訂一次，以便納入新的醫學知識。目前修訂工作由世界衛生組織（WHO）負責，而現階段使用的是 2019 年發布的第 11 版（ICD-11）。[9] 表 4 所列出的是當今最常見的 20 大死因，我們之所以曉得這些數字，是因為世界衛生組織保存死亡記錄——這些都是從各個國家取得的資料，經過彙整而成。[10] 記錄中的 5500 萬宗死亡分成數千類，其中非傳染性疾病顯然占絕大多數，包括心臟病、中風、癌症、失智症、糖尿病，至於傳染病雖然占少數，但絕對稱不上已遠離人間。

ICD 編碼的定義方式，讓世界上任何地方的醫生都能按圖索驥，歸結出相同病因。舉例來說，第二類指惡性癌症，而 2E65 指的是乳癌；第八類是神經系統疾病，而 8A40 指的是多發性硬化症。[9]

在英國，如大家所料想的，絕大多數人是在醫院、安寧病

房或自己家中去世。病人過世時，照顧其臨終階段的醫生會開立死因醫學證明（medical certificate of the cause of death，簡稱MCCD）。很多人都對死亡證明不陌生，可是 MCCD 比較複雜，它包含以下幾個部分：

死亡原因：

I　（a）直接導致死亡的疾病或身體狀況

_____

　　（b）是否有其他造成 I（a）的疾病或身體狀況

_____

　　（c）是否有其他造成 I（b）的疾病或身體狀況

_____

II 間接造成死亡的其他嚴重狀況，但與導致死亡的疾病或身體狀況無關

_____

　　假設某醫生有個 HIV〔人類免疫缺乏病毒（Human Immunodeficiency Virus），簡稱 HIV〕陽性的病人，已經發作愛滋病（AIDS），免疫系統極為衰弱，後來又因為隱球菌攻擊，血液遭到嚴重的黴菌感染，最終造成該病患死亡。這個病人有吸菸的習慣，導致罹患肺氣腫，因此更容易受隱球菌感染。[12] 醫生在開立死因醫學證明時記錄如下資訊：

INTERNATIONAL FORM OF MEDICAL CERTIFICATE OF CAUSE OF DEATH

	Cause of death	Approximate interval between onset and death
I Disease or condition directly leading to death*	(a) ....Cryptococcus septicaemia	3 months
	due to (or as a consequence of)	
Antecedent causes Morbid conditions, if any, giving rise to the above cause, stating the underlying condition last	(b) ...AIDS	2 years
	due to (or as a consequence of)	
	(c) ...HIV Infection	8 years
	due to (or as a consequence of)	
	(d)	
II Other significant conditions contributing to the death, but not related to the disease or condition causing it	......Smoking..........	25 years
	....	

*This does not mean the mode of dying, e.g. heart failure, respiratory failure.
It means the disease, injury, or complication that caused death.

某愛滋病患的死因醫學證明範例：國際死因醫學證明表

〔內容說明：死因 I，直接導致死亡的疾病或身體狀況（這裡不是指死亡方式，譬如心臟衰竭、呼吸衰竭，而是指造成死亡的疾病、創傷或併發症），例如隱球菌敗血症、AIDS、HIV 感染，起始至死亡大概期間分別為 3 年、2 年、8 年。死因 II，間接造成死亡的其他嚴重狀況，但與導致死亡疾病或身體狀況無關，例如吸菸，起始至死亡大概期間為 25 年。〕

表 4　世界前 20 大死因，2019 年[11]

死因	死亡人數（單位：千人）
缺血性心臟病	8,885
中風	6,194
慢性阻塞肺疾病	3,228
下呼吸道感染	2,593
新生兒疾症	2,038
氣管、支氣管、肺部癌症	1,784
阿茲海默氏症與其他失智症	1,639
腹瀉疾病	1,519
糖尿病	1,496
腎臟病	1,334
肝硬化	1,315
交通事故	1,282
結核病	1,208
高血壓性心臟病	1,149
大腸直腸癌	916
胃癌	831
自殘	703
跌倒	684
HIV ／愛滋病	675
乳癌	640

　　儘管撰寫死因這項程序看起來足夠直接了當，不過很多議題可能讓事情變得更複雜。首先，對醫師來說，並非每一件由自然因素造成的死亡，死因都一目瞭然。當死亡被歸類為非自然因素所造成時，法界就必須以驗屍官的形式介入。非自然死亡指的是由暴力、中毒、自殘、醫療程序、職業傷害造成的死亡。驗屍官也會調查死因是否不詳或可疑，死者是否被監禁，以及是否無法認定死者身分。驗屍官可以下令由病理學家解剖遺體，此外，有時候醫生也可以在徵得死者家屬的同意下，請求准許驗屍。舉例來說，醫生可能想調查某疾病為何忽然造成病人死亡，或許可以經由驗屍找到原先不曉得的病況。

　　假如是由驗屍官要求進行解剖，那麼法律可能介入更深。在這種情況下，解剖的目的是確認死因，而不是將某人送到法庭受審。不過，這道程序的進行就像審判，由驗屍官擔任法官、目擊證人，偶爾還扮演陪審團的角色。驗屍的結論可能是自然死亡、意外死亡、過失致死、自殺或謀殺。假如是謀殺或疏忽致死，那麼接下來就可能展開刑事訴訟。

　　疑似自殺必然是由驗屍官相驗，但是只有在死因十分可疑時，譬如在刑事審判中，他們才會針對自殺是否為死因做成結論。由於判斷是否自殺需要更多證據，一旦認定則會遭到社會指指點點，因此許多被記錄為意外死亡的案件，實際上可能是自殺，例如中毒或車禍。由此看來，自殺案件的通報數字其實是低估的。醫生也會採用不同方式通報死亡，最具爭議性的是死因醫學證明的第二部分，也就是間接導致死亡的身體狀況。如果一名

肥胖的吸菸者死於心臟衰竭,有些醫生會將肥胖或吸菸記載為影響因素,但其他的醫生不會這樣做,也許是怕觸及家屬覺得敏感的議題,假如家屬因此認為自己是害親人早死的罪魁禍首,恐怕會很傷心。

在英國,死因醫學證明一旦開立,家屬就需要去註冊當局登記,以便取得死亡證明,而透過這種方式,英國的死亡登記數據便傳送到國家統計局,然後資料加以彙整之後,再傳送給世界衛生組織。拜這項作業之賜,如今成千上萬個現代葛蘭特可以在不同地方比較死因,因為這套公共衛生資訊建立在大家共同了解的死因基礎上,可以放心使用,以便探索疾病的預防與治療方法。

總體幸福感最重要的一個指標就是預期壽命。在整部人類歷史中，預期壽命的長短相差極大，從古代、中古時代的 30 歲左右，到現在最健康、最富裕的國度中，預期壽命已經長達 80 幾歲。人們的生活方式需要有很大的改變，才會使預期壽命出現重大的變化，譬如工業化、大規模戰爭、飢荒、流行疾病，或是天花之類的重病出現解藥，因此，歷史事件能對預期壽命造成短期或長期的改變。這一章我們將探討在過去數千年的歲月中，以及貫穿世界的地域裡，預期壽命如何發生變化，它反映了人類健康最大幅度的改變。

　　預期壽命的定義是：在現階段死亡率不變的前提下，嬰兒出生時平均可以指望存活多久。在 2015 年的英國，男嬰出生時的預期壽命是 79.2 歲，女嬰則是 82.9 歲。這是西歐國家的典型數字，而英國的預期壽命在全世界排名第 20。[1] 排名第 1 的是日本，男性平均預期壽命 80.5 歲，女性是 86.8 歲。接下來依序是瑞士、新加坡、澳洲、西班牙。另外，東亞、歐洲較富裕的國家，以及加拿大、澳洲、紐西蘭都排在前 25 名內。美國男性與女性

的平均預期壽命是 79.3 歲，排名第 31，介於哥斯達黎加和古巴之間。中國排名第 53，預期壽命 76.1 歲；俄羅斯是第 110 名，預期壽命 70.5 歲；印度排名第 125，預期壽命為 68.3 歲。排名最落後的 37 國，除了阿富汗之外，都是位在沙哈拉沙漠以南的非洲國家。殿後的獅子山國的男性平均預期壽命是 49.3 歲，女性為 50.8 歲。

　　當然，預期壽命只是一個數字，如果推敲各個年齡的死亡機率，就可以提供更多資訊。下圖顯示不同年齡男性與女性的死亡人數，清楚呈現男性壽命可能比女性短，而預期新生兒長到 60

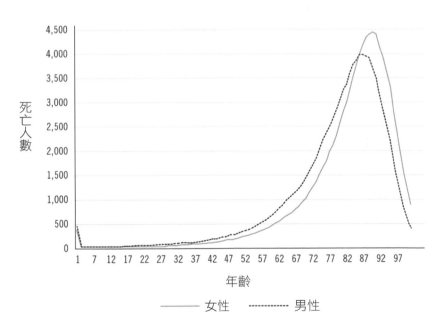

2014 年到 2016 年英國每 10 萬名男性和 10 萬名女性中，各個年齡的死亡人數 [2]

歲時，不論男女，死亡率是一樣的。這份完整數據收納在附錄，讀者也可以在那裡找到如何利用這些數據，來估計任何年齡的預期壽命，而不只是新生兒的預期壽命。

不過，由於很少正確資訊流傳下來，往往根本沒有任何記錄可言，因此我們很難得知以前的人究竟活多久。墓碑上記載的生辰與卒日是理所當然的資訊來源，然而光靠這個也不保險，因為不是人人都買得起墓碑，即便是富裕的家庭也不見得會花這筆錢，此外這種方式也無法查到夭折嬰兒的資料。風吹雨打很可能侵蝕墓碑上刻的字。少了書寫（或雕刻）的記錄，我們所能掌握的主要資訊來源，只剩下空蕩蕩的骨骸。本來墓園可以用來重建整座城市的人口圖像，可以計算出每一個年齡的死亡人數與性別，推算出生率、死亡率、家庭人口、總人口，還有營養、疾病、體力勞動的影響。有些與健康相關的身體狀況可以從骨骸看出來（例如身高、關節炎和骨折），而從女性盆骨的變化，也可看出她是否生育過。假設我們能追查某遺址附近每一個居民的遺骸，就能描繪出這個社區的準確圖像。[3]

在此我們要檢視四個從前的預期壽命範本，分別是古希臘、羅馬帝國、中世紀的英格蘭貴族、1816 年以降的法國；選擇它們的部分原因是這些數據比同時期其他地方的數據更準確。

雅典和科林斯（Corinth）是古希臘時期規模數一數二的城市，20 世紀在這些城市挖掘出的墓穴，時間追溯到西元前 650 年到 350 年，出土的遺骸顯示：

男性平均死亡年齡	44
女性平均死亡年齡	36
每位成年女性生育次數	4.5
男童人數：女童人數	145:100
成年男性人數：成年女性人數	129:100

　　男性人數比女性高出一大截，委實令人不解。[4] 也許是數據偏差，因為成年女性的骨骸腐爛速度比男性快一些。男性人數大幅高於女性的另一個可能是，當時有殺嬰的習俗，而女嬰遭殺害的可能高於男嬰。更可能的理由是出土的那些墓穴中，男性骨灰多半裝在骨灰甕中埋葬，而女性骨灰並不裝在骨灰甕裡，除非死者是權貴身分。埋葬的死者中，大約有 1/3 是 15 歲以下的兒童，因此高生育率和早婚是維持人口興旺的必要手段。

　　由於缺少扎實的數據，估算羅馬帝國的人口結構是相當棘手的工作。儘管如此，我們不妨一試。下圖顯示公元第 1 世紀和第 2 世紀羅馬男性與女性的存活曲線，這是採用密西根大學（University of Michigan）古典學教授傅萊爾（Bruce Frier）的模型生命表（model life table），[5] 擷取各種數據來源彙總而成，包括文字記錄和墓碑在內。羅馬帝國老百姓的存活數據當中，最可靠的一部分來自 300 份普查結果，包含 1100 多人的資料，那些

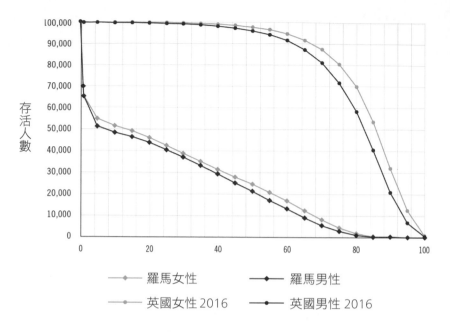

比較羅馬帝國與當今世界的存活曲線

是公元第 1 世紀到第 3 世紀期間，在羅馬統治的埃及行省所建立的檔案。彼時埃及人出生時的預期壽命介於 22 歲到 25 歲之間，[6] 上圖以 2016 年英國的數據作為對照。以 10 萬人為起始數目，然後標出每一個年齡的存活人數，從這張圖可看出 50% 的羅馬女性只活到到 12 歲，50% 羅馬男性只活到 7 歲。反觀現代社會，大多數人會活到 80 幾歲才死，而羅馬時代只有非常少數人能夠如此長壽。

　　這張圖所呈現的數據，演繹出極為短暫的預期壽命：女嬰

出生時的預期壽命是 25 歲，男嬰是 23 歲，遠比古雅典人和科林斯人短命。如果兒童能活到 5 歲，接下來的預期壽命就會邊增到女性 40 歲、男性 39 歲。這些曲線只能當作粗估值，而且在羅馬帝國不同的時間與地域中，也必然有很大的歧異。不過確實有一張遠古世界的存活生命表（surviving life table），名為烏爾皮安生命表（Ulpian's life table）。[7,8] 表 5 所呈現的烏爾皮安數據，是用來輔助製作上述的存活曲線圖。儘管這些數字令人側目，但是它們所代表的意義並不明朗。預期壽命可能是剩餘歲壽的平均數，也可能是享壽歲數的平均數（也就是一半人口的壽命長度）。另外，我們也不清楚這張表的用處是什麼，或許是拿來計算遺產稅。[9] 奴隸被當作財產來計算價值，而奴隸的價值要看能夠指望他工作幾年而定，所以這些數字很可能用來計算奴隸的預期壽命。因此對 27 歲奴隸所課徵的稅，會比 65 歲的奴隸多 5 倍，因為預期 27 歲的人可以再活 25 年，而 65 歲的人，大概只剩下 5 年可活。羅馬帝國轄下自由老百姓的壽命可能比奴隸長，但也可能比較短，譬如富裕的奴隸主人會設法延長自家財產的使用年限，然而生病或挨餓的自由人卻只能自求多福。奴隸的生活品質好壞差異極大，受過教育、在有錢人家擔任文書工作的奴隸，待遇可能相當不錯，因此很有機會活到老；反之在西班牙銀礦坑裡賣命的奴隸，大概活不了太長。

表 5　烏爾皮安生命表

年齡（X）	該年齡（X）的預期壽命
0-20	30
20-25	28
25-30	25
30-35	22
35-40	20
40-50	59-X
50-55	9
55-60	7
60+	5

出於下面幾個理由，羅馬的死亡率居高不下：

（1）羅馬的醫療對付不了傳染病，而大多數百姓的死因正是傳染病。

（2）絕大多數人口營養不良，無法抵抗傳染病。

（3）儘管羅馬工程師擅長建造渠道、汙水管，但這些設施仍不足以遏止經由水傳播的疾病蔓延。非常受歡迎的公共澡堂裡，大夥兒共用的池水絕對稱不上乾淨。

（4）名聞遐邇的羅馬公路四通八達，連結大城市和整個地中海岸的貿易船隻，助長一切新疾病的散播。

（5）羅馬政府限制疾病散播不力，鮮少採用諸如隔離和消滅害蟲的措施。[5]

　　針對這些問題，要等到一千年之後的歐洲才會認真想辦法解決。

　　中世紀有一些家族（主要是貴族）的文字記錄流傳下來，舉個例子：英格蘭金雀花王朝的愛德華（Edward Plantagenet）在1254 年娶了西班牙卡斯提爾的艾莉諾（Eleanor of Castile），新郎 15 歲，新娘 13 歲。翌年，艾莉諾產下女嬰，可惜是死胎。儘管這是一場政治婚姻，小夫妻也非常年輕，但是兩人恩愛逾恆，證據之一是艾莉諾死後，棺木從林肯（Lincoln）運回倫敦查令十字（Charing Cross），途中的 12 處停屍點，愛德華為妻子修建了 12 座紀念碑，名為「艾莉諾十字架」（Eleanor crosses）。[10] 艾莉諾和愛德華一共生了至少 16 個子女，像艾莉諾這樣的貴族婦女，產後都會雇用奶媽餵哺孩子，由於哺乳有避孕的效果，這意謂艾莉諾可以比當時大多數婦女更頻繁的生育。艾莉諾於1290 年逝世，享年 49 歲，之後愛德華續絃，娶了法蘭西的瑪格麗特（Margaret of France），又生了 3 個子女。表 6 是愛德華子女的清單，其中死胎或夭折的資料不是很確定，艾莉諾可能也流產過，但並未列入記錄。

表 6　英格蘭愛德華國王一世的子女

與卡斯提爾的艾莉諾生育	生年與卒年	壽命（歲）
無名女兒	1255	死胎
凱瑟琳（Katherine）	1261-64	3
瓊恩（Joan）	1265-65	<1
約翰（John）	1266-71	5
亨利（Henry）	1268-74	6
艾莉諾（Eleanor）	1269-98	29
朱莉安娜（Juliana）	1271	<1
瓊恩（Joan）	1272-1307	35
艾爾方索（Alphonso）	1273-84	11
瑪格芮特（Margaret）	1275-1333	58
貝倫嘉黎雅（Berengaria）	1276-78	2
無名女兒	1278	<1
瑪莉（Mary）	1279-1332	53
無名兒子	1281	<1
伊莉莎白（Elizabeth）	1282-1316	34
愛德華（Edward）	1284-1327	43
與法蘭西的瑪格麗特生育		
湯瑪斯（Thomas）	1300-38	38
艾德蒙（Edmund）	1301-30	29
艾莉諾（Eleanor）	1306-10	4

　　愛德華後來成為英格蘭金雀花王朝的愛德華國王一世，在位期間從 1272 年到 1307 年。身為一國之王，除了在戰場痛擊蘇格蘭和法蘭西，另一個重責大任就是孕育繼承王國的子嗣，以免國家陷入無政府的潛在危難，或出現領導真空狀態，也避免因為繼承人不明確或幼童即位當國王而引發內戰。愛德華和艾莉諾育有 5 子 11 女，可是這 5 個兒子當中，只有第 5 子愛德華（Edward，與父親同名，也就是這對夫妻的第 16 個孩子）順利長大成人，後來繼位成為愛德華二世。換言之，艾莉諾在終於誕下並幸運撫養長大的兒子之前，至少懷孕、生產過 16 次，其中至少有 10 個子女在她離世前便已夭折，包括頭五胎在內。愛德華國王一世的 19 個子女，平均壽命只有 18 歲，其中又僅有半數活到 6 歲，而愛德華和艾莉諾的生活條件還是當年最優越的，譬如大多數人都面對的糧食不足問題，至少為難不到這對夫妻。儘管有錢有權，他們依然對孩子的一再夭亡束手無策。當年為人父母者因孩子夭折而痛不欲生，必然是很普遍的情況；不論何時孩子感染新疾病，家長都提心吊膽。

　　歷史學家將這些數據都彙總起來，得到的共識是中世紀的預期壽命介於 30 歲到 40 歲之間。[11] 這尚且是黑死病降臨之前的事，後文將會說明，等到黑死病來臨，情況會變得更糟，糟糕太多了。

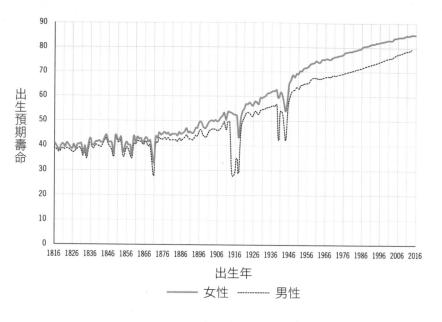

1816 年到 2016 年法國新生兒的預期壽命 [12]

　　一直到 19 世紀，各個國家才開始積極蒐集每一個國民的人口學數據，包括壽命在內。上圖呈現 1816 年到 2016 年法國人口預期壽命的變化，這個國家妥善保存兩百年的數據，是典型的已開發國家。在這兩百年間，國民預期壽命成長翻倍，女性從 41.1 歲增加到 85.3 歲，男性則從 39.1 歲，延長到 79.3 歲。

表7 1816 年以降，影響法國預期壽命的歷史事件

年代	事件和評語
1816-65	整體變化很少，預期壽命的短暫下降是由疫病所造成，譬如 1832 年的霍亂。
1870-71	普法戰爭。法蘭西帝國和普魯士率領的德意志邦聯打了 6 個月的戰爭，法國大敗，巴黎受包圍，最後普魯士國王統一德國，法皇拿破崙三世遭推翻，法國割讓亞爾薩斯和洛林兩省給德國（也播下未來麻煩的種子）。
1871-1940	預期壽命延長。主因是年輕人健康獲得改善，例如童年時期施打預防針，國民營養也優於過去。
1914-18	第一次世界大戰。法軍死亡人數高達 140 萬，全國上下只有一個村莊〔諾曼地的蒂耶爾維爾（Thierville）〕沒有參軍者罹難。男性死亡人數多於女性，留下一個寡婦比比皆是的世代。
1918-19	西班牙流行性感冒。這是歷史上最致命的疫病之一，H_1N_1 流感病毒株在全世界殺死了 5 千萬到 1 億人口。由於罹難者中有很高比率是年輕人，因此西班牙流感對預期壽命的打擊尤其嚴重。此外，戰爭導致人民營養不良，使得許多國家在面對疾病時格外脆弱。
1929	華爾街股市崩盤，大蕭條於焉展開。失業與無家可歸的人口大增。
1939-45	第二次世界大戰。法國人的預期壽命在 1940 年和 1944 年兩度下挫。1940 年德國入侵，打敗法國軍隊，因此被害的多數是男性。1944 年聯軍在諾曼第登陸之後，法國遭到大肆轟炸，全境淪為戰場，對婦女的衝擊超越 1940 年。不過男性死亡人數仍然高於女性，因為很多男人投效戴高樂（Charles de Gaulle）的自由法蘭西部隊（Free French forces）與其他組織，殉難者眾。
1946-55	食物配給結束，人民的營養較佳。抗生素上市，以盤尼西林為首，迅速增加預期壽命。
1955-現在	預期壽命延長的主因是老年人的健康獲得改善。心臟病、癌症和無數疾病有了更好的治療方式。吸菸的普及率下降。

　　觀察法國人歲壽變化的另一個角度，是自從 1816 年以來，法國人平均每天多了 5 小時預期壽命。也就是說，每一天結束時，每個法國人固然又減短 24 小時的壽命，可是拜醫藥、營養、衛生、良好環境、貿易、和平等等因素之賜，轉頭又賺回 5 個小時的壽命。21 世紀初葉是人類有史以來最健康的存活時代，稍後我們還要細看這些成就是如何達到的，不過也可從一些歷史事件中，瞥見影響預期壽命的端倪（見表 7）。戰爭之類的壞事會讓預期壽命突然下滑，但抗生素問世之類的好事，則會使預期壽命恆久延長。

　　我們可以拿法國從前的預期壽命，和當前不同國家的預期壽命做比較。1910 年法國的預期壽命是 50.1 歲，相當於獅子山國目前的水準，換句話說，這個現在全世界預期壽命最短的國家，人民健康情況類似於一百多年前全球富裕程度名列前茅的法國。1946 年法國的預期壽命和現在的阿富汗相當（60.5 歲）；如今阿富汗是公認的失敗國家，政府失能、內戰不止、恐怖主義盛行，因為蘇聯和美國的侵略而飽受摧殘。話雖如此，該國的預期壽命仍然比 1930 年代的法國長。法國在 1958 年達到今天伊拉克的水準（68.9 歲），在 1961 年齊平今天北韓的預期壽命（70.6 歲），在 1986 年達到當今伊朗的水平（75.5 歲）。即使是當前全世界最窮的一些國家，和不久前的富裕國家相比，預期壽命也勝於後者。如今所有最窮國家的人民，都比 19 世紀任何國家的人民更健康。

　　預期壽命晚近所發生的巨大變化，是所謂人口轉型（demographic transition）現象的一部分。在工業化之前的社會裡，女性結婚年齡早，生育眾多子女，一生懷孕 20 次並不罕見，每一、兩年就生育一胎。然而哪怕生育率這麼高，人口卻成長緩慢，慢性病、營養不良很普遍，再加上偶爾發生的饑荒和傳染病等災難，往往縮短了人民的預期壽命。嬰兒夭折率高，孩子多、老人少，預期壽命大概只有 30 歲。舉個例子，韓國因為有太多新生兒在出生後幾個星期就夭折，因此唯有在誕生百日之後依然健康的嬰兒，家人才會舉行慶祝儀式，也才會將這個孩子第一次抱出戶外。高出生率和高死亡率形成大致穩定的人口。

　　到了幾百年前的北美洲和歐洲，我們終於開始克服一向最致命的殺手。貿易、財富、新食物、農耕技術改良，使得饑荒不再肆虐，人口得以增長。居住、營養、衛生條件的改善，減少傳染病發生，也降低了死亡率。上述種種因素導致歐洲人口遽增，進而推動數以百萬歐洲人向外移民。

　　如果預料孩子可能夭折，人們就會多生幾個，一旦有信心孩子能活下去，可以指望養兒防老，那麼大多數人會選擇只生育兩個子女。生育率下降也和女性教育普及、避孕得宜有關聯。因此高生育率／高死亡率的社會，逐漸轉型到低生育率和低死亡率的社會，不過死亡率降低發生在先，過了很久之後生育率才跟著降低。通常狀況是一個世代的婦女生育很多子女，就像她們自己

的母親那樣，可是這些孩子幾乎都長大成人，於是下一個世代就會選擇生育較少孩子。死亡率下降和生育率下降之間的這種時間落差，在生育數字發生變化之際，造就人口遽增。[13]

　　這種生育方式的改變就是人口轉型，[14] 它和地區沒有關係——所有國家都發生類似的改變，不同之處在於轉型的起始時間，以及轉型過程經歷多久。

　　現在世界上絕大多數國家已經順利度過人口轉型，預期壽命高於 74 歲，嬰兒夭折率極低（夭折的定義是沒有活到一周歲），老年人口增加，每個婦女一生只生育不到兩個子女。因此，這造成了有一點弔詭的現象：高預期壽命最終反而造成人口下降。表 8 以三個國家（日本、巴西、衣索比亞）為例，代表人口轉型的三個不同階段。

表 8　日本、巴西、衣索比亞在 1960 年和 2017 年的人口數據 [15,16]

國家	日本		巴西		衣索比亞	
年份	1960	2017	1960	2017	1960	2017
嬰兒死亡率（‰）	30.4	1.9	~170	14.8	~200	41.0
出生時預期壽命	67.7	84.1	54.2	75.5	38.4	65.9
總人口（百萬人）	92.5	126.8	72.2	207.8	22.1	106.4

生育率（每一女性生育子女數）	2.0	1.4	6.1	1.7	6.9	4.1
每年人口變化率	+0.9%	-0.2%	+2.9%	+0.8%	+2.2%	+2.7%

日本是在 50 幾年前展開人口轉型，優越的健康照護使其成為全世界預期壽命數一數二的國家，嬰兒死亡率非常低。日本的主要死因是冠狀動脈心臟病、癌症、中風、肺病和自殺。這個國家的生育率只有 1.4（每名婦女生育 1.4 個孩子），移入人口很少；因此日本每年人口減少 0.2%，而人民平均年齡則越來越大。大多數歐洲國家和日本的情況大同小異：他們的生育率小於 2，唯有靠輸入大量移民才能避免人口減少。

巴西的人口轉型時間落在 1960 年和 2017 年之間，所以這段時間內呈現巨大的改變。巴西國民健康在此時期大幅改善：周歲內嬰兒死亡率從接近 20%，下跌到僅剩 1.5%，預期壽命則延長了二十幾年。如今巴西的主要死因是冠狀動脈心臟病、癌症、中風、肺病、糖尿病，和大多數國家的情況類似。與日本相較，巴西因暴力和車禍死亡的人數較多，但死於自殺的人數較少。巴西和其他國家差不多，對健康無虞的反應是生育較少子女，因此巴西目前的生育率是 1.7，只比日本高一點點。儘管從 1960 年以來，巴西人口成長了 3 倍，但是生育率下滑意謂人口趨於穩定，到 2030 年左右就會開始減少了。[17] 亞洲、北非、美洲的大多數國家現在都和巴西一樣，已經完成人口轉型，達到低生育率、低死亡率、高預期壽命的狀態，人口數量即將達到顛峰。

　　除了阿富汗、葉門之類失敗的國家之外，預期壽命最短的地區是撒哈拉沙漠以南的非洲。即便如此，大部分非洲國家都已開始人口轉型。以衣索比亞為例，1960 年仍處在高生育率、高死亡率狀態，預期壽命不到 40 歲。反觀如今衣索比亞的嬰兒死亡率下降 4 倍，預期壽命提高到 65.9 歲，結果是生育率降低，2017 年只剩下 4.1%。現在衣索比亞的人口仍然快速成長，不過未來的幾十年，成長速率應該會大幅減緩。和巴西、日本相比，目前有更多衣索比亞人死於傳染病，特別是流行性感冒、肺炎、腹瀉病，另外癌症和中風也很普遍。[18] 伊索比亞的現狀和 20 年前的巴西相仿，也慢慢轉型到類似日本的人口現象。

　　表 9 顯示全世界的一些數據，看得出自 1960 年以來進步極大，過去 20 年的改善程度尤其明顯。如今整個世界逐漸趨於平等，以往已開發國家和開發中國家在健康、財富方面的巨大差異，現在已不復見。

表 9　1960 年至 2017 年的世界人口數據 [15,16]

年份	1960	1997	2017
嬰兒死亡率（每千名新生兒）	126	58	29.4
出生時預期壽命	52.7	66.9	72.2
總人口（百萬人）	3,032	5,873	7,511
生育率（每名婦女生育子女數）	5.0	2.8	2.4
出生率（每千人）	31.8	22.7	18.7
死亡率（每千人）	17.7	8.7	7.6

看來這些趨勢正在加速蔓延。大部分國家的生育率下滑到遠不及 2.1，意思是世界人口到了 2064 年將會達到巔峰，離一百億人口只有一步之遙。但是人口結構越來越上重下輕，人數漸少的年輕勞動人口必須支持大量老齡和退休人口。中東、北非，尤其是撒哈拉沙漠以南的非洲，將會占據世界人口的大多數，反觀歐洲和東亞所占的世界人口比率，則將大幅下跌。[19] 以這些變化作為例證，可預測到 2100 年時，中國人口將從最高峰砍到幾乎只剩一半，屆時只剩 7 億人，而奈及利亞的人口將成長近 4 倍，達到 7 億人，僅次於印度。

這些數據指出全世界的公共衛生在人口轉型和大幅進步之際，人類死亡原因起了深刻的改變。這是怎麼做到的？我們會在後文中說明，整體來看如今的世界擁有更好的政府，民主政府數量越來越多，行政措施注重人民利益，提供衛生與健康照護，避免戰爭和飢荒，而這一切都以財富日益增加為基礎。因為有了這些改變，受惠最多的是嬰兒。

為什麼今天各個國家的預期壽命有所差異？美國社會學者普雷斯頓（Samuel Preston）在 1975 年率先提出此項重要觀察——他比較國家財富（以每人平均國民生產毛額為基準）和預期壽命，得到這項結果。下面這張圖是採用 2015 年的數據所繪製的普雷斯頓曲線，圖中趨勢線顯示平滑化後的財富與健康關係。

這條曲線永遠向上，意思是越有錢的國家，人民就越健康。不過這是一條對數曲線，絕不是直線，曲線的左邊很陡峭，意思是國民財富略有增加，預期壽命就會出現大躍進。預期壽命 70 歲需要人均國民生產毛額達到 7100 美元，但若預期壽命要延長到 75 歲，人均國民生產毛額就需要增加一倍，達到 1 萬 5700 美元。

　　圖中標示了個別國家，在趨勢線上方的都是既健康、又富裕的國家，不過最令人側目的是尼泊爾，該國預期壽命是 81 歲，然而人均國民生產毛額卻僅有 1268 美元。表現最差的是中東國家，主因是遺傳疾病、肥胖和糖尿病。

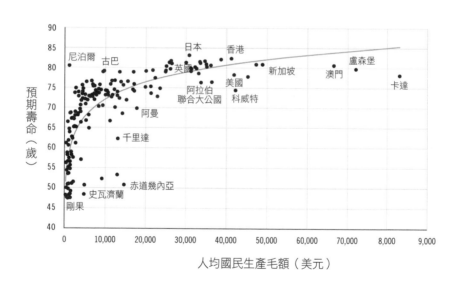

預期壽命與人均國民生產毛額的相關性，2010 年

數據來源：「世界統計：GDP 與預期壽命」[20]

趨勢線方程式：y = 6.273 ln（x）＋ 14.38

　　難道普雷斯頓曲線的意義，純粹只是比較富裕的國家會提供比較優質的健康照護嗎？其實要看錢花在哪裡，受益的人是誰。一個國家可能很有錢，卻不肯把錢花費在國民健康。另外，國家花的錢可能欠缺效率，譬如把錢花在健康保險公司的廣告或訴訟案件和解上，而不是花在照顧病人。話又說回來，國家若是富裕，至少有提供廣泛健康照護的選擇，因此以預期壽命對照每人健康照護支出，比用預期壽命對照國民生產毛額（包含所有經濟活動），更能提供有用的資訊。下圖顯示 44 個國家在 2013 年的醫療保健支出和預期壽命之間的相關性，從這張圖可以看出，在健康方面支出越高，確實對健康越有利，不過也有很多異常的例子。預期壽命要達到 75 歲，每年人均醫療保健支出需要一千美元；預期壽命想達到 80 歲，人均醫療保健支出則需要 3200 美元。想要將某個國家的預期壽命延長到 70 歲，成本不高、效益極大。不過和前一張圖一樣，這條曲線會逐漸平緩，此時即使支出更多，但是得到的好處卻變少了。西班牙、日本、南韓是效益極高的醫療保健支出國，部分原因是這些國家的人民飲食本來就很有益健康。落在曲線以下的異常例子包括俄羅斯和美國，至於南非的預期壽命特別短，原因是愛滋病毒氾濫。

　　美國比其他國家的醫療保健支出更多，為什麼預期壽命卻不如人意？[22] 美國的預期壽命和智利相當（78.8 歲），可是美國的每年人均醫療保健支出高達 8713 美元，反觀智利則僅支出1623 美元。美國健康制度表現這麼差，可以怪罪幾個原因：美國醫療衛生部門的行政成本非常高昂；和其他富裕國家相比，美

國的凶殺率和自殺率都很高,因為槍枝太容易取得。此外,美國的兒童死亡率和產婦分娩死亡率都很高,導致年輕人的死亡率較高,對預期壽命的影響大得離譜。美國的醫療保健支出呈現極度不平等的現象,[23] 幾乎所有富裕國家都會保障全體國民的醫療照護,然而在美國仍然有將近 10% 的人完全沒有健康保險。

　　雖然此圖看似說明財富越多、國民越健康,特別是如果錢花得對,效果更好,然而事情恐怕沒有那麼單純。假如支出是唯一關鍵,那麼過去 150 年來,預期壽命的改善就只能歸功於 GDP

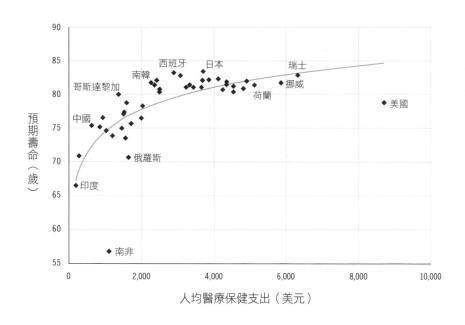

出生時預期壽命與人均醫療保健支出的關係,2013 年

趨勢線方程式:$y = 4.73 \ln(x) + 41.84$

的成長。既然不是這樣,那麼必定還有其他因素:假如病症無藥可醫,不論請多少醫生來治病也是枉然。1800 年以前的預期壽命只有 30 歲,問題並非沒有醫生,然而儘管醫生眾多,可惜他們治療的方法不是沒有用處,就是反而造成更大的傷害。行醫不當包括放血、引吐、給瀉藥,以及沒有清潔自己就在病患之間走動,以致散播疾病。有一份詳細的分析顯示,從 1930 年到 1960 年,至少有 75% 的醫療衛生改善和國家收入成長無關,譬如採取公共衛生干預措施,以及廣泛使用醫療創新,例如第一批抗生素 [24, 25, 26] 問世。

隨著時間的推移,普雷斯頓曲線往上曲折,意謂即使國民收入沒有增加,健康也會改善。舉例來說,1930 年代每年人均所得 400 美元(換算美國 1963 年的幣值),讓預期壽命達到 54 歲;到了 1960 年代,同樣的所得水準卻能讓預期壽命長達 66 歲。[24] 這可能意謂改善健康根本不需要增加總體財富——反正因為醫療進步,健康情況必然隨之改善,畢竟疫苗實在是價廉物美。

收入和健康的相關性,在個人層次和國家層次都相同。雖然有錢人可能比較負擔得起更好的醫療照護,不過另一個可能性是,人們對於自己在社會中處於何等地位,也會影響健康。位於社會底層的普羅大眾可能感受到心理壓力,而壓力造成他們的免疫系統變差,進而做出有害健康的行為,例如嗑藥。[27, 28] 假如這項論點真確,那麼社會貧富差距擴大,將會導致國民整體健康的低落。假如我們想要提升總體健康,就需要努力促進更平等的社會。

第二部

傳染病

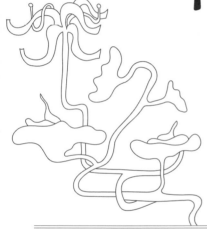

「要預防這種疾病，只需要非常注意煮食與進食保持乾淨，
還要注意排水和供水，其實任何時候這些都是可取的做法。」

《霍亂傳遞方式研究》（*On the Mode of Communication of Cholera*），
史諾（John Snow），1894 年[1]

在人類的絕大部分歷史中,預期壽命大概是 30 歲。直到大約 250 年前,人類的預期壽命才開始延長,最早見於歐洲和北美洲,如今則普及所有國家。到了 2016 年時,全世界人口的預期壽命已經是羅馬時期的 3 倍,長達 72 歲,[1] 這是人類有史以來最長的預期壽命。最重要的是,以往排名第一的殺手是傳染病,信手拈來就有瘟疫、天花、傷寒、霍亂、瘧疾,每一種都奪走數億條人命,人們得病之前鮮少察覺警訊,發病之後短短幾天就不治身亡。

接下來我們要探討過去人們如何應付傳染病,以及為何多數成效不彰,第一個討論對象就是鼠疫。不過在討論之前,我們需要先鋪墊一下背景,檢視人類祖先當年靠狩獵、採集維生時,是如何生活、如何死亡的。自從地球上有人類以來,這個物種絕大多數時間過著狩獵和採集的生活,傳染病不是什麼大問題。獵人和採集者以植物和獵物果腹,通常居無定所,以大家庭的型態暫時找個地點容身,擁有平等的社會結構,財產共有,並無任何

永久性質的領導人。如今世界上只有少數地方依然堅持狩獵和採集的生活方式，亦即非洲西南部的沙漠地帶、亞馬遜雨林、高緯度的北極。這些社群的存在，讓我們得以窺見從前人類的生活方式，不過可能也有人提出質疑，認為當今的狩獵採集者無法代表舊石器時代，因為現代版的狩獵採集者多住在不適農耕的貧瘠土地上，此外當今狩獵採集者在與其他社會接觸之後，生活方式也很可能起了重大改變，譬如透過貿易取得工廠生產的工具。話雖如此，探討當今狩獵採集者的生活方式應該有利我們了解人們過去怎麼生活、怎麼死亡，而研究舊石器時代的骨骸和考古遺址，則有助釐清狩獵採集者曾經多麼健康，他們又是怎麼離開人世。

　　狩獵採集者食用的多半是蔬菜、水果、堅果、根莖，很少或從不吃乳製品、加工油脂、鹽、酒或咖啡因，唯一攝取的糖來自水果或蜂蜜。我們的祖先食用和利用的植物種類之多令人驚歎——研究人員在敘利亞的阿布胡瑞拉（Abu Hureyra）村莊遺址發現，1萬2千年前寄居於此的狩獵採集者使用過192種不同的植物。[2] 狩獵採集者的食物五花八門，又過著活動力十足的生活方式，所以身強體健，身高並不比現代人矮多少，也很少有人肥胖。不過這個族群的嬰兒死亡率很高，如果遷徙時無法攜帶嬰兒，或是必須控制人口時，很可能也會對嬰兒痛下殺手。當時不以動物乳汁餵養嬰兒，產婦長時間哺乳可以避孕，有助於拉長兩次生育的間隔。意外事故是常見的死因，包括跌倒、骨折、溺水、動物咬傷，還有因為髒水、傷口或動物咬傷而導致的細菌感染。很多人活到老年，因此也可能罹患癌症、神經退化疾病和關節炎。

　　大約一萬年前，人類開始農耕，生活方式起了脫胎換骨的變化，新石器時代於焉揭開序幕。人們不再採集各種野生植物，土地上只種植數量有限的作物──最重要的是小麥、大麥、玉米、稻米、粟米。考慮要種植哪些農作物時，挑選的標準是用處大：在耕地上密集種植、可以長時間貯存、種籽又多又大、適合在各種地理條件生長、容易採收等等。農人會留下最好的種籽再行播種，所以經過幾千年的精挑細選之後，農耕植物可能和原始的野生近親看起來大不相同。過農耕生活的人們不再打獵，而是捕捉、圈養、保護動物，他們畜養綿羊、山羊、牛、豬，以供食用和製衣，至於馬匹、駱駝、駱馬和驢子則用來代步。人們育種繁殖家禽家畜，以生產更多肉、奶或絨毛，而這些動物變得更加馴服，更能忍耐人類，同時繁衍更多後代。人類也適應新的生活方式，牙齒變小、身體產生突變，得以飲用更大量的酒精和獸奶。

　　大概有 10 個地區各自開始農耕生活，彼此並無影響，包括中東、巴基斯坦的印度河流域、中國的黃河流域、安地斯山與中美洲，然後逐漸擴展到地球的大部分。最早的農耕地點可能是位於現今伊拉克南部的蘇美文明：一萬年前當地還不像今天這麼乾旱，反而是富饒的沼澤之鄉，有很繁盛的樹木與野生動物，人們在沼澤上的小山丘屯墾。

　　隨著土地純粹用來生產食物，每一平方英里的食物產量大幅提升，容許人口密度跟著平行上升。新社會階級和規模更大的社區興起，給予領導人財富和權力；社會上的工作開始走向專精化，商人、匠人、軍人、教士和其他職業紛紛出現，不過絕大多

數的人還是以務農為生，然而從狩獵採集的生活轉變為農耕，卻對他們的健康構成災難。

　　和捕魚、打獵或採集植物相比，農耕是勞苦的活計，每天經常需要花費更長的時間做活，如果不時時防範，野草、囓齒動物、真菌、昆蟲都可能摧殘農作物。我們可以看見，阿布胡瑞拉的居民大約在西元前 9 千年從狩獵採集的生活方式轉變成農耕，因為婦女的骸骨顯示生前膝蓋變形、腳趾彎曲，是長時間跪地輾磨穀物成粉所造成的。[2] 此時人們不再像過去攝取多種食物，只吃主要的幾種農作物，所以往往欠缺必須營養素，也可能完全吃不到富含蛋白質、脂肪、鐵質的肉類。人類的體型變得比較矮小，骨骼和牙齒洩露出營養方面出問題，特別是貧血，因為他們吃的穀物缺乏合成鐵質所需的脂肪酸。[3] 以碳水化合物為主的飲食勢必短少蛋白質和維生素，即使吸收了足夠熱量，但是與營養不良有關的新疾病仍然出現了，譬如糙皮病（Pellagra）、腳氣病（beriberi）、加西卡病（kwashiorkor，又稱紅嬰症）。另外，營養不良也可能導致男性和女性喪失生殖力。

　　古代關於傳染病的記錄極其有限：許多傳染病無法在骸骨中檢查出來，而且如果所有書吏都死光，也就沒有人活下來傳述故事了。西元前一萬年的世界人口大約是 400 萬人，到了西元前 5 千年，人口只增加到 500 萬。[4] 這一點很令人詫異，因為農耕的發明雖然有諸多缺點，但肯定比狩獵採集時代製造更多糧食。此外，居住在固定的地方，婦女可以孕育更多子息；游牧民族無法攜帶許多嬰兒，所以必須拉長兩次生育的間隔。如果農人生產

更多糧食，婦女生育更多嬰兒，那麼人口為什麼沒有呈現爆炸性成長？

除了營養的問題之外，大量新疾病也紛至沓來。當今影響人類的一千多種傳染病之中，絕大多數源自於曾經寄居在動物體內的微生物，在過去一萬年中的某個時候，這些微生物跨越了物種障礙，進入人體。[5] 舉例來說，麻疹原來是牛身上的牛瘟病毒，流行性感冒則來自禽鳥。人和動物近距離生活，甚至住在相同的建築物裡，就面臨更高的風險，可能感染動物身上的疾病和寄生蟲。城市裡成千上萬人擠在一起，一旦發生新疾病案例，很容易就會散播出去。美索不達米亞（當今的伊拉克）最早的城邦在 5 千年前左右就已經曉得傳染病的嚴重性，他們努力阻止疾病散播，方法是避開受感染的人，以及避免接觸病人的杯子、餐具、寢具。[6] 然而萬一生病，當時是無藥可醫的。

從考古記錄和當時的文獻看來，最初那些城邦經常崩潰，損失人口大量，居住的地方遭到破壞和遺棄。[4,7] 這些災難有時候確實源自氣候不佳、外敵入侵、洪水肆虐所造成的糧食歉收，然而也有很多災難可能肇因於流行病。最早接觸某種新疾病的人，身體肯定沒有自然抵抗力，所以整個城市可能因此覆滅。結核病、斑疹傷寒、天花看起來就是因為轉型為農耕生活而造成的首批疾病。[8] 有些幸運的人基因好，熬過了疾病，得以傳宗接代，換句話說，大自然的選擇確保那些護衛主人抵抗疾病的基因流傳下來。假如人口規模夠龐大，新疾病可能演變成傳染力強的兒童疾病，結果是已經適應疾病的族群，在碰到從未接觸該疾病的另

一族群時，恐怕就會害死對方。

　　幾千年下來，農業社會最終透過這種方式得到自己的各種疾病，而這些病就此與人們和他們飼養的牲畜共存。當社區經由貿易、擴張或移民對外連結時，就可能迎來災難。這種情況大約在兩千年前出現，當時中國、印度、中東、羅馬帝國開始建立固定的貿易聯繫，除了交易絲綢和白銀，可能也交換了整套疾病，引發大規模流行。西元 165 年，羅馬軍隊向東方推進，攻擊強大的對手安息帝國（Parthian Empire），並且包圍提格里斯河岸的塞琉西亞（Seleucia），亦即當今的伊拉克。羅馬大軍在那裡染上一種新的致命疾病，稱為安東尼大瘟疫（Antonine Plague），並將病帶回歐洲。這場瘟疫殺死羅馬大約 1/4 人口，同時重創軍隊。大概在相同時間，中國的漢朝也遭逢流行病大難，激發叛亂，最後導致王朝崩潰。我們無法得知安東尼大瘟疫究竟是什麼病，不過有可能是天花。[9] 不論是什麼病，都很可能是一個例子，說明橫跨亞洲的新貿易連結讓疾病得以交流，進而爆發大流行。

　　農場動物也可能因疾病而滅絕，因為牲口數量眾多，使得傳染病更容易互通，農人畜養的少數幾種動物當中，只要有一種消失不見，就可能造成飢荒，因為社區的主要肉品、衣物、勞力來源也會隨之煙消雲散。同理，若是絕大部分熱量來源都依賴一種農作物，那麼一旦新疾病或害蟲摧毀主要糧食，整個城市就有很高的機會遭逢飢荒。

　　對游牧族群來說，衛生不是個大問題，反正他們總是丟下廢棄物一走了之。反觀如果一輩子都住在同一個地點，就會製造

汙水棄置的新問題，處理不當將會汙染水源，導致腹瀉疾病。舉例來說，蘇美人的唯一飲用水源是河流，可是位在上游的眾多城市已經將河水汙染殆盡了。

新疾病的發生一再消滅聚落，新石器時代的人口 5 千年停滯不前，大概就是這個原因。人類花費這麼長的時間才獲得抵抗力，也才能夠密集群居，並與牲畜為伍。[10] 新石器時代是歷史上最致命的時期，主要就是歸咎於傳染疾病。[4]

人類生活方式最深刻的改變，就是轉變為以農耕為基礎的城邦，此事對健康的影響無以倫比。除非你是城邦的菁英，否則游牧狩獵採集者的生活，不論在飲食或工作方面都比城市居民健康多了。[11] 美國博學家戴蒙（Jared Diamond）主張，在人類這個種族的歷史中，出現農耕是最糟糕的錯誤。[12] 農耕有利有弊，將所有土地用來種植雀屏中選的農作物，得到的回報是糧食大增，人口成長，促成工作專精化，出現社會經濟群體。大量人口只能靠農耕維持生計，因此從狩獵採集轉變到農耕是一條不歸路，除非是城邦徹底崩潰，人口大量喪失（就像中美洲的馬雅文明，他們在西元 900 年拋棄自己的城市，很可能是因為長期乾旱無法緩解所致。）[13]

城邦生活還是有優點：各種社會階級並存、技術進步、城邦內部創造財富，總算讓城市人苦盡甘來。本業專精的科學家、文書、醫生、工程師、政客和其他職業的人，真正改善了人們的生活標準，大多數傳染疾病都得以預防或治癒。這讓人類總算找回新石器時代祖先享有的良好健康，甚至有過之而無不及，可惜

前前後後總共耗費了一萬年的光陰。

　　在禍害人類的一切傳染病中，最可怕的就是鼠疫，它的傳染力很強，病程發展快速，而且極為致命。歷史記錄中最嚴重的鼠疫疫情，是由兩種鼠疫菌株所引起的，它們分別由齧齒動物傳播給人：第一次是西元 6 世紀的查士丁尼大瘟疫（Plague of Justinian），第二次是 1340 年代的黑死病，也就是我們討論過的錫耶納疫病。雖然鼠疫微生物的 DNA 定序不同，但是它們的症狀和致命性大致相同，兩者都殺死了肆虐地區的 1/3 人口。後文將會闡述鼠疫大流行如何對歷史產生深刻影響，效果延續至今。到了 17 世紀末葉，靠隔離已經能夠大致控制和預防鼠疫，不過一直到 19 世紀，新的鼠疫疫情依然會爆發，對城市釀成災難。最近科學家研究造成鼠疫的鼠疫桿菌（yersinia pestis），顯示人類與鼠疫的關係可以回溯到查士丁尼大帝之前，這種病成千上萬年來毀滅了諸多文明。

　　西元 527 年，世界上最有權勢的人是東羅馬帝國（即拜占庭帝國）的查士丁尼大帝（Justinian the Great），他雄踞君士坦丁堡〔Constantinople，也就是今天所稱的伊斯坦堡（Istanbul）〕，統治歐洲、土耳其、敘利亞、埃及等地。君士坦丁堡是兩百年前由羅馬皇帝君士坦丁（Constantine）所建立的新首都，原址是古希臘城市拜占庭（Byzantium）。君士坦丁大帝在新首都中傾注

大量財富，使它在接下來的 800 年中穩居歐洲最富裕、最龐大的城市。

　　查士丁尼在 45 歲即位之前，已經代替目不識丁的叔叔查士丁皇帝（Emperor Justin）治理帝國好幾年，成效斐然。他改革羅馬的法律制度，推行新的建築計畫，最終建成了偉大的聖索菲亞大教堂（Hagia Sophia）。當時聖索菲亞大教堂是全世界最大的建築，至今仍矗立在伊斯坦堡的蘇丹宮殿（Sultan's Palace）附近。儘管遭受過十字軍和土耳其人的劫掠與破壞，這座建築依然令人驚豔，內部空間美不勝收，牆壁、拱門、大理石板、半圓頂、窗櫺、鑲嵌畫層層疊立，直達最高處碩大無比的穹頂。

　　當時全世界人口估計有兩億人，而羅馬帝國就占了 2600 萬人，[14] 不過這只是從前的一半。大約一百年前，在長期遭受匈奴、哥德人、汪達爾人（Vandals）等蠻族的攻擊之後，羅馬帝國的西半部土崩瓦解，他們度過萊茵河和多瑙河邊界，在法蘭西、西班牙、義大利、北非和不列顛建立新王國。較為富裕、人口較多的羅馬帝國東半部擋住了蠻族的侵略，朝氣蓬勃、精明能幹、雄心勃勃的查士丁尼有個夢想，他想重新征服羅馬帝國失去的那一半，收復地中海岸所有的疆土，回歸他所領導的天主教廷。

　　查士丁尼不是帶兵打仗的將軍，而是坐在君士坦丁堡的皇宮裡指點江山，像下棋似的調動艦隊和軍伍。他的軍隊在突尼西亞贏得第一場勝利——在痛恨新統治者的當地民眾協助之下，羅馬軍總司令貝利撒留（Belisarius）很快就摧毀了汪達爾王國。到了西元 541 年，貝利撒留和宮務大臣閹人約翰（John the Eunuch）

率領大軍，從哥德人手中奪回大部分義大利；查士丁尼的夢想正在逐步實現，可惜美夢無法長久。

西元 541 年，君士坦丁堡獲報埃及出現一種致命新疾病。第二年，載運埃及穀物的船隻將染疫的老鼠一併帶到首都，這場疫病撕裂整個城市，每天有 5 千人死亡。由於死亡猝不及防，人們只好在身上配戴名條，萬一不幸在外面倒斃，才能夠辨認身分。短短 4 個月內，君士坦丁堡的人口可能銳減四成，查士丁尼自己也罹患鼠疫，所幸熬了過來。雖然鼠疫肆虐整個歐洲和亞洲，不過後世所掌握的最佳記錄出自君士坦丁堡的作家筆下，因此這場疫病才稱為查士丁尼大瘟疫。我們無法確知這場瘟疫總共死了多少人，不過疫病隨著軍隊和貿易蔓延，估計大概有 5 千萬人罹難，也就是歐洲人口死了一半。

人口大減造成羅馬帝國衰微，產生了可怕的長期影響。勞工減少意謂很多農莊荒廢，進而帶來 8 年飢荒。穀物減產使物價飛漲，稅收減少，然而殘酷的查士丁尼卻不肯降稅，哪怕人口驟減，仍然要求徵收相同稅款，這樣才能繼續他的軍事行動和建設計畫。義大利境內的戰爭延宕不休，但是勝仗越來越少，因為人口銳減，帝國能夠組織的軍隊規模也變小了。義大利戰事陷入僵局，只能勉強撐住先前的戰果。經過 20 年的戰鬥，義大利已經殘破不堪；西元 565 年查士丁尼去世，不久後義大利北方落入日耳曼族的倫巴第人（Lombards）手中。

查士丁尼的夢想被摧毀，可是這敵人他看不見、無法理解，也無力阻止。歷史學者經常揣測，長期來看，如果不是拜占庭帝

國和波斯帝國一再爆發鼠疫，導致人口大幅減少，後來就不可能發生新興的伊斯蘭教鼓動阿拉伯人，繼而在第7、第8世紀征服埃及、北非、敘利亞、波斯的事。[15] 不過，若是將阿拉伯人的征服只歸因於一個理由，未免太過牽強。西元674年到678年，阿拉伯人包圍君士坦丁堡未果，假如當初君士坦丁堡淪陷，那麼整個帝國可能分崩離析，並落入阿拉伯人的手中，事實上拜占庭帝國整整撐了將近一千年，最後在1453年被土耳其人征服。同樣遭受鼠疫肆虐而人口遽減的薩珊王朝（Sasanian Empire），於西元651年被阿拉伯人征服，導致波斯人信奉的祆教逐漸被伊斯蘭教取代，不過波斯文化和語言倒是延續下來。查士丁尼大瘟疫之後，敘利亞、埃及、利比亞有許多地方直到今天依然沒有恢復元氣，當年耕作、灌溉的農田荒廢，有的變成草原，甚至淪為沙漠。[16]

　　查士丁尼大瘟疫第一次爆發之後，接下來的兩百年又陸陸續續出現幾次疫情，最後一次爆發是西元750年，過後便消失了；這種疾病變得比較本土化，致命性也降低了，原因可能是倖存者的抵抗力增加。鼠疫在歐洲消失600年後，才又重回歐洲，這一次是以「黑死病」的形式出現。

　　鼠疫是什麼？許多作家針對這種致命疾病留下駭人的描述，讓我們了解腺鼠疫（bubonic plague）的典型病程，這是查士丁尼

大瘟疫和黑死病最常見的種類。

　　一開始患者出現嚴重頭痛，幾個小時之後就會發燒，身體倦怠。開始發燒後的隔天，患者已經虛弱到無法起床，背部、手臂、腿部疼痛，噁心的感覺導致頻繁嘔吐。再隔天，病人背部、大腿內側、腋下開始腫脹，腫脹部位堅硬、疼痛、有灼熱感。這是新的疾病，嚴重性非比尋常。腫脹處膨大到橘子大小，然後轉變成黑色，有時候腫脹處表皮破裂，流出惡臭的膿血。病患家人只能眼睜睜的看著，一籌莫展，一方面要設法安撫痛苦的病人，一方面要保持距離以免自己也遭感染，進退兩難，十分煎熬。病人整個身體爆發內出血，除了吐血、尿血、便血，連肺部都會出血。等到皮膚也開始流血，身體出現黑色癤子和斑點，導致渾身上下劇痛，手指、腳趾、嘴唇、鼻子都變成黑色，肌肉壞死，即使患者大難不死，往往也會失去手腳，永遠毀形。病人所有體液的氣味都令人作嘔，在感染鼠疫之後幾天就會出現症狀，一週後就會死亡，死前陷入譫妄與昏迷。到了這個時候，同一個屋子裡的住戶大概也全都染病，存活機會渺茫。即使到了今天，病患若是接受現代醫療和抗生素，鼠疫的致死率仍然達到 10%，如果沒有就醫，死亡率更是飆升到 80%。身體的黑色腫脹即炎性淋巴腺腫（buboes），是淋巴系統內聚集細菌所造成的，而淋巴系統會將體液運輸到整個身體，所以這種病才叫腺鼠疫。

　　儘管腺鼠疫無疑令人膽寒，但情況還可能更糟糕。有一種鼠疫比較不常見，叫做肺炎性鼠疫（pneumonic plague），細菌寄生於肺部，傳染途徑通常是感染鼠疫的人或動物咳嗽，將飛沫

散播到空氣中，他人再經由呼吸將空氣中的細菌吸入體內，造成感染。患者的症狀從發燒、頭痛、虛弱、噁心，迅速進展到氣短、胸痛、咳血。這個類似肺炎的階段持續 2 到 4 天，然後惡化為呼吸衰竭，假如不用抗生素治療，患者必死無疑。若是細菌進入血液，便形成敗血性鼠疫（Septicemic plague），會導致血栓、皮下與組織出血。罹患敗血性鼠疫幾乎難逃一死，有時候患者甚至在發病當日就不幸死亡。

　　造成鼠疫的細菌叫鼠疫桿菌，寄生在小型囓齒動物身上，譬如老鼠、松鼠、兔子、土撥鼠、草原犬鼠（prairie dogs）、花栗鼠，目前在非洲、亞洲和美國鄉下地方都找得到。人類感染鼠疫的途徑，可能是被感染鼠疫的跳蚤叮咬，或是有傷口的皮膚接觸到感染鼠疫的動物，還有可能是吸入染病動物或人類咳嗽時散布在空氣中的飛沫。

　　1346 年，歐洲開始傳出駭人的謠言，說是東方爆發鼠疫大流行。這就是後來知名的黑死病，最初是由囓齒動物（很可能是土撥鼠）傳染給住在中亞草原的人類。1338 年，吉爾吉斯（Kyrgyzstan）的景教派基督教徒（Nestorian Christians）的墓碑碑文就敘述過鼠疫。數千年來，商人取道絲路，穿越中亞，往來中國和歐洲。蒙古人也在廣袤的新帝國上奔馳萬里，幅員遍及中亞、中國、中東。儘管當地的人們很可能已經被囓齒動物感染達

數千年，可是鼠疫傾向維持本土性，如果不是長距離旅行介入，往往本地一整個家族都因鼠疫喪命，但是其他人卻未受影響；因為商旅車隊以及蒙古騎士頻繁往來，在東方與西方之間傳播新的疾病，瘟疫便爆發了。當時中國的記錄相當粗略，也沒有人好好研究，據推測黑死病這種鼠疫菌株可能是在 1331 年或 1334 年出現在中國，甚至可能就是在當地發源。1330 年到 1360 年間，中國人口確實大量減少，部分因素是鼠疫流行，但也要歸咎飢荒、自然災害、政治動盪與戰爭，因為蒙古人統治的元朝即將瓦解，明朝代之而起。令人驚訝的是，鼠疫一直到幾百年後才抵達印度，當時印度北方由蘇丹統治，他們和波斯、中亞都有貿易往來。[17] 鼠疫可能也越過撒哈拉沙漠，因為有證據顯示，在黑死病流行的時候，迦納、布吉納法索、衣索比亞的城市人口突然銳減。[18]

1347 年，載有感染鼠疫的老鼠和人的船隻駛進地中海的港口，譬如墨西拿（Messina）、比薩（Pisa）、熱那亞（Genoa）、威尼斯（Venice），有史以來最致命的瘟疫就此侵襲歐洲。鼠疫入侵的眾多口岸中，有一個城市是克里米亞半島濱黑海的卡法（Caffa），當時接受義大利貿易城市熱那亞管轄。卡法遭到克里米亞韃靼人（Tartars）的軍隊包圍，這是與土耳其人和蒙古人有血緣關係的民族，領導人是金帳汗國的札尼別可汗（Khan Jani Beg）。基督教軍隊在這個城裡被圍困將近 3 年，直到韃靼人忽然被鼠疫打垮。

熱那亞附近皮亞琴察市（Piacenza）的歷史學家德穆西斯（Gabriel de Mussis）描述當時情景，他宣稱每天都有好幾千人死

亡：「所有醫療建議與照護都無濟於事；韃靼人身上一出現病狀，立刻就死了；他們的腋下或腹股溝因體液凝結而腫脹，隨後發作斑疹傷寒。」[19]

由於麾下軍人急速病亡，札尼別可汗被迫放棄圍城，不過臨去前給熱那亞人出了惡毒的一招：用攻城的投石器將屍體射進城裡。由於數量極為龐大，即便城裡的人努力將屍體丟入海中，空氣和水還是中毒了：「……惡臭太過恐怖，幾千個人裡也找不到一個能逃離韃靼軍隊屍體的毒害。更糟的是，人們一旦感染疫病，就可能將毒傳給別人，光是用眼睛看，就可以把病傳染給他人和路過的地方。沒有人知道抵抗的方法，也沒有人能夠找到對策。」

從卡法逃往熱那亞或威尼斯的船隻，將鼠疫也一起帶過去。「水手抵達這些地方時，和當地人混在一起，彷彿將惡靈也帶去了：每個城市、每個聚落、每個地方都遭到傳染性惡疫毒害，當地居民不分男女紛紛猝死。一個人染疫後，不但自己一人倒斃，也將疫病傳給全家人，所以準備埋葬死者的家人，也和他一模一樣的死了。」[19, 20]

各個城市的整體死亡率並不相同；佛羅倫斯、威尼斯、巴黎大概死了一半人口，米蘭、波蘭和巴斯克區（Basque Country）的情況則相對輕微。由於死亡率太高了，只好把屍體堆在坑裡一起埋葬；住家中、街道上都有腐爛的屍體。醫生、僧侶、教士受害尤其嚴重，因為他們更常接觸病人。自 1347 年開始，鼠疫從地中海的港口蔓延到整個歐洲，向北抵達法國、日耳曼、不列顛、北歐，然後轉往東邊，於 1353 年抵達莫斯科。從黑海和君

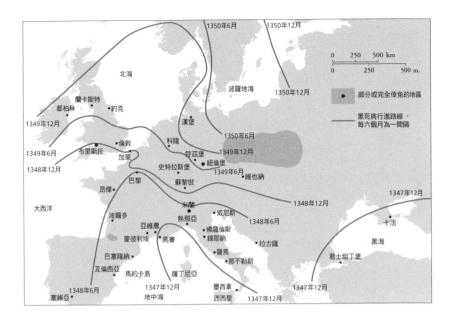

黑死病在歐洲 [21]

（The Black Death in Europe, information from historyguide. org, designed by Philip Beresford.）

士坦丁堡出發的船隻也帶著鼠疫，在 1347 年到達埃及的亞歷山卓港（Alexandria）。兩年內，黑死病重創整個中東，包括安提阿（Antioch）、麥加（Mecca）、巴格達和耶路撒冷。

　　雖然我們不是很確定黑死病總共奪走多少人命，不過數量肯定很龐大；歐洲死亡總數也許高達 60% 的人口。[22] 通常一個城市出現第一起病例後 6 個月，城裡就會死去一半以上的人口，這是歐洲古往今來最嚴重的天然災害。在義大利、西班牙和法國南部的人口稠密地區，鼠疫可能連續肆虐長達 4 年，罹難人口可

能達到 80%，數目高得令人驚駭。[23] 到 1430 年時，歐洲人口比 1290 年時還少，過了幾百年才恢復到原來的水準。1350 年時，鼠疫再次橫掃歐洲，接下來的 400 年，每一年都會在某地爆發新疫情。舉例來說，從 1361 年到 1528 年間，威尼斯一共發生 22 次鼠疫流行，後來在 1576 年至 1577 年間再次爆發，死了 5 萬人，幾乎占了威尼斯人口的 1/3。

　　中世紀的歐洲社會遭到鼠疫摧殘，村莊、產業和田地都荒廢了，大難不死的農人發現勞動力供不應求，所以他們的工資、社會流動性、合法權利、生活水準全都改善了。很多農人搬到城市居住，在宗教信仰深入民間的社會裡，向上帝求援是熬過鼠疫的主要策略。上帝一定非常氣憤，才會將黑死病送到人間，因此需要採取極端手段：人們將所有的錢都奉獻給教會，停止自己罪惡的行為，公開鞭笞自己，謀殺猶太人。可惜這些辦法都不管用，因此基督教的可信度受到重創。

　　鼠疫是致命傳染病的終極範例。打從西元 6 世紀查士丁尼大瘟疫首度出現以來，一直過了 800 年，才找到第一種可以有效控制鼠疫的方法。義大利政府和醫生率先找出導致鼠疫的條件，然後對症下藥：鼠疫爆發的條件是髒亂、惡劣的居住環境，以及髒水和貧窮。對應措施包括興建醫院，以隔離鼠疫患者；創設組織以負責打掃街道、清理公廁；派警衛駐守城門和山區隘口，以

阻止鼠疫蔓延；甚至在全歐洲、部分亞洲和非洲地區建立間諜網
絡，以通報任何新爆發的鼠疫疫情。因此大概在 1650 年時，義
大利半島成為第一個除掉鼠疫的地區，為其他國家提供可效法的
榜樣。[24] 儘管鼠疫的成因依然是一團謎，也不知道如何治療，但
是黑死病確實促成一套制度的創建，能夠阻止鼠疫蔓延，那就是
隔離檢疫。

　　鼠疫顯然可以人傳人，所以訪視病人的醫生、教士的死亡
率特別高。很多城市都嘗試分隔健康者和病患的策略，以阻止鼠
疫蔓延。舉例來說，義大利的瑞吉歐市（Reggio）將鼠疫病患移
出市區，將他們趕到農地上，假如病人託天之幸康復了（機會渺
茫），才准許他們回來。[25] 在此同時，位於克羅埃西亞的杜布羅
夫尼克（Dubrovnik）古城，前身是美麗的城市拉古薩（Ragusa），
本身是重要海港，與地中海沿岸的其他港口都有貿易往來，這自
然使得拉古薩承受鼠疫入侵的高度風險。城裡的首席醫生是來自
帕多瓦（Padua）的雅各布（Jacob of Padua），他建議在城牆外
設置一塊地方，將城裡的病患移到該處。想要進入拉古薩城內的
外地人，若是有身染鼠疫的疑慮，也必須先待在那個地方隔離。
[26] 但是這些措施仍然不足以防範新疫情爆發，其中一個問題是帶
病菌的患者早在出現病症之前就已經具有傳染力。因此拉古薩市
大議會（Great Council of the City）於 1377 年決議，要創造一套
更強大的制度，也就是為期 30 天的隔離，他們稱之為 *trentino*，
這個義大利字的意思正是「30」。新法律明令：

（1）來自鼠疫蔓延地區的旅客必須隔離 30 天，才能獲准進入拉古薩。

（2）拉古薩人不准進入隔離區。假如違反禁令，必須在隔離區待滿 30 天。

（3）除了大議會指定照顧隔離者的那些人之外，任何人都不許攜帶食物去探視隔離中的人。違反禁令者的懲罰同樣是必須在隔離區待滿 30 天。

（4）違反規定者需要繳納罰金，並處以 30 天隔離的懲罰。

　　這項制度上路之後，終於能夠防止鼠疫蔓延了。此後不久，馬賽、威尼斯、比薩、熱那亞也推出類似法律，因為隔離時間從 30 天延長到 40 天，所以制度名稱又從 *trentino* 改為 *quarantino*，這個字源自威尼斯方言的 *quaranta*，也就是「40」，今天眾所皆知的隔離檢疫這個字眼「*quarantine*」，就是這麼來的。[27]

　　遺憾的是，隔離檢疫的規定一旦鬆懈，鼠疫可能就會捲土重來：黑死病開始之後的第二波流行，最後一次大爆發的地點是地中海的馬賽港，時間是 1720 年。[28] 馬賽最初是希臘殖民者建立的，兩千年來一直是重要的港口，和地中海東岸的黎凡特（Levant）之間往來貿易十分熱絡，黎凡特就是現在的黎巴嫩、敘利亞、以色列所在之處。正因為如此，馬賽早在 1348 年就成為黑死病侵襲法國的入口，而馬賽市的統治者也很清楚船隻從遙遠東方帶來疾病的危險，於是致力設置一套細緻的隔離檢疫程序，希望一方面盡可能降低風險，另一方面維持讓這個城市富裕繁榮

的貿易活動。新抵達的船員和乘客必須先接受檢查，看看有沒有染病跡象，另外還要檢查航行日誌，看看這艘船最近是否去過已知流行鼠疫的其他港口。即使看起來沒有染病跡象的船隻，如果去過高風險港口，就必須先在馬賽主港口外面的島嶼等候。至於疑似染病的船隻，可能被送到更孤立的島嶼上停留 60 天，以觀察是否出現任何鼠疫病例。這一切都完備之後，船員才會獲准進入馬賽市內銷售船上的貨物，然後準備下次的啟航。

　　儘管有了這些預防措施，鼠疫依然在 1720 年抵達馬賽，走的是常見的模式，也是從一艘感染鼠疫的船隻開始，這艘船名為大聖安圖望號（*Grand-Saint-Antoine*），從黎巴嫩的西頓（Sidon）出發，先後到過士麥那（Smyrna）、的黎波里（Tripoli），以及鼠疫橫行的塞浦路斯（Cyprus）。這艘船上先是死了一個土耳其乘客，接著好幾個船員也淪為受害者，包括船醫在內。船到了義大利的利佛諾港（Livorno）時打算入港，但卻遭到拒絕，於是轉往馬賽。雖然城裡的商人極欲獲得船上值錢的貨物，但馬賽的港務當局依然安排大聖安圖望號在城外隔離檢疫。

　　儘管船隻隔離檢疫，但是短短幾天後，馬賽城裡就爆發了鼠疫，可能是因為從船上卸下的布匹藏有感染鼠疫的跳蚤。[29] 馬賽下達命令：任何人不得在馬賽和普洛旺斯省（Provence）其餘地區之間往來，違反者將處以死刑，希望藉此遏阻鼠疫在本地爆發開來。馬賽至今仍保留一段兩公尺高、設有崗哨的城牆，名為鼠疫牆（*Mur de la Peste*），就是當時興建的城牆遺跡，目的是隔絕與染疫地區的交通往來。儘管當年馬賽市為了應付鼠疫，已

經設立醫院，也配備全職醫生和護士，可是染病患者的數量太過
龐大，醫護人員實在吃不消。話又說回來，有能力治療病患的醫
生往往喜歡使用催吐法、利尿劑、瀉藥，因此病患在接受治療後，
通常會因脫水而死亡。[16] 馬賽周圍挖了一些埋葬死者的墳坑，可
是成千上萬的屍體很快就填滿這些坑。原本有 9 萬人口的馬賽，
在接下來的兩年死了 5 萬人，鄰近的法國區域，罹難人數也和馬
賽差不多。雖然如此，鼠疫沒有再繼續向外擴張，證明隔離檢疫
制度可以控制疫情的爆發程度。在此之後，官方又加強了泊船的
隔離檢疫和檢查制度。

　　中國西南的雲南省比鄰緬甸、越南，18 世紀末葉，數以百
萬計漢人從中國四面八方遷徙到雲南省當礦工，彼時雲南山區雖
然富饒，卻有鼠疫橫行。雲南過去已經有偶發的本土病例，然而
新增加的人口居住在染病老鼠附近，加上大量遷徙活動和城區擴
張，激發了 1850 年代的新一波大流行。在此同時，清朝正開始
喪失對國家的控制力，漢族和回族打了起來，而自稱耶穌基督為
其「天兄」的洪秀全，對清朝發動駭人的太平天國叛亂，這是史
上最血腥的內戰，為鼠疫蔓延創造理想的條件。鴉片商人將鼠疫
帶到臨海城市，譬如廣東（廣州），當地 1894 年短短幾星期就
死了 6 萬人，香港則是在幾個星期內死了 10 萬人。1896 年，鼠
疫抵達印度，最可能的來源是一艘從香港來的船隻。照慣例，鼠
疫先襲擊港口城市，然後蔓延到整個區域的鄉下地方。接下來的
30 年，印度總共死了 1200 萬人，英國殖民統治者拼命控制疫情，
祭出隔離檢疫、隔離營、旅遊限制等措施。然後鼠疫從東亞開始

蔓延到全世界，在最終獲得控制之前，最遠曾抵達舊金山、澳洲、南美洲、俄羅斯和埃及。這場第三波鼠疫大流行給了科學家一個機會，讓他們得以運用新的微生物學知識，調查鼠疫的病原。

1863 年，耶爾森（Alexandre Yersin）生於瑞士，後來歸化法國。耶爾森與巴斯德（Louis Pasteur）在巴黎共事，他協助巴斯德創造狂犬病疫苗，也和德國的微生物學家柯霍（Robert Koch）合作過。這幾位堪稱當時的細菌學泰斗，巴斯德和柯霍是發展並鼓吹細菌造成疾病理論的先驅者，主張感染是因為特定微生物所造成的。巴斯德已經證明，葡萄酒和啤酒會因為微生物的作用而轉變成醋，進而提出其他微生物可能導致疾病的想法。柯霍是德國醫生，在發現許多傳染病成因的過程中居功厥偉，特別是肺結核和霍亂。後人沿用他的研究方法，找出其他眾多疾病的致病微生物，包括傷寒、白喉、破傷風、痲瘋、梅毒、肺炎、腦膜炎。柯霍不僅發現這些疾病的原因，還提出一套法則，用以證明某種微生物是否造成特定疾病：

（1）從病患或者罹病的動植物身上可以找到相同病原。

（2）從罹病體內分離出來之病原，應該可以培養或者純化。

（3）培養或者純化出來的病原，接種至實驗動物體內或是相同的動植物，此時會引起相同的病徵或是疾病。

（4）即使發病之後，仍然可以從接種的實驗動物體內，或是從動植物裡分離出相同的病原。[30]

　　1894 年，耶爾森和日本細菌學家北里柴三郎（Kitasato Shibasaburō）被派去香港調查鼠疫，他們兩人獨立工作，但是都使用柯霍氏法則作為釐清鼠疫病原的策略。北里以前是柯霍的學生，曾經在柏林協助老師開發破傷風和白喉的抗毒素。他們兩人在香港只待了短短幾個月，就從鼠疫死者的腹股溝膿瘡成功取得細菌，並以肉湯培養該細菌。接下來他們將細菌注射到小鼠體內，細菌迅速複製，小鼠隨之死亡。1894 年 6 月，北里和耶爾森不約而同宣布鼠疫細菌的分離和培養成功，儘管北里率先達成，可是外界質疑他培養的細菌遭到其他種類的細菌汙染，而耶爾森所做的特性分析則比較完整，因此鼠疫微生物在 1970 年被命名為鼠疫耶氏桿菌（Yersinia pestis，簡稱鼠疫桿菌）。

　　人們懷疑老鼠和瘟疫之間有關聯，至少已經一千年了。顯然耶爾森也注意到香港街上有很多死老鼠，並懷疑牠們是否也死於鼠疫。法國醫生西蒙德（Paul-Louis Simond）也曾在巴黎的巴斯德研究所（Pasteur Institute）待過，1897 年他被派往印度孟買繼續耶爾森的工作。西蒙德發現鼠疫患者的腿腳上有微小的水皰，裡面充滿鼠疫細菌。他懷疑這些受害者被跳蚤咬了，而跳蚤最近才吸過染病老鼠的血，就此將鼠疫從老鼠身上傳遞到人身上。西蒙德注意到，剛死不久的老鼠身上寄生的跳蚤特別稠密。[31]

　　於是西蒙德設計一個很聰明的實驗，來檢驗他的假設。首先，西蒙德從鼠疫患者的住處抓到一隻感染鼠疫的老鼠（此舉十分英勇，因為他自己很可能因此被跳蚤咬到而染疫），又從一隻貓的身上抓到更多跳蚤，然後放在那隻老鼠身上，以確保老鼠身

上寄生的跳蚤數量夠多。西蒙德將老鼠放進一只大型玻璃瓶，一旦牠開始進入鼠疫的最後痛苦階段，西蒙德就把一隻健康的老鼠放進鐵絲籠裡，然後將籠子懸吊在瓶底沙土的上方。籠子裡的老鼠無法直接接觸染病的老鼠，也接觸不到玻璃瓶壁或砂土。第二天染病的老鼠死了，西蒙德把鼠屍留在玻璃瓶中 24 個小時，藉此強迫跳蚤離開鼠屍，另尋新宿主。死老鼠的解剖結果證實全身都有大量鼠疫桿菌。5 天之後，籠子裡的第二隻老鼠發病後死亡，也是死於鼠疫。西蒙德明白這個疾病一定是藉由跳蚤傳播的，跳蚤從第一隻老鼠身上跳到籠子裡的老鼠，造成鼠傳鼠感染。我們可以理解西蒙德當時必然十分激動，他寫道：「那一天是 1898 年 6 月 2 日，我感到無法形容的情緒，沒想到自己竟然解開了世界出現鼠疫以來一直折磨人類的祕密。」

西蒙德也正確推論出如何防範鼠疫，不僅要處理感染的人，也要應付老鼠和寄生蟲。[32] 如今我們已經了解，人類爆發大規模鼠疫之前，一定會先出現齧齒類動物的疫情大爆發，一旦老鼠開始大量死亡，牠們身上已經染病的跳蚤頓失宿主，就會開始尋找其他對象吸血，正如西蒙德的實驗所顯示的那樣。

鼠疫細菌的發現背後是一場悲劇，因為費時太久了。早在 17 世紀就有了顯微鏡，人們可以用它來看和細菌一樣小的物體，而疾病會透過細菌傳播的概念開始得更早。舉例來說，瑞士醫生普拉特（Felix Platter）在 1597 年和 1625 年先後發表文章，審慎主張鼠疫和梅毒是傳染病，而染病的必要條件是感染細菌。[33] 可惜接下來的兩百年，哪怕所需要的工具早已存在了，這些概念並

未得到適當的後續實驗與探究。

　　現在我們已經很清楚感染鼠疫桿菌為何那麼慘烈，曉得它是如何躲避和破壞我們的免疫系統，又是如何演化。[34] 具體來說，鼠疫桿菌之類細菌的 DNA 定序分析是絕佳工具，可以用來比較微生物的不同菌株及其演化。細菌通常每一個基因只有一套，當基因複製的時候就會分裂成兩套，而每個基因都擁有和親輩相同的 DNA。在良好的條件下，細菌可以在一個小時內複製，每一年可衍生數量極為龐大的世代。每一次 DNA 複製時，序列都有機會改變，然後這些改變會傳給那個細胞的所有後代。因此我們能夠追蹤細菌的菌株如何蔓延，因為每一個菌株都擁有獨特的 DNA 序列；想要弄清楚鼠疫的源頭和蔓延情況，比較 DNA 序列就變得極為有用。假如我們夠幸運，找到保存良好的樣本，還能夠定序古代的 DNA，直接分析數百年前或數千年前殺人無數的那種細菌。

　　1349 年黑死病肆虐程度達到顛峰時，倫敦每天都要死 200 人，遠超過教堂墓園能容納的數量，所以只好啟用倫敦市外面的墓地，例如倫敦塔（Tower of London）東面靠近泰唔士河的東史密斯菲爾德（East Smithfield）。倫敦博物館（London Museum）的考古學家在 1980 年代挖掘這處遺址，發現 558 處墓地，埋葬的死者多半介於 5 歲到 35 歲之間，說明鼠疫殺死健康的年輕人，

這一點很不尋常，因為大部分疾病的受害者多半是老人或嬰兒。墓地埋葬的屍體呈東西向擺放，這是根據基督教的風俗行事，大多數亂葬坑會上下堆疊五層屍體，上面用煤炭覆蓋，企圖吸收從屍體流淌出來的惡臭體液。

2011 年，科學家分析在東史密斯菲爾德遺址挖到的 46 枚牙齒和 53 塊骨頭，結果在其中 5 顆牙齒中發現鼠疫桿菌。他們將發現結果拿來比較 17 個鼠疫桿菌現代菌株的 DNA 序列，在這17 個菌株當中，有一個寄生在田鼠身上，他們也比較該細菌的近親耶爾森氏菌假結核病（*Y. pseudotuberculosis*），這一種寄生在土壤中。史密斯菲爾德菌株顯然和所有現代鼠疫菌株的關係都很密切，顯示黑死病菌株是鼠疫桿菌所有現代致病菌株的祖先。由此可見，黑死病始終沒有真正滅亡（但是很可能突變了）。這又引發一個問題：為什麼以前鼠疫的致命性遠大於今天？鼠疫爆發不僅是因為致病微生物有了某些突變，使它的致命性特別高；大爆發還需要其他條件配合，譬如合適的人類宿主（尚未演化出對鼠疫的抵抗力）、天氣、動物數量、疾病散播的難易程度、與老鼠和跳蚤生活在一起、社會條件、與其他疾病的互動。在黑死病爆發前夕，歐洲人口過剩、糧食供應不足，經常發生飢荒，造成人口普遍營養不良，比較無法抵抗新疾病（這點我們已經在敘述錫耶納的故事時說明過，第十一章還會進一步討論。）[35]

2013 年，研究人員分析兩顆 1500 年前的牙齒，牙齒的主人是埋葬在德國一處墓園裡的鼠疫罹難者，DNA 分析也找到鼠疫桿菌的蹤跡，證明兩件事：查士丁尼大瘟疫確實是腺鼠疫，它往

北方蔓延，超越了拜占庭帝國的疆界。雖然古代歷史學者的報告早就懷疑鼠疫桿菌的角色，但其他人卻猜測查士丁尼大瘟疫是完全不同的疾病，也許是流行性感冒或炭疽病。這兩份新的 DNA 序列被拿來和黑死病做比較，後者是取自黑死病大流行時的 131 個鼠疫桿菌病株的序列資料庫。據我們所知，查士丁尼菌株如今在人類身上已經絕跡，因此查士丁尼鼠疫和黑死病起源自兩次獨立的事件，都由齧齒類動物將細菌傳播給人。這有助於解釋為何每一次的鼠疫症狀略有不同，鼠疫桿菌可能也寄生在不同種類的老鼠身上。

　　和查士丁尼鼠疫最親近的一種菌株，目前寄生在中亞吉爾吉斯山區的土撥鼠身上。[36, 37] 古代連接中國和西方的絲路，正是穿過吉爾吉斯。大約 1500 年以前，君士坦丁菌株從齧齒動物跳到人類身上，然後順著絲路旅行，也許是和阿提拉王帶領的匈奴人同行，最終傳給拜占庭帝國的人民，造成鼠疫大爆發的災難。[38]

　　利用現代方法為古代生物樣本進行的生物定序，證明早在查士丁尼之前數萬年，鼠疫就已禍患人間。6 萬年前，烏克蘭、摩爾多瓦（Moldova）、羅馬尼亞這一帶通稱特里波耶文明（Trypillia culture），這個名稱來自當地一個現代城鎮的名字。6 萬年前那裡的城市人口稠密，居民高達兩萬人，是截至當時歐洲規模最大

的聚落，有陶器、牲口拉犁、輪子、銅基冶金等新技術在背後支撐。那時人們種植小麥、大麥、扁豆，畜養牛、綿羊、豬、山羊。貿易網絡連結相隔數千英里的人口，不過現今已無從得知，他們在這片廣袤的疆域上是使用什麼語言溝通。

可惜他們不曉得，興建大城鎮，讓商人在城鎮間來來往往，正好替災難鋪路。特里波耶文明大概在 5400 年前瓦解，城鎮遭到拋棄，屋舍全部燒光，人口銳減，在接下來的 1500 年都一蹶不振。過去研究人員推測這個新石器時代文明的衰敗原因時，向來聚焦在環境毀壞、森林砍伐、氣候變遷、濫墾濫耕，不然就是遭到外族侵略。[39] 然而最近對古代 DNA 的研究卻顯示，新石器時代文化崩壞的原因，也少不了鼠疫作祟。

5 千年前，瑞典的弗萊瑟谷爾登（Frälsegården）一地有個新石器時代聚落，當地的亂葬坑裡埋了 78 個人。有鑑於當時瑞典人口十分稀少，足見對他們而言，同時埋葬這些死者是多麼龐大的數字。由於遺骸沒有外傷，可知死者因流行病而非屠殺致死。弗萊瑟谷爾登墓地裡所發現的牙齒，在 2019 年接受 DNA 定序，尋找可能的病原。研究人員在兩具 20 多歲的遺骸（一男一女）身上，發現鼠疫桿菌的古代菌株，命名為 Gok2。Gok2 的序列分析顯示它是青銅器時代獨特的菌株。[40] 在 Gok2 之後，西伯利亞、愛沙尼亞（Estonia）、波蘭、亞美尼亞（Armina）出現好幾種其他的鼠疫桿菌菌株，[41] 並且蔓延出去，時間剛好與新石器時代歐洲人口減少相吻合。在可以分析古代 DNA 的技術發明之前，我們大致仰賴描述症狀的書面記錄來判斷鼠疫是致病因素，所以過

去認為查士丁尼大瘟疫是人類史上第一次鼠疫大流行。現在有了古代 DNA 定序，得以追查那些沒有文字流傳下來的文明，發現遺骸中留有鼠疫的蹤跡。看起來特里波耶文明是慘烈鼠疫大流行的另一個受害者。

　　DNA 定序技術對考古學起了革命性影響，以前使用陶器之類的物品來分辨過去的人種，如今可以直接分析他們的 DNA 序列，追蹤人口的遷徙、年齡、血緣關係。[42] 將這些古代人類和鼠疫桿菌的 DNA 研究發現，加上考古學的研究成果，所得到的故事告訴我們，新石器時代文明可能是如何衰落的。[40] 特里波耶文明的超大型聚落人口非常稠密，而且與動物接觸密切。人口過剩加上過度耕種，造成了營養不良和飢荒的危機，削弱了人們抵抗疾病的能力。在此同時，鼠疫新菌株的第一宗病例出現了，聚落裡寄生在染病老鼠身上的跳蚤一跳跳到人類身上。這並不是人類第一次從齧齒動物身上感染鼠疫，然而這一次的鼠疫卻能在短短數週內傳給上萬人，因為人們住得太靠近了。膽戰心驚的人們利用早已走慣的貿易路線向外逃命，就此將疾病傳遍歐洲和亞洲。超大型聚落往往存在 150 年，然後就被拋棄、焚毀，之後再重建，理由不明，也許是企圖利用這些激烈手段來遏阻鼠疫。人口如此大規模削減，為後來東方草原民族的移入鋪路，這些草原民族口操原始印歐語（Proto-Indo-European），是幾乎所有歐洲語言的祖先。鼠疫一旦摧毀新石器時代文明，就在人類身上絕跡了。因此後來的鼠疫大流行是從齧齒動物的新傳染開始。

　　現在世界許多地方的齧齒動物與其寄生蟲身上，依然找得到自然感染的鼠疫。美國每年都會發生幾起人類感染鼠疫的案例，都是因為接觸遭到鼠疫感染的野生齧齒動物或牠們身上的跳蚤才染病，偶爾也有例外，致病來源是其他染病的野生動物（短尾貓、郊狼、野兔）或家畜（貓、狗）。儘管這些大多數是獨立個案，但是如果老鼠與人混居，而老鼠身上的跳蚤感染鼠疫，那麼仍然可能爆發大規模鼠疫。在非洲、亞洲和南美洲，鄉下地區的百姓可能經由齧齒動物染疫，萬一他們遷移到城市地區，特別是發生戰爭時，社會秩序紊亂，衛生條件欠佳，大量人口遷移，那麼爆發鼠疫大流行的機率就更高了。抗生素可以成功治好鼠疫，然而有些鼠疫桿菌目前顯得對抗生素已有抵抗力，有時候細菌發生突變，沒有被抗生素消滅——原因或許是細菌帶有某種酶可以分解抗生素藥劑的化學結構，或是帶有某種運輸蛋白（transport protein），能將藥劑抽出細胞外。當這種情況發生時，其他細菌統統被抗生素殺死，唯有倖存的突變細菌會複製，創造出新的細菌群，而抗生素對它們發揮不了作用。這是實實在在的物競天擇，每一種抗生素最終都將失去效力。新的致命鼠疫菌株從齧齒動物跳到人類身上，至少已經發生過 3 次，這項事實意謂歷史可能重演。我們不太可能徹底消滅鼠疫，因為世界上除了澳洲和南極洲外，每一片大陸都有鼠疫桿菌存在，寄生對象涵蓋很多種不同的齧齒動物。

　　現在已經有預防感染鼠疫的疫苗，不過通常只為風險特別高的人施打，最明顯的當然就是醫療人員或研究鼠疫桿菌的人員。鼠疫疫苗的開發依循兩項策略：第一，用死亡細胞製成疫苗，必須先利用加熱或化學物品對鼠疫桿菌進行滅活（inactivate）。這樣的疫苗很安全，可以提供抵抗腺鼠疫的免疫力，可是採用動物模式時，該疫苗無法抵抗肺炎性鼠疫。第二，藉由長期培養菌落（colonies），可以培育出鼠疫桿菌的新型非致命菌株，然後拿來作為疫苗。這類型的疫苗對腺鼠疫和肺炎型鼠疫都很有效，不過它們始終帶有風險，因為引進活菌可能會造成新菌落在人體內進行複製。過去在實驗室的動物和非人類靈長類動物身上注射活體疫苗之後，已經發生過多起致死案例，不過至今還未有人類因此死亡。我們仍然需要更優良的鼠疫疫苗，[43] 這方面的研究並不容易，因為刻意讓人感染鼠疫很不道德，所以缺少實驗對象，無法測試可能的療方。

　　目前鼠疫並不是人類的重要死因，從 2010 年到 2015 年間，全世界只通報 3248 件鼠疫病例，其中有 584 人死亡，而風險最高的國家是民主剛果共和國、馬達加斯加、祕魯。儘管如此，我們不能夠自滿，因為這種有史以來奪走最多人命的傳染病依然折磨人類，地球上有很多齧齒動物身上寄生著鼠疫桿菌，不可能徹底消滅這種細菌。人類永遠會被跳蚤咬傷，而細菌演化迅速，新的致命菌株可能再現。我們曉得，透過實驗室的基因操作，鼠疫桿菌可以被轉變成具有抗生素抗藥性的新菌株，[44] 而如今抗生素抗藥性已經開始出現在野生環境中。[45] 刻意創造出來具有抗生素

抗藥性的新菌株，有用於生物戰武器的潛力，一旦成真，人們將重新體驗 1346 年卡法圍城的恐怖景象。

雖然現代醫藥威力驚人，但是依然有爆發流行病的風險。致命細菌的新菌株和致命病毒的新病毒株可能輕易演化成能夠抵擋抗生素和其他治療。拜航空旅行之賜，它們在地球上散播的速度更快，殺戮的速度也更快，使人們根本來不及尋找與備妥任何治療方法與疫苗。這樣的後果無可避免，2020 年爆發的新冠病毒疫情只不過是最新的例子，畢竟從細菌和病毒的觀點來看，79億人口純粹是它們潛在的龐大食物來源。

第五章
擠牛奶女郎的手

　　天花是傳染力極強的疾病，罹病者往往無法存活。這種病的傳播途徑是咳嗽和打噴嚏，如果與病人共用衣物或寢具，也可能感染。狄更斯（Charles Dickens）小說《荒涼山莊》（*Bleak House*）的主人翁桑茉森（Esther Summerson）就有這樣的經歷，她接受別人捐贈的衣服，卻發現這項善舉反而害自己罹患天花。感染天花者有三成的人會死亡，即便大難不死，身上長滿的水疱癒合後，通常會留下永久疤痕。患者也可能失去部分嘴唇、耳朵、鼻子，另外，由於角膜留下瘢痕，瞎眼也成了天花常見的後遺症。天花至今依然無藥可醫，不過感染過天花的人終身不會再得。

　　天花是由天花病毒（*Variola* virus）引起，最可能的來源是非洲一種齧齒動物身上的病毒演化而形成，然後大概在一萬年前轉移到人類身上，當時非洲東北部剛剛開始進入農耕時代。[1, 2]埃及第十八王朝和第二十王朝（西元前 1570 年到西元前 1085 年之間）留下來的木乃伊臉上，發現類似天花的疤痕，包括拉美西斯五世法老（Pharaoh Ramses V）的頭部也有疤痕。[3]大約相同時

間印度的古梵語典籍提到，中國在西元前 1122 年似乎出現過疫病，所描述者大概就是天花。

　　大約 1500 年前，天花抵達歐洲，不過一開始它只是眾多兒童疾病中的一種，到了 17 世紀初葉才開始在成人之間大流行，原因不詳。[4]18 世紀的歐洲，每一年有 40 萬人死於天花，倖存者當中有 1/3 失明。[2] 罹患天花的成人死亡率從 20% 到 60% 不等，甚至比嬰兒還嚴重，1800 年代末期，倫敦的天花死亡率將近八成，柏林更達到令人驚駭的 98%。[2] 財富和權勢碰到天花也丟盔棄甲：法王路易十五世（Louis XV）、英國女王瑪莉二世（Mary II）、俄皇彼得二世（Peter II）、中國清朝順治皇帝、奧地利女大公瑪麗亞 · 特蕾莎（Maria Theresa of Austria）全都死於天花。蘇聯領導人史達林（Josef Stalin）7 歲時得過天花，後來他統治蘇聯，拍照時會要求修改照片以隱藏自己的疤痕。英國女王伊麗莎白一世（Queen Elizabeth I）也在 29 歲時感染天花，之後總是在臉上畫濃妝、戴假髮掩飾疤痕和稀疏的頭髮，懂得奉承的畫家自然也在繪畫上動手腳，以取悅女王。

　　古代有一種預防天花的辦法，就是刻意將天花病毒傳給未免疫的個體，這種辦法稱為人痘接種（viriolation），種痘的方法是用刀片從成熟膿皰上取下一塊新鮮組織，然後轉移到接受者的手臂或腿上，藉此提供對方免疫力。人痘接種的方法似乎在不同時

期、不同地方被發現，彼此是獨立事件，這些地方包括歐洲、非洲、印度、中國。[2]1670 年，伊朗北方高加索山脈以西的切爾克西亞（Circassia）地區的商人，將人痘接種引入鄂圖曼土耳其帝國。切爾克西亞的人家很希望把女兒送進伊斯坦堡的蘇丹後宮，不但享有榮華富貴，還有可能成為下一任蘇丹的生母，所以他們實施人痘接種，以避免女兒罹患天花後留下痘疤，此舉的確有助於高加索美女的聲名鵲起。

　　1717 年派駐鄂圖曼帝國的英國大使夫人瑪麗・蒙特鳩（Lady Mary Wortley Montagu）觀察接種人痘的過程，也以相同方式為自己年幼的孩子順利接種。蒙特鳩夫人回到英國之後，在 6 個死刑犯身上試驗種痘的程序，然後再故意讓他們感染天花，事後這些犯人全都毫髮無傷，幸運獲得釋放。從此之後，人痘接種在英國和歐洲其他幾個國家普及起來，俄國正是其中之一，18 世紀末葉，一位來訪的英國醫生就替凱薩琳大帝（Catherine the Great）和她的兒子沙皇保羅一世（Tsar Paul I）種痘。1776 年 5 月，法國國王路易十五世死於天花，一個月後，繼承他王位的孫子路易十六世（Louis XVI）接種人痘。[2]

　　雖然人痘接種獲得成功，但是它有兩大瑕疵，所以仍然需要更好的替代方法。第一個瑕疵是將活的天花病毒放進人體，本身是有風險的程序：接種者大約有 2% 死亡，而且其他疾病也可

能經由血液進入體內。第二個瑕疵是，雖然接種的個人身體變好了，可是其他的人並沒有改善，反而可能被這些新帶原者傳染天花。比較好的主意是導入一種溫和的疾病，來抵抗另一種致命性較高的疾病。

在 18 世紀的英國，擠牛奶女郎擁有美麗、性感的好名聲，[5] 藝術家經常以她們為模特兒。擠牛奶的工作似乎讓她們對天花免疫，皮膚上自然也就不會出現痘疤。畫家庚斯博羅（Thomas Gainsborough）所繪的《擠牛奶女郎與風景》（*Landscape with Milkmaid*）就是個例子。1796 年，擠牛奶女郎奈兒蜜絲（Sarah Nelmes）去找葛洛斯特郡（Gloucestershire）的鄉村醫生詹納（Edward Jenner）看病，因為她的右手長了疹子。奈兒蜜絲告訴詹納，她有一頭叫做花朵（Blossom）的葛洛斯特種母牛最近染上牛痘（cowpox）。詹納曉得擠牛奶女郎替染患牛痘的母牛擠奶之後，常常會長水疱，而奈兒蜜絲的小膿疱多半長在她給花朵擠奶的手部。[6] 很多人相信擠奶女郎因為接觸牛痘，所以從來不會得天花。詹納醫生決定直接驗證這則迷信的真假，他從奈兒蜜絲手上的水疱裡抽取一些膿液，然後注射到自家園丁 8 歲大的兒子菲普斯（James Phipps）身上，引發溫和的牛痘。接著詹納又故意多次在菲普斯身上注射天花，小男孩很幸運，始終沒有發病。

詹納得到這項希望濃厚的結果之後，又在他自己和另外 100 個小孩身上做實驗，再次大獲成功。1798 年，詹納寫書發表自己的發現，書名叫《探究牛痘預防接種之原因與效果》（*An Inquiry into the Causes and Effects of the Variolae Vaccinae*），[6] 並

將他使用的程序命名為「疫苗接種」（vaccination），這個字源於拉丁文的「vacca」，意思就是母牛。牛痘膿液不容易大量採集、運輸和保存活性，於是詹納開發保存乾燥物質的方法，讓他能將膿液寄給本國和外國的醫生使用。英國政府頒發巨額獎金 3 萬英鎊（相當於今天的 400 萬英鎊）給詹納，即使是平常對英國不太友好的拿破崙（Napoleon），也熱烈褒揚詹納，並致贈他禮物。

詹納並不是第一個嘗試接種疫苗的人，他在 1796 年第一次試驗之前，至少已經有 6 個人使用牛痘預防天花，然而這些人都沒有造成太多影響。第一個實驗的人可能是英格蘭西南方多塞特郡（Dorset）的農夫傑斯提（Benjamin Jesty），[7] 他認識兩個擠牛奶女郎，她們雖然親自照顧罹患天花的親人，但自身卻逃過一劫。傑斯提為了保護家人，展現無比自信——他用一支打毛線的織針，從鄰居家感染牛痘的母牛身上取來膿液，替妻子和幾個年幼的兒子接種牛痘。傑斯提沒有給自己種牛痘，因為他知道自己已經得過牛痘。接種之後，男孩的手臂上出現膿皰，傑提斯太太的手臂也發炎，害她病了一場。儘管如此，這一家人都康復了，雖然數十年後又接觸到天花，但始終沒有感染發病。傑斯提的行動在多塞特郡並不受歡迎，反而成為大家譏諷、嘲笑、霸凌的對象，難怪他不願多宣傳自己的想法。不過多塞特郡的史旺尼奇教區（Swanage）牧師貝爾（Andrew Bell）在 1805 年聽說詹納的作為，還因此獲頒獎金的事情，便寫信給倫敦的種痘疫苗創始協會（Original Vaccine Pock Institute），告訴對方，傑斯提才是第一個接種疫苗的人。此舉促成傑斯提在 1805 年前往該協會，由協

會專門為他繪製人像以資表揚。[8]

詹納比傑斯提更受重視的原因,是他受過專業訓練,也擁有行醫執照。更重要的是,詹納率先推廣疫苗接種,這得歸功於他的著作被各國廣為翻譯,而且他勤於寫信,致力發送疫苗。出版著作在科學界至為關鍵——科學發現再怎麼意義重大,假如誰也沒聽過,就一點用處也沒有。詹納位於葛洛斯特郡的怡人住家現在成了博物館,[9]他為當地小孩接種疫苗的那間小茅屋至今依然在花園中。

西班牙迅速採納疫苗接種,到了 1801 年底,已經有好幾千人完成接種。西班牙人也很熱衷在他們的中南美洲廣袤領土上採用疫苗,因為在那裡感染天花的人口中,高達半數可能死亡,強制隔離也不可行。遺憾的是,在熱帶氣候下長途運輸的疫苗品質大打折扣,因此需要新的的方法,讓牛痘可以飄洋過海到達大西洋彼岸。他們採用的解決辦法是將疫苗注射到人體內,特別是 3 到 9 歲的男性孤兒身上,再將這些人運送到目的地。每隔 9 天或 10 天,先從膿皰中取得疫苗,再將疫苗轉移到先前未受感染的兩名男童身上,這條運輸鏈保持疫苗的的活性,得以撐過兩個月的航程。1804 年,這支遠征隊伍抵達委內瑞拉首都卡拉卡斯(Caracas),受到當地極為熱烈的歡迎。抵達之後,他們又在當地找到新人接種疫苗,然後分散隊伍,如此就能將疫苗送往不同地方,包括墨西哥、祕魯、智利和古巴。西班牙醫生巴爾米斯(Francisco Javier de Balmis)為十幾萬個墨西哥人(多半是兒童)接種疫苗之後,率領一支代表團,利用 26 個墨西哥男孩載運疫

苗橫渡太平洋，抵達菲律賓。巴爾米斯還將疫苗帶去位在中國的葡萄牙殖民地澳門。1805 年，英國和西班牙籍水手在特拉法加海戰（Battle of Trafalgar）廝殺的同一天，巴爾米斯和英屬東印度公司（British East India Company）卻攜手合作，在中國成立一處疫苗接種中心，拯救人們的性命。之後巴爾米斯才返回西班牙，獲得國家頒發的獎賞與勛章。整體來說，打從詹納發現種牛痘的辦法，10 年之內天花疫苗就傳播到世界各地，這都要感謝巴爾米斯等人的奉獻，以及政府和社會的支持，還有數十個年紀輕輕的疫苗載運者。[10, 11]

　　第一個強制國民接種牛痘疫苗的國家是巴伐利亞，時間是 1807 年。1840 年，英國明令人痘接種為非法行為，同時強制國人接種牛痘疫苗。儘管如此，到了 20 世紀，英國偶爾還是會出現天花病例，原因是牛痘接種程序不正確，或是有搭船的乘客感染天花，在英國港口上岸。牛痘接種計畫由各國政府負責，所以可能出現不夠規律或根本不存在的情況，致使天花病毒繼續散播，需要有一項全世界協調合作的計畫，才能克服這種疾病。1959 年，世界衛生組織策劃剷除全世界天花的計畫，一開始這項運動缺少經費、人員、使命感，也短少疫苗，所以到了 1966 年，天花依然很普遍，南美洲、非洲、亞洲地區還是經常爆發疫情。

　　世界衛生組織「加強根除天花計畫」（Intensified Smallpox Eradication Program）始於 1967 年，他們採用品質更好的冷凍乾燥疫苗，大幅增加施打劑量，使用新款針頭，建立監測系統以發現並調查病例，同時推出大規模接種疫苗的活動。此時美國

（1952 年）和歐洲（1953 年）已經徹底消滅天花，剩下南美洲、亞洲、非洲（天花在澳洲始終不普遍）。1971 年，南美洲根除天花，接著是亞洲（1975 年），最後是非洲（1977 年）。亞洲最後一個發病的天花患者是孟加拉的 3 歲女童萊西瑪（Rahima Banu），時間是 1975 年，當時一個 8 歲女孩通報這宗病例，之後萊西瑪就被隔離，住家外面一天 24 小時派駐警衛看守，直到她的傳染力消失為止。在萊西瑪居住的島嶼，她家方圓 1.5 英里內的每一個人立刻接種疫苗；方圓 5 英里內每一棟房子、群眾可能聚集的地方、學校和治療師所在地，都有一位「加強根除天花計畫」小組的成員訪視，檢查有沒有別的病例發生。結果他們沒有再找到新病例，萊西瑪也痊癒了。

索馬利亞梅爾卡港市（Merca）的馬林（Ali Maow Maalin）在醫院擔任廚師兼醫護工，他是最後一個自然感染天花的人，感染途徑是在 1977 年陪同兩個病人從醫院前往當地的天花辦公室，路程只有 10 分鐘。當時索馬利亞是特別困難的工作地點，因為很多人民過著游牧生活，為了防範梅爾卡港市出現天花大規模爆發，世界衛生組織祭出規模非常龐大的措施：馬林接觸過的 161 個人都找出來確認身分，其中 41 人沒有接種過疫苗，於是這些人全部皆種牛痘，他們的家人也一樣，之後並接受六星期的監視。梅爾卡醫院停止收容新病患，所有員工都接種牛痘，已經住進醫院的病人則限制待在室內。馬林所居住的那一部分城區，居民一概接種疫苗，而且工作人員大街小巷尋訪是否有其他病例。警方阻止任何人離開這個城市，新抵達的人若是最近沒有免疫，

也都要接種疫苗。總之在馬林確診感染天花之後，短短兩個星期內，一共有 5 萬 4777 人接種疫苗。最後一個死於天花的人是 6 歲女孩哈碧芭（Habiba Nur Ali），她的家人曾與馬林見過面。這項包抄策略奏效，1978 年 4 月 17 日，世界衛生組織得以宣布「搜索完成。未發現病例。馬林是全世界最後一位已知感染天花的病例。」兩年之後，也就是詹納發現牛痘接種後將近兩百年，世界衛生組織宣布這個世界已經找不到天花的蹤跡，這可能是國際公共衛生最偉大的成就。

2018 年，美國食品藥物管理局（US Food and Drug Administration，簡稱 FDA）核准世上第一種治療人類天花的藥物，名為 TPOXX。[12] 可是既然托天之幸，天花已經滅絕，為什麼製藥公司還要自找麻煩開發療方呢？因為天花可能死灰復燃，這可真叫人膽寒。首先，因為病毒的 DNA 序列屬於公用領域，利用現代化學技術很有可能人工合成並大量生產病毒──驚悚文學作品常會見到這個主題──甚至透過工程改造，使病毒更加致命。第二，因為天花病毒依然存在。我們曉得位於喬治亞州亞特蘭大市（Atlanta）的美國疾病控制與預防中心（US Centers for Disease Control and Prevention，簡稱 CDC），以及俄羅斯新西伯利亞（Novosibirsk）附近的的國家病毒與生物科技實驗中心（State Research Center of Virology and Biotechnology，簡稱 VECTOR）都存放天花病毒，另外世界上也許還有其他祕密存放天花病毒的地方。這些中心可能有員工意外感染病毒（例如 1978 年英國伯明翰就發生過，一名實驗室員工意外接觸到天花病毒之後死亡），

甚至可能蓄意釋放病毒。最後，北極冰封的屍體可能帶有完好的天花病毒，萬一有人接觸新近解凍的屍體，就可能重新感染天花。這些因素都說明了，我們絕不能自滿，不能對這種殺死過好幾億人口的疾病掉以輕心。

　　一種藥物要得到核准，通常需要證明它對染病的人類有療效，方法是和接受安慰劑的對照組做比較。由於人類已經有 40 年沒有得過天花，那麼為了實驗藥物的療效，刻意使某人感染天花，顯然有不道德的問題（這還是最輕微的問題），所以這種藥品始終沒有在人類身上進行試驗。美國食品藥物管理局只好採用罕見步驟核准 TROXX，因為這種藥只證明對感染猴痘（monkeypox）的猴子和感染兔痘（rabbitpox）的兔子有效。

　　天花故事的重要性無與倫比，理由有好幾個。最明顯的是，這種曾在 20 世紀殺死 4 億人口的可怕疾病，現在竟然能夠絕跡。世界衛生組織的根除計畫大獲成功，證明假如全世界通力合作，是有可能剷除致命疾病。到目前為止，天花仍是唯一被我們消滅的疾病，不過小兒麻痺也快了，現在只剩下阿富汗和巴基斯坦還看得見小兒麻痺病例。[13] 最後，天花絕跡證明接種疫苗策略極具價值：讓接種對象接觸疾病的溫和版本，或是接觸傳染性微生物或病毒的一部分，可以刺激當事人製造抗體，這樣他的身體就做好了準備，可以抵抗未來接觸到的這種傳染病。疫苗一旦開發出

來，大規模生產與施打疫苗就會變得便宜、容易接種、效果極佳。

　　儘管有傑斯提和詹納傑出的成就，接下來的 50 幾年，疫苗的發展依然反反覆覆。先感染一種疾病以預防另一種疾病的想法，似乎只適用牛痘和天花，其他領域都沒有進展。直到 1870 年，法國微生物學家巴斯德（Louis Pasteur）利用滅活或減弱病原體，開發出抵抗炭疽病和狂犬病的新技術，這種現象才有所改變。美國微生物學家希勒曼（Maurice Hilleman）是最偉大的疫苗發明人，遙遙領先群倫，他的團隊開發出 40 多種疫苗，絕大多數是在他任職美國默克（Merck）製藥公司期間完成的，其中有 8 種非常重要的疫苗，至今依然用來對抗麻疹、腮腺炎、A 型肝炎、B 型肝炎、水痘、腦膜炎、肺炎、流感嗜血桿菌。希勒曼的策略通常是用細胞培養的方式進行病毒培養，直到病毒突變，製造出毒性減弱、不具危險性，但是仍可激發免疫反應的版本。希勒曼的疫苗目前每年挽救的人口超過 800 萬，整體來看，他是 20 世紀拯救最多條性命的人。

　　表 10 的一些數據顯示疫苗效果非凡，比較美國 10 種疾病在接種疫苗前和接種後的死亡率。疫苗顯然具有強大的優點，然而有些人仍然反對接種疫苗，有時候甚至為了財務報酬而出版有詐欺之嫌的科學論文，[14] 更有販賣恐懼的報紙在一旁搧風點火，助紂為虐。[15]

表 10　美國傳染病疫苗接種前後之死亡數據，2017 年 [16]

疾病	20 世紀疫苗接種前每年死亡人數	2017 年每年死亡人數	死亡率降低幅度
白喉	21,053	0	100%
流感嗜血桿菌	20,000	22	>99%
天花	29,005	0	100%
先天性德國麻疹症候群	152	2	99%
麻疹	530,217	122	>99%
腮腺炎	162,344	5,629	97%
百日咳	200,752	15,808	92%
小兒麻痺	16,316	0	100%
破傷風	580	31	95%
德國麻疹	47,745	9	>99%

　　疫苗觀念究竟可以適用多廣？我們能夠發明對抗任何疾病的疫苗嗎？過去人們已經找到數十種效果極佳的疫苗，也繼續戮力尋找更多種類，譬如 2019 年的伊波拉病毒 [17] 和 2020 年的新冠病毒。如今技術已經很成熟——當前使用的很多款疫苗已經有數十年歷史。

　　遺憾的是，有些疾病特別難用疫苗對抗，有時候疫苗創造的免疫很短暫，而我們都希望疫苗的效力能維持一輩子，或至少維持幾十年。有些病原生物突變非常迅速，以至於疫苗製造的抗體再也無法辨認新的病株。細菌和病毒可以在數小時內複製，每

年衍生成千上萬世代，得以產生突變。以 RNA 而非 DNA 為遺傳物質的病毒（例如 HIV）更容易突變，因此抗體所辨識的部分病原生物，可以純粹在偶然的機會下產生變異，容許它們躲過宿主的免疫系統。

　　流行性感冒病毒是另一個可能造成大流行的主嫌，衝擊力甚至可能大幅超越 Covid-19 新冠病毒。流感病毒年年突變，改變抗體所結合的表面蛋白藉此躲避疫苗。歷史上散布最廣的疾病發生在 1918 年春天到 1919 年初之間。在這段短短的時間內奪走了 5 千萬人的性命，數字之大讓人驚駭，罹病人數更達到數億。那次的流感分三波席捲全世界，最初的病例可能源自美國堪薩斯州的哈斯克爾郡（Haskell County），時間是 1918 年初，所造成的流感大流行也就是眾所周知的西班牙流感，不過比較正確的名稱應該是美國流感或堪薩斯流感。最初病例出現之後，過了一個月就被美國軍隊帶到西歐，而且是由大批染疫者帶到歐陸戰場。到了 6 月，流感已經迅速蔓延至中國、澳洲、印度、東南亞。同樣在 6 月，高達 50 萬名德國士兵因為新的流感病株而生病，這一來他們再也沒有機會在西方前線繼續推進。由於多年的糧食匱乏，他們的抵抗力遠低於營養相對完善的協約國（Allied）陣營軍隊，大戰結束前的最後幾個月，有 17 萬 5 千名德國平民死於西班牙流感。8 月，新一波疫情在法國現蹤，很快延燒到遙遠的阿拉斯加、西伯利亞、太平洋群島。這個病毒株特別狠毒，對年輕人危害尤其嚴重，譬如士兵就受害極深。一般來說，流行病對嬰兒和老人的影響最大，可是西班牙流感恰恰相反，也許是因為

老一輩已經在先前的流感爆發時得到若干抵抗力。[18] 戰爭使得大流行雪上加霜，經由海路將病毒帶到全世界，感染大規模群體，像是軍營、群眾集會、演講活動都容易使疫情擴散。

西班牙流感究竟是怎麼開始的？現代定序方法已經徹底改變我們對病毒演化的了解，病毒迅速突變使我們得以比較不同病株，藉此觀察病毒每一年如何散播，如今已經掌握數以千計流感 RNA 基因組序列。流感病毒不僅影響人類，也會感染雞和豬，看起來最早是 1905 年前後，有個叫做 H_1 的流感病毒株從鳥類跳到人類身上。H_1 並不是大問題，可是 1917 年，鳥類的一個 N_1 病毒株又傳給人類的 H_1，因此 H_1 得到一些新的突變基因，產生了新的 H_1N_1，極具致命力。接著人類將 H_1N_1 傳給豬，幾年之後，H_1N_1 再次突變，成為致命力較低的病株，所以西班牙流感的大流行才沒有持續太久。[19]

1957 年發生類似 1919 年西班牙流感的第二次危機，所幸驚險躲過一劫，那是在香港爆發的另一場流感大流行，感染了 25 萬人。希勒曼挑起這次對抗流感的大任，他懷疑罪魁禍首是一種新的流感病毒株。希勒曼弄到感染這次所謂亞洲流感（Asian Flu）的血液樣本，他的團隊純化香港病毒，然後採用從世界其他地方人們的血液中所取得的抗體，對這種病毒進行試驗。在全球血液樣本當中，幾乎找不到能夠辨識這種新病毒的抗體，意思是恐怕會爆發遍及全世界的流感大流行，因為非常少人有對抗新病毒株的免疫力；隨著全世界各地頻繁的旅行，還有流行性感冒的高度傳染力，新疾病從香港往外蔓延只是遲早的事。

　　希勒曼敲響了警鐘：世界迫切需要開發新疫苗。於是他將病毒寄給好幾家疫苗製造公司，請對方在雞蛋裡培養病毒，最終將其發展成對人類不具危險的病毒株，同時人類施打這種對抗雞隻病毒株後所產生的抗體，仍然需要能夠辨識原始的亞洲流感病毒，所以這正是他們一直在尋覓的可以對抗雞隻病毒株的疫苗。1957 年亞洲流感抵達美國時，製造商已經生產出 4 千萬劑流感疫苗，剛好來得及保護最脆弱的族群。到了 1958 年底，美國有 6 萬 9 千人死於亞洲流感。假如不是希勒曼和他的團隊應變及時，死亡人數很可能遠超過此數。[20] 未來新的流感病毒株肯定會再次侵襲人類，如果我們無法及時創造、製造、分發新的疫苗，將會有百萬、千萬人因而死於非命。

　　接種疫苗的功效有賴於事先接觸病原體，藉此製造抵抗力，以應付未來的傳染病。可是這種辦法對某些微生物就是不管用，舉例來說，淋病是由淋球菌（Neisseria gonorrhoeae）造成的，可以用抗生素來治療，然而抗藥性的問題日益嚴重。[21] 感染過淋病的人可能一再復發，並不會因為感染過而免疫。人類的免疫系統無法製造對抗淋球菌的免疫力：抗體所辨識的細菌表面變異性極高，而淋球菌會偷偷干擾免疫反應的正常程序。病原體往往有躲避人體免疫系統的狡猾方法，它們可能壓制免疫反應，以防遭到肅清，如此一來就可以在人體內進行複製。因此，雖然接種疫苗無疑是預防多種致命傳染病的絕佳方式，但卻無法一網打盡。人類和傳染病之間的戰爭永遠無法終結。

第六章
利物浦貧民區的斑疹傷寒與傷寒

　　打從有文明開始，擁擠的城市就是疾病大本營。對於依賴河流和雨水維生的城市居民來說，取得潔淨的水，好拿來飲用、烹飪、洗滌、處理排泄物，是個特別棘手的問題。幾萬人口的城市固然可以設法解決取水和排放廢水的問題，但是一旦城市人口密度和數量開始迅速增加，完全依靠天然水源就遠遠不夠了。在最早工業化的城市，貧窮、營養不良、社經背景較差的百姓擠進貧民區，使得斑疹傷寒（typhoid）和傷寒（typhus）的肆虐尤其嚴重。

　　英國是工業化革命最早的國家，用蒸汽動力讓整個國家脫胎換骨，工廠有了工具機，還有生產鐵製品和化學藥品的新方法。因此英國堪稱絕佳的歷史典範，演示工業化如何導致人民早死的案例激增，斑疹傷寒與傷寒等傳染病後來又如何逐步獲得控制。最初在英國出現的問題，往往也在其他國家陸續發生，這些國家

和英國一樣，都是從以農業為基礎的經濟轉變成以工業為基礎。位於蘭開夏郡（Lancashire）的城市利物浦（Liverpool）與曼徹斯特（Manchester）為我們提供特別豐富的素材，因為它們發展成19世紀前半葉全世界製造業最先進的港口城市。

英國在 1801 年首次舉辦精確的人口普查，記錄人口數、職業、宗教洗禮、婚姻、埋葬、房屋等等資料。當時英國的總人口數為 1094 萬 2646 人，其中有三成居住在城鎮與都市裡。[1] 絕大部分的人在陸地上工作，這一點和他們的先人並無不同，可是他們的生活方式已經開始產生顯著的變化。

紡織工業是帶動蘭開夏郡的主力，新發明使棉花和羊毛製品的產量增加，以往人們在自家手工完成的工作（其實就是家庭手工業），得以轉變成在工廠內用機械完成。什羅普郡（Shropshire）的庫爾布魯克戴爾村（Coalbrookdale）開發出用煤代替木材來生產鐵製品的方法，從此鐵工業突飛猛進，終於在 1779 年建成跨越塞文河（Severn）的鐵橋，這是世界上第一座鑄鐵橋樑。最早的工廠則以煤取代水力，推動蒸汽引擎。

在工業革命之前，一般家庭經常自己紡紗織布做衣服，有自家穿的，也有賣給別人。這樣的傳統做法難以和曼徹斯特之類城市興起的新製造方式競爭。1801 年曼徹斯特的人口是 7 萬 5 千人，到了 1901 年，已經擴張到 64 萬 5 千人。位於曼徹斯特西邊的利物浦市與港口的成長率甚至更高，這座城市的地理位置恰好是與北美洲和西印度群島貿易的絕佳口岸，外銷曼徹斯特和其他工業都市製造的產品。1715 年，世界上第一座船塢在利物浦落

成，能夠容納一百艘船隻作業。利物浦也成為奴隸買賣的重鎮，1699 年時只有一艘奴隸船，一百年之後的規模竟然增加到占據世界奴隸交易的 40%。1700 年，利物浦的人口只有 4240 人，到了 1800 年，這個數字成長到 8 萬人，成為英國僅次於倫敦的第二大城市，直到 60 年後才被格拉斯哥市（Glasgow）超越。1721 年，利物浦和曼徹斯特之間興建了連通兩市的運河；1830 年，兩個城市之間鋪設了世界第一條鐵路。到了 19 世紀中葉，英國主宰全球貿易，利物浦扮演至關重要的領導角色。儘管這一片欣欣向榮的繁華創造出巨大的財富與權勢，卻也製造了龐大的健康與社會問題。

從 1801 年到 1901 年，利物浦的人口再次躍升，從 8 萬 2 千人增加到 70 萬 4 千人，其中又以 1840 年代末期的增長幅度最驚人，當時有大量人口為了逃避恐怖的愛爾蘭馬鈴薯饑荒（Irish Potato Famine），渡過愛爾蘭海（Irish Sea）逃難。光是 1847 年，就有將近 30 萬名愛爾蘭人抵達利物浦，使得 1851 年的當地人口中，竟有高達 1/4 是在愛爾蘭出生的移民，他們創造了獨特的斯高斯（Scouse）方言。彼時英國政府並不認為有義務提供百姓健康、教育與一般福祉；政府的兩大功能是保疆衛土和伸張正義，儘管大批民眾因絕望而遷居到新城市找工作，但政府根本不把安置百姓視為自己的職權。地方政府也不關心公共健康措施，例如提供汙水排放和飲水系統。1848 年，《經濟學人》雜誌（The Economist）批評想要改善公共衛生的企圖：「苦難和壞事是大自然的警示；不可除去它們；急不可耐，企圖透過立法將其

逐出世間的慈悲善舉……向來只會製造更多惡端，每每弊大於利。」[2]

　　貪得無厭的貧民區房東為了滿足民眾住屋的需求，出租給許多家庭的房子條件極為惡劣。1800 年的利物浦有 7 千人住在地下室裡，根本就不是給人住的地方，還有 9 千人住在四面封閉的「天井」裡，（也就是在黑暗、狹小的院子裡加蓋小屋子），基本沒有衛生設施。就算有下水道，目的也只是引流地表的雨水，而不是排放屋舍裡的人類排泄物。當時處理排泄物的方法，不外是集中在桶子或地下室的糞坑裡，然後再由倒夜香的人（通常是女人）用推車載走髒水四溢的糞便，到鄉下當作肥料出售。倒夜香的人收錢辦事，貧民區的居民花不起這樣的錢，所以往往就把穢物直接傾倒在院子裡或街道上了事，而這些也是孩子玩耍的地方。有的家庭住在地下室裡，等於是泡在沒有處理過的排泄物中。

　　1847 年，鄧肯（William Duncan）被任命為利物浦（和全英國）的第一位健康醫療官。這份兼職工作的編制只有一個人，顯然上頭認為這樣就足夠應付整個城市的健康需求。鄧肯相信疾病是經由臭氣傳播的，這個信念雖然錯了，卻將他引到正確的方向，也就是改善衛生和清潔，以改善公眾健康。鄧肯勘查貧民區的屋舍之後提出報告，直指利物浦是全英國最不健康的城鎮，多達 5 萬 5 千居民住在天井屋裡，平均每戶住了 5 個人以上，有時候一棟 4 個房間的屋子裡竟然住了 50、60 個人。另外還有 2 萬0168 人住在 6294 間地下室裡，沒有水，衛生欠佳，也沒有新鮮

空氣。長達 20 英里的勞工階層住宅區街道，只有短短 4 英里長的下水道可用。鄧肯形容某處地下室裡有 4 英尺深的汙水井，這家人的床鋪就放在井口上方。[3]

兩百年前的鄉村生活很艱難，人們往往貧窮到絕望的地步，但即便如此，鄉下生活依然比城市生活健康多了。人民的主食是麵包，任何肉類都屬稀罕。普通的晚餐大抵是麵粉調水做成麵疙瘩──就這一樣，沒別的了。反之有錢人的主食是肉類，特別是牛肉或羊肉；大家都看不上乳製品和綠色植物，根莖類蔬菜則是只有農人才會吃的飼料，[4] 因此營養不良的問題極為普遍。1843年，社會改革家查德威克（Edwin Chadwick）提出報告，揭露利物浦、曼徹斯特和位處鄉下的拉特蘭鎮（Rutland）的平均死亡年齡（見表 11）。[5] 富裕固然很好（今天也是一樣），但為了身體健康，更重要的是選擇住在鄉下，而不要住在工業化城市。哪怕是住在拉特蘭的務農工人，也比利物浦的仕紳活得長久。

表 11　英國 1843 年的預期壽命

地區	預期壽命（歲）		
	專業人士	商販	勞工
拉特蘭	52	41	38
利物浦	35	22	15
曼徹斯特	38	20	17

當然這些數據並不代表所有勞工階級的百姓只活到 15 歲。

反之，預期壽命之所以低到令人震驚（和鼠疫、饑荒肆虐的 14
世紀相比），主要原因是兒童的死亡，超過 20% 的嬰孩不滿周
歲便夭折了。

　　首批工業化城市的居民確實死得早，但他們是怎麼死的？
主要死因是：肺結核、猩紅熱、肺炎、霍亂、傷寒、天花、麻疹、
百日咳、斑疹傷寒、產褥熱。表 12 顯示從 1840 年（正確記錄數
據的元年）到 1910 年間死於這些疾病的人數。這張表上沒有霍
亂，因為它只在 4 次大流行中出現，其他大多數年份都不見蹤跡。
斑疹傷寒和傷寒的症狀類似，直到 1869 年才區分開來。

表 12　英格蘭和威爾斯的傳染病死亡人數與預期壽命，[6]
**　　　　1840 年到 1910 年** [7]

疾病	年份							
	1840	1850	1860	1870	1880	1890	1900	1910
天花	10,876	4,753	2,882	2,857	651	16	85	19
斑疹傷寒				3,520	611	151	29	5
傷寒	19,040	15,435	14,084	9,185	7,160	5,146	5,591	1,889
猩紅熱	21,377	14,756	10,578	34,628	18,703	6,974	3,844	2,370
百日咳	6,352	8,285	8,956	12,518	14,103	13,756	11,467	8,797
麻疹	9,566	7,332	9,805	7,986	13,690	12,614	12,710	8,302
肺炎	19,083	21,138	26,586	25,147	27,099	40,373	44,300	39,760
肺結核	63,870	50,202	55,345	57,973	51,711	48,366	42,987	36,334

產褥熱	3,204	3,478	3,409	4,027	3,492	4,255	4,455	2,806
預期壽命（男性）	40	40		41	44	44	48	51
預期壽命（女性）	42	42		45	47	48	52	55

　　表 12 顯示天花和斑疹傷寒在 20 世紀初幾乎已經絕跡，猩紅熱和傷寒也呈現類似走勢。由於這個時期的人口大量擴增，因此情況遠比原始數據所顯現的更加理想，死亡率甚至下降得更快。這種現象反映在男性平均壽命增加 11 歲，女性增加 13 歲，增幅委實巨大。

　　維多利亞時期的人是怎麼戰勝傳染病的？天花、斑疹傷寒、傷寒、產褥熱都在 19 世紀順利根除，不過採用的策略不盡相同。

　　斑疹傷寒是由一種叫立克次體（Rickettsia）的細菌與其近親感染所造成的，透過人類身上的寄生蟲體蝨（body lice）散播，屬於人傳人的傳染病。蝨子在衣服上產卵，通常是產在褶縫裡，一旦孵化就靠吸血維生，如果吸不到人類的血液，蝨子就會死亡。如果蝨子吸到立克次體帶原者的血，本身就被傳染，這種細菌在蝨子的腸胃中生長，也被排泄到蝨子的糞便裡。蝨子遷移到沒有感染斑疹傷寒的新宿主身上後，被蝨子叮咬的人會忍不住抓癢，這一來就把蝨子的糞便揉進宿主抓破的傷口裡，於是形成感染。患者感染斑疹傷寒兩個星期之後會開始出現症狀，包括頭痛、發燒、咳嗽、起疹子、肌肉劇痛、寒顫、低血壓、木僵（stupor）、對光線敏感、譫妄，如果沒有治療，死亡率介於一

成到四成之間。

　　斑疹傷寒在最貧困、最汙穢的環境中最為活躍，譬如監獄和戰場，這兩處的蝨子都極為普遍。營養不良、過分擁擠、欠缺良好衛生，都為斑疹傷寒的散播大開方便之門。1812 年拿破崙兵敗自莫斯科撤退，那場災難消滅了歐洲當時最龐大的軍旅，斑疹傷寒奪去的士兵性命，比被俄羅斯人殺死的更多。在漫長的返鄉路上，飢寒交迫、疲憊不堪的士兵尤為脆弱。

　　19 世紀還沒有抗生素和斑疹傷寒疫苗可用，不過可以從人們的居住環境下手，清除髒亂、不穿髒衣服，以免蝨子在人與人之間傳播疾病。舉例來說，1847 年利物浦有將近 6 萬人感染斑疹傷寒，那時候正好有成千上萬愛爾蘭人湧入利物浦。染病者被安置在大棚、倉庫裡和醫療船上，有些人是在載運移民橫渡愛爾蘭海的擁擠渡輪上染病，另一些則是在入住人滿為患又不衛生的新居所時感染。[8] 如果他們的容身之處只是髒兮兮的地下室裡的一方地板，恐怕是沒什麼機會洗衣服。

　　1832 年，愛爾蘭移民薇爾琴蓀（Kitty Wilkson）開了第一間專為利物浦窮人而設的洗滌屋（washhouse）。薇爾琴蓀擁有街坊裡唯一的鍋爐，她邀請家裡衣服和床單疑似感遭到染的鄰居前來使用，每星期收費一便士。將衣服和寢具煮沸並使用漂白粉，就能殺死細菌，清潔衣物。薇爾琴蓀認為想要抵抗疾病，清潔至關重要，大眾很支持她的觀點，紛紛捐款贊助在利物浦興建公共澡堂和洗滌屋。由於需求龐大，不久後就有更多洗滌屋和公共澡堂開張，於是城裡窮人家的婦女也有地方可以每週清洗衣服。薇

爾琴蕬後來以「貧民區聖者」（Saint of the Slums）著稱。[9] 到了 19 世紀末年，由於衣服骯髒所導致的疾病（例如斑疹傷寒），已經幾乎絕跡。

　　蝨子傳染疾病和斑疹傷寒之間的關聯，最早是由法國細菌學家尼柯勒（Charles Nicolle）所提出，[10] 他弄清楚病人一旦洗了熱水澡、換了衣服，就不會再把病傳染給別人，於是主張傳播斑疹傷寒的其實是病人的衣服，更準確的說，是住在病人衣服上的寄生蟲。1909 年，尼柯勒故意讓一隻黑猩猩感染斑疹傷寒，然後只利用蝨子，就能讓斑疹傷寒傳染給另一隻健康的黑猩猩。雖然尼柯勒沒有成功製作出疫苗，但他的發現促成第一次世界大戰期間西方戰線（Western Front）廣設除蝨站（delousing stations），利用殺蟲劑替士兵的制服去除蝨子。反觀東方戰線（Eastern Front）就悽慘多了，士兵已經穿了幾個月的制服又髒又臭，只能嘗試用火燒死蝨卵。根據登記有案的數字，這場衝突的最後兩年，加上俄國革命（Bolshevik Revolution）和俄國內戰（Russian Civil War）期間，大約有 250 萬人死於斑疹傷寒。

　　第一次世界大戰過後，波蘭生物學家魏格爾（Rudolf Weigl）開發一種疫苗，方法是將感染斑疹傷寒的蝨子腸胃取出磨成泥——這道程序很危險，因為操作者感染的風險很高。魏格爾自己就染上斑疹傷寒，所幸康復了。1939 年 9 月德國入侵波蘭，然後毀壞納粹與蘇聯簽訂的互不侵犯條約。德國人准許魏格爾在自己的研究單位繼續工作，以便大規模生產他的疫苗，襄助納粹軍隊攻打蘇聯。魏格爾很不齒納粹，於是和自己的團隊偷偷

生產效力較差的疫苗給德國軍隊使用，另外走私 3 萬劑強效疫苗到華沙和利沃夫（Lwów）的猶太貧民區。[11] 10 年之後，美國人考克斯（Herald Cox）發明一種比較安全的疫苗，方法是在蛋黃裡培養立克次體。[12] 如今使用抗生素治療斑疹傷寒已經很尋常了。

長久以來，傷寒和斑疹傷寒常常被混為一談，因為兩者的症狀很類似，事實上，Typhoid（傷寒）這個字原來的意思就是「類似斑疹傷寒的特性」。然而這兩種疾病的病因、傳播、病理和治療都不相同。傷寒的病因是沙門氏菌（Salmonella bacteria），傳染途徑是攝入受汙染的食物或水，而不是透過長蝨子的衣物傳染。急性傷寒病人的排泄物可能汙染周遭的水源，因為他們的糞便含有極多細菌，接下來水裡的細菌可能再散播到食物上。此外，傷寒病患也有可能是無症狀帶原者，因此在利物浦之類的城市裡，傷寒算是髒水引發的疾病。有鑑於天井屋的條件十分惡劣，也難怪斑疹傷寒與傷寒在這些城市都很普遍。

儘管欠缺良好治療方式，但利物浦和其他城市裡的死亡率卻大幅下降。[6] 鄧肯分析 1840 年代利物浦貧民區駭人的生活條件，並出版該分析結果之後，當局開始採取行動。1846 年，利物浦鎮議會（利物浦在 1880 年才正式升格為市）通過「利物浦自治鎮地下水與排水設施改善法案」。這是第一次由主管當局訂定法規，要求居住建築必須達到起碼的標準。此法明令禁止鎮民住在地下室，也不得興建缺少排水設施或廁所的房屋。原本只打算用來排放雨水的公共下水道，也獲准連接住宅排水管道。有了這些

新力量做後盾，加上健康醫療官的職位，鄧肯開始改善住家。到了 1851 年，他已經利用檢查和法律，勒令遷出一萬間地下室裡的居民。從 1847 年到 1858 年，利物浦下水道系統從 30 英里長增加到 146 英里。鎮議會買下三家民營水公司，如此一來就能改善提供百姓洗滌、烹飪、排汙所需的用水。這些措施的成果立竿見影，因為 1854 年霍亂捲土重來時，死亡人數遠少於 5 年前的那次疫情。鄧肯醫生不屈不撓的開創性工作促使利物浦脫胎換骨，為應該如何改善窮人的生活樹立良好榜樣。

當今生活在高風險地區的人民，或是前往那些地方旅行的人，都可以接種傷寒疫苗預防染病，然而疫苗往往沒有效果，因為現在的細菌有各種不同病株，疫苗無法全面防範，[13] 所以可能還是需要用抗生素來治療。令人欣慰的是，造成傷寒的沙門氏菌病株只能在人類體內存活，這一點和大部分細菌並不相同。換句話說，只要我們能撲滅每一個人類宿主身上的傷寒沙門氏桿菌（Salmonella typhi），就有可能徹底根除這種疾病。目前印度是傷寒病例最多的國家，世界衛生組織正在高發病地區推動疫苗接種計畫，這是依循天花的前例。雖然這項計畫也有用處，但是只靠它並不足以根絕傷寒，還需要阻絕染病者傳播給他人。話又說回來，人類已經成功減少斑疹傷寒與傷寒這類傳染病，和從前相比，現在的病例數堪稱寥寥可數。

第 七 章

藍死病

　　霍亂是 19 世紀最令人膽寒的疾病，1831 年它隨著船隻進入英格蘭東北方港口桑德蘭（Sunderland），引發英國最早的病例。雖然霍亂早已折磨印度人長達數千年，但是直到抵達歐洲，揭開霍亂病因的關鍵過程才得以展開。自 1816 年開始，霍亂從孟加拉向外蔓延，造成七波大流行。第一波花了 4 年的時間橫跨印度，然後散射出去，最遠到達爪哇、裏海、中國，到了 1826 年才慢慢消退。隨著全世界的旅遊日益頻繁，1829 年到 1851 年的第二波大流行讓霍亂傳播得更遠，殺死加州淘金熱（California Gold Rush）的礦工、去麥加（Mecca）朝聖的信徒，以及愛爾蘭馬鈴薯饑荒的倖存者。最後一波大流行到 1975 年才結束，然而至今每年依然有 10 萬人左右感染霍亂，導致數千人死亡。近年來最嚴重的一次大流行發生在 2010 年海地（Haiti）地震之後，首都太子港（Port-au-Prince）當時受到地震蹂躪，接著大約有 70 萬人感染霍亂，死亡人數將近一萬。[1] 霍亂向來都會引發人們極大的恐懼，原因不只是罹難人數眾多，即使在 1832 年的疫情高峰，

霍亂也只占據英國總死亡人數的 6%；當時致死率最高的疾病是肺結核。霍亂最嚇人的是死亡率高，而且奪命速度極快，從健康無恙到發病死亡，也許只有短短 12 小時。其實在 1831 年之前，大家已經心裡有數，知道霍亂遲早會來到英國，沒想到一旦料想成真，醫藥界和大眾媒體紛紛揭露這種新疾病無法阻止、罹患必死的故事，把廣大民眾嚇壞了。[2]

如今我們已經知道霍亂是由霍亂弧菌（*Vibrio cholerae*）所造成，它一般生活在鹹水中，特別喜歡寄生在甲殼類動物身上，譬如螃蟹和蝦子。人類若是飲用被這種細菌汙染的水，或是食用沒有煮熟或活生生的甲殼類動物，霍亂弧菌就可能藉此侵入人體。其實我們每天都吞進非常大量細菌，但幾乎所有細菌都會被強酸性胃液消滅，不過霍亂弧菌比普通細菌強悍多了，有一些可能在胃裡熬過足夠的時間，然後進入小腸腔內。說起來小腸腔也是對細菌很不友善的環境，因為此處有膽酸和人體自行分泌的天然抗生素。霍亂弧菌為了躲避小腸腔，會在抵達小腸壁的上皮細胞之前，先鑽入一層又厚又黏的黏液，然後將自己附著在那些細胞上，就此找到新家。非常少細菌能夠突破人體的重重防線，然而那些成功達陣的細菌會開始複製，在上皮細胞內形成菌落，而這些全都源自單一細胞。[3]

霍亂弧菌可以在人類的小腸內迅速茁長，幾天之內就會被免疫系統辨識出來，並且動員起來撲殺入侵者，因此細菌需要趕緊離開這裡，方法是釋放一種蛋白類毒素（protein toxin），讓它進入上皮細胞。通常我們細胞外面的分子濃度調節很嚴謹，這

樣器官和組織才能夠以最理想的方式運作。不過霍亂毒素可以鎖定一種氯轉運蛋白（chloride transporter protein），使它經久保持活性狀態，藉此劫持人體調節系統。氯、鈉、鉀、重碳酸鹽因此被抽離細胞，進入小腸腔，使裡面變得非常鹹。[5] 鹽的親水性很強，所以水分會被吸入小腸腔，每小時達到 2 公升，一天 20 公升。這麼驚人的液體量流進小腸後只有一個出路，結果就是病人的爆炸性腹瀉，將大量水分和鹽排出體外，霍亂弧菌也跟著離開人體，準備感染下一個宿主。[6] 製造巨量腹瀉只是霍亂弧菌生命週期的一部分，因為這種細菌需要不斷尋找新的水體，以便在當中生存。對細菌來說，暫時的人類宿主究竟是死是活，根本與它無關。

　　一般人的糞便通常是棕色的，因為內含凋亡的紅血球細胞，臭味則是出自含硫的分子。相較之下，霍亂造成的腹瀉是白色的，非常稀薄，彷彿煮米飯的淘米水，聞起來則可能像魚味。腹瀉還會伴隨胃痙攣、噁心、嘔吐，使身體進一步喪失水分。等到身體脫水已成定局，患者會暴躁易怒、無精打采、眼窩下陷、唾液消失、皮膚乾燥皺縮，而且感到極度口渴（想當然耳）。此時患者的血液變成酸性，不再排尿，血壓下降，心跳紊亂。血液喪失鹽分會使血壓低落到危險的程度，併發肌肉痙攣和休克。病人因為肌肉抽搐而吼叫、身體劇烈擺動，進而力竭虛脫。[7] 缺血意謂缺氧，後果可能致死。到了病程末期，患者的皮膚變成藍灰色，所以霍亂才有「藍死病」（the Blue Death）的別稱。

　　當然，19 世紀中葉時沒有人知曉上述科學知識，當時經常

有人辯論霍亂大流行的源頭，以及這種病的傳播方式。從 1845 年到 1856 年，光是倫敦一地，就出版了 700 多種討論霍亂的作品。[8] 最被大眾接受的是「瘴氣論」（Miasmatic theory），該理論宣稱疾病源自汙濁的空氣，而濁氣則是來自屍體或汙水等惡臭物質。身體持續暴露在受汙染的空氣中，最終將不堪負荷而生病。這項不能說是沒有道理的信念有助於推動改善衛生，如同前一章所說明的，提供潔淨的街道和屋舍、清新的空氣、乾淨的用水與下水道系統，可以同時改善空氣和人們的健康。政治人物都喜歡瘴氣論，這樣一來就不需要為了管制進入英國港口的船隻，而實施不得人心的隔離檢疫措施。[2]

不過並非所有醫生都相信瘴氣論。1850 年，英國衛生管理總局（General Board of Health）出版一份報告，內容是關於 1848 年到 1849 年的霍亂大流行，[9] 那場疫病一共在亞洲、歐洲、北美洲奪去數百萬條人命，其中英國罹難者超過 5 萬人。報告的主要結論是提出改善衛生的常見建議：讓街道和房屋更乾淨、空氣更潔淨、廢棄物處理更完善。除了那份報告之外，管理總局的蘇格蘭籍醫生蘇德蘭（John Sutherland）證明用水可能是關鍵。他引用曼徹斯特周邊索爾福德市（Salford）的霍普街（Hope Street）所爆發的霍亂相關數據，指出只有那些使用特定水泵取水的住家才出現病例。布里斯托市（Bristol）的大流行也提供了類似證據。因此蘇德蘭提出論點：用水汙染使得霍亂比較容易爆發，不過他也有所保留，並未明說這可能是唯一因素。在蘇德蘭看來：「用水不足和有毒的水」是造成霍亂的數個因素之一（其

他因素包括飲食欠缺、工作過度、貧窮、住屋不足、通風不良、酗酒。）[2]

不過還有一個人更進一步，他相信汙染的水是散播霍亂的主要途徑，並決心證明這一點。這個人是約克市（York）的醫生史諾（John Snow），在此之前他已經因為提倡使用乙醚或氯仿之類的麻醉劑而聲名大噪。1853 年，維多利亞女王生產第八胎利奧波德王子（Prince Leopold）時，史諾用氯仿替女王麻醉，他也用同一種麻醉劑拔過 867 顆牙齒，切除 229 個乳房腫瘤。氯仿並非理想的麻醉劑，因為萬一使用過量，太容易造成意識喪失，甚至死亡，可是總比完全不用麻醉劑得好。

史諾的另一個主要專業興趣是霍亂。他一次遭遇這種疾病時還是年輕的醫科見習學徒，地點是紐卡索（Newcastle），後來他在 1830 年代遷居倫敦。1849 年，史諾出版《霍亂傳遞方式研究》（*On the Mode of Communication of Cholera*），[10] 根據觀察親眼目睹的無數宗病例，他相信霍亂是經由水傳播的疾病，「霍亂毒素」從嘴巴進入人體，然後在胃腸之中繁殖。此外，同樣的毒素在霍亂病人腹瀉的排泄物中也找得到，而這些被排出體外的毒素會再汙染供水。[2] 因此，只要勤於清潔，阻止下水道的毒素傳遞到飲水中，就可以預防這種疾病。話雖如此，史諾需要更強有力的論述，才能取信同僚和官方。如果可以證明霍亂大流行的受害者都和單一水源有關，那麼他的理論就成立了。

5 年後，史諾的機會來了。1854 年 8 月 31 日晚上，史諾所謂的「王國內有史以來最可怕的霍亂疫情」在倫敦蘇荷區（Soho）

的貧民聚落爆發。史諾對那一區很熟悉，當地離他位在倫敦中區的住家只有 10 分鐘路程，以前他住得離那裡更近，所以認識很多當地居民。史諾開始去病患家中訪視——這是很勇敢的舉動，因為萬一霍亂真的是經由汙濁的空氣傳播，那他肯定會感染。可想而知，史諾在挨家挨戶的訪視中，任何一戶請他喝水，他都推辭了。

接下來的 3 天，布洛德街（Broad Street，譯按：或譯寬街）和周邊死了 127 個人，大多數人家都受到波及。一個星期後，幾乎所有倖存者都逃離開區，死亡人數已經超過 500 人。不過到了這時候，史諾很確定自己已經曉得原因：「布洛德街上很多人使用的汲水泵遭到汙染。」9 月 3 日，史諾採了一份水樣，發現水中含有「微小的白色絮狀顆粒」，不過這個本身並不能服眾。有個居民告訴史諾，最近的水嘗起來味道不一樣。史諾向註冊總署索取一份死者的名單與住址，上面列了 89 個人，當他檢查這些人的住址時，立刻看出幾乎所有死者的住家都距離布洛德街汲水泵很近。史諾也能解釋他的理論中某些反常之處：有 5 個受害者的親戚住在離蘇荷區很遠的地方，他們告訴史諾，自己總是大老遠跑來布洛德街取水，因為很喜歡這裡的水的滋味。有兩個死亡的兒童就讀布洛德街附近的學校，所以很可能在上下學途中停下來喝水。鄰近有一座濟貧院雖然距離水泵很近，卻幾乎沒有受到影響，史諾發現原來他們自己有一口水井。9 月 7 日晚上，史諾將他的證據呈交當地的監理委員會（board of guardians）。翌日，布洛德街水泵的搖柄被拆走。9 月 12 日再度有人死亡；到了 9

月 14 日，就再也沒有人死了。[11]

一個星期後，這次的疫情結束了，不過史諾繼續為自己的水傳染理論蒐集證據。有個謎團是住在北倫敦漢普斯特德區（Hampstead）的一位婦人，以及她住在靠倫敦市中心伊斯林頓（Islington）的外甥女，她們都死於霍亂，可是兩人都已經長期未去過蘇荷區。史諾問過這個寡婦的兒子，發現她以前就住在布洛德街，因為太喜歡那口井水的滋味，所以每天讓僕人去那裡替她打一瓶水回來喝。最後一瓶水是在 8 月 31 日打來的，婦人的外甥女恰好來訪，兩個人都喝了瓶子裡的水。此外，布洛德街上有一座釀酒廠，廠裡也沒有工人因為霍亂而死亡。史諾發現他們天天都喝免費啤酒，從來不碰布洛德街的水。假如霍亂是因為汙濁的空氣所造成的，那麼釀酒廠和濟貧院的人勢必也逃不過一劫。

史諾將自己的發現記錄在描繪該地區的一張地圖上，標註汲水泵的地點，然後用一條黑槓代表每一位死於霍亂的人。這張地圖一目瞭然，顯示布洛德街汲水泵附近正是死者群聚的地點。

1854 年，當地牧師懷特海德（Henry Whitehead）出版自己所記錄的霍亂大流行始末，書名叫《柏維克街霍亂》（*The Cholera in Berwick Street*）。他偏愛瘴氣理論，整本書一個字也沒有提到布洛德街。1855 年，史諾完成著作《霍亂傳遞方式研究》，[10] 送了一本給懷特海德。懷特海德不相信，決定自己做調查，目的是要證明史諾錯了。他和那個地區的很多人交談，有些是他早就認識的教區會眾。懷特海德記下每一個死者的姓名、年

史諾的霍亂地圖 [10]

每一條黑槓代表一名死者。地圖上也標出釀酒廠和濟貧院的位置，以及另外幾處汲水泵。布洛德街的汲水泵位於地圖中央。

紀、住家格局、衛生設備，打聽對方是否喝了布洛德街水泵的水，以及發病的確切時間。[12]

令懷特海德驚訝的是，他的數據證明史諾的論點是正確的。1855 年 6 月，懷特海德寫了一篇報告，名為《布洛德街特別調查》（*Special Investigation of Broad Street*），[13] 他（很值得稱許的）寫道：「我慢慢的，還可說是不情願的」下這個結論，布洛德街汲水泵的水「確實和疫情不斷爆發有關聯」。懷特海德甚至

設法釐清這次大流行的可能源頭。有個名叫法蘭西絲‧路易斯
（Frances Lewis） 的 5 個月大女嬰住在布洛德街 40 號，8 月 24
日她生病拉肚子，9 月 2 日死亡。女嬰的尿布被扔進一處建築品
質很差的糞坑，地點距離布洛德街只有 3 英尺，受到細菌感染的
水可以從糞坑很輕易的滲入汲水泵的水源。法蘭西絲的父親湯瑪
斯‧路易斯警官在 9 月 8 日感染霍亂，11 天之後死亡，身後留
下遺孀莎拉（Sarah）和兩個孩子。[14] 不過最初嬰兒法蘭西絲究
竟是怎麼感染霍亂的，至今依然是個謎。

　　史諾固然拿出證據取信大家，說明霍亂是經由水傳播，可
是他的推理鏈仍有相當大的缺漏，最要緊的是他不知道霍亂毒素
究竟是什麼東西。史諾不曉得 1854 年義大利佛羅倫斯也爆發過
一場霍亂，義大利籍醫生帕契尼（Filippo Pacini）同樣進行了調
查。帕契尼解剖檢驗霍亂死者的遺體，發現屍體的腸壁中有微小
的逗點形狀細胞，他正確提出這些細胞就是霍亂的病因，[15] 並將
其命名為霍亂弧菌。微小的細菌細胞可能導致疾病的想法，在當
時的爭議性很高，從 1865 年到 1880 年，帕契尼發表一系列論文，
發展自己對於霍亂的見解，正確的描述這種疾病是因為細菌影響
腸黏膜，亦即環繞小腸腔的那層內膜，所以才導致患者大量失水
與喪失鹽分。帕契尼明白霍亂弧菌是霍亂的病因，而且這種病是
會傳染的。[16] 對於嚴種病例的治療方法，帕契尼推薦靜脈注射鹽

水。可悲的是帕契尼的研究乏人問津（特別是他的作品以義大利文書寫），主流意見依然抓緊瘴氣論，1874 年有一場討論衛生議題的國際會議，21 國政府的代表無異議投票支持「周遭空氣是霍亂形成的主要管道」。[17]

30 年之後，柯霍重新推演出帕契尼的研究成果（前文講述發現鼠疫病因的故事時，曾經介紹過柯霍）。1883 年，柯霍已經很有名氣，因為他發現導致炭疽病和肺結核的細菌，所以這次他獲得資源，領導一支團隊研究埃及和印度的霍亂大流行。柯霍和帕契尼一樣，也發現有一個品種的細菌只存在霍亂死者的腸內黏膜中。雖然這引發若干聯想，可是柯霍知道他必須做實驗分離微生物，進行培養，然後用培養出來的細菌使動物感染霍亂。如果用這種方式讓人類感染霍亂，當然會是更有力的證明，然而打從詹納利用天花病毒故意使小男孩感染天花以來，醫學倫理已經有了長足進步。一開始柯霍苦於無法培養純種細菌，後來在印度的加爾各答（Calcutta）成功了──他的團隊追蹤霍亂蔓延的軌跡來到當地。柯霍報告這種芽孢桿菌屬（*bacillus*）形狀像個逗點，霍亂病人身上一定找得到它，而沒有感染霍亂的病人就算拉肚子，身上絕不會發現這種細菌，反觀霍亂造成的白色腹瀉排泄物裡，則有這種細菌大量存在。柯霍依然無法讓這種細菌誘發任何動物感染霍亂，但是他的看法正確：動物不會感染霍亂。這項推論（加上柯霍本人的權威）具有足夠的說服力，於是 1884 年德國接受他的結論，而法國和英國一開始卻接受不了。[17] 帕契尼已經在一年前過世，而史諾早在 1/4 世紀之前（1858 年）就辭

世了，所以兩人都沒有活到親眼目睹柯霍證實他們的研究成果。

所幸當今治療霍亂很簡單、便宜又可靠。因腹瀉損失的液體和鹽分必須迅速補充，最好的方式是服用事先包裝好的口服電解水，裡面含有糖和鹽類。任何嚴重腹瀉，都可以喝大量電解水來治療。假如喝液體還不夠，也可以替病人打點滴。只要迅速補充水分，霍亂病人的死亡率還不到 1%。另外，讓病人吃一個療程的抗生素也有助抵抗細菌，[18] 不過一般人的免疫系統在正常情況下就能夠保護自己。只有在醫療體系崩潰時，霍亂才會造成病患大量死亡。

史諾的研究成果不僅說服官方，令他們明白提供潔淨用水的關鍵性，而且彰顯了慎重利用數據可以發揮極大的力量。史諾分析蘇荷區霍亂爆發，果斷證明一處水源就是整場大流行的罪魁禍首，他的作為如今被視為流行病學的經典開創性研究，這門學問研究疾病如何在不同群體中發生，原因又是什麼。流行病學的資訊是當今了解每一種疾病時的重中之重，我們可以用它來發展預防疾病的策略，管理疾病的爆發情況，例如觀察哪些類型的病人最脆弱。後文我們將會探討流行病學的經典用途，用它來挖掘吸菸和肺癌之間的關聯。

第八章

分娩

　　婦女生產一直是人類既危險又痛苦的過程，不僅因為嬰兒可能卡在產道出不來，還因為有感染的機會，其中又以產褥熱最嚴重，這種病是產婦在分娩過程中或結束後不久所遭到的細菌感染，是 17 世紀歐洲主要的婦女殺手，那時候開始流行去產科醫院生孩子，但醫院充斥各種疾病。匈牙利婦產科醫師塞麥爾維斯（Ignaz Semmelweis）成就斐然，他不但闡釋應該如何阻止產婦感染產褥熱，也示範清潔消毒重要無比，尤其醫生更應該重視清潔，因為他們經常將病人感染的疾病傳給產婦。目前例行的個人防護設備、消毒劑、無菌環境，都可以直接追溯到塞麥爾維斯當年在維也納的前瞻性流行病學研究成果。

　　我們的祖先大約在 500 萬年前變為兩足動物，只用兩個下肢直立行走，空出雙臂來做其他的事。為什麼人類會走上這一步？答案至今依然成謎，因為很少動物是用兩足走路的。2010 年德國演化生物學家尼米茲（Carsten Niemitz）透過文獻綜述探討直立姿勢的演化原因，他的報告提出至少 30 種假說，包括直立可

以看得更遠；解放雙手；摘著長在更高處的食物；居住地改變，譬如湖泊、森林或莽原；調節體溫。[1]

　　不論有利的原因是什麼，靠兩腿直立行走卻製造了無數的問題。兩隻腳跑不過四隻腳，所以碰到天敵時逃跑比較難，打獵追獵物時也變得比較力不從心。兩腳走路時更常跌倒受傷，因為頭部的位置提高，比較難平衡。站姿需要更多精力去維持。原先四足行走時理想的關節運作，如今承受高度壓力，因此出現背痛和關節炎。最重要的是，動物自行生產下一代的過程本來輕輕鬆鬆，人類自從變成兩足動物之後，生孩子竟成了痛苦和危險的經驗。

　　胎兒的頭部在通過母親的骨盆時，活動餘地非常有限，胎兒的顱骨尚未閉合，所以可以承受擠壓，使頭部比較容易通過產道。因此胎兒生下來的時候，頭頂是呈菱形的軟組織，等出生之後，顱骨會繼續生長，在嬰兒滿 18 個月之前完全閉合。

　　胎兒出生時經過的女性骨盆之所以那麼緊，是因為骨盆必須在直立行走所需的形狀和分娩所需的形狀這兩者之間妥協。人類生產的時候，胎兒必須比其他靈長類動物遵循更複雜的軌跡，旋轉並調整頭部和肩膀，以求通過產道，以及最狹窄的骨盆。因此女人生孩子時需要協助，反觀其他的動物都是自力分娩。和大多數動物相比，人類的新生兒特別無助。小馬出生後，短短 30 分鐘內就會自己站起來走路，[2] 而人類嬰兒卻要花一整年時間才能夠走路。新生兒體型小又脆弱，完全仰賴成人照顧。如果不生下來，繼續在母體內成長，胎兒的頭部將會長得太大，以致無法

通過產道。此外，9 個月大的胎兒已經耗費母親太多精力，不可能繼續在母體內成長下去。

　　由於通過產道的旅程太艱險，胎兒總是有被卡住的機會，萬一胎位不正，是腳先出來的臀位，那就更麻煩了。如今大部分臀位產的胎兒都是靠剖腹產降生，反觀中世紀，如果胎兒無法順產，就只有三個選擇：第一是順其自然，結果產婦和胎兒都可能死亡；第二是嘗試剖腹（在沒有麻醉劑的情況下），產婦幾乎都逃不過一死；第三是去子留母，將胎兒的頭顱壓碎，然後拉出母體外，有時還會將胎兒的身體切成好幾塊。當時接生的助產士都會攜帶銳利的鉤子，叫做產鉤（crochets），就是為了在這種時候派上用場。

　　18 世紀的接生已經廣泛使用產鉗（forceps），拯救了許多嬰兒和母親的性命。鑷子和鉗子是 16 世紀發明的，發明人是姓張伯倫（Chamberlen）的一家子外科醫生，他們專門從事接生，在巴黎和倫敦執業。說起來很不名譽，這家人為了保有自己在接生這一行的競爭力，故意將產鉗這項發明祕而不宣，方法是演一齣好戲。每次有錢人家的產婦開始陣痛，將張伯倫家族的助產士找來接生時，他們會從馬車中取出一口看起來很沉重的大箱子，直接放進產房，讓旁觀者相信他們即將使用某種複雜的裝置。然後張伯倫家的助產士將自己反鎖在產房裡，並且蒙住產婦的眼睛，以免她看見接生的過程，甚至還搖鈴鐺、發出其他噪音，目的是瞞騙正在側耳傾聽的產婦家屬。等嬰兒順利落地，他們立刻將工具收拾起來，悄悄運回馬車裡，不知情的旁觀者依然不曉得這些

助產士究竟做了什麼。張伯倫家族的戲法很管用——產鉗的祕密就這樣被他們保守了一個世紀以上。[3]

產鉗偶爾會傷到胎兒或產婦，萬一接生的醫生沒有經驗或能力不足，特別容易造成傷害。後來發明一種比較溫和的真空吸引法，用具是杯子形狀的吸杯，接生時用它吸住胎兒的頭部，看起來像是袖珍版的水管疏通吸把，因為比較安全，已經大致取代了產鉗。

傳統上婦女都在家裡分娩，幫忙接生的多是有經驗的婦人，但未正式受過訓練，產婦只要順利產下嬰兒，事後很少有死亡的情況。反而是在數百年前醫療專業開始介入分娩之後，歐洲產婦死亡的案例才大幅增加。以往信奉基督教的醫生對婦女生產的痛苦不以為意，認為那是伊甸園裡夏娃犯罪所引來的懲罰。舉例來說，19 世紀美國費城醫學院的產科講師梅格斯（Charles Meigs）就強烈反對在分娩過程使用麻醉劑，主張「醫生動用任何程序，違反上帝命吾等或享樂或受苦所施為的自然力量與生理力量，本質（在道德上）是令人質疑的」，所以他表示反對。[4] 梅格斯使用的「吾等」指的是婦女，假如他自己也必須生孩子，想必會有不同的看法。

歐洲許多城市在 17 世紀開始興建產科醫院，雖然立意良好（例如可以運用產鉗），可是送婦女去醫院生產卻造成死亡率大

幅上升，原因就是產婦感染產褥熱。嬰兒產下之後，先前胎盤與母體的連接處立刻變成開放傷口，極容易遭到細菌感染。產科醫院裡的醫生和助產士骯髒的雙手、衣服、器械，將感染從一個產婦身上傳到另一個產婦身上。最早記錄的病例發生在 1646 年，地點是法國巴黎的主宮醫院（Hôtel-Dieu），此後產婦死亡率便節節上升，1/4 的死亡率相當普遍。根據記載，有一位助產士在 1830 年和 1831 年間替 30 個婦女接生，其中竟然高達 16 人死亡。

產褥熱是特別殘酷的疾病，產婦剛剛熬過生產本身的危險，立刻遭遇新的打擊。數百萬家庭因而被摧毀，許許多多幼兒淪落到孤兒院。產褥熱最初的症狀是寒顫、脈搏急促、發高燒，大多數病例會發展成腹膜炎，腹部劇痛，和盲腸破裂的疼痛不相上下。假如是產後不久就發病，那死亡率可能高達 80%。從 1700 年到 1900 年，英國可能就有 50 萬名婦女死於產褥熱，當時年齡介於 15 歲到 44 歲的女性頭號殺手是肺結核，其次就是產褥熱。[5]

1795 年，蘇格蘭醫生高登（Alexander Gordon）出版史上第一篇主張產褥熱源自於醫生的論文，他注意到只有一種產婦會罹患產褥熱：她們的醫生或護士來探視之前，剛剛去看過其他病人。高登甚至勇敢並誠實的承認：「我自己就是把感染傳給大批婦女的媒介。」[6] 美國教授霍姆斯（Oliver Wendell Holmes）注意到這些（當時）爭議性極高的論辯，他在 1843 年發表一篇論文，標題是「產褥熱的傳染性」，文中提出大量證據，證明醫生正是將這種致命感染從病人傳給其他病人的傳播方式。[7] 霍姆斯呼籲

接觸過產褥熱病人的醫生務必清潔器具，接生之後必須燒掉接生時所穿的衣物，接下來至少必須迴避孕婦達 6 個月的時間。[8] 他指出醫生應該固定用漂白水清洗，衣服也要經常更換，當時這些實務都很新奇，畢竟醫生經常穿著沾滿乾涸血漬的外袍去探視病人。霍姆斯的論文在醫學界中並不討好，很多醫生認為霍姆斯暗示他們傷害病患，感到非常憤怒。

　　關於產科醫生的不良效應，最可信的數據來自匈牙利醫生塞麥爾維斯，他從 1846 年開始在維也納綜合醫院（Vienna General Hospital）任職，[9] 這所醫院有兩間產科診所，為家貧的婦女提供免費照護。兩間診所都採用相同標準的設備和相同型態的醫療實務，隔日輪流收治病人，兩邊收治的病人種類也都相同。唯一的差別是第一間診所用來訓練醫科學生，第二間診所用來訓練助產士。產婦被分配到哪一邊分娩，後果大不相同：第一間診所有 10% 的產婦死於產褥熱，第二間診所死於產褥熱的比率不到 4%。這件事在維也納眾所知周，所以開始陣痛的產婦會哀求不要被分配到第一間診所，有些甚至寧願選擇在馬路上生孩子。

　　塞麥爾維斯非常吃驚，沒想到在大馬路上生產竟然比在第一家診所生產還安全，於是他決心找出原因。這兩家診所提供絕佳的環境，可以排除其他差異的混雜效果，只單純評估醫生的效應，因為兩邊收治的病人型態是相同的。有一個醫生不小心被手

術刀刺傷後，出現類似產褥熱的症狀，最後不治死亡，那把手術刀曾用來解剖屍體，於是塞麥爾維斯明白這意謂屍體的組織一定受到感染。醫科學生經常解剖屍體，這是訓練的一部分，他們解剖之後去替陣痛的產婦接生，髒手直接碰觸產婦。因此塞麥爾維斯訂定嚴格的政策，要求解剖之後務必要用漂白水清洗雙手。這一招果真管用，死亡率從每個月 18% 降到 5% 以下，有些月份甚至沒有產婦死亡。

塞麥爾維斯竭盡所能推廣院內清潔的理念，方法是出版他的研究結論，[9] 並且寫信給全歐洲的同僚。可悲的是，他的觀點遭到醫生同行的鄙視，對方覺得塞麥爾維斯自說自話，對他們進行人身攻擊，還譏笑隱形顆粒會導致疾病的想法。同行的敵意害塞麥爾維斯被迫離職，還被送進精神病院，並死在那裡。塞麥爾維斯去世 20 年之後，他的作品才又重新被發現，而他的名聲也得以逆轉，變成世道有失公允的被害者，是遭到遺忘的天才。[5]

一直到 19 世紀末葉，細菌理論廣為接納，加上外科手術採用滅菌技術，對剖腹生產程序發揮極大助力，產婦接生時必須保持乾淨的重要性，才得到最後一波支持背書。助產士也需要接受正式訓練，1902 年英國國會通過「助產士法案」（Midwives Bill），明令從 1910 年開始，唯有聽過講習、通過口試和筆試、擁有指定次數接生經驗，並且持有執照的婦女，才可以替人接生。這些措施加上衛生與營養的總體改善，終於成功降低產褥熱的死亡率（見表 12），同時也降低嬰兒夭折率，從 1840 年的每千個嬰兒中有 39 個夭折，減低到 1903 年的每千個中只有 12 個

嬰兒死亡。[10] 到了 1930 年代，磺胺類藥物問世，隨後又發明青黴素（盤尼西林），產褥熱可說全面潰敗。磺胺類藥物和青黴素都能夠殺死造成產褥熱的細菌，也就是真正的病因。短短 20 年內，產褥熱幾乎完全絕跡，謝天謝地，如今產婦因分娩而死亡的案例已經非常少見了。

第九章

要命的動物

　　每一年全球大概有 100 萬人被動物殺死，這些大多是散播傳染病的動物，因此死亡的人占總死亡人數的 1% 點多。[1, 2] 因動物而死的人當中，超過 80% 死於蚊子所傳染的疾病，其他還有幾種無脊椎動物也是重要的疾病傳染媒介：沙蠅（sandfly）散播利什曼原蟲病（leishmaniasis）；「接吻蟲」（kissing bug，這個綽號的由來是牠們專門在人睡覺時叮咬其臉部）造成查加斯氏病（Chagas disease）；采采蠅（ tsetse fly）引起昏睡症；淡水螺導致血吸蟲病（schistosomiasis，又稱 bilharzia）。有些動物能以毒殺人：最明顯的是毒蛇，不過蠍子、蜂、水母也都能毒死人。還有若干大型動物也很危險，像是鱷魚每年大概殺死一千人，河馬、大象、熊、水牛、獅子、老虎也都是最好別去招惹的動物。被狗咬傷可能感染狂犬病，在馬路上撞到動物，特別是鹿，也可能造成車禍。人類最恐懼的一些動物反而沒那麼危險：2016 年全世界只有 10 個人被野狼殺死，6 個人被鯊魚咬死，至於蜘蛛則沒有害死任何人。

動物對人的傷害或咬或螫，還有一些是寄生在人體中。即使到了今天，體內有寄生蟲仍然不是什麼稀罕的事，只不過大部分的傷害並不嚴重。舉例來說，全世界有 1/3 人口體內住著弓漿蟲（Toxoplasma gondii），免疫系統孱弱的人可能因此罹患弓形蟲感染症（toxoplasmosis）。[3] 在感染弓漿蟲的人口當中，法國人高居第一名，占了 86%，這要怪他們愛吃沒煮熟的牛排，英國菜以烤炙取勝，寄生蟲很難存活，所以感染率只占 22%。[4] 造成人類負擔的寄生蟲和對人類有益的共生物（symbiont，譬如幫助我們消化食物的腸道細菌）之間，只存在極細微的差別。一般來說，使宿主生病有違寄生蟲的利益，畢竟宿主生病後提供的食物減少，甚至會死亡，這麼一來寄生蟲便會痛失幸福家園。話雖如此，有些寄生蟲確實會導致疾病，具體來說就是單細胞原生動物，例如瘧原蟲屬（Plasmodium）、helminth（蠕蟲）、吸血節肢動物（如壁蝨、跳蚤、蝨子、蟎蟲）。這些蟲子附著在人的皮膚上或鑽進皮膚裡，然後一待就是好幾個月。有時候這樣就能致病，譬如疥瘡，更嚴重的是扮演疾病媒介的節肢動物，牠們會散播斑疹傷寒、萊姆病（Lyme disease）、鼠疫、利什曼原蟲病、查加斯氏病等等疾病。了解寄生蟲和致病微生物之間的關係，使我們能夠瞄準其生命週期的弱點，進而對症下藥。

　　龍線蟲（Guinea worm，譯按：或稱幾內亞蟲）提供很好的

例子，也是很罕見的例子，展現寄生蟲學領域目前的研究成果
——人類很快就會徹底根除這種傳染病。龍線蟲是蛔蟲（譯按：
或稱線蟲）的一種，不久前還影響數百萬人，尤其在非洲，罹患
人口最多。人類的寄生蟲多半有相當令人作嘔的生命週期，蛔蟲
也不例外，幼蟲寄生在很小的水生橈足類（copepod，即水蚤）
甲殼動物體內。人喝下受寄生蟲感染的水之後，胃酸會殺死水
蚤，釋放蛔蟲的幼蟲，牠們隨即鑽進胃部與腸壁，然後開始在腹
腔內生活與成長。幼蟲在人體內成熟後就會交配，公蟲隨即死
亡，母蟲繼續生長一年左右，等到蟲子長度達到一公尺、粗細程
度像義大利麵那樣，就會開始往下遊走，造成宿主劇烈腹痛，所
以蛔蟲又有火蛇（fiery serpent）的綽號。蟲子會使皮膚出水皰，
通常是在腳上，幾個星期之後蛔蟲就會從水皰裡鑽出來。為了緩
解疼痛，患者往往會把水皰浸泡在水裡，可是與水接觸會刺激蛔
蟲排出數以千計的幼蟲，隨時可供水蚤進食，就此完成其生命週
期。[5] 龍線蟲通常不會致命，可是一旦感染，會使病人痛苦好幾
個月，甚至造成永久殘疾。

　　從1981年起，世界衛生組織、聯合國兒童基金會（UNICEF）、
美國疾病控制與預防中心（CDC）、卡特中心（Carter Center）
在美國前總統卡特（Jimmy Carter）[6] 與其他人的帶領下，發展並
施行一項消滅龍線蟲病的計畫。這種病是根除計畫的好標的，因
為它具有幾項特質：容易診斷（肉眼可見蟲子）；幼蟲只活在水中；
遏阻疾病的方法簡單且便宜；國內有這種疾病的各國政府都鼎力
支持。斬斷龍線蟲生命週期的任何一個點，應該都足以消滅它，

方法有兩種：阻止人們飲用被水蚤汙染的水，或是防止新的幼蟲進入水源。疑似含有水蚤的水，可以用尼龍網過濾以策安全。通常肉眼就能看見水蚤，它們長得像是會游泳的白色斑點。此外，當龍線蟲鑽出水皰時，可以將足部或腿放進一桶水裡，事後再以安全的方式棄置，也就是將桶裡的水傾倒在乾燥的地上，這樣幼蟲就會死亡，而不會汙染水源。

　　龍線蟲根除計畫從 1980 年代開始就十分成功，工作人員一開始先在地圖上標示所有出現龍線蟲病例的地點，並且通報每一樁病例，以村落為基礎的醫護人員會登記危險社區，以援用新的策略。1985 年，20 個國家裡發生 350 萬件新病例；1989 年通報了 89 萬 2055 件病例，不過缺少查德、中非共和國、塞內加爾、蘇丹的數據。2020 年全球只通報了 27 個病例，來自 6 個國家的 19 個村落，這 6 國分別是喀麥隆、衣索比亞、馬利、查德、安哥拉、南蘇丹。[7] 從 350 萬到 27，龍線蟲病例降低了 99.999%，真叫人驚歎。因此龍線蟲是第一種近乎根除的寄生蟲病，也是繼天花之後被剷除的第二種人類疾病。[7] 這項工作沒有動用任何治療，也沒有預防的醫藥或疫苗，所需要的只是切斷龍線蟲的生命週期，重點是必須在每一個危險的地點徹底執行。終結龍線蟲病是重大的成就，也指出了一條明路：只要所有受到影響的關係方堅定支持計畫，國際團隊可以用低廉的代價，應付他們慎重選出來的疾病。目前看來情況很不錯，但是那種殺人無數的昆蟲又怎麼辦？牠害死的人數遠超過其他所有動物的總和。

1513 年，西班牙探險家巴爾柏（Vasco Núñez de Balboa）穿過巴拿馬地峽（Isthmus of Panama），抵達太平洋，他是走通這條路線的歐洲第一人。巴爾柏一手舉劍，另一手持聖母旗幟，蹚進淺淺的海水，擺出一副堂堂征服者的姿態，以西班牙君主之名，宣示對整座海洋與一切相鄰陸地的所有權。如果拿它當真（西班牙人對這個可都是非常認真的），那麼西班牙國王斐迪南（Ferdinand）此時已經擁有半個地球了。巴爾柏意外發現一座濱臨美洲西岸的海洋，自然引起西班牙人的好奇：加勒比海和太平洋之間是否存在一條海峽，可以容許船隻通行，而不必再經過美洲南端，白白繞道數千英里？進一步的探險並沒有發現這樣的水道，所以斐迪南的繼位者神聖羅馬皇帝查理五世〔Charles V，譯按：即西班牙國王卡洛斯一世（Carlos I）〕便指示勘測員調查是否有適合的地方，可以興建一條聯絡兩大洋的運河。勘測員回報該計畫不可能實現，至少 16 世紀的專業知識無法達成，於是這項計畫被束諸高閣 300 餘年。

第一個認真打算興建運河以穿越巴拿馬地峽的是法國人，帶頭的是德雷賽布（Ferdinand de Lesseps），此人曾在 1869 年成功建造蘇伊士運河（Suez Canal）。蘇伊士這條路線的距離雖然比較長，但是因為貫穿平坦地帶，所以工程遠比巴拿馬容易。德雷賽布在紅海與地中海之間建了一條水面與海平面齊平的運河，並不需要動用船閘。1882 年，法國人在巴拿馬動工，一開始打

病根源怪罪到瘴氣和體液不平衡上頭，讓醫學進展倒退了將近兩千年。儘管如此，1717 年義大利醫生藍奇西（Giovanni Maria Lancisi）寫過這段話：「成群飛舞的昆蟲造成傷害，牠們有害的汁液和唾液結合⋯⋯害我們大家吃盡苦頭。」藍奇西同樣提倡抽乾沼澤的水。[12] 由於依然缺乏實驗證據，而且這類觀點明顯有違一般常識，所以招致強烈反對。

現在我們已經知道瘧疾是由 4 種主要的瘧原蟲所造成，分別是惡性瘧原蟲（falciparum）、間日瘧原蟲（vivax）、卵形瘧原蟲（ovale）、三日瘧原蟲（malariae）。瘧原蟲的生命週期相當複雜，它們寄生在兩種宿主體內的多種器官中。瘧疾一開始是母瘧蚊吸食人血，將寄生在它唾液腺中的絲線狀瘧原蟲注射到對方血液裡，之後瘧原蟲一路旅行到被害者的肝臟，每一絲瘧原蟲在此複製，創造出一顆包囊，裡面有它成千上萬的後代。在這個潛伏階段，被瘧蚊叮咬的人沒有症狀，因此也不曉得自己已經感染瘧疾。最後包囊破裂，釋放寄生蟲，它們侵入宿主的紅血球，吸食帶氧的血紅蛋白，然後發育為所謂的分裂體（schizonts）組織，每一個分裂體含有 8 到 24 隻寄生蟲。成熟的分裂體可能在各種器官中安頓下來，例如腦部或胎盤，會產生什麼瘧疾症狀，就根據它影響什麼器官而定。[13] 最後分裂體破裂，將下一代寄生蟲釋放進血流中，準備感染新一批紅血球。分裂體破裂會引發宿主發燒、出汗、寒顫，症狀很像流行性感冒，通常是一波接一波發生，每隔幾天反覆出現症狀。蚊子吸食瘧疾病患的血液後，該寄生蟲在蚊子腸胃中形成包囊，這個包囊釋放出孢子，跑到蚊子體內的

其他地方繁殖，包括唾液腺。下次這隻蚊子再去叮咬人類，孢子就會被注射到人體，這就是一個完整的生命週期。[14]

　　嚴重的瘧疾症狀來自器官衰竭或血液異常，端視身體感染的部位而定。瘧疾可以造成痙攣、意識喪失、昏迷；因為喪失紅血球而導致嚴重貧血；腎臟衰竭；肺部發炎；脾臟腫大；血糖驟降等等，出現這類症狀的患者需要緊急治療。這種病可能會在幾年後復發，因為蟄伏在肝臟的包囊重新活躍起來。瘧疾也可能造成長期持續的問題，例如語言障礙、失聰、腎臟病、脾臟破裂、失明。孕婦感染瘧疾特別危險，母親和嬰兒都飽受威脅。[15]

　　1870 年代人們開始接受細菌理論以後，心態上就是設法找出造成瘧疾的微生物。光是為了釐清蚊子、瘧原蟲、人類三方互動的每一個步驟，就花了很多年工夫。[16] 瘧疾的血液階段是派駐阿爾及利亞的法國軍醫拉韋朗（Charles Laveran）率先察覺，他發現瘧疾病患的血液當中有新月形的物體，上面有一個帶了顏色的小點，這在健康的人身上從未發現過。拉韋朗接著描述血液中4 種獨特的組織，也就是我們現在所知的瘧原蟲生命週期的 4 個獨特階段。然後義大利醫師兼科學家高基（Camillo Golgi）找到了血液中分裂體破裂釋放瘧疾寄生蟲，以及病人開始發燒這兩者之間的關聯。[17]

　　這確實是一大進展，然而如何將這項發現轉譯成預防或治療瘧疾的辦法，依然不明朗。儘管如此，1897 年英國細菌學家羅斯（Ronald Ross）在印度發現，蚊子的胃中有一種鳥型瘧疾的寄生蟲組織。在此同時，羅馬醫師葛拉希（Giovanni Grassi）與

同僚發現瘧蚊身上的人型瘧疾寄生蟲。於是蚊子傳播疾病的關鍵角色被揭發了，它在兩個物種之間傳遞致病微生物。這項發現事關重大，給了當時的技術施力的目標：人們能夠剷除蚊子喜愛居住的環境，例如死水塘，藉此減少蚊子的數量。

　　黃熱病也是由蚊子傳播的這個想法，最早是由古巴醫生芬雷（Carlos Finlay）所提出，時間是 1881 年。19 世紀的古巴盛行瘧疾、黃熱病、霍亂和其他疾病，是當地非常嚴重的問題。芬雷已經注意到黃熱病猖獗的地區恰好和蚊子生活的地方重疊，於是他動手研究蚊子如何進食。[18] 他在古巴首都哈瓦那（Havana）向皇家醫學、物理學和自然科學院（Royal Academy of Medical, Physical and Natural Sciences）當面提交簡報，但是並未得到認同。那麼小的昆蟲怎麼可能殺死那麼大的成人，太異想天開了！於是芬雷開始尋找進一步的證據，以檢驗自己的假設，方法是利用數百名甘願被瘧蚊叮咬的志願者做實驗。儘管這是證明芬雷想法的最直接方式（也非常危險），可是結果依然不能讓人信服。[19] 現在回想起來，我們明白芬雷當時的實驗之所以失敗，是因為他選擇的潛伏期——從蚊子感染瘧原蟲到叮咬新受害者之間的這段時間——天數太短了。[20] 關於潛伏期，有一則重要線索在幾年之後出現了，那是美國濱墨西哥灣（Gulf of Mexico）港口的檢疫官凱特爾（Henry Carter）所提出的。凱特爾發現人類從感染黃熱病到第一次出現發燒症狀之間，大約是 5 天的時間，因此將墨西哥或古巴前來美國的船隻隔離檢疫 7 天，就可預防黃熱病侵入美國。[20] 凱特爾又接著研究隔離農舍裡的黃熱病個案，以作為上述發現

的後續調查，他想看看外人進入農舍之後多久會感染黃熱病。

拜美國陸軍之賜，芬雷要的證明來了。1898 年爆發為期十週的美西戰爭，美軍入侵古巴，黃熱病和瘧疾在軍隊中迅速蔓延，以至於 3/4 美國軍人病到無法作戰，最後只好撤軍。那次戰爭只有不到一千個美國士兵死於作戰，卻有 5 千多人死於疾病，尤其是黃熱病。儘管面對如此挫折，美軍依然贏得戰爭，占領古巴。美國在當地設立軍政府之後，也成立黃熱病委員會（Yellow Fever Commission）以尋求對策。在芬雷的協助下，委員會採取更長的潛伏期，重新測試芬雷的蚊子理念，這一次果真成功了。經過好幾年的實驗性努力，以及犧牲若干團隊成員的生命，終於獲得以下的結論：

（1）黃熱病不會藉由寢具或衣服傳播。

（2）黃熱病是經由蚊子叮咬傳播；蚊子先吸食病患的血液才能散播疾病。

（3）這種特定的蚊子被鑑別出來，現在稱作埃及斑蚊。

（4）母蚊子吸食感染者的血，然後叮咬健康的人，散播時間可能長達10天，過了這段期間，蚊子就不再散播病原體。蚊子需要間隔 12 天以上才能再次傳播黃熱病。[20, 21]

這些新知識迅速在哈瓦那派上用場。哈瓦那市首席衛生官郭葛斯少校（Major William Gorgas）下令，建築物內的黃熱病患者一概隔離，門窗必須加裝紗門紗窗以阻絕蚊子。一隊隊士兵搜

索市區、狙擊蚊子，包括會飛的成蚊和水裡的孑孓。短短 5 個月內，哈瓦那的黃熱病絕跡，雖然沒有人知道病原體究竟是什麼，但是只要曉得牠的生命週期弱點在哪裡，就可以阻止疾病蔓延。

這項成功來得巧，美國人的巴拿馬運河計畫正需要這場及時雨。現在美國人明白當初法國人企圖建造運河時，之所以死了那麼多人，就是因為巴拿馬地峽滿滿都是感染瘧疾和黃熱病的蚊子。如果像法國人當時那樣，派成千上萬建築工人前去當地，而沒有做好保護，那肯定會以災難收場。美國政府下定決心絕不重蹈覆轍，因此在 1904 年派郭葛斯去檢查那個地區，並擬定行動計畫。建築工人都還沒提起鏟子，郭葛斯就已經著手消滅運河區的蚊子。所有流速緩慢和停滯不動的水體，都投放殺蟲劑以殺死孑孓。蚊子可能在盛裝靜水（standing water）的容器裡產卵，所以這樣的容器也都要移除。他們將沼澤的水抽乾，還建立淨水系統，這樣就不必再收集雨水。施工團隊住的地方，窗戶都覆蓋鐵絲細網。醫護工在建築物四周搜捕蚊子和蚊卵。美國方面供應的所有硫磺都拿來燃燒，以撲殺房間裡的蚊蟲。染病的工人都要隔離。到了 1906 年，這套方法推行還不滿 2 年，運河區就已經見不到黃熱病，瘧疾病例也已大幅減少。[22]

現在建築工程可以在更安全的條件下進行了——至少對某些工人來說是這樣。工地上的黑人勞工（大部分來自西印度群島）沒能住進受保護的屋子裡，而是住在蚊子管控區外面的帳篷。結果在巴拿馬運河施工期間，共有 4500 個黑人死亡，而白人只死了 350 個，黑人的死亡率比白人多 10 倍。[23] 除了病死，

還有許多人死於意外，像是山崩和炸藥意外。

美國人的設計是在靠近太平洋和大西洋的兩端設置極大的船閘，一座新建的水壩創造出龐大的人工湖，船隻隨著水位上升駛過人工湖，藉此通過航道上被鑿通的陸地最高點。由於此處降雨豐沛，使運河的水位得以保持在高檔。這些艱難的挑戰逐一克服之後，運河在 1914 年開通，此時距離探險家巴爾柏第一次涉水走這趟旅程，已經 401 年了。如今每年大約有 1 萬 5 千艘船穿越這條 50 英里長的水路。巴拿馬運河計畫不僅是人類嘗試過的最偉大工程之一，也闡釋與宣揚人們可以如何預防疾病。

瘧疾和黃熱病只是眾多熱帶特有疾病之中的兩種，一旦歐洲人開始前去更多南方地區貿易與殖民（最早是葡萄牙人在非洲海岸探險），首當其衝的就是一堆可怕的疾病，他們對這些病幾乎沒有抵抗力可言。最嚴重的是瘧疾、痢疾、黃熱病，另外還有無數疾病，其中又有很多是經由昆蟲、蝨子、蝸牛傳播的。初到西非海岸落腳的人，大概有五成會在一年內死亡，[24] 使這些區域特別不適合非原住民居住。更糟糕的是，船隻將疾病從原生地出口到其他地方，最顯著的就是瘧疾。19 世紀瘧疾危害最烈的高峰期，世界人口有一半以上居住在瘧蚊生活的環境中，最遠可達蒙特婁和北歐，那些地方大約有 10% 的患者死於瘧疾，還有更多患者雖然免於一死，卻承受長期病痛。因此瘧疾最嚴重時殺死了 5% 到 10% 的世界人口。[25]〔有個廣為報導的數據，說是蚊子殺死了古往今來半數人口，這個說法是錯誤的。它的來源可能是 2002 年《自然》（*Nature*）期刊上的某篇文章。[26]〕

　　在蚊子成為打擊標的之後，瘧疾疫情從高峰開始趨緩。巴拿馬運河的興建，正是闡釋這項策略如何奏效的典範。由於陸地使用和農業的改革，剷除了蚊子喜愛的環境（例如沼澤），同時興建更良好的屋舍，使 20 世紀上半葉瘧疾在歐洲銷聲匿跡。第二次世界大戰之後，DDT 殺蟲劑問世，將 DDT 噴灑在屋內牆壁上，使印度、蘇聯和其他國家成功消滅瘧疾。到了 1966 年，使用 DDT、掛蚊帳、移除蚊子產卵的容器，為超過 5 億人口解除了瘧疾的威脅。[27, 28] 相較之下，沙哈拉沙漠以南的非洲前景就嚴峻得多，尤其是那裡的蚊子更普遍。住在非洲瘧疾為患最烈地區的人，遭到蚊子叮咬而感染的機率，比在亞洲罹患瘧疾的機率多 200 倍。[28]

　　對抗瘧疾的第二種武器是殺蟲藥物。藥物不僅能幫助病人，更能防止他們成為害別人染病的疾病疫源（reservoir of disease）。青蒿素（artemisinin）是有效的治瘧疾藥物，這種藥提煉自黃花蒿，中醫已經使用這種草藥兩千多年了。越戰期間，越共領袖胡志明請求中國協助對抗瘧疾；1972 年，中國科學家分離出這種有效成分，研究團隊領導人屠呦呦因為發現青蒿素，為中國拿下第一座諾貝爾生理學或醫學獎，她也是第一個獲頒諾貝爾獎的中國女性。金雞納樹（cinchona）長在安地斯山脈野外，樹皮所含有奎寧（quinine），人類已經利用它長達 400 年。絕大多數奎寧來自爪哇的金雞納樹，第一次世界大戰時，由於東南亞的奎寧供應出了問題，促使德國化學家尋覓替代品。1930 年代，德國法本公司（I.G. Farben）的工人發現多種頗具潛力的化合物，

特別是氯化奎寧（chloroquinine，譯按：或稱氯奎）。第二次世界大戰之後，DDT 和氯化奎寧成為世界衛生組織嘗試根絕瘧疾的第一線用藥。遺憾的是，這種寄生蟲的新病株很快就對氯化奎寧產生抗藥性。[17] 接下來又開發出數十種抗瘧疾藥物，不過沒有任何一種可以提供百分之百的保護，抗藥性、副作用、效果不彰都是常見的問題，最好的辦法還是一開始就不要被蚊子咬到。

對於瘧疾這種病的描述，幾乎和文字本身一般古老。中國醫藥巨作《內經》是將近 5 千年前的作品，書上把瘧疾之類的症狀和脾腫大連結在一起。亞述帝國位於當今伊拉克尼尼微（Nineveh）的皇帝圖書館所典藏的泥板，便描述了這種疾病，而印度吠陀時期（西元前 1500 年至 800 年間）作品和埃及的醫學紙草卷（西元前 1550 年）也有相關的文字記載。[17]5 千多年前留下來的埃及木乃伊上，發現了惡性瘧原蟲感染。[29] 作家荷馬（Homer）、柏拉圖（Plato）、喬叟（Chaucer）、莎士比亞（Shakespeare）的作品中也都提到瘧疾。

已經與人類共處 5 千年的瘧疾，比大多數疾病更古老，可是我們和瘧疾的麻煩關係，還可以追溯到更久遠以前。蚊子的始祖大約在 1 億 5 千萬年前出現，而瘧疾寄生蟲的祖宗跟著演進的生命週期，是寄生在昆蟲和動物身上，吸食這些宿主的血液維生，對象包括五花八門的爬蟲類、鳥類和哺乳類。瘧原蟲在靈長類動

物身上寄生尤其普遍，人類正是屬於這一支哺乳類動物。[25] 過去一萬年中的某個時候，蚊子將大猩猩身上的惡性瘧原蟲傳播給人類，[30] 間日瘧原蟲則一直都寄生在人類、黑猩猩、大猩猩身上，時間更為久遠。

由於人類和瘧疾已經共處成千上萬年，瘧疾對我們的 DNA 也產生深刻的影響。舉個例子，有一個 DNA 異變體稱作「達菲（血型）陰性」（Duffy-negative），[32] 達菲基因的名稱是跟著第一個發現的病人名字而命名，它將人類紅血球表面的蛋白編碼，而間日瘧原蟲就利用這種蛋白進入紅血球。達菲血型陰性的人，紅血球上缺乏這種蛋白，所以瘧疾寄生蟲比較難進入，這一來就阻斷瘧原蟲生命週期的一個關鍵步驟，進而防止感染間日瘧，至少減低感染後的嚴重性。由此可知，在間日瘧很普遍的地區，達菲血型陰性是很有利的本錢。[33] 下圖顯示撒哈拉沙漠以南的非洲，達菲血型陰性的人將近百分之百，反觀在世界其他地方，這種血型的人幾乎是零。因此在沙哈拉沙漠以南的非洲，間日瘧非常罕見，可是在亞洲和拉丁美洲則很普遍。500 年前人口大遷徙之前，美洲根本不存在達菲血型陰性基因。如果現在美洲人擁有這種基因，祖先肯定是非洲黑人，我們在非裔美國人、西印度群島人、南美洲人身上都發現這種基因，只是比率多寡有別罷了，他們的祖先多半是當年被奴隸船從非洲載運過來的。[34]

為什麼印度和東南亞的人不是達菲血型陰性？畢竟有了這種基因可以保護他們不致感染間日瘧。看來這是大概 10 萬年前發生的事，那時的人類只活在非洲，也普遍感染間日瘧，和其他

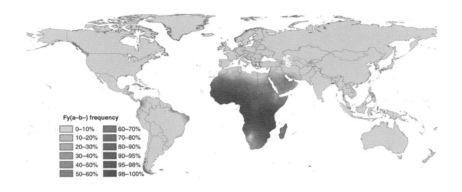

Fy(a-b-) frequency

0–10%	60–70%
10–20%	70–80%
20–30%	80–90%
30–40%	90–95%
40–50%	95–98%
50–60%	98–100%

達菲血型陰性者在全球分布的情況 [34]

我們的 DNA 中帶有兩套達菲基因，所以這是兩套基因都不表現功能性蛋白的機率。
（Global Distribution of Duffy negativity, Howes, R.E., et al., 'The global distribution of the Duffy blood group', Nature Communications 2011, 2, 266.）

猩猩科（great apes）的動物並沒有兩樣。到了 5 萬年前左右，一小群現代人（modern humans）離開東非，旅行到印度洋岸周遭，最後抵達阿拉伯、波斯、印度、東南亞，他們身上帶的間日瘧病株也跟了過去。大概 3 萬年前，達菲血型陰性基因開始在非洲傳開，[35] 最後變得非常普及，以至於間日瘧在非洲大陸銷聲匿跡，如今變成亞洲和拉丁美洲的疾病。即使在非洲，不是黑人的非洲人依然有感染間日瘧的風險。2005 年，一個 32 歲的白人男性去中非工作 18 天，期間感染了間日瘧，原來是一隻蚊子叮咬罹患瘧疾的人猿之後，又吸食他的血液。[37]

　　達菲血型陰性的人可能還是要付出代價。達菲蛋白除了幫助間日瘧原蟲進入紅血球之外，還有很多用處：它是免疫系統的

一部分，[38] 所以缺乏達菲蛋白會影響無數疾病的嚴重程度。舉例來說，達菲血型陰性的人（全都有非洲祖先）可能更容易罹患癌症。[39, 40, 41] 除非你住在間日瘧盛行的地方，否則最好還是保有紅血球上的達菲蛋白。

　　除此之外，萬一碰到更致命的惡性瘧原蟲所造成的瘧疾，達菲血型陰性的人照樣沒有抵抗力。因此高風險人口已經演化出其他各種突變，以幫助抵禦這種瘧疾。遺憾的是，最普遍的抗瘧疾突變也會造成鐮形血球貧血症（sickle-cell disease）、地中海型貧血或蠶豆症（葡萄糖—6—磷酸去氫酶缺乏症）。鐮形血球貧血症會造成疼痛、感染和中風，預期壽命比常人短了好幾十年；地中海型貧血造成貧血、心臟問題、骨骼變形、脾臟受損；[42] 蠶豆症的人容易因為食用蠶豆而引發疾病，造成黃疸、貧血、呼吸急促、腎臟衰竭。希臘哲人兼數學家畢達哥拉斯（Pythagoras）禁止門徒吃豆類，我們可以推測他是蠶豆症患者。鐮形血球貧血症、地中海型貧血和蠶豆症都是很嚴重卻也很常見的基因疾病，不過它們都比感染瘧疾來得好。這些疾病之所以不能治癒，是因為基因突變是經由對紅血球的動作，產生對惡性瘧原蟲的抵抗力。瘧疾實在太折磨人、太普遍了，以至於這些有害突變雖然會造成傷害，卻仍然散播到非洲、亞洲、地中海、中東各地。儘管基因突變是大自然反擊疾病的方式，我們還是需要更好的辦法。

　　今天蚊子依然是世界上最致命的動物，光是 2017 年，瘧疾就就殺死了 50 萬人口，其中多半是尚未發展出任何免疫力的幼童。儘管如此，過去 15 年間人類還是有進步，因瘧疾死亡的人

數減少一半，過去曾經大流行的許多地方，例如美國和歐洲，現在已經找不到瘧疾的蹤跡。美國在 1947 年展開「全國瘧疾根除計畫」（National Malaria Eradication Program），由於先前在軍事基地推動的類似計畫成效顯著，官方大受鼓舞，才跟著推行全國計畫。他們把目標放在美國東南方的 13 個州，在 500 萬戶住家噴灑 DDT，針對蚊子繁殖的地方，都把積水抽乾並噴灑殺蟲劑。1949 年，美國宣布瘧疾已經不再是嚴重的公共衛生問題，接下來只需要監視狀況即可。[43]

　　人類會徹底根絕瘧疾和其他經由蚊子傳染的疾病嗎？很多國家已經做到了，對抗龍線蟲、天花的成功經歷，顯示國際合作對抗疾病確實能夠奏效。在中非和西非防治瘧疾特別棘手，因素有很多：散播與引發疾病的昆蟲種類和瘧原蟲種類繁多，滅絕一種蚊子可能代表另一種蚊子取而代之，兩者的惡質程度並沒有差別。政府貧窮加上資金欠缺，過去曾經阻礙瘧疾控制計畫，我們需要協助貧窮的社區，因為他們可能很難接觸到衛生系統。雖然抵抗瘧疾和蚊子的傳統方法仍然很有價值，譬如掛蚊帳、裝紗窗、倒掉積水等等，不過我們還是需要新的技術，需要繼續開發更優良的藥物、殺蟲劑和診斷方法。過去 10 年來，科技創新和更多政治、財務方面的投入已經很有成效，從 2010 年到 2019 年，全世界死於瘧疾的人數減少了 44%。[44] 每一年都有更多國家宣布成功消滅瘧疾。嶄新的方法可能也很寶貴，目前布吉納法索（Burkina Faso）正在試驗一種抗瘧疾的疫苗，初期成果相當令人振奮。[45]

　　還有更激進的點子，那就是透過基因工程改造蚊子，然後將其釋放，使有利防治瘧疾的基因散播到蚊子群當中。[46] 所謂的基因驅動技術（gene-drive technology）意謂蚊子的下一代將帶有人類偏好的新基因。舉例來說，可以將蚊子改造成無法感染惡性瘧疾，如果成功，或許可以永遠終結最糟的一種瘧疾。然後我們需要將一小群這種經過基因改造的蚊子野放，這樣一代又一代傳下去，牠們的新基因就會慢慢取代舊的基因。另一種做法是在蚊子身上添加阻止繁殖的基因，促使牠們逐漸滅絕。基因驅動是潛力無窮的工具，雖然在實驗室中選擇和創造突變動物已經有一百年的歷史，但是基因驅動給予新的力量，讓我們能夠廣為試驗地球上的每一種動物，加以基因改造。關於野放基因改造蚊子的道德和風險問題，人們前後討論了 10 年，[47] 接下來已經展開第一場試驗，目標是美國佛羅里達州的埃及斑蚊。科學家利用趁母蚊子還在孑孓狀態時殺死牠們的基因，而不是採用基因驅動方法。[48] 雖然這個點子看起來很有希望，但是仍然無法排除深切的憂慮：基因改造蚊子一旦放出去，就不可能將牠們全都召回來，或許會對生態系統造成無法逆料的後果。新基因可能突變，也可能跳到其他物種身上。為了應付這類有害基因，蚊子的抵抗力產生演化也是無可避免的事。

　　如果我們投入計畫所需的資金，那麼追求在幾十年內根絕全世界瘧疾、登革熱和其他由蚊子傳播的疾病這個目標，就沒有那麼不切實際。像瘧疾這種十分普遍又延續長久的疾病，不但殘害國民的健康，也傷害國家的財富，如果能消滅這些疾病，就可以

讓人們逃脫久病的打擊。所以說，根絕瘧疾的計畫固然很昂貴，但投資之後將會獲得巨大的長期財務回報。[49] 這些龐大的利益可以嘉惠數十億人口，尤其是非洲國家將會因此脫胎換骨。

人類對抗傳染病的戰爭仍在持續，不過大致上是成功的。那麼我們在這些經驗中學習到什麼一般性教訓？第二次世界大戰之後抗生素才普遍起來，在此之前，醫生對任何傳染病都束手無策。事實上，就像前文討論產褥熱的例子，醫學專業不但沒派上用場，還幫了倒忙。在英國維多利亞時代，許多傳染病的病例都大幅下降，譬如 1840 年到 1910 年間，英格蘭和威爾斯死於傷寒的人數減少了 90%（見表 12）。這些成果發生在大規模疫苗接種和有效藥物問世之前，雖然醫學知識確實蒸蒸日上，譬如對血液循環的了解，以及靠解剖認識人體構造，可是仍然花了幾百年時間，才將這些知識轉譯成真正的醫藥。直到 19 世紀末葉，天花仍是唯一能靠疫苗防範的疾病，當時在傳染病方面最大的醫學進展還是預防，而不是治療。彼時消毒技術開始用於外科手術，麻醉劑的發明加上消毒劑的使用，意謂病人就算開刀，活下來的機會也很大。在麻醉劑發明之前，外科醫生常常為自己能迅速為病人截肢而感到自豪，哪怕事後病人皆因休克和感染死亡，也不

以為怪。19 世紀英國人的預期壽命從不滿 40 歲提高到 50 歲出頭。[1]

如我們所見，19 世紀前半葉的政治人物篤信放任主義，也就是政府規避干預自由市場運作。假如有足夠的百姓想要醫藥、潔淨的水、下水道或住屋，那麼提供這些東西的私人公司就會大量湧現。後來中央及地方政府開始投資公共服務，也就是我們今天所享受的那些，改變原先放任不管的態度。政府祭出這些措施背後的正當性，一般是轉嫁財務和健康成本給納稅的富人，而不是以人道理由和公共福祉為基礎。不管出於哪一種理由，一般大眾（尤其是窮人）確實因此獲得極大的利益。

就算知道遭到汙染的水會導致疾病，也無法立刻找到解藥，不過了解汙水致病這一點，確實突顯保持衛生以預防疾病的重要性。維多利亞時代的醫生固然令人望而生畏，但當時的人真的曉得怎樣建設，他們興建無數道路、鐵路線、橋樑、運河、高架橋、下水道、水管、水庫，各種設施直到今日依然在使用。維多利亞時代的人還蓋了濾水廠，最早只是用沙子過濾，後來進一步改良成氯化淨水。有了乾淨的水可以烹飪、洗滌、沖廁所、飲用，數以百萬人的生活品質得以大幅提升，另外還有下水道安全的排放汙水，並加以處理。以前為了容納成千上萬窮人，盡可能用最廉價的方式興建的貧民區，逐漸被政府拆除，改建品質較佳的屋舍。除此之外，人們的營養標準也改善了，足夠的熱量和均衡飲食造就強健的身體，更能夠抵抗傳染病。[2] 過去農場上擠出的牛奶直接裝在桶子裡運到城市，堪稱細菌的溫床，衍生肺結核和

其他疾病，到了這個時期，人們已經懂得利用巴氏滅菌法消毒，也明白膳食中混合碳水化合物、脂肪、蛋白質的重要性。維多利亞時期國民健康突飛猛進，幾乎每個人的生活水準和飲食都改善了。

史諾、塞麥爾維斯、柯霍、巴斯德與眾多先驅的研究工作，強有力的支持細菌理論，最終廣獲接納。這些先驅主張致病微生物的傳播導致傳染病，因此疾病是經由水中微生物所散播，而不是由汙濁的空氣散播。大熱天裡，汙水充斥的溪流冒出煙霧，很容易誤導人們汙濁氣體會致病，尤其是相比之下，從水泵汲取的飲水看起來相當清澈，喝起來也沒有異味，就誤以為無礙。其實看起來無礙的水如果含有錯誤的細菌，像是傷寒和霍亂，照樣奪人性命。一旦明瞭疾病是由具有傳染性的微小細菌所造成，立刻就引出強大的結論。

（1）保持乾淨可以防止疾病散播。

（2）醫生看下一個病人之前，應該先洗手並換上乾淨的衣服，這樣他們自己才不至於傳播細菌。剛剛觸摸傳染病患者或屍首體內的醫生，用髒手去治療下一個病人，是非常要不得的行為。

（3）醫院的床褥不應該泡在乾涸的血液或膿液中。

（4）必須常常清洗衣服和寢具。

（5）避免接觸人類的排泄物和體液。

（6）經常洗澡。

　　如今的孩子都被強力灌輸這些基本的衛生守則，可是這些觀念一直到 19 世紀才變得普遍。除此之外，如果我們了解蚊子、老鼠之類的動物會傳播疾病，那麼清除這些動物居住的地方，並減少牠們和人類的接觸，就可阻止疾病蔓延。因此我們抽光沼澤積水，這樣在水裡滋生的蚊子就活不下去，藉此趕走居家的害蟲。

　　細菌理論將疫苗接種的道理和解釋得清清楚楚。打好疫苗之後，一旦有微生物來犯，因為身體的免疫系統已經被調教好，一下子就認出這個微生物是危險的入侵者，於是身體就會發動反擊。也許只需要死掉的微生物、部分微生物或類似的微生物，就足以激發免疫反應，如果是這種情況，我們就可以用疫苗對付。不需要複雜工具，也不需要免疫系統如何運作的任何知識，只需要培養治病微生物、殺了它、切碎它，或是將它改造成不再致命但仍能激發免疫反應，這樣就大功告成了。

　　假如我們能夠辨識並培養致病微生物，就可以拿它做實驗，找到殺死微生物的方法。1907 年，曾與柯霍共事過的德國猶太裔細菌學家埃爾利希（Paul Ehrlich）開始尋找能夠殺死細菌但無礙人體細胞的化學物質，他夢想實現自己發想的「神奇子彈」（magic bullet，譯按：或譯靈丹）觀念，也就是瞄準與撲殺有害微生物，同時保持其他細胞不受損傷，就好比戰場上敵我雙方混

戰時，機關槍打出去只會擊中敵軍。埃爾利希知道這不容易，因為 99% 以上的化學物質對於細胞都是無差別作用：譬如氰化物會一視同仁殺死所有的細胞，所以並非良藥。埃爾利希甚至不知道，選擇性殺死某一組細胞究竟可不可行。

　　埃爾利希的神奇子彈構想來自他早期使用染料過濾細胞的經驗。由於化學工業快速成長，當時他手邊有好幾百種新染料可用。埃爾希利發現在製備細胞時加入各種染料，就可以得到不同的細胞類型（cell types），各類型在顯微鏡底下會呈現獨特色彩。他利用這種方式發現了新的細胞種類，於是開始推論：假如細胞和染料結合的方式相異，那麼細胞對於可能殺死自己的分子，或許也具有不同的親和性（affinities）。如果這些分子選擇性攻擊致病微生物，不就是神奇子彈了嘛。

　　埃爾希利尋找神奇子彈的計畫，是先動手試驗一種或可殺死目標的化學物質，而不去太擔心它理不理想，譬如可能對人類細胞具有毒性。這種起始分子（starting molecule）稱作先導化合物（lead compound），有了先導化合物之後，就可以對它進行化學修飾，以改善其作為藥物的能力，提高它對抗標靶細胞的活性，同時降低其毒性。埃爾利希此舉是探究改變化學物質的結構會如何改變它對微生物的作用，藉此連結化學和生物學這兩個世界。

　　埃爾利希以非洲昏睡症實驗他構想的方法，該傳染病是由錐蟲（trypanosome）這種寄生蟲引起，經由采采蠅叮咬而散播。埃爾希利首先使用對氨基苯胂酸鈉（Atoxyl）化合物，它曾在 1905 年被拿來試驗，作為治療昏睡病的藥物，結果小有成功，但長期

使用會損傷視神經，最終導致病人失明。埃爾利希和團隊先確定對氨基苯胂酸鈉的確切結構，然後以這項知識為基礎，得以人工合成數百種具有此結構的版本，接著再嘗試改善。效果最好的是編號第 418 號化合物，它不只殺死白老鼠身上的錐蟲，對白老鼠的毒性也很低。[3]1907 年，埃爾希利團隊將對氨基苯胂酸鈉用在人體上，雖然經常出現不良副作用，可是整體來說，對治療最嚴重的幾種昏睡症確實有幫助。[4]

備受鼓舞的埃爾利希接著把目標轉向梅毒。1905 年，德國動物學家肖頓（Fritz Schaudinn）和醫生霍夫曼（Erich Hoffmann）發現梅毒傳染病的病因是梅毒螺旋體（Treponema pallidum）這種細菌。[5]霍夫曼建議埃爾利希應該在他為了治療昏睡病所合成的化合物當中，找找看有沒有適用梅毒的。埃爾利希把計畫交給日本同事秦佐八郎，對方曾成功讓兔子感染梅毒螺旋體。在付出極大的努力之後，秦佐八郎發現編號第 606 號化合物奏效，可以殺死梅毒螺旋體，但兔子卻毫髮無傷。這個化合物就是阿斯凡納明（arsphenamine，譯按：或稱砷凡納明）——它正是埃爾利希一直在找的神奇子彈。[4]

進一步的動物實驗證實阿斯凡納明真的管用，而且安全，於是埃爾利希開了一間診所，在梅毒病人身上做試驗。這種藥大獲成功，激起非常龐大的需求，所以埃爾利希和赫斯特公司（Hoechst）合夥，以「灑爾佛散」（Salvarsan）名稱製造並販售這種藥；1914 年推出改良版，副作用較少，名字就叫「新灑爾佛散」（Neosalvarsan）。此後灑爾佛散和新灑爾佛散一直是

治療梅毒的首選藥物，直到 30 年後青黴素（盤尼西林）上市為止。埃爾利希以對氨基苯胂酸鈉作基礎製成的藥物，是當年唯一的人工合成抗生素，到了 1930 年代發現新類型的磺胺類藥物（sulphonamides）後才改觀。埃爾利希性格溫和、才華洋溢，他說自己發現灑爾佛散是「倒楣了 7 年，我終於得來幸運的一刻。」[6]

柯霍、秦佐八郎、埃爾利希與其他人的前瞻研究工作，奠定發現藥物的方法。過去一百年來，藥物發現的規模和複雜程度都大幅增加，不過整體方案仍然依循埃爾利希當年為了治療昏睡症和梅毒，所構想並付諸實踐的計畫。這一百年來，後人追隨他的先見，已經找到成千上萬種有效的藥物，拯救了數十億人的性命，而且延長人們的預期壽命數十年。雖然傳染病的防治不斷進步，可是新的疾病肯定還會出現，我們永遠都需要新的神奇子彈。

第三部

人如其食

「人類從大自然賦予的原始狀態走偏了路，
這似乎已經證明會引來各種疾病。」

《探究牛痘預防接種之原因與效果》，
詹納，1798 年 [1]

第十一章
糖果屋

英國牧師馬爾薩斯（Thomas Malthus）在 1798 年出版影響至深的名作《人口論》（*An Essay on the Principle of Population*），主張人口多寡受到資源的控制。[1] 馬爾薩斯宣稱，任何國家的生計（基本上就是糧食）若能輕鬆支持國民，結果這個國家的人口將會上升。人口變龐大，僧多粥少，所以窮人的處境更糟，很多人必須承受嚴苛的困境（distress）。馬爾薩斯所謂的困境是指：「人口繁殖力量遠大於地球為人類生產糧食的力量，這就難免導致人類以各種方式早夭……容易生病的季節、傳染病、瘟疫、鼠疫紛至沓來，波及成千上萬人。就算沒有被這些擊倒，無可避免的大饑荒隨後降臨，只要一次嚴重缺糧，就會讓人口減少，以匹配世界的存糧。」[2]

努力提高農業生產只會達到短期效益，因為「生計和人口的比率最終還是會回到和一開始雷同」。因此人口數字最終將會停滯，原因就是糧食不足，所以饑荒是「大自然最後的、最令人恐懼的手段」。斷斷續續的饑荒是人類處境不可避免的一部分，

這是逃不掉的陷阱。馬爾薩斯是世界上數一數二的悲觀主義者，他主張不管怎樣努力，「人類繁殖的強大力量無可遏止，除非製造苦難或罪惡。」[2] 究竟他宣稱人口受限於食物供給的說法正確嗎？

　　過去一千年來，我們對西歐的生活有非常詳盡的記錄，所以可以回顧這段漫長的時期，檢視饑荒是如何發生，最後又是如何克服的。從 1250 年到 1345 年，也就是在黑死病爆發前夕，歐洲經常發生饑荒。[2] 當時的歐洲到處都缺糧食，因為人口成長已經逼近糧食供應的上限，因此處在脆弱的狀態。營養不良降低人們抵抗疾病的能力，所以 1340 年代末期鼠疫來臨時，恰好是最糟的時機。反觀黑死病結束後兩百年左右，人口遞降，饑荒就很少見了。到了 1550 年，人口已經膨脹到黑死病之前的水準，饑荒變得再度普遍。由此可見，當某個地區達到人口數量極大值，饑荒就會密集出現，譬如法國在中世紀的人口極大值是兩千萬，義大利 1400 萬，英國 500 萬。等到人口增加到這些數目，糧食生產只要大幅下降，就可能造成饑荒。

　　有一個常見的因素會引發饑荒，那就是長時間的壞天氣導致農作物歉收。1315 年春天，歐洲北方開始下起大雨，法國拉昂（Laon）附近的聖文森修道院（Abbot of Saint-Vincent）院長形容「雨勢驚人、持續極久」。這場雨一直下到 8 月中，範圍西起法國和英國，橫越德國和北歐，東到波蘭和立陶宛，有一份報告說那場雨連續下了 155 天。橋樑斷裂；工廠和整座村莊泡在洪水中；濕淋淋的木柴和泥炭無法燃燒；採石場和地窖都被水淹沒。

草料無法曬乾，所以牲口沒有過冬的飼料。牛羊吃不飽，身體虛弱，抵抗不了疾病。田裡的主食小麥無法成熟，全都爛在地裡。保存食物和製造乳酪需要食鹽，可是大雨不斷，蒸發海水製鹽難上加難。最糟糕的是農田受損：土地飽含水分無法種植農作物，自然也沒有收成；珍貴的表土被水沖走，過去許多肥沃的農田只餘黏土，甚至是光禿禿的石頭。

　　農作歉收一年，哪怕情況嚴重，通常也不至於造成饑荒。英國國王愛德華二世（Edward II）先是設法向法王路易十世購買穀物，等他發現法國遭到大雨損害，和英國不相上下，就派人去位於歐洲南方的西班牙、西西里島、熱那亞採購糧食。這樣的手段儘管所費不貲，往往足以遏阻災難，前提是第二年的收穫狀況合理。

　　沒想到隔年的收穫並不合理。1316 年大雨又回來了，接下來的災難模式和前一年沒有兩樣。此時農人只好先拿打算播種用的玉米和育種用的牲口充饑，就此毀了來年豐收的希望。一直到 1317 年，降雨才回歸正常，可是農民太過虛弱，沒辦法好好工作，而且幫忙耕地的牲口和玉米種子都吃完了。除此之外，1317年到 1318 年的冬天，天氣變得非常寒冷，成千上萬營養不良的牲口凍死或病死。糧食供給直到 1325 年才恢復到原先的水準，總體來說，歐洲北部估計有 10% 到 25% 的人口死亡。[3]

　　饑荒災難的第二個常見因素是自然災害，像是地震、海嘯或火山爆發。以火山爆發來說，除了製造致命的熔岩流（lava flows）、噴發有毒氣體和落下石頭雨之外，還有能力導致火山爆

發處方圓數千英里的饑荒，而且時間達數月、數年之久。冰島擁有這種威力的火山還不少，1783 年的一次火山爆發，導致兩萬多個英國人死亡，這是英國現代史上最嚴重的天災。[4]

大西洋中央有地球上最長的山脈貫穿其間，地球板塊在這裡分離，就像兩條巨大的輸送帶朝相反方向移動，開裂處的熔岩升起，形成大西洋中洋脊（Mid-Atlantic Ridge）。歐洲和非洲就是這樣與美洲分開，每年分離的速度是好幾公分，速度快得足以在 1 億 2 千萬年間創造出大西洋來。大西洋中洋脊在冰島的辛格韋德利（Þingvellir）突出海面，中間有一道板塊裂谷（rift valley），可以明顯看出板塊交會的地方，這使冰島成為地球上火山最活躍的國家之一。當海洋地殼（oceanic crust）融化時，會形成流淌的熔岩，像河流一樣從火山冒出來。構成大陸的火山熔岩非常黏稠，會堵塞噴發口，冰島的火山不是這種，比較容易爆發。1783 年 6 月，冰島南部的拉基（Laki）火山開始噴發，過了 8 個月才停下來，逶迤 23 公里長的裂縫和火山錐總共出現 130 個噴發口，冒出了熔岩流、噴泉和爆裂物質，噴出 15 立方公里的熔岩。西元前 934 年以來，這種型態的火山爆發就以這一次的規模最大（西元前 934 年那次爆發也是在冰島），在此做個比較：目前地球上最活躍的火山之一，也就是夏威夷的基拉韋厄火山（Kilauea volcano），在過去一百年間所噴發的熔岩量，竟然和拉基火山爆發 8 個月所噴出的熔岩量相當。此外，拉基附近的格里姆斯瓦（Grímsvötn）火山是冰島最常噴發的活火山，當時也很活躍。[5]

　　拉基火山噴發的熔岩流摧毀了 20 座村莊，我們找到的最佳記錄來自史坦格理姆森牧師（Reverend Jón Steingrímsson），他以第一手資料寫下拉基火山的爆發與其影響，書名叫做《有關西瓦之火的完整論文》（*A Complete Treatise on the Síða Fires*）。據信，史坦格理姆森在 1783 年 7 月的某個星期日完成一項奇蹟：當天他在主持教堂禮拜時，熔岩流眼看就要摧毀自己的教堂，儘管危難當頭，他還是決定繼續做完禮拜，料想這將是教堂（和他自己）的最後一場禮拜了。沒想到就在史坦格理姆森布道時，熔岩流及時停了下來，教堂和信眾都得救了。

　　比熔岩更嚴重的是，拉基火山還噴出非常大量有毒的氟化氫和二氧化硫氣體。二氧化硫和水起反應，形成亞硫酸和硫酸，殺死植物並且傷害肺部和皮膚。氟化氫更可怕，這種酸性腐蝕氣體會形成氟化物，被草吸收之後又被牲口吃下肚，使牲口因氟化物過量而中毒。拉基火山爆發殺死了冰島 60% 的食草牲口，以及大部分農作物，結果導致後來的饑荒，一萬多人因而死亡，占冰島總人口的 1/4。[6]

　　火山噴出的大部分二氧化硫會抵達高層大氣（upper atmosphere），在北半球產生循環，毒霾在西歐害死數千人，農作物遭酸雨損害，由於高空水滴遮蔽陽光，導致連年低溫，氣候也因此受到影響。更南方的正常氣候模式遭到擾亂，於是印度發生乾旱，尼羅河源頭的高地降雨稀少。埃及完全仰賴尼羅河每一年的氾濫，以滋養土壤、灌溉農田，尼羅河不氾濫，農作物跟著歉收，這場災難使埃及 1/6 的人口死亡。[7] 拉基火山爆發造成的

罹難人數高達 600 萬，頭號死因是吸入毒氣，英國受害者多半屬
於這一類。死因第二位是饑荒。

　　饑荒會發生什麼事？當農作歉收，人們無法取得平常的農
產品，就會轉向各種替代食物，種類之多令人咋舌。最先入口的
是不好吃但還算有營養價值的食物，經驗老到的長輩能指點我
們：時局艱困時有哪些東西能吃，饑荒中如何辨認食物，又該如
何料理。等到情況更糟時，人們被逼得什麼都肯吃，只要能填肚
子就行。饑荒食物包括以下這些，但絕不止這些東西：甜菜、花
的球根（例如番紅花、鳶尾花、鬱金香）、馬鈴薯皮、蕁麻、野
莓子和醋栗、山毛櫸子、橡樹子、野生蕈菇、樹葉、堅果、酸蘋
果、蒲公英、貓、老鼠、狗、動物園裡的動物、蚯蚓、麻雀、毒
蜘蛛、蠍子、蟲、蚱蜢、草、海草、鋸木屑、牲口糞便、樹皮、
皮革、蝗蟲、薊、花生殼、馬匹、動物飼料。[8, 9] 據報導，1959
年到 1961 年的中國饑荒期間，饑餓的孩子們會在公車站旁打轉，
希望能在進站公車的車廂地板上找到嘔吐物來充饑。[9] 不消說，
這絕不是最健康的飲食，無法抵抗感染的身體加上吃進腐敗的食
物和腐屍，會造成腸胃道疾病和腹瀉，因此饑荒期間很多人死亡
的原因是災難性的食物選擇。
　　家庭面對饑餓時，很可能會嘗試把孩子賣給比較有能力扶
養孩子的人。日本在 1231 年到 1239 年間，為了因應日本有史以

來最嚴重的寬喜饑荒（Kangi famine），就立法讓饑荒時期出養孩子的行為合法化。饑荒到了最慘烈的地步，人吃人的事時有所聞，不過很難取得真憑實據，因為倖存者都不願意承認自己為了活下來，用過什麼狠絕和非法的手段，不過煮過的骨頭上有刀割痕跡，也算是洩露真相的蛛絲馬跡吧。上述的 1315 年大饑荒中，愛爾蘭有個記錄者指出：人們「餓得形銷骨毀，把屍體從墳墓裡挖出來，剔下頭顱上的肉吃掉；婦女餓得受不了，連自己的孩子也吃了。」[11] 在波蘭，「很多地方的父母吃子女，子女吃父母。」有些人在人犯被絞死之後，直接搶奪絞架上的屍體吃。易子而食的事並不少見，因為吃別人的孩子總比吃自己的容易。同樣的道理，屍體被吃掉時，最後吃的一部分通常是頭部。

德國有個著名的民間故事《糖果屋》（Hansel and Gretel），敘述饑餓的樵夫和新續絃的妻子決定把兩個孩子扔在森林裡自生自滅，因為他們養不起了。被遺棄的小兄妹發現一間薑餅蓋的美妙房子，可是裡面的巫婆逮住他們，她想要吃掉這對兄妹。哥哥被關在籠子裡養肥，妹妹必須替巫婆幹活，所幸孩子們哄騙巫婆，中計的巫婆被推進烤箱燒死。幸運的是繼母也死了，所以從此之後他們就過著幸福快樂的生活。

這則邪惡的故事用短短幾頁的篇幅，就勾畫出饑荒的一切恐怖現象，也就是：對食物走火入魔、父母去世、貧窮、虐待兒童、奴役、饑餓、謀殺、遺棄子女、人吃人。奇怪的是數百年來大家居然認為它是適合幼兒聆聽的床邊故事。《糖果屋》的故事最早起源於 1315 年大饑荒的德國，絕望的家庭確實拋棄孩子，

任由他們餓死，也真的有人吃人的現象（不過故事發生的年頭也許更早，因為不只是在德國，波羅地海附近也發現類似的故事。）

極度饑餓如何影響人體？完全不進食的身體可以存活大約八個星期，視當事人的脂肪存量和身體狀況而定。假如天氣非常冷，或是必須體力勞動，就需要更多熱量才能維持體溫。那麼身體如何適應長期饑餓呢？

食用碳水化合物會讓血液裡的葡萄糖（即血糖）升高，之後葡萄糖被帶到肝臟，葡萄糖分子合成澱粉狀的聚合物肝醣（glycogen）。在饑餓的第一階段，肝醣分解回到葡萄糖狀態，提供身體熱量，用完之後，脂肪和蛋白質則會分解，以維持血糖濃度。脂肪分解成甘油和脂肪酸，脂肪酸可以當作熱量的來源，特別是肌肉所用的熱量，剩下的葡萄糖則留給更需要熱量的器官，譬如大腦。從使用肝醣轉為使用脂肪，正是馬拉松跑者的「撞牆」（hit the wall）時點；跑馬拉松時，訓練有素的跑者會發現一開始大約 18 英里的路程不太費勁，不過接著會發現精力突然流光，每跨一步，從腳尖到髖關節都疼。不管在跑馬拉松前幾天怎麼補充碳水化合物，企圖讓身體盡可能儲存肝醣，可是依然只夠應付跑完 3/4 的距離（反正是對大部分人而言）。

到了饑餓的第二階段，通常會持續三、四個星期，脂肪是主要熱量來源。肝臟代謝脂肪酸，使它變成酮體（ketone bodies），能夠充作大腦的替代熱量來源。酮體轉化成丙酮，使當事人呼出臭氣。

身體儲存的脂肪一旦消耗殆盡，就會以蛋白質作為主要熱

量來源。肌肉是儲存蛋白質最多的地方，而人體沒有肌肉也能撐好一陣子，所以第一個消耗的就是肌肉。接下來身體自然會感到衰弱，沒有了肌肉，下一個就輪到分解維持大腦功能必要的蛋白質，導致更多嚴重的症狀。到了這個階段，人碰到傳染病會更脆弱，因為免疫功能已經失效。饑餓的其他徵象包括皮膚脫屑、髮色改變、脫水、睡眠所需時間減少、頭痛、對噪音與光敏感、聽覺和視覺障礙、腹部膨脹。體溫、心跳、呼吸全都下降，因為身體試圖將熱量需求減到最低。此時免疫系統的功能極差，抵擋不住傳染病。即使躲過致命的感染，最終也將心臟衰竭而死亡。

1944 年美國明尼蘇達大學（University of Minnesota）做過一項很精采但不太道德的研究，研究領導人是美國心理學家齊斯（Ancel Keys）。[12, 13] 他們找來 36 個年輕男性，身體、心理都十分健康，也非常認同實驗目標。這些受試者都是因良知理由拒絕服兵役的人（conscientious objectors），他們志願參加這次實驗，以代替在第二次世界大戰期間入伍參戰。

實驗進行的頭 3 個月，志願者飲食正常，他們的行為、性格、進食模式都接受仔細的監視。接下來的 6 個月，受試者只准吃先前所攝取食物的一半，而且身體必須保持活動，體重減輕到原先的 3/4。6 個月饑餓期過後，是 3 個月的恢復期，受試者可以再度如常攝取食物。儘管這些人的個別反應差異很大，但是絕大多數都經歷了巨大的生理、心理、社交改變，即使重回正常進食階段，這些改變通常會持續，甚至延長更久。

志願者對食物發展出深切的興趣，這點不足為奇，只不過這

種癡迷的心態會以奇怪的方式表現出來。由於想食物想到停不下來，這些人的專注力下降。聊天時，飲食變成主要的話題。有些人用餐時間可能拖上幾個小時，另一些卻狼吞虎嚥，速戰速決。他們最喜歡的讀物變成食譜、菜單，以及關於務農的文章，頭號娛樂是觀賞別人吃東西。有些人開始蒐集與食物相關的東西，哪怕自己根本不能使用，像是咖啡壺、大湯勺、湯匙、鍋子等等。這個興趣慢慢進展成囤積和食物不相干的廢物，包括舊書和自己穿不了的舊衣服。他們酗茶、酗咖啡和口香糖，程度嚴重到必須加以限制：每天最多兩杯咖啡、兩包口香糖。

在恢復正常進食的 3 個月階段，大部分受試者暴飲暴食，每天攝取的熱量高達 8 千到 1 萬卡路里（是平常的 3 倍），實在很驚人。很多受試者因為吃太多而生病，其他人盡其所能的吃，但就算剛剛吃完 5 千卡路里的一頓飯，卻仍然覺得餓。話又說回來，幾乎所有受試者在幾個月之後，都回歸到正常飲食習慣。

饑餓往往導致情緒困擾，包括抑鬱、偶爾亢奮、憤怒、固執、焦慮、冷漠、精神錯亂，有一個受試者甚至砍掉自己的兩根手指。雖然計畫進行之初，特地挑選身心狀態健全的受試者，可是實驗進行之後，受試者開始迴避社交接觸，特別是避免和女性接觸，而且變得越來越退縮、越來越孤立。他們喪失幽默感與同夥情誼，對男歡女愛不感興趣，也覺得自己無法適應社會。有一個受試者說：「只剩下 3、4 個人還與女性交往，我是其中之一。在實驗控制時期，我覺得自己愛上一個女生，可是現在只會偶爾和她見見面。即使她到實驗室來看我，我也覺得太麻煩了。牽手

費勁，還得想辦法娛樂她。如果我們一起看節目，最有意思的部分是看到有人吃東西的場景。」[13]

受試者失去精力、注意力、警覺性、理解力和判斷力，不過整體智力並沒有降低，此外也顯示上述的生理症狀。

這項研究說明人類饑餓時會對食物投入越來越多資源。年輕人平常最感興趣的事，譬如社交，尤其是和女性交往，會被他們擱在一旁，因為現在最執迷的對象是食物。我們的祖先無疑經歷過許多場饑荒，所以我們都是成功倖存者的後代，因此這些生理、心理的改變可能都已經演化成為必要手段，以便糧食短缺時熬過難關，直到食物不再欠缺為止。

明尼蘇達大學的研究是在安全環境下執行的，假如受試者變得對自己或對別人構成真正的危險，可以將他撤出實驗計畫（不過說實話，有時候受試者的人數根本不夠）。反觀在真實的饑荒下，社會往往會徹底崩潰，饑荒的極度壓力可能引發極端行為，而且常常是最糟糕的行為。為了生存下去，其他東西都可以拋開，人們喪失羞恥心和同情心，犯罪激增，尤其是偷竊食物，或是偷竊可以快速變賣或交換吃食的任何東西。在畜養奴隸的社會中，主人會在饑荒時「釋放」奴隸，因為不想負責餵養奴隸，不然就是乾脆殺了。絕望的父母賣兒賣女去當奴隸，也有把自己賣給別人當奴隸的。女子淪為娼妓，因為只剩下身體可賣，只不過因為饑饉，有意買春的男人也不見了。越來越多人自殺和遺棄孩子。老人和幼童最先死亡，陷入絕境的鄉下人搬進城裡謀生路，或是搬去或許還有餘糧的地方。

馬爾薩斯在 1798 年出版的書中主張，到頭來人口是受到食物供給所控制，截至那個時候，證據顯示他的說法或多或少是正確的：收成連續欠佳之後，人們會餓肚子，接下來就是疾病叢生、社會崩潰，人口隨之減少。收成好的時候，養活更多人，尤其是嬰兒，於是人口跟著增加。引進新食物、新耕地或更好的運輸工具雖然可以長期增加糧食生產，然而效果只是暫時的，因為食物變多，人口也會隨著增加，然後就再度面臨饑荒的危險。

這是 1798 年的情況。我們把話題轉回人口和饑荒的關係，1650 年的英國，還有大約 50 年後的法國和義大利，發生了奇怪的事。當時人口增加，不過和馬爾薩斯料想的情況相反，竟然沒有出現饑荒。不知道為了什麼，人口過度成長和容易招致饑荒這兩件事之間的連結，居然被打破了。

第一個終結地方性饑荒的國家是 17 世紀的荷蘭。1568 年，荷蘭的前身尼德蘭七省共和國（Seven Provinces）開始打八十年戰爭（Eighty Years' War），以爭取脫離西班牙統治。1585 年，尼德蘭分裂成天主教南方（就是後來的比利時）和基督新教北方（後來成為荷蘭）。法蘭德斯（Flanders）、法國、西班牙、葡萄牙大批有才華且富裕的清教徒、猶太人湧入較寬容的北方，使該地獲益匪淺，經濟繁榮了一百年，尤其是航運業十分蓬勃，到 1670 年時，歐洲有一半商船是荷蘭籍。他們累積的龐大財富，

有些投注在藝術和科學上，使荷蘭人在這方面躍居世界領導地位。這些財富和貿易讓荷蘭人得以逃離饑荒。

1602 年，荷蘭東印度公司（East India Company）成立，以集體型態和亞洲進行貿易。這家公司後來取代葡萄牙，成為歐亞貿易最主要的國家，也是全世界最大的商業體。荷蘭創造了第一家證券交易公司、第一個中央銀行，這些都是資本主義的關鍵工具，為他們做生意提供資金。荷蘭東印度公司主要是在北海和波羅的海從事貿易，進口木材和穀物在荷蘭貯存的數量極為龐大，碰到收成很糟的年頭，可以靠這些存糧活命。必要的時候，荷蘭人的財富也能用來進口海外的糧食，走海路運輸到國內。幸運的是，荷蘭國土上鮮少發生戰事，不像德國，一場三十年戰爭（1618年到 1648 年）就把這個國家摧毀殆盡。荷蘭人擅長填海造陸，很懂得建築運河、堤防，利用風力抽乾湖水，創造新的農田。即使如此，還是可能發生農作歉收的狀況，使最窮的族群陷入脆弱的境地。荷蘭人開發一種濟貧制度，由城鎮領導人或教會解囊濟助貧民，堪稱福利國家的雛型，大約有 10% 的家戶因此受惠。[14]

17 世紀的荷蘭和英國是商業和軍事方面的競爭對手，最後英國人下了結論：打不倒對方，就加入他們，於是在 1688 年邀請荷蘭清教徒奧蘭治親王（William of Orange）來當英國國王，同時廢掉現任國王，也就是信奉天主教的詹姆士二世（James II）。大概從 1600 年開始，英國農業生產量逐漸增加，自然導致人口上升，不過因為糧食生產的增加速度比人口增加速度快，

所以躲過了饑荒。從 1600 年到 1800 年，英國因為改善運輸和填海造陸，並且引進更好的農耕方法，使得糧食產量增加了一倍。

英國劍橋（Cambridge）的北方有大片低地，平坦的農田一望無際，城鎮數量稀少，連河流走向都是筆直的。17 世紀，荷蘭工程師運用他們在運河、堤防、風車方面的專業知識，帶領抽乾劍橋沼澤的計畫。到了 19 世紀初葉，這項計畫已經大致完成，提供極為肥沃的新農田，可惜現在已經有很多地方陷落到海平面以下，和荷蘭如出一轍。

中世紀的「道路」大概就是可以通行的概念，其實就是被眾人踩踏出來的小徑罷了，既沒有鋪路面，也沒有圍籬，更沒有路標。下雨天道路一片泥濘，所以馬車有一半的時間無法通行，貨物運輸得靠馱馬。到了 18 世紀，通行稅徵收制度上路，路人必須在收稅柵門繳納稅金，此後情況才開始有所改善。（照道理說）通行稅是用來維護較佳的道路品質，但是並非人人歡迎這種新稅制，有時候會有人故意破壞柵門，燒毀甚至炸毀收稅站，尤其在約克夏（Yorkshire）最常見。儘管如此，從倫敦到曼徹斯特這條路線，1754 年需要花 4 天半才能走完，拜通行稅徵收制度之賜，30 年後路程縮短到只需要一天多一點兒。到了 1830 年代，英國已經有兩萬多英里長的道路交由通行稅信託（Turnpike Trust）經營。[15] 國內稅、關稅障礙、過路費都慢慢廢除，以促進貿易。荷蘭和英國都享受地利之便，因為兩國的城都座落在海邊或河邊，水路貨運極為便利。

英國的第三代布里奇沃特公爵（Duke of Bridgewater）埃格

頓（Francis Egerton）擁有煤礦，位在曼徹斯特以西 10 英里的沃斯利（Worsley）。城市的工業區需要用煤來推動蒸汽引擎，可是靠河運或馱馬運輸煤碳，不但速度慢、不可靠，也很昂貴。埃格頓想了一個辦法，就是建造布里奇沃特運河（Bridgewater Canal）。這條運河的引水渠道和隧道蔚為特色，用一匹馬順著河邊拉運河船，所能載運的煤碳量是馬車的十幾倍，曼徹斯特的煤炭價格應聲下跌一半。布里奇沃特運河（至今仍在使用）旗開得勝，有助於掀起英國從 1770 年到 1830 年的運河興建熱潮，當時總共蓋了 4 千多英里長的運河。運河熱接下來是 1830 年的鐵路熱，火車乘客從 1838 年的 550 萬人次，增加到 1855 年的 1 億1100 萬人次。

英國的鄉紳開始對農業產生興趣，例如名字別出心裁的托爾（Jethro Tull，譯按：有一支現代搖滾樂團與他同名）和「蕪菁」湯遜德（'Turnip' Townshend）。他們採用新科學與啟蒙思想，拿農作物和牲口繁殖做實驗，也開創了新技術。如果在同一塊田地上反覆種植相同的農作物，這塊田的土壤肥力就可能耗盡，導致產量銳減。傳統的解決辦法是讓田地休耕一年，如此一來土壤就能恢復肥沃。更好的方法是輪作，特別是利用豌豆、豆類、蕪菁、苜蓿這些農作物，因為它們具有固氮能力，可以重新讓土壤肥力復甦。

探險家接觸美洲之後，帶了珍貴的新作物回到歐洲——馬鈴薯、番茄、玉米、豆類、南瓜、花生、可可。糧食種類更多樣，就能減輕一次歉收的後果，也為人們帶來更健康、更多元的

膳食。到了 18 世紀末，稻米、茶葉、蔗糖、馬鈴薯都已成為老百姓經常食用的農作物，甚至最貧窮的人也吃得起。[16] 新地主買下過度使用的公有地，興致勃勃的照顧這些田地。農人將餘糧賣到市場上，而不再像以前一樣，主要拿來餵飽家人。新機具如改良過的犁和播種機提高產量，高品質的硝酸鈉肥料也開始從智利運進國內。英國的農業專家貝克威爾（Robert Bakewell）的選拔育種（selective breeding）計畫大幅改良牲口品種，牛隻的平均體重倍增，當今農場畜養的許多馬匹、綿羊、牛隻，都是貝克威爾當年所培育的先驅牲口的後代。1768 年，曼徹斯特附近的索爾福德（Salford）舉辦第一次農業展覽，後來這些展覽成為常態，農人可以拿自家的農畜產品去比賽，不但娛樂大眾，也能在此交換最優秀的牲口和農作物。

這些改變有助於創造農業生產量激增，從 1650 年到 1800 年，英國的小麥、大麥、豌豆、豆類、燕麥、黑麥產量大概增加了一倍，走海運的食物進口量也突飛猛進。英國很幸運，打從 1642 年到 1651 年的內戰之後，國內沒有發生過嚴重戰爭。有相當長一段時間，糧食生產的增長速度終於快過人口成長速度，避免了馬爾薩斯的預言，並沒有發生另一次災難性的饑荒。當馬爾薩斯在 1798 年出版他的結論和預言時，關於過去的部分確實是對的，可是關於未來的預言卻大錯特錯。即是到了今天，地球人口已經達到史上最多的 70 幾億人，但饑荒卻幾乎絕跡了。

雖然我們可以感到慶幸，如今很少有人親自經歷過饑荒，可是我們應該牢牢記住，自從進入農耕時代到數百年前開始的農

業革命為止，世界上一直斷斷續續發生饑荒。饑餓對長期健康的影響可能危害大多數成年人，長遠來說，饑荒使人類容易罹患疾病，甚至演變成常態。現代世界的人口固然極為龐大，但是食物充沛、種類繁多，這在歷史上非常罕見。我們的先人熬過饑荒，對後代身體和心理所遺留的效果，如今已經大致消失無蹤了。

　　饑荒是什麼原因造成的？傳統經濟學家的觀點都是缺乏糧食，通常會怪罪農作物歉收。換句話說，食物不足以供應需要進食的人口數量。然後市場力量開始運作，對於願意多花錢買食物的人，商家會設法滿足他們的需求。這時候官方不需要藉由提供免費糧食干預，因為自由市場會自己解決問題。事實上，干預是有害的，因為這樣會擾亂市場完美的自我修正。持這種觀點的人經常引用馬爾薩斯和亞當斯密（Adam Smith）的話來支持自己。[17] 亞當斯密的經濟主張對於政策制定者影響非常大，尤其是在大英帝國境內。舉例來說，1812 年印度的古吉拉特邦 （Gujarat） 發生饑荒，有人提案由政府帶頭運送食物進入受災地區，但是被孟買總督拒絕了，理由就是這種事情應該交給自由市場處理，他引用亞當斯密的主張支持自己的決定，[18] 其實就算是亞當斯密也不會支持饑荒吧。

　　經濟學家沈恩（Amartya Sen）在 1981 年的著作《貧困與饑餓：論權力和剝奪》（*Poverty and Famines: An Essay on Entitlement and Deprivation*）中，推翻了這種把焦點鎖定在能否取得食物的簡單論調。沈恩檢視好幾次饑荒的經濟數據，證明食物供給減少不能解釋現今的饑荒，反之，現代饑荒之所以發生，是因為人們喪失取得食物的能力。講白一點，極度貧困的人吃不起東西了。

1933 年沈恩生於印度，當時的印度仍然接受英國統治。1943 年，9 歲的沈恩目睹孟買饑荒（Bengal Famine），300 萬人罹難。當局成立「饑荒調查委員會」，以調查這場饑荒發生的原因，結論指出饑荒的主要原因是「供應孟買消費的稻米嚴重短缺」，稻米是印度人的主要農作物。沈恩在書裡提供的經濟數據顯示，這種對饑荒原因的標準解釋是錯誤的。事實上，印度擁有足夠的糧食可以供給孟買的老百姓，本來是不會白白葬送那麼多條人命。問題出在糧食價格上漲時，鄉下地區的勞動人口失業，所以只能餓死。英國官方沒有採取必要的行動以避免饑荒，他們關心的重點是拯救印度不被日本軍隊侵入，而且自由市場也失靈。所謂的英國仁慈統治一敗塗地，4 年之後成為印度爭取獨立時的強大論據。

沈恩的結論是，社會和經濟因素，例如工資減少、失業、糧食價格上漲、食物分配不當，都導致特定的社會群體餓肚子。就算有食物，如果人們喪失取得食物的能力，根本就無濟於事。由此可見饑荒是經濟災難，而不僅是糧食危機，此外馬爾薩斯的理論也不適用現代世界。

《貧困與饑餓：論權力和剝奪》出版之後不久，關於 1959 年到 1961 年間駭人聽聞的中國饑荒，慢慢有報導流傳出來。這

是 20 世紀最嚴重的饑荒，導因是共產黨獨裁者毛澤東號令推行大躍進運動。中國一直想盡辦法掩蓋那場災難，可是毛澤東於 1976 年去世後，陸續揭露的消息顯示當年的饑荒死了數千萬人。對沈恩來說，中國把這場饑荒當作機密，和封鎖饑荒死亡的人數，兩者可謂一體的兩面。中國既沒有自由的新聞媒體，也沒有政治反對派，所以無人能敲響警鐘；中國官員太害怕了，不敢通報毛澤東政策失敗一事。反觀印度自從 1947 年成為獨立民主國家以來，就再也沒有發生過饑荒，因為有自由的新聞媒體，與英國統治或諸多君王、皇帝統治的時期對照，呈現鮮明的對比。[19]沈恩指出，印度若是發生任何類似的饑荒，勢必引起報紙撻伐，要求當局採取行動，甚至會把政府逼下台。中國的情況截然不同，世界其他地方幾乎沒有人知道那裡究竟發生了什麼事。

1999 年，沈恩寫道：「在正常運作的多黨派民主國家裡，從來沒有發生過饑荒。」在民主體制下，政黨「必須贏得選舉並面對民眾的批評，具有採取措施的強烈誘因，戮力遏阻饑荒和其他災難。」[20] 最近的一項分析顯示沈恩的論點是正確的。民主國家的政府效能較高，貪汙現象較少，確實可避免發生饑荒。[20] 當然，民主國家稱不上完美，很多非民主政府也不餘遺力照顧自己的公民，成效卓著。不過民主政府必須將人民福祉放在心上，否則就會失去政權。

　　誠如我們所見到的，現代工業化社會所發生的饑荒，通常都不是農作物歉收造成的，反而是肇因於政府政策失當或施政無能，或者是戰爭造成的結果。重要的是我們如何因應無法避免的天氣異常和作物歉收。現代饑荒的例子包括愛爾蘭與蘇格蘭（1845-9）；中國的太平天國叛亂（1850-73）；蘇聯失敗的農業政策，尤其粗暴地應用在烏克蘭（1932-3）；中國的毛澤東大躍進（1959-61）；北韓（1995-9）；第二次世界大戰期間荷蘭、印尼、印度、希臘、華沙、列寧格勒的饑饉；孟加拉（1974）；衣索比亞（1984-5）；南蘇丹（2013-20）；葉門內戰（2014迄今）。

　　有時候政府竟然故意製造饑荒，拿它當作戰爭的工具。包圍城市讓裡面的居民餓肚子，逼迫他們投降——這一招幾千年來已經用過很多次了。以第一次世界大戰的德國為例，不要說是包圍一個城市，整個國家都被圍困了。

　　20世紀初，德國和英國都很仰賴從美國進口的食物和原物料，靠這些來餵飽百姓、支應工業。因此戰起時，雙方都企圖切斷對方的海路供給，一方動用英國皇家海軍，另一方派出德國U型潛艇艦隊。皇家德國總參謀部很清楚，長期封鎖會阻擋海運，讓他們陷入脆弱的境地。因此德國訂定的作戰計畫是把陸軍幾乎全數派往西線，迅速打敗法國，然後回師攻打東線的法國盟邦俄羅斯。他們的計畫裡面沒有為消耗戰做打算，就算英國決定加入法國和俄羅斯陣營，反正英國陸軍的規模太小，在快速戰裡不值一提。

　　雖然德國一開始的進攻很順利，但是接著法國在巴黎以東

的馬恩河戰役（Battle of the Marne）獲勝，擊退入侵者。於是雙方開始挖掘長達數百英里的壕溝，以當時的軍事科技而言，防守勝於攻擊，因此西線從 1914 年底就一直保持僵局。

英國對德國的作戰計畫仰賴英國海軍，這是當時世界上最強大的海上武力，至於盟邦法國和俄羅斯主要是派出陸軍。他們從 1904 年就開始計畫實施封鎖，英國海軍大臣邱吉爾（Winston Churchill）在 1914 年指出：「英國動用的封鎖是把整個德國當作一個被包圍的堡壘，擺明了就是想要使這一整個國家的人餓肚子——男人、女人、小孩，不分老少，不分受傷與否，餓到他們投降就對了。」[21] 英國的封鎖阻止商船進入北海與德國交易，不過出力的不僅是英國皇家海軍，中立國也加入聯盟，至少是被說服不再與德國及其盟邦貿易。好幾千個分析家仔細研究德國經濟，以便釐清什麼是德國最關鍵的進口物資，以便特別下工夫禁絕這些物資的貿易。間諜和密碼破譯者努力找出任何仍然企圖進入德國的船隻，畢竟這是一本萬利的生意。[22]

1914 年 8 月，戰爭剛剛爆發時只採取部分封鎖，到了 11 月才完全落實，因為英國一開始很擔心會惹毛維持中立的美國。後來有報導揭露德國軍隊殘害比利時和法國平民，美國輿論轉向反對同盟國，此後英國才得以加強封鎖。英國利用自己身為全世界最大貿易國的身分向中立國施壓，要求他們配合行動，否則就不讓對方使用船隻加煤設施，扣留船隻以進行冗長的檢查，或是乾脆開出比德國人更高的價錢，買下德國最需要的進口物資。後來德國最重要的中立貿易夥伴是瑞典，因為瑞典船隻可以橫渡波羅

的海，此地英國皇家海軍鞭長莫及，他們就能繼續運送糧食、鐵礦和其他商品到德國。

食物短缺導致一次大戰期間有數十萬德國人死亡，絕大多數是因為營養不良，對疾病的抵抗力很差。少了丹麥的乳製品，德國人極度缺乏膳食脂肪。來自智利的硝酸鉀用來做肥料和炸藥，雖然德國優秀的化工業盡可能支付很高的報酬，但在封鎖下也無法再取得。德國政府對所有經濟層面都加以管制，凡事都以軍隊優先。由於農場工人和馬匹都上前線去了，農業生產顯著下滑。

從 1915 年初開始，馬鈴薯已經在德國境內很多地方消失，接下來是小麥。因為糧食、燃料、衣服、清潔劑的限量配給不是減少就是全部取消，引得民間焦慮惶恐，犯罪增加。光是斯圖加特（Stuttgart）一個城市，1917 年短短 3 個月內，就有 273 個 12 歲到 14 歲的兒童因竊盜案定罪，每個孩子都是企圖在農場上偷食物被捕。[24] 到了 1916 年，幾乎所有食物和燃料都是配給的，定價也都由官方控制，老百姓買東西必須排好幾個小時的隊，而且經常還沒輪到自己，東西就賣完了。以打仗前夕和戰爭末期相比，柏林的黑市肉品價格飆升 20 倍。[25] 1916 年，馬鈴薯歉收，人民過了一個所謂的「蕪菁冬天」（Turnip Winter），被迫以口感欠佳的瑞典蕪菁果腹，這玩意兒以前一般只用來餵豬。德國女子珍姐（Toni Sender）回憶當時的情況：「1917 年，那個最糟的冬天，幾乎所有食物裡面都有整顆蕪菁或部分蕪菁……麵包是麵粉混著蕪菁做的，午餐吃蕪菁，晚餐也吃蕪菁，連果醬都是蕪菁——空氣裡瀰漫蕪菁的味道，讓人幾乎要吐出來！我們痛恨蕪

菁，卻不得不吞下去，它們是唯一充足的食物。」[26]

食物和衣服都是次級品，例如無咖啡因的「咖啡」裡面有橡實粉，鞋墊不是皮革而是木材做的。非法黑市欣欣向榮，竊盜、暴動、罷工越來越多，全都是因為缺乏糧食造成的。德國盟邦奧匈帝國的大城市維也納和布達佩斯的情況也一樣糟。有些人延續古老傳統，把一切怪到波蘭人和猶太人頭上，也有人怪罪政府。軍隊士氣低落，因為配給和食物的品質也下降了，士兵很清楚家鄉的家人都在受苦。1017 年到 1918 年間，德國人平均每天攝取的熱量不到 1500 卡，1916 年這個數字是 1700 卡，反觀戰前幾年高達 4020 卡，當時大部分人都從事體力勞動的工作。到了 1917 年底，德國老百姓的平均體重減少了 15% 到 20%。[27]

1918 年 11 月，德國受夠了。1918 年春天德國發動最後攻擊。本來對俄戰爭挫敗後，新徵募的士兵表現可圈可點，在戰場上頗有斬獲，可惜從 1918 年 8 月開始，德軍一再被協約國打敗；因為美國加入，協約國陣營的力量迅速膨脹。德國百姓已經挨餓好幾年，迫不及待要戰爭趕快結束。德國領導人知道大勢已去，於是在 1918 年 11 月 11 日簽下休戰條約。儘管戰鬥已經結束，封鎖依然殘酷的持續進行，以此施壓德國領導人簽署報復性極強的凡爾賽條約，逼迫德國接受戰爭的罪責。封鎖行動最終在 1919年 7 月 12 日完全結束，離休戰條約的簽署已經 8 個月了。

25 年後的第二次世界大戰中，邱吉爾再次企圖利用間接手段殺害德國居民、摧毀德國城市──這一次他使的招數是空襲。美國人也加入了。不只如此，1945 年英國和美國先進的波音超

級堡壘（Boeing Superfortress）轟炸機隊在日本幾個大島間的內海（Inland Sea）投擲水雷，阻礙日本的糧食運輸。美國人不虛偽，他們的作戰代號就叫做「饑餓行動」（Operation Starvation）。

雖然無法確定數字，但 1914 年到 1919 年的德國封鎖無疑殺死數十萬人。根據英國官方戰後的統計，有 77 萬 2736 個德國人餓死，[28] 而 1918 年 12 月德國公共衛生局（German Board of Public Health）的報告則指出，這場封鎖造成 76 萬 3 千個德國平民餓死或病死。[29] 此外，雖然戰鬥已經結束，但是估計 1919 年還會有大約 10 萬人死亡。1928 年的一項學術研究統計總德國死亡人數為 42 萬 4 千人。[30] 這類統計數字的背後往往帶有政治目的的嫌疑。戰爭期間，英國的文宣說德國人靠吃糨糊維生，而德國人則企圖取信美國人，說封鎖對他們根本不關痛癢。兩種說法都是假的，一旦戰爭結束，這些立場都反轉了，英國人設法淡化自己殺害平民的角色，而有些德國人則誇大饑餓的後果，為自己對抗宿敵的戰爭找理由。

德國的肺結核、肺炎和其他肺部疾病激增，斑疹傷寒去而復返，這種病向來是生活條件其糟無比的徵兆。缺乏維生素導致佝僂病和壞血病，兒童罹患率尤其高。長期腸胃疾病被起了「蕪菁病」的綽號。牛奶加水稀釋、食物添加可疑物質（譬如木屑和泥土），都是為了增加份量，結果造成很多疾患。戰時肥皂、清潔劑、紡織品奇缺，意謂人們只好和骯髒的破布為伍，這明顯是另一個有礙健康的危險。多種病痛纏身，往往經年不見改善。大部分豬和牛都被殺了，即使大難不死也衰弱不堪，供應不了多少

奶和肉。

　　德國皇家統計局（German Imperial Statistical Office）從 1872 年開始蒐集資料，其中包括 1914 年到 1924 年間測量的近 60 萬學童的身高體重。這些珍貴的數據沒有經過檢驗，也沒有發布過，直到 2015 年牛津大學（Oxford University）研究員寇克絲（Mary Cox）花了很多工夫，在德國的檔案堆和圖書館尋尋覓覓，最後終於找到這批資料。[31] 證據顯示 1910 年誕生的兒童中，從 6 歲到 13 歲間顯示營養不良的情況，1918 年是最糟的年頭。所有的孩子都比戰前的兒童更矮小、體重更輕，而且終其一生都維持矮小的體型。青少年快速發育期延遲到來，特別是男孩子。由於這些兒童的背景不同，上的學校也不同，所以看得出上流社會的子女比中產階級的孩子身高多了幾公分，而中產階級的子女又比勞工階級的小孩高了幾公分。可能是較富裕的家庭經由黑市買到更多食物，因為工廠勞工，尤其是武器工廠的員工，可以分到額外配給。

　　戰爭結束時，很多慈善機構和宗教團體協助提供食物給可憐的德國孩童。美國食品管理局（Food Administration）局長（也是未來的總統）胡佛（Herbert Hoover）不顧英國和法國的反對，發揮同情心和義勇精神，安排運送食物和衣服給德國，他說：「美國不是在對德國嬰兒作戰。」[32] 貴格公誼服務委員會（Quaker American Friends Service Committee）捐助的食物，對胡佛幫助良多，結果德國兒童的健康起了大幅改善，到了 1923 年，身高體重都已經恢復到戰前的平均水準。

　　針對第一次世界大戰德國遭到封鎖、1944 年到 1945 年的荷蘭冬日饑荒（Dutch Hunger Winter）、1941 年到 1944 年的列尼格勒圍城戰（Siege of Leningrad），後來都有人做過詳細的研究，探討饑荒下的生活受到什麼影響。由於這些事件已經過了很長的時間，如今我們能夠追蹤饑荒受害者的一生。這類研究的結果有時候相互矛盾，一直以來也都有新的研究成果出版。兒童時期欠缺熱量、蛋白質、必需胺基酸、維生素和礦物質，確實會阻礙生長，而生長受阻和在學成績不佳、行為異常都有關係，這些影響都可能持續一輩子。[33] 饑荒對未出生的胎兒也許影響最大，孕婦挨餓時，胚胎會透過 DNA 的化學改質（chemical modification）適應情況，做好一生短缺食物的準備。遺憾的是，這種改變有副作用，會增加罹患心血管疾病、中風、糖尿病、高血壓的機率。[34] 中國大躍進饑荒唯一確切的長期影響，似乎是精神分裂症的增加。[35] 反觀在烏克蘭或荷蘭冬日饑荒期間成長的幼童，60 年後更容易發展第二型糖尿病。[36, 37] 沒有人知道，為什麼兩場饑荒會造成如此不同的影響。

　　今天的我們在餵養世界人口上有何作為？全球饑餓指數（Global Hunger Index，簡稱 GHI）[38] 為每一個國家打分數，以追蹤人民饑餓的情況。

　　首先，有 4 項指標可以決定每一個國家的饑餓值：

（1）營養不足：人口中營養不足（攝取熱量不足）的比率。

（2）兒童發育不良：5 歲以下兒童體重過輕（太瘦）的比率。

（3）兒童發展遲緩：5 歲以下兒童身高太低（太矮）的比率。

（4）兒童死亡率：5 歲以下兒童的死亡率。

這些數值綜合起來，就是每一個國家的全球饑餓指數，量表從 0（最好）到 100（最差）。過去 18 年來，每一個區域的每一項指標都呈現巨幅改善。當然，如果不希望任何人餓肚子，還有很多地方需要努力，不過這總歸是非常好的消息。民主制度也在擴張，這一點和沈恩的理論一致，也就是民主政府會設法避免饑荒。

比較 107 個國家在 2020 年和 2000 年的全球饑餓指數分數，只有委內瑞拉走下坡。整體來說，查德墊底，其次是東帝汶、馬達加斯加、海地、莫三比克。查德常年處於衝突中，又經常遭逢乾旱，是少數 5 歲以下孩童死亡率超過 10% 的國家之一。

不過查德再怎麼糟，我寧願住在查德，也不願住在北韓。北韓是全世界最會壓迫百姓的極權國家，最接近歐威爾（George Orwell）小說《1984》裡所描寫的恐怖國家。我們很難弄明白北韓人民的生活究竟是什麼模樣，這個國家嚴密管控所有資訊，老百姓只能收看一家電視台，每天都要接受好幾個小時的政治宣傳。他們被告知北韓是地球上最好的地方，是世界其他國家的表率。我們無從得知北韓的人民是否真的相信這一套，任何批評政

權的人都會被判處長期徒刑，關押在殘酷的囚犯營裡。外國人通常只獲准造訪首都平壤，那裡每一天只供應電力和暖氣數小時，鄉下地方的情況可能更糟糕。[39]

　　1990 年代中期，外國人發現平壤有許多人挨餓，饑餓的工人和孤兒在街上徘徊，尋找食物。這是嚴重饑荒的跡象，但是那次饑荒至今依然深陷謎團，沒有人知道究竟死了多少人，估計幾十萬人和幾百萬人的都有——北韓的總人口大約 2500 萬。在北韓，禁止提到饑荒或饑餓，官方始終沒有承認發生過饑荒，反而稱那段時間為「苦難的行軍」（Arduous March）。

　　為了了解這場饑餓為何會發生，我們就需要回顧北韓歷史。1940 年代末期，金氏家族建立共產黨政府，控制食物和其他物資的分配。政府為了收買政治菁英和軍人，分給他們的都是最上等的東西。北韓的土地不太適合農耕，一開始這不太要緊，因為蘇聯對這個同為共產黨政權的國家提供金援、食物和燃料。隨著蘇聯瓦解，對北韓的支持先是減少，後來完全停止。本來中國多少也幫了一些忙，可是後來碰到糧食歉收，中國需要把糧食留給自己，於是 1993 年也終止援助北韓。為了因應當時的情況，北韓領導人金日成改採馬克斯列寧哲學的自給自足和孤立主義，也就是所謂的「主體思想」。北韓以往利用蘇聯的廉價燃料生產化學肥料，現在燃料沒了，肥料工廠只好停工，農人不得不使用人類排泄物施肥，所以農作物產量銳減，寄生蟲病日益蔓延。人民分配到的糧食減少，政府還呼籲百姓每天只吃兩頓飯。此時北韓的情況正如馬爾薩斯所推測的那樣，極為容易引發饑荒，糧食生

產無法滿足人民需求，哪怕收成好的年頭也躲不掉饑荒。

　　1995 年和 1996 年的天氣對農業很不利。1995 年是 70 年來降雨最多的一年，導致災難性洪水，淹沒了大約 20% 的農田。國家削減糧食配給，農人開始藏匿自己生產的穀物，不肯交給國家分配。北韓領導階層採取罕見、迫切的舉動，開口向國際社會請求糧食救助。最後國際社會確實伸出援手，但他們提供的物資都被統治者扣留，不然就是交給軍隊，而不是交給饑餓的百姓。北韓人民開始吃草充饑，或越過邊界逃去中國。幾乎所有人民都吃了苦頭，可是以兒童受到的影響最嚴重。想來一整個世代都會因為童年時期食物匱乏，而導致身體和心理的創傷。

　　北韓這個國家的現況依然很讓人悲觀。聯合國估計北韓目前有 40% 的人在挨餓，欠缺基本醫療和衛生。70% 多的人口仰賴國際糧食救援（而不是「主體思想」），才能活得下去。[40]

　　我們曉得如何避免饑荒，可是北韓的所作所為卻是如何招引饑荒的表率。想要避免饑荒，首先必須要資訊流通，有言論自由，報紙、電視公司和其他媒體都必須追究政府的責任，而不只是扮演政府的傳聲筒。如果不曉得發生什麼事，我們對於饑荒將一籌莫展。官員需要能夠向領導人通報問題，而不害怕因批評政權而遭受懲罰。許多國際機構和政府有能力伸出援手，也會這麼做，不過他們需要知道確實的情況，並獲准接觸需要幫助的對象。北

韓刻意的孤立和保密，是處理該國問題的主要障礙。

其次，政府必須要關心百姓。北韓政權最優先考慮的是自己的權力，而不是照顧人民，譬如該國的軍事支出竟然占了國民生產毛額的 24%，排名全球第一。[41] 讓軍方高興，一來可以嚇阻外國干預，二來有助防止軍事政變推翻政府，哪怕這個政府剝奪了軍備以外一切極需財源挹注物資（譬如食物和燃料）。北韓顯然不是民主國家，所以由誰來當領導人，百姓完全無權置喙。正因為如此，統治者沒有讓老百姓滿意的動機，甚至沒有餵飽人民的誘因。

第三，在危機時刻需要開放邊境，讓糧食得以進入國內。貿易和運輸也能創造財富，必要時可用來採購食物。北韓走的「本體思想」路線刻意追求孤立，封鎖國境，保持人民的無知狀態，剝奪人民獲得資助的機會，還讓進出口難以進行。

第四，應該採用現代農業方法，盡可能提高糧食生產。燃料嚴重短缺意謂北韓退化到使用人力而非曳引機，使用糞肥而非化學原料。他們需要機械化、新品種作物、肥料，不過當局最近推廣種植馬鈴薯，作為稻米的替代作物，倒是明智的做法。

每一個地方偶爾都會碰到農作物歉收，多半是自然災害造成的。當發生糧食歉收的國家窮到克服不了難關時，還是可以防止饑荒，因為現今通訊發達，可以警示食物短缺的危險，利用廉價運輸、外國政府和慈善團體的援助、對抗新傳染病的抗生素、補充水分的電解液、緊急食物，這些都幫得上忙。舉例來說，「胖堅果」（Plumpy'nut）這種花生醬加牛奶和微量營養素的高熱量

食品，是饑荒時供兒童食用的絕佳食物。[42] 上述這些辦法確實管用：即使在撒哈拉沙漠以南的非洲，現在也很少發生饑荒，就算有，嚴重程度也比數十年前輕微很多。我們已經從經常瀕臨饑荒的世界，轉變成真正能夠餵飽人類的世界了。

第十二章
論壞血病

　　1750 年前後，西歐已經有好幾個國家率先擺脫了經常性饑荒的威脅，然而這些地方還遠遠稱不上豐衣足食的樂土。對最貧窮的人來說，慢性營養不良仍然是常態。在這個時期，新化學興起，開始精確闡釋人體的構成元素，說明人如果吃進身體不該吃的東西就可能會生病。食物的質和量不是同一回事，反之，選擇吃什麼食物才是最要緊的。飲食不當，特別是欠缺關鍵微量營養素的飲食，導致數十億人生病，即使到今天也一樣。

　　食物品質最基本的標準就是所含有的熱量，這個數字告訴我們食物提供多少能量。現在很多人都會注意食物所含的卡路里，怕吃太多變胖，但是 19 世紀的人恰好和今人的問題相反，他們最常見的問題是吃不飽，經常連著幾天餓肚子。目前專家給我們的建議是，男性每天需要 2500 卡熱量，女性每天需要 2000 卡熱量，以便維持體重。這些數字和現代生活方式有關：我們現在擁有保暖的衣服，有暖氣設備，開車上班，工作時間大多坐著。反觀從前的人屋子裡多半很陰冷，因為生火取暖需要額外開銷，也

很麻煩。他們缺乏足夠的衣服，大多在田裡、礦裡、工廠裡從事體力工作。這一切意謂著以前的人每天需要更高熱量——也許一天需要 4000 卡。

　　儘管從 1750 年到 1900 年，工業與科學革命有了長足的進步，歐洲勢力推進到全球各地，但是在 19 世紀後半葉之前，這些並未改善多少中下階層人民的健康，饑餓是司空見慣的事。1700 年以來的數據顯示，法國和英國每人每天平均攝取的熱量相當低；1700 年的英國人每天只攝取大約 2100 卡，法國人更少。到了 1850 年，兩國都增加到每天 2400 卡。拿 1965 年全世界營養不足最嚴重的國家盧安達做比較，該國百姓每天平均攝取的熱量，和 1700 年時的法國人相同。1850 年英國人攝取的熱量，和今天印度人每人每天所攝取的熱量相等。除此之外，歐洲人的飲食不僅熱量不足，同時也缺少肉類和乳製品。農人大部分以穀物和根莖類蔬菜為生，這些都是高纖維食物，每公斤所含的熱量很低。[1]

　　食物熱量的主要用途是維持身體基本功能，供給心臟、大腦、肺部力量，同時讓人體的內部體溫維持在攝氏 37 度。進食和消化食物也需要熱量。只有滿足這些必要消耗之後，才能夠利用身體供應的熱量從事其他的活動，最主要的就是工作。1750 年，英國平均每個人只有 800 卡熱量可用於工作，而法國人更只有這個數字的一半。因此，營養不良最嚴重的 20% 人口，每天的熱量只夠慢慢走幾個小時。[1]

　　體型瘦小所需要的食物就比較少。今天一般男性的身高是

177 公分，體重 78 公斤，這種體型光是維持體重，而不做任何工作，每天就需要 2280 卡熱量。如果是在 250 年前，這種身材的人會餓死。當時的食物供給貧乏，再加上寄生蟲、腹瀉等傳染病，還會分走部分攝入的食物營養，因此當時的人必然又瘦又矮。童年時期和胚胎時期遭逢持續的食物匱乏，成年之後體型自然瘦小。身材瘦小需要的食物就少，所以能避免餓死。以現代標準來看，1750 年的歐洲人嚴重發育不良，當年法國男性平均身高是 161 公分，體重是 46 公斤，身體質量指數（BMI）為 18，以今天的眼光來看，這樣的數值低得令人擔心。到了 1967 年，法國男性平均身高已經比當年高出 12 公分。體重更是驚人，比當年重了 27 公斤。和兩百年前的先人相比，現在法國人的體型變大 50%。

在食物不足以果腹的年頭，體型矮小和發育遲緩容許人們活下去，但是代價非常高昂。發育遲緩越嚴重，慢性病就越多，肌肉、骨頭、心臟、肺臟，以及其他身體系統都比較容易顯現長期的健康問題。到了 18 世紀末，情況開始變好，先是美國和英國，然後歐洲其他地方也跟了上來。多一點點食物，就意謂多了很多留給身體工作的熱量。多出來的工作可以用來改善生活水準，因此這些人口終於能脫離瀕臨餓死的絕境，有了時間和體力去做更有生產力的工作，製造更好的衣服和住宅。身體較高、較為健康的人比較能抵抗慢性病、寄生蟲和其他健康問題。如此每一代都優於上一代，啟動了良性循環。

　　兩百年前，法國化學家拉瓦節（Antoine Lavoisier）向世人說明，人類從食物獲取熱量的方式，基本上就是燃燒──兩者都是物質和空氣中的氧起反應，製造出二氧化碳和水。因此食物裡的熱量（卡路里）值，可以經由它燃燒所產生的熱來估算。未經控制的燃燒伴隨火焰、聲音和熱度，但是在身體裡，這種熱會妥善送往有用的程序，例如建構新的分子，使體溫上升。

　　不過，除了含有特定數量的卡路里之外，食物還有別的價值嗎？換句話說，只要攝入足夠的食物，還需要計較吃的是什麼食物嗎？只吃主要糧食，像是稻米或馬鈴薯，身體可能保持健康嗎？抑或總熱量雖然相同，但還是需要吃各種不同種類的食物才會健康？

　　1840 年，新化學已經進步到明瞭萬物皆由原子組成，而且物質都有自己獨特的化學式，顯示它含有多少各種原子。舉例來說，氨的化學式是 NH_3，二氧化碳是 CO_2，硫酸是 H_2SO_4，這樣的化學式只是所含元素的清單。那麼食物呢？利用分解和分析技巧，就可以揭露食物的基本組成：蛋白質、脂肪、碳水化合物。荷蘭化學家穆德（Gerardus Johannes Mulder）的結論是，所有蛋白質都有相同化學式：$C_{400}H_{620}N_{100}O_{120}S_{1 \text{ or } 2}P$。[2] 每一種元素的數字這麼高，表示蛋白質一定是非常複雜的分子。就算這個蛋白質的化學式是正確的（其實是錯的），想要釐清所有這些原子是如何透過化學鍵相互連結，遠超過 19 世紀化學的能耐。因此當時

的人雖然揣測生命似乎是靠化學運作，然而牽涉到的分子實在太過複雜，簡直令人歎為觀止。

蛋白質是維持生命所必需的營養素。有人給狗吃完全不含蛋白質的食物，只給牠們吃糖、橄欖油和水，雖然糖和油提供需要的熱量，但狗還是死了，顯然是餓死的。基於這類結果，頗具影響力的德國化學家馮‧李比希（Justus von Liebig）在 1848 年提出建議：為了建構體內所有的化學物質，必須攝取蛋白質，而為了提供身體熱量，則必須攝取脂肪和碳水化合物。因此蛋白質、脂肪、碳水化合物，也就是所謂的「營養三元素」（Dietetic Trinity），加上幾種礦物質，譬如鹽，就能提供身體需要的一切營養。[3]

馮‧李比希錯了，人不能只靠蛋白質、脂肪和碳水化合物生存，膳食中還需要別的物質，一種柑橘類水果中含量豐富的物質，這項結論來自遠洋水手的恐怖經驗。現在我們都知道那個物質就是維生素 C。發現維生素 C 和它預防壞血病角色的過程，是一則漫長且曲折的故事，說明人類究竟是怎麼弄明白微量營養素無比重要——這些物質雖然份量微小，卻是飲食中不可缺少的部分。

古代人就已經曉得壞血病這種討厭的疾病。十字軍東征時，在聖地（Holy Land）包圍城堡的十字軍經常罹患壞血病，特別

是在大齋節（Lent）期間，基督教徒都要齋戒。舉例來說，1270年的第 8 次十字軍東征時法國軍隊：「軍營裡的病情嚴重到理髮師必須將病人牙齦上的死肉剔除，以幫助士兵咀嚼和吞嚥食物。旁聽營地裡理髮師幫人切除死肉的動靜，讓人感到很憐憫，因為病人叫得好悽慘，哀嚎聲和婦人生產時的慘叫沒有兩樣。」[4]

不過直到歐洲人開始航向遠洋，壞血病才變成大問題。船隻來回一趟印度或香料群島（即現在的印尼，當地擁有極為珍貴的食材），有時候要花上好幾年。海軍的情況也很類似，各國海軍互相驅趕對方的艦隊，或是封鎖敵國海港，同樣需要長期待在海上。在這種情況下，恐怖的壞血病就可能當頭襲來。壞血病的主要症狀是皮膚下出現瘀斑、關節痛、牙齦腐爛、牙齒動搖（造成咀嚼疼痛）、極度睏倦、肌肉軟化、身體惡臭。這種病會進展到舊傷口與瘀傷處疼痛，然後四肢腫脹變黑，最後病人無法動彈，接著就是死亡。

在漫長的航行中，船員的主食是醃肉乾或用麵粉和水烘烤的餅乾。餅乾剛烤好時像石頭一樣堅硬，過了一段時間，象鼻蟲和蛆蟲鑽進去，餅乾就會軟化，這時哪怕牙齦腐敗也咬得動了。爬滿蛆蟲的餅乾實在太噁心，船員只好在黑暗中勉強嚥下去。[5]

如今大家都知道，吃新鮮蔬果就可以輕鬆治好或預防壞血病，尤以橘子和檸檬效果最好。奇怪的是，這麼簡單的事實竟然一再被發現又一再被遺忘，經過無數次，直到 20 世紀初才確立這種說法正確。早在 1510 年，葡萄牙船長卡布拉爾（Pedro Álvares Cabral）就指出，柑橘類水果治好了罹患壞血病的船員。

荷蘭和西班牙水手也發現相同事實，所以荷蘭東印度公司在好望角（Cape of Good Hope）種植果樹，因為船隻會固定在那裡靠岸。儘管如此，很多醫生不斷堅持壞血病的成因是汙濁的空氣、吃太多鹽、血液腐敗、水質惡劣、缺乏運動、傳染病、懶散、心態不滿足。

世人經常將發現檸檬汁可預防壞血病一事，歸功於蘇格蘭船醫林德（James Lind）。1746 年，林德被派到皇家海軍索爾茲柏里號（HMS *Salisbury*）上擔任醫生，當時壞血病是英國皇家海軍擔心的一大問題，尤其是兩前年安森准將（Commodore Anson）航海 4 年返回之後，原本兩千個船員只剩下 600 人活著，其餘大多死於壞血病。壞血病奪走的船員性命，比法國或西班牙槍砲所殺害的更多。

林德著手解決這個問題，他先閱讀 60 幾個作者寫的相關文章，發現絕大多數毫無價值。他需要一種積極、理性的新方法，可以讓他「提出不受制於理論的方案，但會以經驗和事實印證一切，因為經驗與事實是最確切、最不會出錯的指引方針。」[6] 索爾茲柏里號第二次遠航時，爆發嚴重壞血病，剛好給了林德機會。他選中 12 個病程相近的船員，將他們分成 6 組。接下來的兩個星期，林德讓他們住在同一間宿舍、吃同樣的膳食，另外每天還給他們吃所謂的藥，這些藥分別是：兩品脫蘋果汁；25 滴硫酸（當然用水稀釋過了）；醋；半品脫海水；兩顆橘子和一顆檸檬（數量只夠 6 天份）；一種奇怪的混合物，取名「偉哉肉豆蔻」（bigness of a nutmeg），原料有大蒜、辣根（horseradish）、

芥末等等。林德的實驗結果清楚明白，6 天之後，「最突然、最良好的效果來自食用橘子和檸檬那一組」。[6] 攝取蘋果汁的那組的病況也有一點改善，其餘各組的病況都比原先更糟。因此壞血病可能是被柑橘類水果治好的。

林德發現了做實驗的黃金標準方法——臨床實驗——至今依然廣為使用。如果我們想觀察治療某疾病的一種新藥，會研究兩組病人：一組吃新藥，另一組吃安慰劑，兩種藥必須盡可能相同，包括藥的大小、顏色、味道。分組病人也要盡可能相似，譬如性別、年紀、健康問題的比例分配。假如我們不厭其煩控制所有這些因素，那麼實驗結果一旦發現兩組病人的表現不同，必然就是藥物造成的，因為其餘的變數完全相同。這就是林德在索爾茲柏里號上所做的：除了有沒有吃柑橘類水果之外，每組船員的一切都相同。

關於這件事，以前的人之所以混淆不清，源自於不同航行之間有太多東西改變了。舉例來說，從事後諸葛的角度來想，我們可以看出前往南美洲的船員之所以躲過了壞死病，原因是船隻航行大西洋時，會順路在葡萄牙的馬德拉（Madeira）採購新鮮水果。可是這艘船上還有一千樣東西和其他的船隻不同，並不只是船員連續一星期吃水果當點心這件事不同而已，所以根本沒辦法確定究竟是不是橘子造就了關鍵差異。

所有科學實驗都嘗試依循林德的策略，使用對照組做比較。在我看來，科學方法的這一部分是前無古人、最棒的理念。科學方法是締造有關自然界的正確資訊的方法，林德這個威力龐大的

理念賜予我們當今的生活方式。這種科學方法是先想好一項假設，譬如柑橘類水果預防壞血病，這項假設提供一項預測，以這個例子來說就是：用柑橘類水果治療壞血病可以讓疾病痊癒。然後經過實驗和觀察，並像林德那樣佐以對照組，測試該項預測是否正確。假如實驗結果與預測相符，那麼我們就對那項假設的正確性比較有信心；萬一預測失效，那就證明假設錯誤。因此林德讓一組船員喝硫酸，結果病況沒有比不喝硫酸的對照組好，那就證明硫酸可預防壞血病的假設是錯誤的。另外，權威者的主張不能算科學──比如「我相信月亮是綠乳酪做的，因為這是華弗教授（Professor Waffle）說的，她真的是很聰明的人。」

　　林德有兩項發現無比重要：橘子檸檬可以預防壞血病，以及更重要的臨床實驗，不過他似乎不清楚這些發現的價值，反而被疑慮打敗，似乎再也沒能擺脫約定俗成的傳統。1753 年，林德出版《論壞血病》（*A Treatise of the Scurvy*），[6] 他那項偉大的實驗只寫了短短五段話，被淹沒在長達 358 頁的書中，簡直是一顆金沙埋沒在垃圾堆裡。林德沒有清楚傳達檸檬汁能治癒壞血病的訊息，反而堆砌雜七雜八的建議療方，模糊了這項簡單有力的結論，那些療方包括暖空氣、放血、喝酸液、芥末，甚至是安裝一台機器，刺激病人做出騎馬的動作。他這本巨著的結論是：壞血病是消化不良引起的，而不是欠缺膳食營養所造成的。[7]

　　即使新鮮水果可以預防壞血病，但是要確保船員按時吃水果，卻沒有那麼容易，因為水果很快就會腐敗。林德的解決辦法是製作一種橘子和檸檬「糖漿」（rob），方法是熬煮橘子汁和檸檬汁至少 12 個小時，使它濃縮成糖漿，裝進玻璃瓶裡可以保存好幾年不壞。林德宣稱這種糖漿加水混合之後，喝起來和現榨果汁沒什麼兩樣，如此一來，船員在整個航程中都能得到柑橘類水果的益處。可惜這個聽起來絕妙的點子有個嚴重瑕疵：熬煮果汁會摧毀維生素 C，然而整整 150 年都沒有人注意到這個問題。[8] 林德發現治療壞血病的方法，但是接下來推薦的療方卻不管用。此時安森已經升任海軍大臣，他採納林德的建議，但是麾下的艦長們發現林德的糖漿沒有作用，因此柑橘果汁可治癒壞血病的說法就失去信用了。

　　林德的實驗過後 40 年，西印度群島艦隊的船醫布蘭（Gilbert Blane）又回頭測試壞血病的可能療方。1793 年，英國皇家海軍沙福克號（HMS *Suffolk*）駛往西印度群島，連續航行 23 個星期，中途沒有補給任何新鮮食物，這種情況通常會爆發壞血病。然而這趟航程，船上分發少量檸檬汁給船員預防發病，至於已經得到壞血病的人，就再提供更高劑量。這次的治療很成功（雖然沒有對照組），以至於 1795 年海軍上上下下每一天的膳食都會配給檸檬汁。於是皇家海軍消滅了壞血病，這簡直就是一場及時雨，因為接下來英國和法國展開了史詩級的衝突。1805 年，英國皇家海軍在特拉法加海戰（Battle of Trafalgar）擊潰法軍，獲得勝利。檸檬汁讓英國船員經年待在海上卻沒有爆發壞血病，堪稱決定性

的優勢。對於己方在這場衝突中落敗，法國人忍不住酸溜溜地說：「我們是被檸檬打敗的。」[9]

照理說這件事應該就塵埃落定了吧。沒有，接下來發生了更多謬誤。1860 年，海軍從原本使用的西西里島檸檬，改而採用西印度群島的萊姆（limes）。檸檬和萊姆雖然明明是兩種不同的水果，可是當時這兩個名字被當作同義詞，所以沒有人覺得換吃萊姆有何不妥，令人遺憾的是，萊姆所含的維生素 C 只有檸檬的 1/4。剛開始沒有人注意到這個問題，因為此時蒸汽動力船的速度已經很快，船員在海上的時間還不至於漫長到罹患壞血病，即使沒有保護也無妨。不過遠征級地的探險船一去就是好多個月或好幾年，船上沒有新鮮食物，所以陰魂不散的壞血病又回來了。1911 年，史考特船長（Robert Scott）的南極探險隊就因為壞血病吃了很多苦，最後回程時竟至整支探險隊無一人生還，其中一個因素就是壞血病。[10]

關於食物不限蛋白質、脂肪、碳水化合物的觀念，更進一步的線索來自威斯康辛大學（University of Wisconsin）在 1907 年到 1911 年所進行的單一穀物實驗。[11] 威斯康辛州是美國的酪農業重鎮，所以如果想要研究牛隻，威斯康辛州絕對是首選。實驗對象是未生育過的母牛，分成四組，配給的飼料只有穀物，分別是玉米、小麥、燕麥，以及 3 種穀物的混合飼料；四組的配給飼

料都提供相同熱量和蛋白質含量。依照當時的思想，這些膳食應該具有相同質量，可是結果卻不是這樣。四組母牛吃的份量都一樣，可是和其他組相比，吃小麥的那一組表現最落後：這組母牛體重增加最少，沒有產下健康的小牛，泌乳量也最少。四組之中，餵食玉米的母牛表現最好。顯然母牛需要額外的營養素，而小麥缺少那些營養素。

順著這條思路所做的實驗，導引出維生素的發現——也就是人類需要的化學物質，如果膳食中缺少它們，就會導致疾病。雖然只需要微小的份量，可是沒有它們絕對不行。維生素 C 是挪威的霍爾斯特（Axel Holst）和弗勒利希（Theodor Fröhlich）發現的，他們先是研究一種和壞血病類似的疾病，叫做腳氣病（beriberi）。腳氣病是最早為人所知的維生素缺乏症，中國人將近 5 千年前就率先提出了。[12]1880 年代，日本醫生高木兼寬發現日本海軍有很多水手罹患腳氣病，原因是以白米飯為基礎的膳食欠缺足夠的氮，後來在水手的餐飲中添加蔬菜、大麥、魚、肉，結果腳氣病不藥而癒，因為這些額外的食物提供富含氮的蛋白質。[13]1897 年，荷蘭醫生艾克曼（Christiaan Eijkman）在荷屬東印度群島發現有一種類似腳氣病的疾病，如果只用白米餵食雞隻，那些雞就可能患病。如果在飼料中添加糙米，先前的疾病症狀就會消失。艾克曼懷疑去殼的白米是否含有毒物質，可以被稻殼上的解毒劑中和。如今我們已經曉得，腳氣病是欠缺維生素 B_1 造成的，而稻米中的維生素 B_1 存在稻殼中，將糙米碾成白米時，這種維生素跟著稻殼被丟棄了。

霍爾斯特和弗勒利希受到這項研究鼓舞，決定從研究鳥類轉移到研究哺乳類動物的腳氣病。幸運的是他們選中了天竺鼠，因為除了人類之外，天竺鼠是少數無法自己生成維生素 C 的動物。所以當他們用天竺鼠做實驗，餵食只含各種穀物的飼料時，結果讓他們大吃一驚：天竺鼠沒有得腳氣病，反而出現壞血病之類的症狀；以前從來沒有在動物身上見過壞血病。他們用新鮮捲心菜或檸檬汁餵食這些天竺鼠，就像治療人類那樣，結果當真治好了天竺鼠的壞血病。[9, 14] 由此可見，天竺鼠是研究壞血病的理想實驗對象。

究竟缺乏維生素 C 為什麼會導致壞血病？我們體內最充足的蛋白質是膠原蛋白，遠遠超過其他種類的蛋白質。膠原蛋白是皮膚、骨骼、韌帶、肌腱、肌肉、血管、腸子的主要成分。膠原蛋白的結構很像一條由三股線絞在一起形成的繩索，維生素 C 對於膠原蛋白的合成至關重要，因為維生素 C 會在蛋白質鏈上添加額外的氧，這些氧原子沿著三股線形成鍵結，穩定繩索的結構。所以缺少維生素 C 意謂少了氧原子，膠原蛋白就會比較脆弱。接下來壞血病的症狀會在需要膠原蛋白的地方表現出來，舉例來說，牙周韌帶連接牙根和顎骨裡的齒槽，如果膠原蛋白變得脆弱，那麼牙周韌帶也會弱化，導致牙齒脫落。

大部分動物可以自行生成維生素 C，例外的動物是天竺鼠、某些魚類、蝙蝠、鳥類、靈長類（包括人類在內）。我們的猴子祖先在某一個時點發生基因突變：在合成維生素 C 的最後一個步驟中，原本製造酵素的那個基因產生突變，以致失去功能。我

們依然可以在人類 DNA 上看到這個基因的殘餘，它經過高度突變，已經不能發揮酵素的功能。這些突變對古代靈長類算不上大問題，因為牠們在飲食中攝取充足的水果，就算自己沒辦法生成，也照樣活得好好的。譬如當今的野生大猩猩吃進去的維生素 C 比身體需要的份量更多，所以牠們從來沒得過壞血病。由此可見，功能失靈的維生素 C 基因對我們遠古的祖先並不構成傷害，也平平安安的代代相傳下去，只有在人類開始在吃食上出問題，短缺水果和蔬菜，這時候缺少酵素才變成問題。[15]

　　當然，維生素 C 只是眾多維生素中的一種。數千年來，人類因為攝取的食物種類太有限，以至於欠缺維生素，進而罹患疾病。[12] 欠缺維生素 D（和陽光）會導致骨頭軟化和佝僂病；缺少維生素 B_3，會造成糙皮症（Pellagra），症狀令人聯想到吸血鬼：皮膚曬到太陽時會起水皰、膚色蒼白、酷食生肉、口角滴血、有攻擊性、神智不清；缺少維生素 B_{12}，會引起血液疾病和大腦功能受損。

　　維生素是範圍更大的微量營養素底下的一部分。微量營養素是我們膳食中必要的物質，相對於碳水化合物、脂肪、蛋白質和水，它們的份量非常微小。目前全世界最欠缺的微量營養素是鐵、碘、維生素 A、葉酸、鋅，病例多發生在沙哈拉沙漠以南的非洲和南亞。這些地區的 5 歲以下兒童，有一半因為欠缺一種或

多種微量營養素而出現健康問題，全球約有 20 億人罹患相關疾病。[16,17] 孕婦和兒童的風險最高，因為他們更需要特定的微量營養素。

維生素 A 欠缺主要影響兒童，造成夜盲症，最後甚至會演變成永久性全盲，這是因為身體需要維生素 A，才能製造視網膜吸收光線的視紫質（rhodopsin）分子。此外，免疫系統也需要維生素 A。血球需要利用鐵來運送血紅素，缺鐵會造成貧血，尤其婦女和嬰兒最容易受影響。貧血的幼童身體生長遲緩，對感染抵抗力低，智力發展也較緩慢。孕婦貧血會減緩胚胎成長，並增加新生兒死亡和產婦分娩死亡的風險。缺碘是智能不足的常見的因素，也容易造成流產、死胎和先天畸形。許多酵素都需要鋅才能運作，它有助抵抗感染，促進神經系統發育；缺鋅會增加早產的風險。卵子受精後幾個星期，有一層胚胎細胞會形成一道凹痕，折入神經管並閉鎖，這就是大腦、脊髓和其餘中央神經系統的前身。這個過程必須用到葉酸才會圓滿成功，所以欠缺葉酸會導致神經管缺陷，例如脊柱裂（spina bifida），也就是神經管沒有完全閉鎖。

好消息是所有這些維生素欠缺都很容易治療，只要攝取富含特定微量營養素的食物，或是營養強化食品即可。

舉例來說，肝臟、紅蘿蔔、青花菜、乳酪含有豐富的維生素 A；肉類和堅果含有許多鋅。食鹽中可以添加碘，麵粉裡可以加入鐵和葉酸。此外也能攝取製成錠劑、粉劑、液劑的營養補充品。很多地方的穀物欠缺鋅，那是因為土壤中缺少鋅，此時施用

鋅基肥料不僅有助穀物長得更健康，總收成量也會大幅提升。

世界衛生組織、疾病管制與預防中心之類的組織正在推動方案，[18] 目的是終結營養不良的現象。關於微量營養素欠缺的問題，解決辦法成本低廉而且成效斐然。和其他健康問題一樣，一旦曉得問題背後的科學原理，往往不需要動用高科技，政治意願反而更重要。另外還有別的辦法：我們可以改良農作物品種，育種、基因改造技術，以及在主要糧食作物中，增加想要補充的微量營養素濃度都可行。最為人所知的例子，就是加強維生素 A 含量的黃金米。營養不良是一種能夠完全避免的問題，只要好好處理，就能促進嬰兒和兒童的健康，長大後變成更健康的大人，能夠貢獻自己，為國家增添財富和福祉。

第十三章
維納斯身材

　　當前幾乎所有國家都碰到肥胖這個大問題。2016 年，全世界有 39% 的人口體重過重，男女比率相當。[1] 這是最近才發生的現象。下圖比較 1975 年和 2014 年諸國女性的平均身體質量指數（BMI）；男性的地圖和女性的非常相似。兩相比較，幾乎所有國家人民的平均 BMI 都增加了。1975 年，體重過輕的人數是肥胖人數的 2 倍，如今肥胖人數已經超過體重過輕的人數，除了沙哈拉沙漠以南的非洲和亞洲若干地區，每一個地方都是如此。

　　大約 300 年前農業革命揭開序幕之後，食物的產量和品質節節上升，時間上正好和公共衛生措施的改善相符合，其結果是人類變得體型更高大、壽命更長久。這些措施促進經濟成長，工作生產力更高，人們的休閒時間也增多了。由於機器逐漸取代勞力，更多工作需要坐著完成，而不是在工廠、船隻、田地、礦場裡進行，所以工作性質也變得更趨勞心而非勞力。取得食物所需要的熱量，只剩下走去開冰箱或開車去超級市場那麼多，不像從前，大多數人都必須終年辛勤務農，才能夠吃得上飯。第二次世

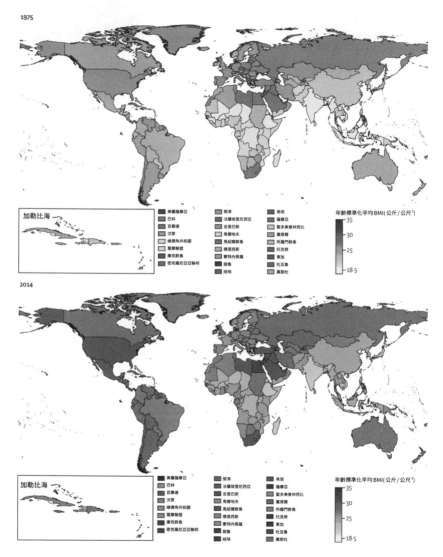

1975 年和 2014 年諸國女性的年齡標準化平均 BMI[2]

（Di Cesare, M., et al., 'Trends in adult body-mass index in 200 countries from 1975 to 2014: a pooled analysis of 1698 populationbased measurement studies with 19.2 million participants'. Lancet 2016, 387, 1377–1396.）

界大戰之後，由於人們在工作上的體力活動減少，加上高糖、高脂肪、複合碳水化合物非常容易取得，已經造成越來越多人的體重過重甚至肥胖。[3] 不僅是體重成長，身高也有長進。1860 年，荷蘭男性的平均身高只有 164 公分，現在已經達到 182 公分，使得這個國家的男性身高在地球上排名數一數二。

人類大部分的歷史都是缺糧少食，這點反映在藝術和文學上，從舊石器時代體型肥碩的母神形象，到畫家魯本斯（Peter Paul Rubens, 1577-1643）的豐腴模特兒都是。魯本斯繪畫中的維納斯體型豐滿，反映她的財富和崇高地位：維納斯顯然吃得很好，白皙的皮膚顯示她從來不曾像普通農人那樣在戶外幹活。肥胖的人物，例如西班牙作家塞萬提斯（Cervantes）筆下的桑丘（Sancho Panza）、莎士比亞戲劇裡的佛斯泰夫（Falstaff）、可口可樂公司的代言聖誕老人，都曾經被視為歡樂和討喜的角色。[4] 一直到 20 世紀後半葉，肥胖才轉變成汙名，而瘦骨嶙峋但高佻卻被時裝業捧為理想的身材。絕大多數 17 世紀女性想要追求魯本斯模特兒的身材，根本是癡人說夢，同理，今天 99% 的女性也不可能擁有超級名模的身材，其實也不應該擁有。過瘦有害身體，會導致免疫系統衰弱，欠缺營養素，骨質密度低下，進而造成心血管疾病[5] 以及其他的問題。

誠如前文所述，托天之幸，現在饑荒已經極為罕見，慢性營養不良和饑餓也已大致絕跡。然而這項進步也有壞的一面，那就是如今很多人吃太多食物，因此肥胖比率飆升，而與肥胖症有關的一切健康問題也跟著激增。

我們可以用 BMI 量化一個人的尺寸，也就是體重（公斤）除以身高（公尺）的平方。BMI 介於 18.5 和 24.9 是健康的範疇，若是大於 30，則屬於肥胖。拿 BMI 來判斷某人是否體重過重，是個很有用的概略指標，不過並非完美無瑕。有些超級健康的運動員因為有很多肌肉，所以 BMI 落在健康範疇之外。儘管美國和英國都有過度進食的惡名（不能算是無辜），可是他們還排不進世界十大 BMI。世界排名前十大 BMI 的國家，[1] 也就是國民最肥胖的國家，主要位在太平洋區和中東。

科威特這個國家位於波斯灣，因為盛產石油而富裕，吸引了無數外國人前來工作，因此該國的 420 萬人口中，有 70% 是外國移入的居民，主要來自印度半島或其他阿拉伯國家，他們絕大多數住在首都科威特市。科威特的健康情況基本良好，國民預期壽命是 78 歲。由於外來移工比例很高，造成男女比率很不正常，人口中有六成是男性，女性只有四成。[6] 科威特是世界上最多肥胖人士的國家之一，這名聲實在不怎麼光彩；該國有 43% 的人民屬於肥胖體型，70% 體重過重。速食、含糖飲料、炸甜麵糰（luqaimat）都是當地非常受歡迎的食物。由於天氣炎熱，戶外活動不興盛，人人都喜歡待在有冷氣的室內環境；家長往往開車送小孩上學，而不是讓孩子頂著大熱天走路上學。結果是第二型糖尿病的病例激增，特別是年輕病人。針對這項問題，

科威特的解決辦法之一是減重手術，譬如袖狀胃切除術（Sleeve Gastrectomy），也就是切除胃部相當大一部分，以減少每一餐可吃進去的食物量。現在科威特每年有 3 千多個病人接受治療肥胖的手術。[7]

科威特和其他中東國家之所以有那麼嚴重的肥胖問題，是因為他們的文化最近突然起了變化。千百年來，當地人民過著游牧生活，和牲口為伍，種植糧食餵養自己一家人。這種不太安穩的生存方式令他們相信，孩子長得豐滿比較健康，食物脂腴味濃比較可口。如果生活中需要從事很多體力勞動，偶爾還會遭遇食物短缺，那麼暴飲暴食就說得過去；然而在現代都會生活中，時時刻刻都吃得到垃圾食物，那種對食物的傳統信念就不合適了。[8]

諾魯、庫克群島、帛琉、馬紹爾群島、吐瓦魯、東加、薩摩亞、斐濟這些國家散布在整個太平洋地區，全都是彈丸大的島嶼，卻擁有地球上最肥胖的國民。[9] 和中東一樣，這裡的人口也是最近才改變傳統飲食，從以往的新鮮水果、蔬菜、魚類，變成加工過的高熱量食物，這些都是從澳洲、紐西蘭和美國進口。生態破壞致使島上農地受損，不得不更加仰賴進口食物。

太平洋島民的典型體型是骨架碩大、肌肉很多，非常適合打美式橄欖球，[10, 11] 但也很容易增加太多體重。他們之所以長

這個樣子，部分原因可能是物競天擇的結果。玻里尼西亞人和密克羅尼西亞人是廣大南島語族（Austronesian）的一部分，大概是 4 千年前源自於東南亞。他們划著自己發明的舷外浮桿獨木舟（outrigger canoe），從這片故土展開人類有史以來最壯闊的海洋旅程，這種獨木舟是人類攻克長途越洋旅程的第一種技術，它擁有一支或兩支額外的浮桿或船體，靠長竿固定在主船體上，就算在波濤洶湧的大海上也能保持穩定，並且快速前進。最早他們將兩艘獨木舟綁在一起，之後才慢慢發展成這種型態。台灣現在大部分人民是中國漢族的後代，可是台灣原住民正是南島語族。南島語族從台灣往南遷徙到菲律賓、印尼、新幾內亞，和當地原住民混雜在一起，然後再出發前往未知的汪洋，最後在半個地球之外建立殖民地。大約 3 千年前，他們最先在新幾內亞東北方的密克羅尼西亞數以百計的微小島嶼上定居，1500 年後抵達夏威夷，在當地殖民，然後又登陸紐西蘭。從印尼向西出發的南島語族橫渡印度洋，大約在相同時間抵達馬達加斯加島，最東達到復活島（Easter Island），也就是智利以西兩千英里，不過他們可能也曾去過更遠的地方，碰到過南美洲人，也或許曾經從馬達加斯加往西走，抵達非洲東部。雖然這些人民沒有文字（除了復活島外，復活島民發明自己的草體字母，可惜現在無人能懂），可是他們共通的文化、手工製品、語言、遺傳特質，在在敘說先人探險和定居未知遠方的精采故事。

　　也許正是這段歷史導致太平洋島民的高比率肥胖症和糖尿病。當大無畏的水手划著弦外浮桿獨木舟出發，駛進無人到訪過

的浩瀚大洋時，心裡不可能知道自己究竟能不能找到陸地。在許許多多航程中，水手一定遇到過食物吃盡，不得不餓肚子的時候。最先死的必然是身體裡脂肪存量最少的人，因此活下來的太平洋島民，祖先可能都是那些出發時胖乎乎的人。經過好幾千年的淘汰，瘦削的水手都在通過無數遺傳瓶頸時陣亡了，大自然強力選擇那些具有肥胖傾向的遺傳特質。[13] 駕駛露天獨木舟在驚滔駭浪中連續航行好幾個星期，可能意謂水手從頭到尾身體都泡在水裡。即使太平洋航行絕大多數都位於熱帶地區，但某些時候依然可能冰冷刺骨。所以能夠應付這些狀況並抵擋失溫的體型，也會被大自然選中。

太平洋島民的故事是節儉基因假說（thrifty gene hypothesis）的特別案例。這項假說最早是美國遺傳學家尼爾（James Neel）在 1962 年提出，他用這項假說解釋為何現代的肥胖症這麼普遍。[14] 尼爾感到很疑惑，糖尿病這種疾病到底是怎麼演化出來的？它明顯有害人體、又很普遍，而且具有一些遺傳基礎。尼爾認為導致脂肪囤積的遺傳變異，在過去是對人有利的，因為擁有這些遺傳變異的人在饑饉時占有優勢。假如食物供應不可靠，那麼在年頭好的時候增加體重是值得的，因為知道來年的收成也許顆粒無收。唯有到了近年，高熱量食物變得十分充沛，又沒有饑荒的威脅，因此脂肪囤積才成為問題；現代人為了準備應付饑荒而增加

的脂肪，始終沒能派上用場。

即使這個故事可信，節儉基因假說的證據依然無法取信大家。[15] 在比較不同的人口時，想要區分文化、生活方式和遺傳學的影響，絕不是容易的事，所以把每一件事歸因於區區幾個基因，就非常引人質疑了。除此之外，不僅太平洋島民，我們所有人都是饑荒倖存者的後代，當年肥胖是有利生存的資產。可是只有少數幾種基因符合「節儉」的描述，而雀屏中選的遺傳異變已經找到了，[16] 其中一個是在薩摩亞人身上找到的。[17]

肥胖症另一個可能的解釋，純粹是使人類傾向增肥的基因突變如今已經不再有害，所以能夠聚積在我們的 DNA 中，而沒有受到懲罰。影響體重的突變時不時會隨機出現，這件事一直都在發生。以野生動物來說，造成肥胖的基因突變會遭到很嚴苛的自然淘汰，因為胖胖的動物比較可能被掠食動物吃掉。體型最大的動物提供最豐盛的大餐，使牠們成為狩獵目標，此外體重太重也會削弱牠們逃跑的能力。我們從遺骨上的齒痕得知，體型較小的南島語族祖先經常成為大型貓、狗、熊、鱷魚、鳥類的美味餐點，[18] 譬如在 5 萬年前的義大利，尼安德塔人（Neanderthals）就被鬣狗吞進肚子。[19] 然而現代人早就消滅了所有曾經獵殺人類的大型掠食動物，我們不能忍受任何會殺人的動物存在，所以早就利用團隊合作、語言、狩獵的本事，將無數大型掠食動物趕盡殺絕。吃人的動物反被人屠殺，這樣的角色易位代表很多物種滅絕，包括劍齒虎、巨獵豹（giant cheetah）、犬熊，尤其是現代人初抵美洲、澳洲、太平洋群島等新土地時，更是毫不留情。一旦可能

捕食人類的動物滅絕殆盡，體重過重就沒那麼礙手礙腳了，因此基因產生肥胖突變的人類得以倖存，不但不會被吃掉，反而還過得挺順遂。[15]

　　針對雙胞胎和家庭的研究顯示肥胖確實有一些遺傳基礎。DNA 最常見的變異方式稱為單核苷酸多型性（single nucleotide polymorphism，簡稱 SNP，讀作 /snip/），DNA 序列的某個鹼基（A、T、G 或 C）在此發生互換，數以百計 SNP 和基因似乎會影響肥胖的可能性，每一種都付出一小份勉強測量得到的貢獻。[20] 為什麼 SNP 會促進肥胖症蔓延？除了節儉基因假說之外，還有各式各樣的說法，通常建立在特定基因可以有多種效應的這個概念上。舉例來說，新肥胖細胞的生成可能對嬰兒的發育有好處，尤其是大腦發育，並且能幫助抵抗感染。[21] 雖然肥胖細胞對嬰兒有好處，但是卻可能使嬰兒長大之後變肥胖。許多基因和 SNP 都是這樣作用的──它們同時具有多種效應，有的好、有的壞，意思是在考慮某個特定的 SNP 究竟是好是壞時，必須非常謹慎。只因為某個 SNP 會增加罹患一種疾病的機會，不代表整體而言是壞事，我們甚至不見得清楚它的某些良性效應。

　　肥胖對健康構成無數負面效應。BMI 介於 40 到 44 之間的人，平均壽命比正常人短 6.5 歲；極度肥胖的人，也就是 BMI 在 55 到 60 之間的人，會短命 13.5 歲。肥胖會增加罹患以下疾

病的死亡率：心臟病、癌症、糖尿病、腎衰竭、慢性下呼吸道疾病、流行性感冒、肺炎。[22] 總體來說，它對人的壞處和吸菸相當。

以總死亡人數來看，目前最常見的死因是冠狀動脈心臟病，數量超過其他死因一大截，這種疾病可能導致心臟病發作。氧氣豐沛的血液經由主動脈離開心臟，這是身體最大的動脈血管。冠狀動脈從主動脈分支出去，然後繞一圈回到心肌。脂肪物質長期下來會形成斑塊，逐漸堆積在冠狀動脈內壁，這些斑塊使動脈硬化、狹小，限制血流量，因此難以運輸足夠氧氣到心臟。動脈狹窄產生血栓的危險，可能造成血管堵塞，一旦發生，通往心臟的血流可能突然切斷，導致心臟衰竭，10 分鐘之內，大腦就可能因為接收不到必要的含氧豐富的血液而壞死。現代人的第二大殺手是中風，也屬於血管疾病，這次堵塞的是大腦內的血管，造成堵塞處以下的腦細胞死亡。這兩種疾病肥胖的人都比較可能得到。

體重過重的人身上多出來的脂肪組織，需要經由血液供應氧氣和營養素，因此心臟將血液抽過這些額外的血管時會更費力，以致血壓和心跳都隨之增加。在高血壓的狀態下，動脈更可能破裂，進而殺死動脈下游的組織。身體增加額外的體重，因為承受的重量過大，會對關節（尤其是膝關節和髖關節）施加更多壓力。接下來可能導致退化性關節炎，也就是保護骨頭末端的軟骨損壞，帶來疼痛、腫脹和僵硬，以致關節骨質增生、發炎，最後可能需要動關節置換手術。體重過重的男性罹患攝護腺癌或大腸癌的風險較高，而體重過重的女性則較容易得到乳癌、大腸癌、膀胱癌、子宮癌等等癌症。脂肪細胞會釋放化學訊號，影響身體

內的其他細胞；它們會增加胰島素分泌量，製造雌激素——雌激素引發停經後婦女的乳房和子宮細胞分裂，刺激發炎。所有這些程序都會促進細胞成長與分裂，也正是癌細胞裡的關鍵程序。[23]

肥胖的人得到睡眠呼吸中止症的危險增加，這會造成睡眠時呼吸暫停，所以病人會經常醒來，一整夜睡不好。胸腔增加額外體重會擠壓肺部，導致呼吸受限和呼吸系統的問題。肥胖使腎臟承受極大壓力，長年下來會慢慢失去腎臟功能，[24] 病人會出現水腫，手腳腫脹、呼吸急促、血尿、疲憊、失眠、噁心、肌肉痙攣和其他症狀。中年肥胖的人晚年更容易得失智症，[25] 原因至今不明，但是看起來如果你照顧好心臟，也就同時照顧了大腦。

糖尿病和胰島素阻抗有關，胰島素是一種荷爾蒙，功能是調節血糖，一旦發生胰島素阻抗，血糖就會升高。第二型糖尿病的主要病因就是肥胖，這一型糖尿病是典型的成人病，可是我們現在開始發現有大量兒童罹患此病。即使中度肥胖也會大幅增加罹患糖尿病的風險。2016 年世界衛生組織的報告指出，全球有 4 億 2200 萬人罹患糖尿病，從 1980 年以來增加了 4 倍，實在令人震驚。糖尿病在低所得和中所得國家成長最快速，這些國家也是肥胖症增加最快的地方。2016 年，糖尿病殺死全球 160 萬人，但糖尿病間接造成死亡的人數更多，因為糖尿病患者更容易得到心臟病、中風、失明、腎衰竭，以及下肢截肢。

肥胖對心理健康和生理健康的壞處一樣大。大部分現代文化都偏好瘦削身材，覺得瘦子較有吸引力，因此體重過重的人可能被視為懶惰、缺乏減重的意志力，而且遭到別人暗地嫌棄，或

是明晃晃的偏見、歧視或譏笑。

　　看待肥胖症大流行的一個方式，是將它看作人類的本能、行為和身體不適應現代世界的後果。適應不良是顯現生物體有害的一個特徵，哪怕記載在自己的 DNA 上也一樣。[26] 演化需要時間，一個基因需要傳遞很多世代，才能反映有害的效應，所謂的效應就是身上帶那個基因的人數減少了。因此我們碰到環境突然改變時，很可能應變不來，原來那套行為變得不適應新的生活方式。節儉基因就是這樣的例子。

　　熱愛甜食正好說明「想要的東西」和「有益的東西」這兩者的明顯差距。在人類開始農耕之前，我們的祖先絕少碰上富含單醣的食物，大概只有蜂蜜和水果這兩種，但是蜂蜜不容易取得，因為有成千上萬隻蜜蜂虎視眈眈捍衛牠們的冬季糧食。渴望吃甜食促使人類攝取水果，這樣就能獲得維生素 C，[27] 因此可能演化出嗜糖行為以避免壞血病。過去幾千年來，人類培育出更大、更甜的水果（比較商店裡賣的蘋果和蘋果祖先野生小酸蘋果就知道了），開始種植和交易甘蔗、甜菜、楓糖漿，還開始養蜂取蜜。如今我們對糖的欲望已經成了適應不良的行為，因為雖然早就擁有身體所需的一切維生素 C，我們還是很渴望甜食，因此才會造成肥胖、糖尿病、蛀牙。

　　對當今生活適應不良的例子有許多，太過熱愛甜食只是其

中之一。生活在炎熱、潮濕地區的古人，飲食中往往欠缺足夠的鹽分，因此演化出偏愛鹽瀦留（salt retention）的基因。沒想到這種適應到了現代卻轉變成適應不良，現代人愛吃鹹口食物，便增加高血壓的罹患率。[28] 此外，夜間點燈擾亂晝夜節律，[29] 或是睡眠習慣不良，[30] 也都會造成肥胖。

對現代世界適應不良，不只表現在飲食這方面，由於人類的身體還是比較適合狩獵採集的生活方式，所以現在才面臨一大堆健康問題。舉例來說，閱讀、坐姿、穿鞋，分別導致近視、背痛、拇囊炎（bunion，譯按：或稱拇趾外翻）。[31] 缺乏運動帶來高血壓。人類固然已經將預期壽命延長到 80 歲，然而往往必須付出多年慢性健康不佳的代價。

延長預期壽命、避免現代世界這些缺點的一項策略，是檢視最長壽的人，看看這些楷模是怎麼辦到的。

總體預期壽命延長堪稱是最最戲劇化的效果，以英國來說，1983 年有 3041 位百歲人瑞，到了 2013 年，居然高達 1 萬 3781 人，其中有 0.1% 的人瑞活到 110 歲。針對這些特殊的對象，學界已經做過無數研究，例如波士頓大學新英格蘭百歲人瑞研究（Boston University New England Centenarian Study）。該項計畫始於 1995 年，焦點全部放在美國麻塞諸塞州（Massachusetts）波士頓市附近的 8 個鎮，總人口為 46 萬人，其中包含大約 50 位人瑞。

現在波士頓的這項研究已經成為全世界規模最大的人瑞研究，登記在案的人瑞大概有 1600 位，從他們的子女中選出 500 人（年齡 70、80 歲），和 300 個較年輕者的對照組。這些人瑞中有一百多位是高齡 110 歲以上的超級人瑞。[32]

　　第二項人瑞研究是在沖繩島進行的，這座島位在日本九州島南方 500 英里處，雖然隸屬於日本，但沖繩島人民在遺傳上與一般日本人不同，講標準日語的日本人也聽不懂他們的語言。沖繩島是全世界預期壽命最長的地方，也是世界上百歲人瑞最普遍的地方──比日本多 50%，比美國多 3 倍。[33] 更厲害的是，沖繩人瑞誕生時，島上人民的預期壽命只有 40 歲出頭，他們熬過了傳染病、天然災害，以及最殘酷的 1945 年太平洋戰爭。當今沖繩的心臟病死亡率比美國少 3 倍，阿茲海默氏症的死亡率比美國低了 10 倍，實在令人咋舌。沖繩人瑞研究的目標是在考慮遺傳和生活方式等變數之餘，找出沖繩人這麼長壽的原因。[34]

　　針對最長壽者所做的研究，顯示下列結果：女性人瑞的人數是男性人瑞的 5 倍，而且女性人瑞比男性人瑞活得更久。2020 年 1 月，全世界最老的 20 個人瑞全都是女性，其中有很多位日本人。這些耆老絕大部分一生中從沒有肥胖的時候，也從來不吸菸。即使阿茲海默氏症和年齡呈現強烈正相關，但是非常老的人反而逃過失智症，大腦還是很健康。心血管疾病和糖尿病也遲遲不降臨他們身上，婦女年紀不輕了還能懷孕生子，這和她們一輩子老化速度緩慢這件事相當一致。人瑞體內的維生素 A 和維生素 E 濃度都很高，紅血球活躍，免疫系統強大。他們善於修復

自己 DNA 不斷發生的突變，因為 DNA 受損是老化過程的主要特徵。[35] 超級人瑞幾乎不會得主要的老化疾病（如中風、帕金斯氏症、心血管疾病、癌症、糖尿病），最後往往是因為器官衰竭才溘然長逝。

大概沒有人會意外，沖繩人的飲食非常健康，他們的傳統食物是地瓜、黃豆、綠色蔬菜、根莖類蔬菜、苦瓜、水果，加上一點海鮮和瘦肉，茉莉花茶是他們最喜歡的飲料。整體來說，沖繩人吃很多複合碳水化合物，攝取的熱量很低，蛋白質含量中等，肉類、精製穀物、醣類、乳製品都很少吃。除了蛋白質和碳水化合物比率極佳之外，沖繩人和日本人一樣，實踐「腹八分目」原則，也就是吃飯只吃八分飽，這在西方世界非常罕見，因此沖繩很少肥胖的人。在 1960 年代以前，稻米成為沖繩人主食，他們攝取的熱量比正常推薦值少了 10% 到 15%。[36] 長期限制熱量攝取可以長壽的這個觀念，已經有許多動物實驗證實。[37] 由此可見，每天少吃一點是長壽的簡便方法，可惜挑戰性大了點。

節食的人還可以借助抵抗肥胖的藥物，作用是壓抑食慾或降低脂肪的吸收，[38, 39] 不過吃藥常有不良副作用。雖然醫藥界持續進行對抗肥胖藥物的研究，[40] 不過現行最有效的策略，還是簡簡單單的減少攝取熱量，並透過運動燃燒更多熱量。

第四部

致命的遺傳

「假如現象的成因不明，

所有事物全是隱匿、模糊、可以論辯的，

可是一旦知道成因是什麼，

那麼所有事物都變得一目瞭然了。」

《細菌理論及其在醫療和手術的應用》（*Germ Theory And Its Applications To Medicine And Surgery*），巴斯德（Louis Pasteur），1878[1]

第十四章
蓋瑟瑞和
委內瑞拉金髮天使

　　子女肖父母，連身體狀況也代代相傳，這件事大家已經知道數千年了。多指（趾）症（polydactyly）就是顯而易見的例子，嬰兒出生時多出手指或腳趾。1752 年，普魯士科學院（Berlin Academy of Science）的院長莫佩爾蒂（Pierre Louis Moreau de Maupertuis）報告柏林的胡維（Ruhe）家族一事：這家人有三代、18 個成員出現多指（趾）症，該狀況可能遺傳自父親或母親。[1]如果是遺傳到其他破壞力更大的突變，就可能造成疾病。

　　遺傳疾病早就存在數十億年，打從地球有生命起就有了，因為複製 DNA 時出錯在所難免。在此我們要討論遺傳疾病的 4 種型態：顯性遺傳，相關突變只需要從父母其中一方遺傳；隱性遺傳，必須從父與母雙方都遺傳；性聯遺傳，通常男性顯現疾病，女性則是帶隱性基因，沒有症狀；多基因遺傳，DNA 大量變異改變罹病的機會。後文將會說明，科學家如何長期、仔細研究特

定狀況，最後終於達成突破，了解遺傳疾病的發生過程。

截至目前，我們針對遺傳疾病所能做的僅僅是症狀管理，因為想要治療患者與其後代，使他們永遠免於這些疾病，就需要改變 DNA。然而人體裡有好幾兆個細胞，每一個都有 DNA，所以要從根源解決問題，向來都被視為不可能的任務。不過最近分子生物學出現了不起的突破性成就，將一次治好遺傳疾病的夢想變成有希望實現，一旦成功，受惠的不僅是一個病人，而是他所有的後代子孫。在我們了解怎麼做到這一步之前，先來看看一位民歌手、一個美國家庭和一座南美村落的故事，看看他們如何引導研究人員，有史以來第一次在人類 DNA 內找到一個疾病基因。

蓋瑟瑞（Woodrow Wilson Guthrie）生於 1912 年 7 月 14 日，出生地是美國奧克拉荷馬州（Oklahoma）的歐克瑪（Okema）。1920 年，歐克瑪附近發現石油，一躍成為繁華的城鎮，沒想到幾年之後，石油忽然又沒了，當地經濟一夕崩盤。於是 1931 年蓋瑟瑞去了南方的德州，在那裡娶了珍寧斯（Mary Jennings），生了 3 個孩子，開始在樂團裡演奏。1930 年代，美國中西部因為塵暴中心（Dust Bowl）的影響，使本來就遭逢大蕭條打擊的經濟雪上加霜。中西部的草地轉變成農田，之後又碰到連年乾旱，導致大規模沙塵暴，脆弱的表土被捲走，摧毀數以千計農場。當時很多歐克瑪人因貧窮走投無路，被迫離開受災的草原，

朝西方外出找工作，蓋瑟瑞也是其中一員。離開家鄉後，他沿著第 66 號公路一路搭便車、貨運火車和徒步行走，追求理想的加州樂土。蓋瑟瑞靠畫招牌、在酒吧彈琴唱歌交換食宿。

　　勞工階級的悲慘狀況所激發的政治觀點，強烈影響蓋瑟瑞的音樂。他寫了好幾百首民謠，也親自演唱，歌曲內容經常帶有左翼政治訊息，他彈奏的木吉他上漆著一句口號「這機器殺死法西斯黨徒」。蓋瑟瑞的很多歌曲傳唱自身經驗：他和無家可歸、貧窮潦倒的人一起旅行，很多從前都是農人。蓋瑟瑞向他們學習傳統民謠和藍調歌曲。

　　後來蓋瑟瑞在洛杉磯一家廣播電台找到工作，唱傳統歌曲和他自己創作的歌，他的老鄉特別喜歡這些自創歌曲。蓋瑟瑞利用在電台露臉的機會鼓吹社會正義，譴責貪汙腐敗的政客、律師和商人，讚頌工會組織者，因為他們奮勇替移民勞工爭取權利。1940 年，蓋瑟瑞遷居紐約，繼續積極行動，並開始以專業身分錄製音樂和寫歌。他在紐約再婚，娶了瑪琪雅（Marjorie Mazia），寫了好幾百首歌，第二次世界大戰期間在商船上和陸軍服役。戰後蓋瑟瑞回到瑪琪雅身邊，看起來終於有了穩定、和平、成功的生活。可惜並沒有維持太久。

　　1940 年代後期，蓋瑟瑞的行為變得越來越不正常，他在舞台上跌倒，唱自己寫的歌都會忘詞。回到家裡，他會突然暴怒，還出現其他的性格改變，把瑪琪雅嚇壞了。1949 年，蓋瑟瑞遭到逮捕，因為他走路顛顛倒倒、嘴裡念念有詞，人家以為他喝醉了。經過不同機構費時 3 年的追查，終於正確診斷蓋瑟瑞罹患了

亨丁頓氏症（Huntington's Disease）。醫生們想要瞞著他，可是蓋瑟瑞猜到他是和母親諾拉（Nora）得了一樣的病，他告訴一個朋友，諾拉 41 歲病逝，死因是「得了古老的三重舞蹈病（three-way chorea），綜合聖維特舞蹈症（St. Vitus dance）、癲癇和輕度精神病」。1927 年，諾拉趁丈夫查利（Charley）在沙發上睡覺，用煤油燈在丈夫身上縱火，之後被送進奧克拉荷馬州諾爾曼市（Norman）的州立精神病院，兩年後在院內逝世。

以下是蓋瑟瑞描寫自己的狀況：「我的臉扭曲變形，沒辦法控制。手臂下垂亂抖，無法控制。手腕沒力氣，雙手亂七八糟的揮舞，停不下來。所有的醫生都來問我母親是怎麼死於亨丁頓舞蹈症，他們都不告訴我這種病會不會遺傳，所以我從頭到尾都不知道。我相信每一個醫生都應該用更直白的方式和病人說話，這樣病人才能夠開始嘗試猜想自己一部分的問題可能出在哪裡。假如害我生病的不是酒醉，我懷疑那會是什麼。」[2]

蓋瑟瑞沒辦法再照顧家人，他離開妻子瑪琪雅，不過後來瑪琪雅又回來照顧他。1956 年，有人辦了一場音樂會，替蓋瑟瑞一家人募款，他的許多樂手朋友齊聚一堂，最後蓋瑟瑞獻唱他最有名的那首歌《吾土吾疆》（*This land is your land*）。[3] 當時美國音樂界正在掀起一股民謠風，而蓋瑟瑞是公認數一數二的偉大民謠歌手與靈感來源。年方少艾的齊默曼（Robert Zimmerman）後來改名鮑伯・狄倫（Bob Dylan），他於 1961 年在醫院裡見到偶像蓋瑟瑞，一年後，鮑伯・狄倫出了第一張專輯唱片，嶄露不凡的音樂才華，專輯中就有一首寫給蓋瑟瑞的《伍迪之歌》（*Song for Woody*，譯按：伍迪是蓋瑟瑞的小名）。1967 年 10 月 3 日蓋瑟瑞離世，享年 55 歲，身後留下將近 3 千首歌詞、兩本小說、藝術作品，還有無數已出版和未出版的手稿、詩作、散文、劇作、書信和新聞稿。儘管蓋瑟瑞只算得上中等成功，可是現在他被廣泛視作美國最偉大的歌曲創作者之一，鼓舞後來的很多樂手，包括史普林斯汀（Bruce Springsteen）、史楚默（Joe Strummer）、布雷格（Billy Bragg）、賈西亞（Jerry Garcia）。除了音樂之外，蓋瑟瑞的生與死對後代了解亨丁頓舞蹈症，做出極大的貢獻。

　　亨丁頓氏症〔蓋瑟瑞的時代稱為亨丁頓舞蹈病（Huntington's chorea）〕是顯性遺傳疾病的典型範例，這種病的成因是亨丁頓基因突變，這種基因的作用是為亨丁頓蛋白（huntingtin protein）提供序列編碼。通常患者會在 30 到 50 歲之間開始發病，最早的症狀是隨機、不自主的痙攣動作，稱之為舞蹈症。接下來患者出現僵硬、扭動、不正常的姿勢和臉部表情，然後就會發生咀嚼、吞嚥、說話困難。雖然有這些身體表徵，但患者的肌肉不會受到直接影響——反之，是大腦控制身體的能力開始出問題（這一點和運動神經元疾病、帕金斯氏症相同）。

　　患者的精神和性格改變包括焦慮、抑鬱、攻擊性、成癮行為，這些慢慢變成全面討人厭，使亨丁頓氏症的病人和家屬都十分痛苦。自殺念頭很普遍，有 10% 的病人會自我了斷。

患者的認知受損，尤其是控制行為的大腦執行功能（executive functions），所以患者心裡想到什麼就會立刻發作，而不是識時務的閉上嘴巴。短期和長期記憶都明顯出了問題，逐漸會演變成失智症。這種病最後必然致死，自診斷日起，預期壽命為 15 年到 20 年之間。亨丁頓蛋白不只存在大腦內，其他的組織裡也有，可能造成肌肉和睪丸萎縮、心臟衰竭、骨質疏鬆、體重減輕、葡萄糖失耐（glucose intolerance）。通常患者需要入住機構接受治療。

亨丁頓氏症最早是在中世紀被記錄下來，雖然知道和遺傳有關，可是它的顯性遺傳特質直到 19 世紀中葉才得到清楚的解釋。有時候患病者會被當作女巫燒死。這個基因最初可能是跟隨五月花號（*Mayflower*）的朝聖先輩（Pilgrim Fathers）抵達麻塞諸塞州。[4] 美國醫師喬治・亨丁頓（George Huntington）在 1872 年撰文正確描述它的遺傳模式：「它的本質是遺傳病。當父母單方或雙方有這種疾病的顯性症狀……他們的一個或多個子女幾乎也免不了受此疾病所苦……但是如果這些子女有幸終身未發病，這條線就斷了，最初那些震顫搖擺的祖先所傳下來的孫輩、曾孫輩就可以安心，他們不會再得這種病了。」[5]

這說法很正確——父母當中有一人得病，兒女才可能遺傳到這種病。亨丁頓描寫他有一次在路上看見的景象：「兩個女子，她們是母女，都長的又高又瘦，幾乎是形容枯槁，兩人都躬著身、扭動軀體、一臉怪相。」

為什麼亨丁頓氏症會呈現這種遺傳模式？ DNA 是一種巨大

的分子，存在於細胞核內，由排成序列的鹼基所構成，就好像一個個字母排列起來。鹼基有 4 種，分別是 C、T、G、A。簡單生物（例如現在正在閣下肚子裡悠哉悠哉生活的大腸桿菌）的 DNA 大約包含 500 萬個鹼基。更複雜的生物如挪威雲杉（做耶誕樹那種）有兩百億個鹼基。人類的複雜程度介於細菌和耶誕樹之間，有 30 億個鹼基。

DNA 的功能是告訴細胞應該製造其他哪些分子，最重要的是製造蛋白質。一般來說，基因是 DNA 上的某一段，對特定蛋白質進行編碼。蛋白質是由胺基酸這種小分子以化學方式連接成一長串鏈子。DNA 序列以 3 個鹼基為一組，再轉譯成蛋白質序列，舉例來說，某個基因的序列由這一串鹼基開始：ATGCTATCC，最前面 3 個是 ATG，編碼為甲硫胺酸（methionine）胺基酸；接下來是 CTA，意思是白胺酸（leucine）；再接著是 TCC，代表絲胺酸（serine），餘此類推。因此這個特定蛋白質最開始是甲硫胺酸─白胺酸─絲胺酸，接下去也許還有好幾百種胺基酸，最後才以另一組 3 個鹼基（TAA、TAG 或 TGA）作為結束標記，標示這個蛋白質以此結尾。DNA 的其他部分用來顯示一段蛋白質編碼的開始處，以及控制基因是否啟動以製造蛋白質。

人類的 DNA 被組織成 46 條分離的染色體，其中 22 對是體染色體（autosomal），很沒想像力的命名為第 1 至第 22 對染色體，它們兩兩成對，所以絕大部分細胞裡的染色體都有兩套。人類的染色體總共有兩萬種不同的基因替蛋白質編碼，在細胞內執行最

男性

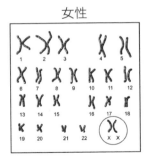

女性

人類的染色體

左邊是男性，右邊是女性，兩者的差別只在性染色體，男性為 XY，女性為 XX。每一對染色體都是一條來自母親，一條來自父親。（KATERYNA KON/SCIENCE PHOTO LIBRARY, © Getty Images）

多功能的就是蛋白質，譬如促成化學反應（酵素）、運輸分子（如血紅蛋白負責運送氧）、扮演抗體，還有生成頭髮、皮膚、骨骼、肌腱（以膠原蛋白為原料）。

　　人類的精子和卵子正常情況下只含有一套體染色體，所以一顆受精卵含有 44 對體染色體，一套來自父親、一套來自母親。剩下的兩條染色體稱為 X 和 Y 染色體，嬰兒的性別就是取決於這兩者。如果受精卵從精子得到 X 染色體，那麼它的性染色體就是 XX，後代的性別將是女性。反之，若從精子得到的是 Y 染色體，那麼這一對性染色體就是 XY，生下來的會是男嬰。上圖顯示一男一女的染色體，除了男性的 XY 性染色體之外，其他全部都是一式兩套，成雙成對。

　　DNA 變異數量之龐大，使得每個人都不一樣，目前已知可

能的變異有數億種，產生無窮盡的變化。[6] 這些差異中有許多是單核苷酸多型性（SNP），也就是 DNA 序列產生差異的單一位置。如果我們隨機挑兩個沒有血緣關係的人，他們的 DNA 大概會在 500 萬個地方出現變異──這些絕大多數是 SNP。[7] 即使是同卵雙胞胎，也就是由一顆受精卵分裂產生兩個嬰兒，彼此還是會有一些差異，原因是從卵發育成嬰兒的過程中，會產生隨機突變。

大部分對基因有害的突變，都會導致其生成的蛋白質作用不當。當某人很倒楣遺傳到兩套有缺陷的基因（一套來自父親，一套來自母親）時，這種病才會發病；若是突變基因只存在其中一套，並不會造成傷害，這種稱作隱性遺傳疾病。相較之下，基因突變偶爾可能意謂被改變的蛋白質有毒性，如果是這樣，只要有一套基因發生突變就會發病，據說這種突變是顯性的，因為有毒基因會凌駕維持運作的正常基因。身上帶顯性基因的孩子有 50% 的機會發病，因為究竟會從父母哪一方身上得到基因，純粹是隨機發生，這正是亨丁頓氏症的情況。

喬治・亨丁頓並不知道，住在布爾諾（Brno，原屬於奧匈帝國，現在捷克境內）、講德語的天主教僧侶孟德爾（George Mendel），已經在 1865 年和 1866 年出版研究結果，闡述他經由培育數萬株豌豆的經典實驗，獨力發現了隱性和顯性基因。[8] 在

修道院做這麼尖端的研究，看起來很奇怪，不過孟德爾的修道院長納普（Cyrill Napp）非常熱衷科學，甚至為孟德爾蓋了一座溫室，純粹是為了讓他從事基因研究。[9] 孟德爾發現生物含有遺傳單位，就是我們現在所稱的基因，這種單位決定子代遺傳親代的哪一部分。基因以不同形式存在，譬如有一種基因決定豌豆花是白或紫，它們都是成雙成對。假如豌豆的這個基因有兩種形式（白或紫），其中之一是顯性，效果顯現在花色上，另一個是隱性基因，其效果會被顯性基因掩蓋過去。唯有兩套隱性基因同時存在時，隱性基因的效果才會顯現出來。就拿花色基因做例了，紫色是顯性，白色是隱性，所有我們見到開白色花朵的豌豆都擁有兩個白色基因，而開紫色花朵的豌豆則擁有兩個紫色基因，或是擁有一個白色、一個紫色基因。和人一樣，豌豆株的每一個子代從父母處各自遺傳到一個基因。

　　孟德爾出版自己的豌豆研究結論時，並不曉得有何實體機制可以解釋這種現象。19 世紀中葉科學家觀察到細胞核裡有染色體後，才首度提出關於染色體的描述，但是染色體攜帶基因的這個角色，一直到 20 世紀初才由德國生物學家勃法瑞（Theodor Boveri）與美國生物學家薩頓（Walter Sutton）提出。[10] 勃法瑞用海膽的卵研究胚胎發育，因為它們的卵大又透明，很容易觀察。他發現卵中必須擁有海膽全部的染色體，才能夠順利發育成熟。薩頓則是以蚱蜢為研究對象，他發現染色體都是成雙成對，提出每一條染色體來自父方或母方的想法。為了達成這個機制，精子和卵裡的每一條染色體必須只有一套，但是這些單一套細胞是怎

麼形成的？1876 年有科學家首度觀察到這個過程，也就是減數分裂（meiosis），這次又是靠觀察海膽的卵。[11] 減數分裂的第一階段是所有染色體都會複製，所以就是一個大細胞裡的每一條染色體都有四套，然後這個細胞會分裂兩次，產生四個子代細胞，每一個子代細胞只含一套染色體，這些子代細胞將會發展成卵子或精子。精子和卵子在受精過程中結合，如此受精卵的每一條染色體就變成兩套，各別來自父方和母方。為什麼孟德爾的遺傳法則是正確的？現在我們有了絕佳的實體解釋，那是因為基因就位在染色體上。

　　減數分列是有性生殖得以進行的關鍵程序，因此產生的子代細胞未來注定是精子、卵子或花粉，它們只擁有組成可存活生物體所需的半數 DNA。因此動物需要找到伴侶，才能提供遺失的半套 DNA。有性生殖大概是 12 億年前在單細胞生物中演化而成，這種生物是一切植物、真菌和動物的祖先。有性生殖對物種有何好處？為什麼我們不能像細菌那樣，簡簡單單用自己的 DNA 直接複製後代就好？這個問題依然是眾多生物學家辯論不休的話題。

　　1900 年前後，當孟德爾的研究變得廣為人知之際，亨丁頓氏症是最早被認定肇因於一個顯性基因的疾病之一。這種病可以追溯到家族內的好幾個世代，證明它具有顯性遺傳模式；當時的人只掌握如此有限的知識，至於這個基因有何其他特質，就一無所知了。他們不曉得這個基因替哪一種分子編碼，不曉得它的正常功能是什麼，也不曉得可以在哪一條染色體上找到它。直到

1960 年代一個美國家庭承擔找出答案的挑戰，事情才有了轉機。

　　密爾頓・魏斯勒（Milton Wexler）在 1908 年生於舊金山，後來和家人移居紐約。[12] 魏斯勒先在紐約大學攻讀法律，後來轉到科學領域，在哥倫比亞大學取得心理學博士學位。第二次大戰期間他在海軍服役，戰後遷居到堪薩斯州（Kansas）的托皮卡市（Topeka），專門研究和治療精神分裂症。魏斯勒娶莉歐諾・沙賓（Leonore Sabin）為妻，他們育有兩個女兒：南希和艾莉絲。

　　1950 年，莉歐諾的三個兄長（保羅、西摩爾、傑西）都被診斷出罹患亨丁頓氏症，三兄弟是從父親亞伯拉罕（Abraham Sabin）身上遺傳此病，1926 年他們的父親死於亨丁頓氏症，享年 47 歲。1951 年，魏斯勒把家搬到洛杉磯，開了一家比較賺錢的私人診所，治療作家、藝術家和好萊塢明星，診所收入很好，可以資助他三位舅兄的醫療照護。不久之後，魏斯勒的妻子莉歐諾性格開始改變，變得鬱鬱寡歡、暴躁易怒、行為失當，當時夫妻倆和孩子都沒有意識到，這些是亨丁頓氏症的發病跡象，因為他們誤以為這種病只會影響男性，魏斯勒把妻子的暴躁易怒歸因於父母和兄長早逝。由於歐莉諾的性格大變，家人很難和她同住，魏斯勒夫婦於 1962 年離婚。事後回想起來，魏斯勒才明白是亨丁頓氏症的早期症狀毀了他們的婚姻。

　　1967 年早上 9 點，莉歐諾開車去法庭擔任義務陪審員。她

開門下車後,被一個警察當場逮捕,警察對她咆哮:「妳怎麼可以大清早就喝醉酒?真不要臉!」莉歐諾沒有喝醉,和蓋瑟瑞一樣,她受到亨丁頓氏症的影響,走路歪七扭八、手腳痙攣還跌跌撞撞,因為大腦失去控制身體的能力。莉歐諾驚慌失措,她打電話給前夫,隨後去了魏斯勒的辦公室。魏斯勒帶來一位神經專科醫生,對方傾聽莉歐諾的故事和症狀史,立刻診斷莉歐諾得了亨丁頓氏症,這一來亞伯拉罕的四個子女全都發病,更糟的是,魏斯勒和莉歐諾驚覺他們的女兒也可能遺傳到這個致命基因。

當時艾莉絲 25 歲,南希 22 歲。那一天下午魏斯勒告訴女兒神經科醫生的診斷結果,並解釋她們發病的機率是五成,除非 20 年內症狀出現,否則無法判斷她們是否會發病。每一次跌到,每一次講話不利索,每一次注意到自己的身體出現任何異狀,她們都會懷疑這是不是亨丁頓氏症要發作了。南希和艾莉絲當下決定這輩子都不生育子女,後來也沒有改變這項決定。假如她們身上帶有亨丁頓氏症的基因,那麼每一個子女都可能年紀很小就要目睹母親病痛和死亡,也會像她們一樣,不斷懷疑同樣的慘狀是否也將發生在自己身上。

魏斯勒震驚之餘決意展開行動,他打定主意絕不放棄,一定要打敗這個疾病。他曉得蓋瑟瑞最近才死於相同病症,於是聯絡蓋瑟瑞的遺孀瑪琪雅,此時瑪琪雅已經創辦一個組織,發起促進研究亨丁頓氏症的運動。魏斯勒在加州成立自己的分支機構,同一年底,他創辦遺傳疾病基金會(Hereditary Disease Foundation),致力募資研究亨丁頓氏症,在此之前,研究人

員幾乎沒有注意過這種疾病。魏斯勒成立委員會，集合有經驗的科學顧問和一群年輕有為的科學家，大家都很樂意從零開始耕耘這片領域。魏斯勒向美國國會募款，又在好萊塢露天劇場（Hollywood Bowl）舉辦一場民謠音樂會，請來多位仰慕蓋瑟瑞的藝人上台表演。在魏斯勒籌辦的派對上，與他共事的科學家和他的電影明星友人齊聚一堂。另外他也開辦工作坊，以便參與者辯論各種研究理念。

1970 年，莉歐諾企圖自殺。她服下大量安眠藥後躺在床上，旁邊放著女兒的照片，所幸被管家及時發現。莉歐諾醒來後發現自己被救活，忍不住大發雷霆。她的女兒南希本來就打算投身亨丁頓氏症的研究工作，母親自殺這件事是最後一股動力，將她徹底推上這條路。南希與受該疾病影響的家庭密切合作，完成博士學位，專門研究亨丁頓氏症對病患家族的心理影響。

1972 年，遺傳疾病基金會找到一群理想的研究對象。他們在俄亥俄州（Ohio）舉辦的一次工作坊上，來自委內瑞拉的醫生紀榮（Ramón Ávila Girón）播放一段影片，那是在委內瑞拉北部馬拉開波湖（Lake Maracaibo）湖岸的一座村子拍攝的。從影片中可以看到好幾十個人，全都表現亨丁頓氏症特有的動作。紀榮解釋他們全部來自相同家族，馬拉開波湖畔有許多村落都受到這種病的影響，有一些村子裡超過一半人口發病。當地人都不肯和那些村子的人結婚，因為知道生下來的孩子可能也會得病。南希和她的同事習慣和只有幾個成員染病的家族合作，可是馬拉開波湖那些村落的亨丁頓氏症患者高達數千人，看起來全都來自

同一個祖先。假如可能的話，找出發病者體內一直存在的一段
DNA，而且未染病者體內缺少這段 DNA，那麼就可以確定，造
成亨丁頓氏症的基因一定就落在那一段 DNA 內。南希和她的團
隊前往當地村落拜訪，蒐集家譜和醫療資訊，也採集血液樣本。
她開始被人稱作「金髮天使」（Angel Catira）。

多虧遺傳疾病基金會和成功遊說國會，1979 年美國與委
內瑞拉亨丁頓氏症合作研究計畫（US-Venezuela Huntington's
Disease Collaborative Research Project）展開，主要目標是找出致病
基因。該計畫研究委內瑞拉兩個偏遠村落〔分別是巴蘭奇塔斯村
（Barranquitas）和拉古內塔斯村（Lagunetas）〕的 1 萬 8 千個村民，
其中大多數來自同一個延伸家庭。這種病最初源自兩百年前住在
當地的居民康瑟普絲恩（María Concepción），她生了 10 個孩子，
父親很可能是不知名的歐洲水手，本身也有亨丁頓氏症。

超過一百位科學家投入這項計畫，他們努力了 10 年，最後
終於在第 4 條染色體的某個位置上抓到這個基因。他們怎麼辦
到的？以前從來沒有人嘗試過這麼有野心的計畫，所以必須要
發明新的技術。這項計畫成功的關鍵是利用連鎖分析（linkage
analysis），這種方法仰賴一項事實：染色體上鄰近的 DNA 片段
可能是在減數分裂時一起遺傳過來的。科學家可以利用這項知
識，設法推敲出染色體的哪一個部位上有哪些基因。

　　這項工作艱難且單調，但最後終於勝利了，它的成就在於不僅利用連鎖分析方法成功找到第一個顯性基因，而且成功開發出日後為人類基因組（human genome）定序的方法。這項計畫發現，亨丁頓氏症與第 4 條染色體上一個叫做 G8 的標記緊密相連。[13] 換句話說，遺傳到 G8 標記的人也遺傳了亨丁頓氏症的基因，這一定是因為 G8 和亨丁頓氏症基因在第 4 條染色體上的位置同在一起。另外也發展出其他的技術，允許研究團隊更精確的瞄準第 4 條染色體的尖端，以及一個稱作 IT15（interesting script 15）的基因，那就是亨丁頓基因。這個基因被定序之後，亨丁頓氏症突變的確切本質就一清二楚了。[12]

　　如前文所述，大部分基因突變是在 SNP 發生，在這裡 DNA 的某一個鹼基被其他鹼基取代（例如 G 取代了 A，或 C 取代了 T）。可是導致亨丁頓氏症的突變非常不同，在亨丁頓基因內，CAG 這 3 個一組的鹼基一再重複。健康人的正常情況是 CAG 重複 6 次到 35 次，但亨丁頓氏症患者則會重複更多次。亨丁頓基因編碼的蛋白質稱為亨丁頓蛋白，它的確切功能不明，可是已知不能缺少，因為缺少這種蛋白質的白老鼠會死亡。亨丁頓蛋白可能和細胞之間的溝通有關，或是和運輸物質有關。神經細胞和大腦內存在的亨丁頓蛋白最豐富，這一點從疾病的症狀就可以推想得到。[14]CAG 為麩醯胺酸（glutamine）編碼，因此重複的 CAG 模式意謂亨丁頓蛋白內部擁有一串麩醯胺酸，它們全都排成一排。

　　麩醯胺酸如果少於 36 個，對身體並無害處，這時候亨丁頓

蛋白功能正常。可是當蛋白質鏈上的麩醯胺酸多於 36 個，酵素可能會切斷亨丁頓蛋白，製造出聚麩醯胺酸鏈（polyglutamine）碎片，這些碎片互相黏合，在神經細胞內糾結成團塊。我們不清楚究竟是這些團塊傷害神經細胞，或是細胞在處理突變的亨丁頓蛋白時出現問題，導致在細胞內堆積，進而造成傷害。不論是哪一種情況，我們曉得 CAG 重複愈多次，這個蛋白就越致命，隨著 CAG 的長度變長，病人發病的時間就會提早。如果 CAG 的數量介於 36 到 39，那麼患者可能夠幸運，不至於發病，萬一超過 40 個，亨丁頓氏症發作就無可避免了。[15]

關於 CAG 擴增而導致疾病這件事，早現遺傳現象（phenomenon of anticipation）尤其令人痛苦。DNA 進行複製時，複製 DNA 的聚合酶有時候可能會跳躍（jump），以致增加一組額外的 CAG。每一世代增加兩到三組 CAG 序列本來就很常見，這代表如果一個孩子遺傳到亨丁頓基因，那麼這個基因製造出來的亨丁頓蛋白所帶的聚麩醯胺酸鏈序列，會比孩子父親或母親的聚麩醯胺酸鏈序列更長，使得蛋白質毒性更強，因此孩子發病的年齡會比父母更早。換句話說，CAG 重複 30 幾次的人即使自己沒有症狀，但是他們的孩子恐怕會出現亨丁頓氏症，因為額外增添的幾組 CAG 可能讓蛋白越過安全門檻，轉變成致命的數量。CAG 的長度極長時，會導致患者年紀輕輕就發作亨丁頓氏症，不到 20 歲就開始出現症狀。[16]

這個基因的發現使科學界得以開發出檢驗病症的方法。如果一個年輕人的父親或母親被診斷出罹患亨丁頓氏症，他可以接

受檢測，看看自己未來是否也會發病。在實務上，大部分人選擇不要知道，等到要考慮生育下一代時再做檢查。亨丁頓氏症無藥可醫，最近有研究希望找到抑制生成亨丁頓蛋白的方法，[17] 可惜沒有成功，[18] 還有一類研究的目標是摧毀 CAG 過度重複的蛋白質，[19] 目前也還在調查中。像這類研究途徑，可能是找出亨丁頓氏症真正解藥的第一步，時間會證明是否可行。

　　艾莉絲和南希姊妹決定不要讓自己的亨丁頓蛋白接受定序，在母親被診斷罹患該病時，她們就已經打定主意不生小孩，這是在基因檢驗方法發明之前很久的事了。後來南希自己開始出現亨丁頓氏症的症狀，走路不穩、口齒不清、無法控制動作。有很長一段時間，她對外隱藏自己的症狀，後來艾莉絲說服她公開說出來。與亨丁頓氏症共存並沒有阻礙南希繼續工作，目前已經 70幾歲的她，依然積極從事研究，宣傳亨丁頓氏症的知識，也繼續過著耕耘不輟、實現自我、快樂的生活。[20]

第十五章

國王的女兒

1990 年，美國亞利桑那州（Arizona）鳳凰城市（Phoenix）小兒神經科醫生塔爾比（Theodore Tarby）的辦公室收治一個男童病患，他有嚴重身體疾病和智能障礙。由於塔爾比從來沒見過這種病，他採集男童的尿液樣本，送到專門研究罕見遺傳疾病的科羅拉多大學（University of Colorado）鑑定。DNA 定序顯示男孩罹患了延胡索酸酶缺乏症（fumarase deficiency），是一種極度罕見的疾病。延胡索酸酶是細胞製造熱量所必須的酵素，所以在此發生突變可能造成極大的破壞。欠缺延胡索酸酶會造成嚴重癲癇發作，無法走路，甚至無法坐直，重度語言障礙，成長速率極慢，還會有可怕的身體畸形，[1] 大腦很多部分不見蹤跡。進一步調查揭露，罹患相同病症的孩子還有無數個，包括男孩的妹妹，這些孩子全部來自同一個小群體。也難怪塔爾比醫生從來沒有見過延胡索酸酶缺乏症，因為直到 1990 年代，全世界只有 13 個已知病例。然而到了 2006 年，塔爾比一個人就發現了其他 20 幾個罹患相同疾病的孩子，他們全部都住在同一個鎮上。[2]

那個群體是位在亞利桑那州科羅拉多市（Colorado City）的基本教義派耶穌基督後期聖徒教會（Fundamentalist Church of Jesus Christ of Latter-Day Saints，簡稱 FLDS），和猶他州（Utah）的赫利戴爾鎮（Hildale）相鄰，這兩個城鎮剛好橫跨兩州的州界。當地約有 8 千個居民，分別隸屬於創立教會的兩個家庭：巴爾洛（Barlow）和傑索普（Jessop）家族，他們在 1930 年代來到這個偏遠的地區定居。FLDS 成員奉行一夫多妻制，以包辦婚姻撮合親戚間通婚，小倆口年紀輕輕就成家，並鼓勵婦女盡可能多生育。

一夫多妻制是遵循後期聖徒教會（Latter-Day Saints，簡稱 LDS，也就是眾所周知的摩門教會）的宗教儀式與教義，由創始領導人小約瑟斯密（Joseph Smith Jr.）和楊百翰（Brigham Young）所建構。1844 年小約瑟斯密在伊利諾州去世之後，楊百翰帶領新教會西遷，最後在猶他州建立鹽湖城（Salt Lake City）。1890 年，聯邦政府施壓，加上當時的教會會長伍惠福（Wilford Woodruff）得到耶穌基督啟示，因而發表宣言，至此摩門教正式廢除一夫多妻制。此舉令猶他州得以在 6 年之後成為美國的一州，州憲法明令禁止多配偶制。雖然大部分 LDS 的信徒接受這項改變，但也有些人強烈反對，因為明顯破壞教會傳統。於是拒絕伍惠福改革的信徒分離出去，另創 FLDS 教會，並且建立新的社區，在那裡奉行自己的信仰。其中之一就是科羅拉多市與赫利戴爾鎮。

科羅拉多教會創辦人喬瑟夫・傑索普（Joseph Smith Jessop）

和第一任妻子葉慈（Martha Moore Yeates）生了 14 個孩子，女兒嫁給群體的另一位創始者兼宗教領袖約翰・巴爾洛（John Yeates Barlow）。1953 年傑索普逝世，身後有 112 個孫兒孫女，絕大多數是他和巴爾洛的後代。這個群體施行包辦婚姻，以保存純粹的血統，所以結婚對象都是自己的堂親、表親，一對姊妹可能嫁給一對表兄弟或堂兄弟，叔伯、舅父娶甥女、姪女，親兄弟娶自己的堂表親姊妹。沒有人要的少年〔或稱「失落的男孩」（lost boys）〕會被逐出社區，因為只有雀屏中選的少數男性可以擁有無數妻子，找不到配偶的男子根本沒有立錐之地。經過幾個世代後，延胡索酸酶缺乏症出現了，因為孩子從近親通婚的父母身上遺傳到有缺陷的延胡索酸酶基因。如今 FLDS 有好幾千個信徒的身上帶有延胡索酸酶缺乏症的基因，而且延胡索酸酶缺乏症不是他們唯一的遺傳問題，很多嬰兒生來便患有唇顎裂、內翻足（clubfoot）、心臟瓣膜異常、水腦症（hydrocephalus）。[2, 3]

塔爾比醫生去那裡演講，呼籲該群體的兩大家族必須停止通婚，但卻遭到鎮民仇視。[2] 對他們來說，保持血統純粹比降低罹病風險更重要，何況任何生病的孩子都是上帝的考驗。在他們的教義裡，男信徒至少要娶 3 個妻子才能上天堂，而且擁有的妻子越多越好。[4] 教會領導人傑夫斯（Warren Jeffs）個人娶了大概 80 個妻子。2011 年，傑夫斯因加重性侵罪被判處無期加 20 年徒刑，然後他在獄中煽動整個群體都禁止性行為。[5] 自此之後許多教徒脫離教會，在多年的控制與虐待之後，科羅拉多市與赫利戴爾鎮群體苟延殘喘，目前正在經歷快速的變遷。[6]

　　體內有一個缺陷基因很少構成大問題，因為我們的配偶肯定會有兩套功能正常的基因，因此孩子總會從對方身上遺傳到一套功能正常的基因，哪怕我們本身的基因有缺陷也無礙。然而如果父母雙方有血緣關係，這種篤定的情況就變得不牢靠了，因為父母雙方都可能從同一個祖先身上遺傳到有缺陷的基因，FLDS 群體的延胡索酸酶缺乏症就是這種情況。配偶之間的血緣越接近，就越有機會生下帶有遺傳疾病的孩子。近親通婚還生小孩，簡直是拿子孫賭遺傳輪盤（genetic roulette）。

　　因此幾乎所有的人類文明中，親兄弟姊妹通婚都是不合法的，這非常有道理。其實用法律禁止近親通婚甚至可能沒必要，因為親兄弟姊妹很少會覺得對方有性吸引力，反而會對這念頭產生理性的嫌惡，這是出於演化的結果，目的就是防止此種不健康的關係。儘管如此，兄妹通婚仍然在某些時候實踐過，譬如古埃及。目前英國大概每 3600 人之中，會有一個是極度近親亂倫所生下的孩子，譬如親兄妹或父女。[7]

　　兄妹結婚誠屬罕見，但是擁有相同祖父母、外祖父母的堂表兄弟姊妹結婚，在許多文化中卻司空見慣。[8] 東南亞、北非、中東的很多地方，嫁女兒往往是家庭極大的負擔，因為需要給她又多、又貴的嫁妝。如果把女兒嫁給自己親手足的兒子，就能把嫁妝這筆財富留在家族內，而且便於女兒婚後和娘家來往。全世

界對堂親表親通婚的態度差別極大，中國、韓國、菲律賓以及美國半數的州，都明令堂親表親通婚不合法，而在歐洲雖然合法，但因為有健康風險的疑慮（很正確）和亂倫禁忌，這種婚姻被社會視為丟臉的事。

堂親表親通婚在中東特別常見，舉例來說，沙烏地阿拉伯有 70% 以上的婚姻，男女雙方是堂親、表親，或是關係再稍遠一點的親戚，大幅提高子女罹患隱性遺傳疾病的機率。這樣的行為已經盛行數千年，代代相傳之下，問題越來越嚴重，如今阿拉伯人是全世界遺傳疾病發生率最高的族群。卡達（Qatar）之類的國家注意到這些風險，很明智的提供未婚夫妻做婚前遺傳疾病篩檢，藉此檢查男女雙方是否同時帶有基因問題。[9] 其實這種措施應該在全世界每個地方推行，我們已經知道 SNP 和遺傳疾病有關，現在可以迅速、便宜的檢驗出來。雖然這種做法提高人們的意識，也有更多人接受篩檢，可是堂親表親通婚的頻率依然在增加。

2015 年有一項研究調查近親通婚對健康的影響，研究對象是來自全世界的 102 個群體，總人數高達 35 萬 4224 人。[10] 遺傳相似性最高的研究對象，來自美國的兩個宗教群體：艾米許人（Amish）和哈特教派信徒（Hutterite），他們最初人口都很少，數百年來只在自己的群體內通婚。至於遺傳多樣性最高的研究對象在非洲。這項研究針對 16 項公共健康指標，測量研究對象個人的身高、智商、血壓、膽固醇、肺活量、身體質量指數、血紅蛋白。基因變異的改變對 4 項身體特質造成明顯的負面效果：身

高、肺功能、教育程度、一般認知功能。數字轉換後，顯示父母若是堂表兄弟姊妹，相當於平均少接受 10 個月教育，少 1.2 公分身高。萬一連續幾個世代都是堂表親聯姻，這樣的效果會更加放大。不過堂表親通婚對後代的血壓、膽固醇、心臟功能並無明顯影響。

有時候遠親結婚是因為男女雙方不知道彼此有血緣關係，如果他們都來自一小群人繁衍下來的群體，就更可能發生這種現象，而 FLDS 群體提供的是極端例子，因為當初創辦教會的只有一小群人，導致了高度遺傳相似性，這種瓶頸效應也出現法裔加拿大人身上。1608 年，魁北克市（Quebec）在加拿大建成，接下來的 150 年，這片新法國（New France）殖民地慢慢擴張，到了 1663 年，新法國的居民大概有 2500 人，未婚男性 719 人，但未婚女性只有 45 人。新法國的大部分營生只有男人能做，例如士兵、毛皮獵人、教士，他們遠從歐洲移民到此，所以人口性別比例極不平衡。單身女性非常不樂意飄洋過海來這個新世界，所以殖民地要麼走上滅亡，要麼和美國原住民或南方英國殖民地的居民通婚。

為了增加人口以維持法國殖民與文化，新法國的首席行政官塔隆（Jean Talon）向法王路易十四（King Louis XIV）提議，他願出資贊助至少 500 個年輕女性橫渡大西洋，來到新法國定

居。國王同意塔隆的提議，最終招募了 800 個女郎，年齡大多在 12 歲到 25 歲之間，具有高尚情操（這是一位教士保證的），身體健康，適合在農地工作，而且都是家世低微的平民。這些號稱「國王的女兒」獲得一筆錢，用以購買前往加拿大的單程船票，還有嫁妝和放置私人飾品的箱籠（包括一把梳子；兩頂兜帽；一條皮帶；一雙鞋子；一雙長筒襪；一雙手套；一頂無邊軟帽；鞋帶；四套蕾絲花邊；縫紉用品），任何孤單鬱悶的魁北克兒郎看到她們都會動心。

這一招奏效了。抵達新法國的女郎很快在修女的陪伴下相親，與可能的丈夫人選面談，選出中意的對象。隔年（1670 年）大部分女郎已經結婚並懷孕。如果女郎沒有看中的男性，還可以搭船沿聖羅倫斯河（St Lawrence River）上游去下一個城市碰運氣。又過了一年，「國王的女兒」已經生下將近 700 個孩子。只花了 9 年的時間，新法國殖民地的人口就已增加一倍，因為當年一個婦女生育十來個小孩並不罕見；現今法裔加拿大人總數 500 萬，絕大多數是「國王的女兒」的後代，女星安潔莉娜‧裘莉（Angelina Jolie）、美國前國務卿希拉蕊‧柯林頓（Hillary Clinton）、藝人瑪丹娜（Madonna）便是其中三位。

1756 年到 1763 年間，英國、普魯士、葡萄牙和其他日耳曼邦，與法國、神聖羅馬帝國、奧地利、俄國、西班牙、瑞典開戰，這場七年戰爭（Seven Years' War）使法國人移民新法國殖民地的動作忽然喊停。戰後各國進行複雜的領土交換，導致新法國被割讓給英國，以交換生產力更高的加勒比海產糖島嶼馬提尼克

島（Martinique）和瓜達洛普島（Guadeloupe）。後來移民加拿大的主力就變成了英倫三島人民，尤其是蘇格蘭人和愛爾蘭人。另外美國獨立戰爭後，大英帝國失去 13 個殖民地，有些保皇人士希望留在大英帝國內，也選擇移民加拿大。因此法裔加拿大人身上看得見很強大的創始者效應（founder effect），遺傳變異低，如今大量人口都是從少數「國王的女兒」所傳下來的後代，從當地數十種遺傳疾病可以得見。[11, 12]

當一個群體的人口縮減到非常少量時，可能會發生人口瓶頸，然後再度擴張。人口驟減的原因可能是疫病、自然災害或戰爭，尤其是種族滅絕。1942 年哥倫布發現美洲新大陸後，歐洲人隨後跟進，但是在此之前，所有的美洲原住民都源自於一小群人，他們從俄國東部出發，沿著海岸線橫越大陸抵達阿拉斯加和加拿大，最後一路直下，在南美洲的最南端落腳。這大概是 1 萬 4 千年前發生的事，也就是最後一次冰河期（Ice Age），當時海平面較低，陸地從俄羅斯一直延伸到阿拉斯加。當這些大無畏的旅行者向南方跋涉，遠離加拿大冰河期的酷寒時，發現了一片富饒的土地，到處都是容易獵捕的大型動物，於是人口就此大幅擴充。哥倫布之前的美州大概有 5 千萬人口，當時人口最密集的地方是中美洲，也就是阿茲特克（Aztec）和馬雅（Maya）文明的故鄉。研究當今美國原住民的基因數據，顯示那 5 千萬人都源自於區區不到一千名原始祖先。[13] 推測起來，這群祖先從西伯利亞橫跨到阿拉斯加時，因為在最險惡的條件下漫長旅行，應當是人口最少的時候。

　　這次瓶頸效應的結果，是美洲原住民的遺傳多樣性很低，即使從加拿大到智利的地理距離非常遙遠也一樣。舉例來說，這些美洲原住民的血型幾乎都是 O 型。美洲原住民的祖先在西伯利亞生活時，他們特有的 SNP 一開始似乎是增加的。後來美洲原住民感染歐洲疾病時死亡率高得嚇人，欠缺遺傳多樣性很可能就是一個因素。多樣性高的人口對新疾病的感受性（susceptibility）擁有大量變異，因此總是有不少人運氣夠好，可以抵抗新疾病。反觀美洲原住民的例子，如果一個人被某傳染病的特定病株重擊，那麼幾乎同一群體內的其他人也都會陷入同樣的下場。

　　歐洲人的到來對狗的影響甚至更大。狗是在一萬年前來到美洲，牠們也是來自西伯利亞，到了美洲後蓬勃發展。拿這些古代動物的 DNA 和現代的美洲狗做比較，可以發現現代狗的身上幾乎找不到原始狗兒的 DNA。第一批美洲狗很可能早就被歐洲狗帶來的疾病殲滅了。[14]

　　我們很多人很可能體內都帶有隱性致命疾病，不過除非和堂親表親結婚生孩子，否則普通來說並不是問題。我們不會察覺自己有一套功能不良的基因，因為它的存在被正常基因掩蓋了，所以避免了疾病發作。最近有一項研究，對象是南達科他州（South Dakota）的哈特教派信徒群體，估計某人帶病的可能性高低。[15]哈特教派（Hutterian Brethren）在 1520 年代發源於奧地利，後來信眾人數掉到 400 人，在 1870 年代移民到北美洲，建立 3 個集體農場，口操自己的德國方言。這些殖民地發展得很興旺，演變成三大分支。1910 年之後，當地絕大多數婚姻都是同一群體內

部的男女通婚，目前人口 4 萬 5 千人。哈特派教徒保存廣泛的家譜和醫療記錄，資料顯示他們受到 35 種隱性疾患之苦，包括囊腫纖化症（cystic fibrosis），這又是創始者效應和近親通婚造成的結果。哈特派教徒過著公社式生活，一切財產共有，盡量減少環境差異，正好是研究遺傳疾病的絕佳群體對象。

上述研究採用 13 個世代的數據做分析，包括南達科他州 1642 個現存哈特派教徒，以及他們的 3657 位祖先，血緣全部都可回溯到該地最初 64 個創始者。現代 DNA 定序技術已經容許對某人做檢測，看他是否帶有與疾病相關的變異。每一個哈特派創始者平均帶有 0.6 個致命的隱性突變，假設哈特派教徒可以準確代表其餘人類，那麼我們半數的人身上也都帶有致命遺傳疾病。

有些嬰兒一出生便罹患隱性遺傳疾病，過去我們完全無從預防，能夠做的只是篩檢，或是更簡單的做法，不要讓堂親表親結婚生子，以降低風險，尤其是已知雙方家庭都有某種疾病的時候。然而最近科學界有了令人更振奮（但也更嚇人）的進展，那就是改變人類的 DNA，永遠剷除遺傳疾病。

嬰兒的自然性別比例是男多於女，全世界都是 103 個男嬰比 100 個女嬰。[16] 這種差異會隨年齡降低，所以到了成年初期，男女性別比例就大致相同了。男子比較容易淪為暴力受害者，譬

如戰爭、自殺或他殺。男生也更容易死於意外，少年的意外死亡人數多於少女，青春期的男生開始喜歡騎機車，危險駕駛，從事有危險的工作、運動和其他活動。這些行為讓年輕男性和女性的人數趨於一致。等過了 50 歲，女性的人數就會多於男性，因為男性比較早死。男孩和年輕男性的死亡率也高於女性，原因是男性得到遺傳疾病的風險更高。

Y 染色體的存在決定男嬰的性別，而女性是預設的，所以如果缺少決定男生的 Y 染色體，那麼嬰兒就是女生。上文討論隱性遺傳疾病時說過，正常情況下每一種基因都有多餘的一套，因為染色體是成雙成對的。可是男性不然，因為他們只有一條 X 染色體和一條 Y 染色體。人類大概擁有兩萬個基因為蛋白質編碼，但是 Y 染色體上的基因數量最少，遠遠低於其他染色體，只有 70 個左右。決定男性性別的關鍵基因稱作 Y 染色體性別決定區（sex-determining region Y，簡稱 SRY 基因），假如 SRY 出現在 Y 染色體上，就會啟動一些其他基因，使性腺發育成睪丸，而不是卵巢，接下來睪丸就會開始製造男性荷爾蒙睪固酮。男性和女性胚胎一開始發育時完全相同，從這個時候起就分道揚鑣了。

遺傳疾病在男孩身上比女孩普遍，原因就是 X 染色體上有功能不良的基因，因為男生只有一條 X 染色體，沒有多餘的一套。X 染色體突變所造成的疾病，是女性預期壽命比男性長的一個因素，舉例來說，杜顯氏肌肉失養症（Duchenne muscular dystrophy）是一種嚴重的肌肉萎縮症，病因是 X 染色體內的失養素基因（dystrophy gene）發生突變。失養素是一種巨大蛋白質，

和肌肉纖維結合，如果基因功能不正常，或是根本遺失這個基因，肌肉就會衰弱並死亡。罹患這種病的嬰兒一開始走路，肌肉無力的現象就很明顯；到了 10 歲左右，就需要靠輪椅行動；通常到 21 歲時，患者頸部以下會癱瘓，他們的預期壽命只有 26 歲。體內帶有突變失養素基因的女孩不會受到影響，因為她們還有另一條 X 染色體，上面的基因功能正常，而男孩就比較不幸了。還有很多疾症屬於這種性聯疾病，像是紅綠色盲。另外有一個經典案例是歐洲皇室的血友病。

維多利亞女王是著名的血友病帶原者，她的第九凝血因子基因出現單一鹼基變化（從一個 A 變成一個 G），凝血因子是血液凝固所必要的蛋白質。正是這個微小的異變，改變了歷史。基因突變使第九因子比應有的長度短很多，因此不能發揮正常功能。[17] 第九凝血因子基因位於 X 染色體上，所以女性（例如維多利亞女王）不會受影響，因為她們的另一條 X 染色體上有正常基因。如果是男性得到突變的 X 染色體，那就無法躲過發病，因為他們只有一條 X 染色體，所以沒辦法製造第九凝血因子，血液凝結功能嚴重受損。血友病患很容易瘀血，一旦受傷會流血不止。大腦特別容易出血，導致永久損傷、癲癇、意識喪失。血友病人第一個受到注意的症狀，通常是出生時剪斷臍帶後血流不止。

據了解，維多利亞女王的祖先都沒有血友病，所以基因突變顯然是從她開始的，更具體的說，很可能來自她父親肯特公爵艾德華親王（Prince Edward, Duke of Kent）的精子。女王出生

時，她的父親 51 歲，年紀較長的男性精子比較可能發生突變，因為精子細胞累積了更長時間的錯誤。英國皇室裡第一個血友病患是利奧波德王子（Prince Leopold），也就是維多利亞女王和亞伯特親王（Prince Albert）的第四個兒子，在兄弟姊妹中排行第八。利奧波德生於 1853 年，5 年後被診斷罹患血友病。35 歲那年他滑倒摔跤撞到頭，導致大腦出血不止，第二天凌晨去世。女王的 10 個男性子孫當中，利奧波德是第一個得血友病的，也是血友病兒孫中唯一有子嗣的。利奧波德的女兒愛莉絲（Alice）無可避免成了帶原者，因為她只能從父親那裡遺傳到突變的第九凝血因子基因，愛莉絲把病傳給兒子盧伯特（Rupert），很可能也傳給了幼子莫里斯（Maurice）。盧伯特 40 歲那年出車禍，傷重不治死亡；莫里斯 5 個月大就夭折了。所幸維多利亞女王的長女薇琪（Vicky）和長子柏諦（Bertie）都沒有血友病基因。薇琪嫁給德意志皇帝腓特烈三世（Frederick III），生下威廉二世（Wilhelm II）；柏諦後來繼位成為英國愛德華七世國王（King Edward VII）。德國和英國皇室因此逃過血友病的詛咒。

維多利亞女王的兒女和歐洲無數皇室婚配，導致產下 10 個血友病患，最後一位是 1914 年誕生的是岡薩羅王子（Prince Gonzalo）。如今維多利亞女王的後代似乎沒有人身上帶這個基因，但是西班牙皇室依然有機會，他們是從碧翠絲公主那一系全數是女性傳下來的血統。[18]DNA 定序將可做出判斷。

俄國革命之後發生內戰，期間俄國沙皇尼古拉二世（Tsar Nicholas II）與妻子雅麗珊德拉（Alexandra）、王儲阿列克謝

（Prince Alexis）與 4 個女兒，全數於 1918 年遭到謀害。2007 年，
一座亂葬崗被人發現，2009 年，終於確認沙皇一家的遺骸埋在
那裡。科學家取兩具被焚燒的遺骨，和維多利亞女王當時仍然
在世的後代〔譬如伊莉莎白二世女王的王夫菲利普親王（Prince
Philip）〕，以及沙皇的一件染有血漬的襯衫做 DNA 比對，確定
那兩具骸骨屬於阿列克謝王儲和他的一個姊姊。[19]DNA 保存得
很好，足以進行 X 染色體的基因定序，得知遺骸帶有血友病的
基因。

　　雅麗珊德拉皇后是血友病帶原者，她的兩條 X 染色體果
然擁有正常基因和突變基因（一條是 A 鹼基，一條是 G 鹼
基）。王儲阿列克謝唯一一條 X 染色體的 DNA 帶有突變基因
（G 鹼基）。從 DNA 定序的結果來看，阿列克謝的一個姊姊
〔從骨骼的年齡判斷，不是瑪麗亞（Maria）就是安娜絲塔西雅
（Anatasia）〕也是帶原者，和她的母親一樣。[17] 假如當年沒死，
她後來很可能也會把缺陷基因傳給另一個皇室。

第十六章
奧格絲提的大腦

1901 年 11 月 25 日，德國法蘭克福市（Frankfurt）的精神病與癲癇醫院（Hospital for the Mentally Ill and Epileptics）收治一個 51 歲的婦人，由資深醫師阿茲海默（Alois Alzheimer）替她做檢查。婦人登記的名字是奧格絲提（Auguste D）。1903 年，阿茲海默改到慕尼黑市（Munich）的皇家精神科診所（Royal Psychiatric Clinic）工作，不過他繼續追蹤奧格絲提的病程，直到對方於 1906 年逝世為止。奧格絲提的症狀一開始是對丈夫產生深切而不理性的嫉妒，然後是記憶力和理解力變差、語言障礙、行為失當、幻覺、妄想。接下來奧格絲提表現完整的失智症狀，離第一次出現症狀不到 5 年就去世了。

阿茲海默解剖奧格絲提的屍體相驗，包括仔細研究她的大腦，結果發現奧格絲提的大腦和他所見過的其他大腦都不一樣。首先，奧格絲提的腦部小得很不自然，顯然是流失大量組織。很多腦細胞中央有一些高密度物質，因為不尋常的厚度加上「很怪異的堅硬」，所以特別突出，至於細胞外面，他看到大腦皮質裡

有較大的淤積物質。[1] 阿茲海默描述的糾結和斑塊，正是定義阿茲海默氏症（Alzheimer's disease）的特質，至今驗屍時都以這個作為診斷該病的依據。值得注意的是，雖然現在阿茲海默氏症非常普遍，但是阿茲海默本人只報告過一宗病例。據信，在當時（1910 年）是新的疾病。[2]

原本只有寥寥幾件病例的阿茲海默氏症，是怎麼在短短一百年內，就變成人類的主要死因之一？基於奧格絲提和其他病患的年齡，阿茲海默氏症最初被視為一種早發型失智症（presenile dementia）。以往人們認為失智症是老年人大腦自然發生的問題，相較之下奧格絲提發病的時間太早了。老年失智症通常被當作正常的老化過程，因此遭到一般人忽視，然而這個議題有很多混淆之處，問題之一是欠缺研究，畢竟太少人得病，[2] 而且當時的傳統醫學界一般來說並不重視精神疾病。

隨著 20 世紀的預期壽命延長，老年失智症變得越來越普遍，終於引發醫學界對該病症的興趣。1976 年掀起一場革命：紐約愛因斯坦醫學院（Albert Einstein College of Medicine）的卡茲曼（Robert Katzman）醫生指出，「除了患者的年齡之外，臨床醫師、神經病理學專家、電子顯微鏡專家都無法分辨這兩種病症」，因此「阿茲海默氏症和老年失智症是單一過程，所以應該被視為同一種疾病」。[3] 重新將老年失智症歸類為阿茲海默氏症，並釐清老年失智症並非自然的老化過程，立刻讓阿茲海默氏症的病例大量激增。現在看來，阿茲海默氏症顯然應該被列入公共健康和優先研究對象。[4]

　　儘管阿茲海默和其他人已經釐清這種病，並發現它的主要症狀和大腦特徵，可是沒有人知道阿茲海默看到的斑塊和糾結究竟是什麼。一直到 1984 年加州大學聖地牙哥分校（University of California, San Diego）的葛倫納（George Glenner）和王凱恩（Caine Wong，音譯）發現，阿茲海默氏特徵之一的大腦斑塊是由一種小型蛋白構成，稱為 β 澱粉樣蛋白（amyloid-β），[5] 它是長型蛋白 APP 的一個碎片，由 β —分泌酶（β-secretase）和 γ —分泌酶（γ-secretase）造成，這兩種酶在 APP 鏈上的兩處切割，釋放 β 澱粉樣蛋白；γ —分泌酶是好幾種蛋白組成的合成物，包含 $PSEN_1$ 和 $PSEN_2$ 兩種蛋白。大多數人一生中都會順利產生 β 澱粉樣蛋白，沒有任何問題，可是出於難以理解的原因，到了老年，它可能開始黏合成毒性物質，最終在死亡或瀕死的腦細胞周圍形成大斑塊。

　　遺傳學也指出 APP、$PSEN_1$、$PSEN_2$ 的重要性：在大約 5% 的阿茲海默氏症病例中，病人在 65 歲以前就出現症狀。這種早發性疾病是由 APP、$PSEN_1$、$PSEN_2$ 基因中的顯性突變造成的，突變導致 β 澱粉樣蛋白產量增加，改變 γ —分泌酶的活性，或是修改 β 澱粉樣蛋白，使它變得毒性更高。大部分導致早發性阿茲海默氏症的突變發生在 $PSEN_1$ 基因內，目前已知的就有將近兩百種。小說和電影《我想念我自己》（*Still Alice*）是關於艾莉絲・霍蘭德（Alice Howland）的真實故事，主人翁艾莉絲是紐約哥倫比亞大學（Columbia University）的語言學教授，50 歲那年被診斷罹患早發性阿茲海默氏症，原因是顯性 $PSEN_1$ 基因突

變。艾莉絲有 3 個孩子，其中兩個決定接受遺傳檢測，以確定自己是否也帶有突變基因，有的話日後也將發病——檢測結果一個孩子是陽性，另一個是陰性。艾莉絲的第 3 個孩子不願意知道。

　　阿茲海默氏症和亨丁頓氏症、帕金斯氏症一樣，是一種蛋白質聚集反應（protein aggregation）的疾病，本來規規矩矩的蛋白質開始黏合產生毒性。病人會出現哪一種症狀，要看蛋白質聚集的位置及其破壞的細胞種類而定，譬如喪失控制肌肉的腦細胞就會造成帕金斯氏症。阿茲海默氏症發病時，是負責短期記憶的腦部（海馬體）受損，然後蔓延到相鄰區域，也就是掌管性格、情緒、語言的部位。假如突變使蛋白質變成有毒性，就像早發性阿茲海默氏症和亨丁頓氏症一樣，那麼這項突變就是顯性突變。

　　到目前為止我們所探討因 DNA 改變而致病的方式，都是直接了當的：它們要麼是顯性（譬如亨丁頓氏症），要麼是隱性（譬如囊腫纖化症），或是具有性聯特質，也就是突變基因位在 X 染色體上，所以只影響男性（譬如血友病）。然而，絕大多數 DNA 序列改變所造成的影響遠比這些複雜。首先，有些人雖然身上帶有突變基因，可能導致某種疾病，但是他們始終沒有發病。舉例來說，BRCA$_1$ 基因裡的數百種突變已經證明會提高乳癌或卵巢癌的風險，[6] 現在我們可以篩檢 BRCA$_1$ 基因突變，如此一來身上帶有罹患乳癌的高風險突變基因者，就可以預防性切除乳房。不過 BRCA$_1$ 突變和亨丁頓蛋白的 CAG 擴充並不相同，如果帶有 BRCA$_1$ 基因突變，帶原者在 70 歲前得乳癌的機率只有 60%，反觀亨丁頓蛋白基因突變的發病率是百分之百。許多帶原

者一輩子都沒有得乳癌。這種現象稱作不完全外顯（incomplete penetrance），也就是帶有致病突變基因的人，並不是人人都會發病，許多突變都是這樣運作的。

　　像亨丁頓氏症、血友病、囊腫纖化症這類疾病，都是單一基因突變直接造成發病，然而大部分醫學疾病都是由多重因子造成的，許多基因變異會改變得病的機率，另外個人生活方式和環境因素也會影響得病與否。因此像心臟病、精神分裂症、癌症和第二型糖尿病等，都傾向在同一家族內的不同成員身上發病。不過要抽絲剝繭確立多重 SNP 究竟如何和每一種疾病相關聯，不是容易的事。父母有什麼健康問題，絕不代表子女也會出現相同的問題。

　　阿茲海默氏症同時提供單因子遺傳和多因子遺傳的例子。誠如上文所說，阿茲海默氏症病例中約有 5% 是早發型的，在60 或 65 歲之前就確診，例如奧格絲提就屬於這一種。早發型阿茲海默氏症的病因是 $PSEN_1$、$PSEN_2$ 或 APP 發生顯性基因突變。然而絕大多數阿茲海默氏症是晚發型，過了 65 歲才會發病，隨著年齡增加，發病機率也跟著變高。晚發型阿茲海默氏症患者的 APP、$PSEN_1$、$PSEN_2$ 基因都正常，其他許多和晚發型阿茲海默氏症有關聯的基因，存在基因連結（genetic links）。沒有任何 SNP 百分之百保證這些基因一定會發病，反之，有很多SNP 會改變發病的可能性。舉個例子，CLU 基因的突變會增加16% 晚發型阿茲海默氏症的發病率；全身磁振造影（MRI）顯示大腦白質〔white matter，負責在神經元間傳達神經脈衝（nerve impulse）〕會受到 CLU 基因改變的影響，[7] 這解釋了它與阿茲海默氏症的連結。

對晚發型阿茲海默氏症最重要的 SNP，是稱為 APOE 的基因，位於第 19 條染色體上，它的一個叫做「ε4」的變異尤其麻煩。萬一兩個 APOE 基因都有 ε4，那麼罹患阿茲海默氏症的機率就會大幅增加，而且發病年齡可能比較早。[8] 雖然 APOE ε4 的影響力巨大，但仍然不是絕對的，大部分帶有 ε4 的人並不會得到阿茲海默氏症。由此可知晚發型阿茲海默氏症屬於多基因型態，受到很多個基因的變異影響。

如果 APOE ε4 變異對罹患阿茲海默氏症的有害效應這麼大，為什麼會這麼普遍？難道自然淘汰不應該將它從人類的 DNA 中除去嗎？有一項論點主張，只影響老年人的遺傳變異並不影響生殖適合度（reproductive fitness），帶原者在 APOE ε4 有害效應出現之前，就已經生兒育女了。不過事情沒那麼簡單。帶有 APOE ε4 的人更可能照顧自己的雙親和祖父母，因為他們的長輩也可能是 APOE ε4 帶原者。因此 APOE ε4 在帶原者年輕時可能會降低其體適能，因為照顧病患是很大的負擔。還有另一種可能是，APOE ε4 或許會帶來一些有利的影響，以抗衡它所引發的阿茲海默氏症。已經有研究探討 APOE 基因的 SNP 與冠狀血管反應、生殖、胚胎發育、頭部外傷效應之間的相關性。整體來說，雖然 ε4 變異明顯減低老年人的體適能，卻對胚胎、嬰兒和年輕人有益，[9] 所以 ε4 變異才會經久不消。

如果我們檢視改變阿茲海默氏症得病機率的前 20 個 SNP，

就能相當準確預測某人是否會發病、幾歲會發病。有鑑於阿茲海默氏症是無藥可醫、過程痛苦的絕症，你會想要知道嗎？如果你的風險很高，也許該選擇的是改變生活方式，譬如透過運動和健康飲食，照顧好自己的心臟，還要從中年開始保持心理和社交活躍，這些方法都能降低風險。DNA 螺旋結構的共同發現人華琛（James Watson）是 2009 年第一批接受完整 DNA 基因組定序的對象之一，那一年他 79 歲。後來定序結果發布，華琛要求主辦單位保密他的 APOE 定序資料，至於其餘的一切他都想知道。華琛親眼目睹祖父母罹患阿茲海默氏症的過程，他不想煩惱自己會不會得病。[10] 知道自己未來必然一死已經夠糟了，如果還要知道什麼時候會死，豈不是痛上加痛？

　　大部分疾病都是依循複雜的多基因模式，也就是很多基因的變異會調整得病機率，而不是單一基因改變會百分之百決定是否得病。目前已知由單一基因變異所造成的疾病只有大概 6 千種，亨丁頓蛋白基因就是其中之一。這些病絕大部分影響單一家庭裡的少數人，現在檢測某人是否帶有與疾病相關的特定 SNP，已經是很常見的事，尤其是如果親人中有人罹患該病，這種做法更普遍。有一項更令人振奮的展望是，未來不只可以定序身體的一小部分 DNA，還能定序全部的 DNA。這將是醫療照護的下一波革命，拜 DNA 定序技術大幅改良之賜，基因組資料的產生速度十分驚人，如今已經可能花一千美元的代價，在 24 小時內就取得一個人的基因組定序結果。[11]

　　最近有一對憂心忡忡的父母，帶著 5 個星期大的男嬰去聖

地牙哥（San Diego）的雷迪兒童醫院（Rady Children's Hospital）
急診室就診，因為嬰兒整整哭了兩個小時，怎樣也安撫不了。這
對夫婦非常擔憂，因為 10 年前他們曾有個孩子也是類似症狀，
後來發展為嚴重癲癇以至死亡。X 光攝影顯示受損位置在嬰兒的
腦部，儘管迅速採取必要行動，醫生知道至少有 1500 種不同疾
病符合嬰兒的症狀，他們沒有足夠資訊可判斷究竟是哪裡出了問
題。很多遺傳疾病都可疑，而且這對父母是堂表親。醫療團隊決
定給嬰兒的 DNA 定序，再據此診斷疾病。嬰兒入院後 17 個小時，
他們將男嬰的血液樣本送到雷迪基因體研究所（Rady Genomic
Institute），為男嬰的 DNA 定序。在等待定序的時候，男嬰開始
發作癲癇。

男嬰的血液送檢後，短短 16 個小時 DNA 定序結果就送回
來了。定序結果發現男嬰的病因是基因突變造成的，這種病叫
做硫胺素（維生素 B_1）代謝功能障礙症候群第二型（thiamine
metabolism dysfunction syndromes 2），是一種隱性遺傳疾病，運
輸維生素 B1 的蛋白質功能出了問題。現在醫生很清楚該怎麼辦
了：為了彌補欠缺的運輸功能，醫生餵食嬰兒一種藥水，裡面含
有 3 種簡單的化學物質，包括維生素 B_1。男嬰又發作一次短暫
抽搐，然後癲癇就止住了。第一劑藥水喝下去之後 6 個小時，嬰
兒不再哭鬧，開始心滿意足的喝奶。第二天男嬰的父母帶他出院
返家，6 個月後，這孩子成長得很健康。[12]

如果沒有 DNA 定序幫助診斷，醫生只能夠逐一嘗試各種抗
癲癇藥物，希望能趕快找出一種管用的，以免來不及挽救。後來

進一步定序證實孩子的父母都是硫胺素代謝功能障礙症候群第二型的帶原者，看來他們的第一個孩子就是死於這種疾病，當時的醫生無力阻止。針對可疑遺傳疾病進行全基因組的迅速定序，是醫學的未來，對新生兒尤其重要。[13]

現在DNA定序十分便宜、快速，而且提供非常豐富的資訊，因此未來可能人人都能接受完整的基因組定序。由於癌症起源於突變，所以可以對腫瘤細胞定序，找出究竟是什麼導致特定基因癌變，然後再以那一型癌症為標靶進行治療。這是醫療個人化的例子，為特定病人和疾症量身訂做治療方式，而不是對所有診斷出特定疾病的人，一視同仁推薦相同治療方式。DNA定序甚至可以在嬰兒出生以前就進行，方法是取胚胎DNA的樣本進行定序，這樣醫生就可以事先知道，嬰兒是否一出生就會罹患威脅生命的遺傳疾病，必要時也能做好治療新生兒的準備。結合DNA和受過強大機器學習軟體訓練的電腦，可以顯示嬰兒一生中是否會受各種健康問題的影響。幾乎所有疾病的遺傳學都牽涉到多種基因，很多序列變異會改變得病的機率。如果我們知道自己面對何種風險，就可以改變生活方式，及早接受篩檢。舉例來說，如果DNA顯示某人有罹患乳癌的高風險，那麼就應該更早開始接受更頻繁的乳房攝影。觀察病人的症狀，佐以DNA資訊，將可改善疾病診斷的品質。

目前科學界已經在使用DNA定序的資料篩檢遺傳疾病，如果你懷疑自己可能是某種遺傳疾病帶原者，可以接受胚胎植入前遺傳篩選（Preimplantation genetic diagnosis），首先需要透過體外

人工受孕（IVF，即試管嬰兒）得到一組囊胚（blastocyst）階段的胚胎（此時只有 8 個細胞）。篩檢時取單一細胞進行，只有那些不含致病突變基因的胚胎才會放進母體的子宮中。在英國，如果夫妻已經育有嚴重遺傳問題的孩子，或是已知家族中存在遺傳疾病，就可以利用這項服務。截至 2021 年 7 月，使用這種方式已經可以檢驗出 600 多種疾症。[14] 如今定序檢測不僅能顯示胚胎是否染病，還可知道胚胎是否為帶原者，也就是只有一組基因有問題，而不是兩組都有問題。所以在選擇植入胚胎時，不僅可以淘汰染病的胚胎，還可以淘汰帶有致病原的胚胎。此類計畫的廣泛使用，最終將能消滅無數的遺傳疾病。至於這種做法是否有違倫理，要看你對體外人工受孕、胚胎價值與權利的看法而定。

就某種程度而言，篩檢本身是好事，但如果不只是觀察 DNA 序列，而是修改 DNA 以追求改善，那又如何？舉個例子，我們可以把人瑞身上常見的基因變異植入人體，照道理就能夠提高長壽的機會。2012 年有一份傑出論文出版，顯示基因工程有可能永遠消除阿茲海默氏症。

全世界最適合研究的人口群體是擁有 40 萬人口的冰島，因為該國地理位置孤懸海外，而且保有絕佳系譜學（genealogy）記錄，往往可以追溯到一千年前建國之初。有一個遺傳學家小組（成員多半是北歐籍）替 37 萬個冰島人的 APP 基因定序，然後

拿得出的序列和病人的記錄做比較。小組發現一處罕見的 SNP，稱為 A673T，大約有 1% 冰島人的 APP 基因上都有，這使得他們罹患阿茲海默氏症的機率比平常的序列少了 5 倍。[15] 看起來體內有 A673T 這個 SNP 並沒有壞處，有它的人更有機會活到 85 歲，而且智力完好無缺。這是第一次發現一個 SNP 居然能預防阿茲海默氏症，刺激科學家進一步尋找世界各地的其他人口群體是否也有同樣現象。果然不出所料，其他的北歐人口也不乏帶這個 SNP 的人，至於其他地方則非常罕見，譬如北美洲只有 5 千分之一的人口擁有這種 SNP。[16] 看來這是一小群維京人（Vikings）祖先留下來的獨特遺產。

假如這項研究站得住腳，那些擁有 A673T 這個 SNP 的人確實毫不費力就避免了阿茲海默氏症，那麼或許我們應該把它加進人類的基因組。這一步已經超出篩檢胚胎致病基因的範疇，進一步考慮編輯人類 DNA，使胚胎擁有一個父母親都沒有的 SNP。在正確的地方用正確的方法精確修改 DNA 的技術，是目前火熱的研究領域，最有名的 DNA 編輯方法稱為 CRISPR/Cas9（編按：全名為「常間回文重複序列叢集關聯蛋白」），不過還有許多改良的方法或替代方法正在開發中，假如這些方法可以完善，那麼就能夠視合適情況修改人類 DNA。如果我們編輯胚胎，使它擁有 A673T，那它就應該長成永遠不會得阿茲海默氏症的成人。不僅如此，這項改變還會傳給子女，因為有些胚胎細胞會發育成卵子或精子細胞，未來也會帶著已經修改過的 DNA。老實說，這樣的嘗試將是為期很長的實驗，因為必須等 80 年才能知道有沒

有效。

　　此種性質的實驗開啟一扇大門，藉由改變 DNA 以通向「改良」人類或「增強」人類的世界。遺傳學家一直在尋找致病的基因突變，但很可能有非常大量基因在保護人類，使他們不會得病，譬如 A673T。事實上，第二個保護人類不得失智症，而且能增長壽命的基因突變，看起來已經找到了。[17]APP 序列正常的人沒有得病，那麼導入 A673T 這個 SNP 就不是治療疾病。我們已經知道亨丁頓蛋白的 CAG 重複太多次，才導致亨丁頓氏症，但是對症下藥取出多餘的 CAG，基本上和導入 A673T 是不一樣的。如果你認為導入 A673T 以預防阿茲海默氏症是對的，編輯 DNA 以阻止亨丁頓氏症是對的，那麼為何要止步於此？高血壓是最重要的危險因子，那麼改變胚胎的 SNP 以預防高血壓又如何？我們已經知道影響高血壓的 SNP 確實存在，[18]也許可以優化 DNA，將罹患癌症、糖尿病、中風、心臟病、愛滋病的危險降到最低。如果改變 CYP2A6 酶，[19]甚至可能創造出不會對尼古丁上癮的人。

　　在開始以這種方式改良 DNA 之前，要先應付許多實際的問題和道德方面的問題。首先，為了這個目標而開發的技術，目前還不夠可靠。除了想要的那個基因突變之外，恐怕也會引發不想要的突變，結果反而弄巧成拙，影響細胞的某個子類（subset），

引發癌症和其他可能的問題。[20] 另外，利用體外人工受孕可能也是必要手段，它本身的失敗率就很高。即使能如願正確修改DNA，但我們依然不能確知將會帶來什麼改變。已知 CAG 重複過度會導致亨丁頓氏症，但這是極少數簡單明瞭的病因，不是每次都找得到。影響血壓的基因有好幾百種，它們同時也會影響無數生物過程（biological processes），改變基因罹患高血壓的傾向，不可能不影響其他部分。基因彼此以絕妙而複雜的方式互動，這些互動方式會隨著年齡、環境和體內的位置而改變；改變中年人心臟病發作的機率，可能會在其他時間和地點引發不可預見的後果。除此之外，當我們修改的胚胎細胞有朝一日發育成新的精子和卵子細胞時，錯誤將會傳給未來的世代，而且累積下來的錯誤會比先前的世代更加嚴重。

如果未來技術真的可靠了（儘管有一些魯莽的科學家不顧後果去做了，但直到本書付梓時依然不可靠），[21] 那我們就可以放手去治療遺傳疾病，目標是那些單一基因突變和疾病之間存在簡單、直接關係的疾病。這些將會包括血友病（只要有維多利亞女王在第九凝血因子基因上的 SNP，就會得到這種病）、鐮狀細胞疾病（sickle-cell disease）、[22] 囊腫纖化症、延胡索酸酶缺乏症、亨丁頓氏症。針對阿茲海默氏症，我們可矯正 APP、$PSEN_1$、$PSEN_2$ 基因，它們是已知會造成早發性阿茲海默氏症的基因，這些顯性突變對身體沒有任何好處，但肯定會造成嚴重傷害。整體來說，我們知道有將近 3 千個所謂的單一基因疾病，亦即一個基因上的突變就會導致疾病，[23] 這些是編輯 DNA 以消滅遺傳疾病

的第一批候選疾症。有些人可能進一步主張，如果能安全修復單一基因疾病，那麼刻意不去修復豈非不道德？如果照顧未出生的嬰兒是道德責任，譬如攝取葉酸以防止孩子罹患脊柱裂，那麼編輯胚胎 DNA 以防止孩子罹患可怕的遺傳疾病，避免其經歷短暫、痛苦的人生，也應該算是道德責任。你願意向自己罹患肌肉萎縮症的孩子解釋，本來可以在他們出生前編輯 DNA 以避免罹患這種病，可是你卻選擇不這麼做的理由是什麼？話雖如此，這項 DNA 編輯並不太需要，因為我們可以篩檢胚胎的 SNP，選擇將不帶病原的胚胎植入母體。

相較之下，罹患晚發型阿茲海默氏症的機率受到數十種基因變異的影響，這些 SNP 具有多重效應，我們並不全然了解，其中有些甚至是有益的。除非我們對這些了解更透徹，否則不應該伸手干預。大部分健康問題都屬於這一類，也就是大量基因（數十個甚至數百個）的 SNP 都擁有小小的影響力。這個道理不僅適用疾病，也適用身高 24、智商 25 等特質。除此之外，修改 DNA 以應付生活方式所造成的疾病實在是說不過去，應該改變的是生活方式。誰曉得 50 年後我們還會努力對付過量誘人高糖食物的效應嗎？不管為了應付什麼疾病，編輯 DNA 幾乎都是錯誤的解決方法，尤其是解決方法早已經存在了。

第十七章

胎死腹中

1866 年，英國醫生唐恩（John Langdon Down）出版一本令人望而生厭的論文，題為《對白癡之種族分類的觀察》（*Observations on an Ethnic Classification of Idiots*）。[1] 德國人類學家布魯曼巴赫（Johann Friedrich Blumenbach）先前就已經將人類分成 5 個種族：高加索族是白種人、蒙古族是黃種人、馬來族是棕種人、衣索比亞族是黑種人、美洲族是紅種人。唐恩利用布魯曼巴赫的系統，為他工作的難民收容所內的難民分類，方法是為他們拍照，進行評估，然後將他們分入不同的種族。唐恩提出疾病可能打破種族屏障（racial barriers），使高加索族的後代五官看似其他種族。在唐恩看來，高加索族生下貌似其他種族的嬰兒，顯然淪為劣等人。唐恩的報告大部分在討論他說的「偉大的蒙古家族」，描述今人所稱的「唐氏症候群」（Down syndrome，簡稱唐氏症）。難民營裡有大批這樣的患者，用他的話來說：「數量非常龐大的先天性白癡是典型蒙古人，這一點極為明顯，以至於把他們排在一起比較時，很難相信這群樣本不是

同一對父母所生的孩子。」唐恩確實接受了不同種族的人都是屬於同一物種的成員，這在當時是頗有爭議性的觀點。

有長達一百年的時間，西方世界接受用「蒙古症」（mongolism）這個詞代表唐氏症候群，不過中國和日本研究人員認為「蒙古人」和「白癡」之間的聯想帶有嘲笑和侮辱的意味。蒙古人民共和國於 1965 年派往世界衛生組織的代表團自然也同意這個觀點。[2] 其實 1961 年時，大家已經知道「蒙古症」和東亞或所謂的「種族」毫無關係，因此有一群遺傳學專家在 1961 年寫了一封公開信，投書地位崇高的醫學期刊《刺胳針》（The Lancet），提議廢除「蒙古症」這個無禮的用詞。[3] 世界衛生組織和唐恩醫生的孫子約翰・唐恩（John Down）商量之後，在 1965 年正式確認將這種疾病改名為「唐氏症候群」（Down's syndrome），後來英文名稱又修正為 Down syndrome。

為了了解唐氏症，我們需要檢視受精過程。先是有一顆幸運的精子在輸卵管內和卵子融合，就此激發好幾道關鍵程序：首先是卵子的表面迅速硬化形成障礙，阻擋任何太晚達陣的精子。只讓一顆精子進入卵內顯然是必須的，因為只需要一套 23 條男性染色體和卵子內的 23 條女性染色體合起來運作。令人稱奇的是，這道屏障在第一顆精子進入卵子之後，短短 10 秒鐘就會形成。卵子和精子的表面融合，這時來自父母的 DNA 便順利卸載了。

這道高度複雜的過程經常出錯，致使胚胎的染色體出現異常。[4] 人類應該擁有 46 條染色體，其中 44 條是體染色體，兩條

是性染色體（XX 或 XY）。在受精過程中，來自母親和父親的染色體需要複製、相遇、組合，這樣受精卵就準備好分裂成兩個。但是這個過程常常出錯，給胚胎的染色體數目不對。精子有可能完全遺失一條染色體，結果胚胎就只有一套而不是兩套染色體。還有可能出現這種情況：精子或卵子在受精前可能有一條染色體出現兩套，而不是一套，於是受精卵就多了一套染色體。這時候出現的任何錯誤都會傳給體內的每一個人類細胞，因為細胞全部都源自於同一個受精卵。

假如只有一條體染色體，會發生甚麼事？首先，胚胎會有罹患傳染疾病的高度危險，因為胚胎若帶有男性的性聯疾病，例如血友病，就會欠缺一套基因，缺少的數量不是幾千個就是幾百個。因此那一條染色體所帶的任何有害突變效應，當事人都躲不過去。其次，如果蛋白質由一個基因而非兩個基因形成，那麼每一個基因所生成的蛋白質數量將可能減少。在懷孕早期胚胎遺失任何體染色體，絕對是致命的。

有時候某一條染色體遺失了一部分，身體還可以忍受。出生就得了貓叫症候群（cri-du-chat syndrome）的孩子，剛出生的體重輕，呼吸困難、喉部畸形導致嬰兒發出像貓叫一樣的哭聲。罹患貓叫症候群的人有一些特徵，例如頭部和下巴很小，臉部圓得不尋常，鼻樑短小，眼睛上的皮膚有皺褶。他們還常有骨骼問

題、心臟缺陷、肌力不足、聽力或視力障礙。這些孩子學習走路和講話都比平常人慢，也有過動或攻擊的行為問題，還有嚴重精神疾病。大約每 3 萬個新生兒中，會出現一個病例。[5]

法國遺傳學家勒瓊（Jérôme Lejeune）於 1963 年發現貓叫症候群的病因，他也是唐氏症遺傳異常的病因發現人。貓叫症候群是因為第 5 號染色體的缺失造成的，因此它還有個別稱，叫做 5p—（5P 減號）。[6] 每個患者的染色體缺失大小因人而異，這使得所有貓叫症候群病童都是獨特的，不過第 5 條染色體上有一個關鍵區域如果遺失，就一定會導致貓叫症候群。在這個區域裡，如果缺少 CTNND$_2$ 這個基因，便會導致嚴重智能障礙。[7, 8]CTNND$_2$ 所編碼的蛋白質稱為「δ 連環蛋白」（delta-catenin），在腦細胞功能和神經系統發育初期扮演關鍵角色。CTNND$_2$ 基因遺失具有顯性效果，會造成智能障礙。導致貓叫症候群的染色體缺失中，85% 是出於偶然的機會，通常發生在精子發育期間，不過有時候則是遺傳自父親或母親一方，親代染色體有部分被替換或截斷，前後顛倒又附著回原來位置。這個親代不會有事，因為仍然擁有全部正確的基因，然而傳遞給子代的染色體就很容易斷裂了。

最常見的染色體問題是某一條染色體多出一套，通常源自於不正常的精子細胞。多一條體染色體的危害程度，遠高於多一條 X 或 Y 染色體，如果是體染色體多一條的情況，只有 3 種病症的胎兒可能撐到出生。巴陶氏症候群（Patau syndrome）的病因是多了一條第 13 號染色體。大多數帶有巴陶氏症候群的胚胎

都會流產或墮胎，即使生下來，90% 會在周歲內死亡，因為嬰兒的大腦、神經系統、骨骼、肌肉、腎臟、生殖器都有嚴重問題。如果是多一條第 18 號染色體，則會造成愛德華症候群（Edward syndrome），胚胎有腎臟和心臟缺陷，小腦袋、嚴重智能障礙。這種胚胎大部分也是自然流產或人工流產，出生的嬰兒一樣很難活到周歲。

　　因為體染色體太多條而造成的疾病中，唐氏症是最常見的，勒瓊發現唐氏症的成因是細胞擁有三套第 21 號染色體。擁有最少量蛋白質編碼基因（protein-coding genes）的染色體是 Y 染色體，只擁有大約 70 個基因；其次就是第 21 號染色體，有 230 個基因左右，想來這正是多出 Y 染色體或第 21 號染色體時，身體寬容度比較高的原因。有些唐氏症兒童的情況較罕見，他們擁有混合型細胞，有些細胞擁有多餘的第 21 號染色體，有些細胞則是正常的 46 條，這些孩子表現的症狀比較輕微。偶爾還會出現這種情況：細胞內染色體的總數維持 46 條，可是第 21 號染色體有一部分或全部黏在其他染色體上，通常是第 14 號染色體。額外基因的出現會造成唐氏症的某些徵象。舉例來說，和阿茲海默氏症有關聯的 APP 基因出現在第 21 號染色體上，因此唐氏症患者會多一套 APP 基因，這會給他們更多 β 澱粉樣蛋白，因此除了其他健康問題之外，他們還會得到早發型阿茲海默氏症。

　　唐氏症最為人所知的影響是獨特的臉部特徵、生長遲緩、智能障礙，年輕成人的平均智商是 50，相當於一般 9 歲兒童，不過個體間的差異很大，所以許多唐氏症患者能夠獨立生活。人們

往往描述唐氏症兒童性格甜美、有愛心。每 300 次懷孕中大概會出現一個唐氏症胎兒，不過懷唐氏症兒的機率和孕婦的年齡高度相關；20 歲孕婦懷唐氏症兒的機率不到 0.1%，反觀 49 歲孕婦的機率就提高到 10%。後面這個年紀的婦女已經喪失生殖能力，也許就是因為染色體出問題的風險太高了。不過，80% 的唐氏症兒童是 35 歲以下婦女所生的，她們直到嬰兒誕生才曉得自己懷的是唐氏症兒。

當勒瓊在 1950 年代末期發現唐氏症的病因時，他希望自己的研究對治療這種疾病有貢獻。沒想到後來的發展令勒瓊驚駭不已，因為他的研究促使科學界開發檢測方法，以便及早確定孕婦是否懷有唐氏症兒，結果是墮胎的數量大增。在英國，孕婦在胎兒十週到十四週大時可以接受免費篩檢，目標是檢驗胎兒有沒有唐氏症候群、愛德華症候群或巴陶氏症候群。利用超音波測量胎兒後腦的液體囊大小，加上荷爾蒙濃度檢測，就可以評估胎兒帶上述疾病的風險。高風險孕婦可以接受羊水或胎盤組織取樣，然後胚胎細胞在培養介質中成長，加以固定和染色後，就能檢驗其染色體。假如偵測到染色體異常，大部分孕婦會選擇中止懷孕。截至今日，染色體異常仍然無藥可醫。勒瓊發現唐氏症病因之後，就開始積極提倡人道照護唐氏症患者，他帶領法國的反墮胎運動，名稱就叫做「讓他們活下去」。勒瓊本人還擔任教宗若望保祿二世（Pope John Paul II）的顧問。

受孕胚胎中大約有 2% 擁有一套整多餘的染色體，使得胎兒的染色體總數達到 69 條，而非正常的 46 條。這些 3 倍體胎兒

（triploid foetuses）很少能活到降生，大部分還在胚胎時期便自然流產了。少數倖存的胎兒足月出生後，會呈現多種嚴重出生缺陷，包括生長遲滯、心臟和神經管缺陷，出生後幾天內就會夭折。3 倍體是卵子或精子擁有完整的 46 條染色體造成的，原因是精子發育失敗，或是兩顆精子同時進入一顆卵子。前面已經說過，一旦精子成功穿透卵子，就需要迅速製造屏障以阻止其他精子，如果速度太慢，就可能有兩顆精子都進入卵子，所以受精卵就會有來自父親的兩套染色體。還有更罕見的 4 倍體，也就是胚胎的每一條染色體都有四套，這種情況很可能發生早期流產。

　　唯一可以完全被刪除的染色體是 X 和 Y 染色體，其實並不意外，畢竟大多數男性只有一條 X 染色體，而女性則沒有 Y 染色體，照樣都活得好好的。嬰兒是男是女取決於有沒有 Y 染色體，說得更明確一點，要看 Y 染色體上的功能性基因（例如 SRY）有沒有發育成男性胚胎，啟動睪丸的發育。許多遺傳疾病的成因，是嬰兒出生之後性染色體的改變被容許所致。

　　罹患透納氏症候群（Turner syndrome）的人有 45 條染色體，而不是正常的 46 條，身上所有的細胞都只有一條 X 染色體，患者自然全都是女性。X 染色體通常來自母親，因此精子只有 22 條體染色體，完全不見性染色體。即使透納氏症患者的預期壽命比平常人少了 13 歲，而且成人可以過正常生活，但是帶透納

氏症的胚胎，99% 會流產或死產（總流產率為 10%）。罹患透納氏症的婦女無法分泌足夠的女性荷爾蒙雌激素和黃體素（孕酮），不過這可以用荷爾蒙替代療法治療，以確保青春期到來。因此這種病需要及早診斷，才能及早治療。患有透納氏症的婦女通常心臟、腎臟、甲狀腺、骨骼會出現問題，而且容易肥胖和得糖尿病。雖然語言功能良好，但有時難以了解社交關係和數學，空間推理也不佳。她們大多數無法受孕，不過小部分在青春期時擁有足夠的卵巢組織，所以在接受生育治療後可以懷孕。[9]

每一千個女性中，有一個生來就有 3 條 X 染色體，她們的症狀輕微，所以 3 倍體 X 染色體症狀往往不會診斷出來，但是這樣的女性身高通常比較高，還可能有學習障礙。另外也發現過許多其他性染色體混合的情況，譬如 XXY、XYY、XXXY、XXYY、XXXXX，各有一些症狀。症狀最輕微的是 XYY 症候群，每一千個男孩中會有一個得到，他們沒有症狀或症狀很少，所以通常不知道自己得了這種病。XYY 男性甚至有生育力。

受精後的人類胚胎會經歷多次細胞分裂，身體細胞逐漸增加，到成年時數量高達好幾兆個。最先生成的一球細胞稱作囊胚，胚胎一旦進入囊胚階段（大概是受精後 6 天），就會開始在子宮壁上著床，接著發育成胎盤和胎兒。這個過程需要有健康的胚胎，而受孕的子宮也需要產生廣泛的改變，所以失敗的機會也

很大。事實上，在受精卵著床的過程中，有超過一半的失敗機率。

　　如果你認為人類的生命始於受精，那麼人類的頭號死因根本不是癌症、心臟病或傳染病，而是受精卵著床失敗，過去是這樣，未來很可能也是這樣。如果你相信胚胎在受孕時就有了不滅的靈魂，那麼有一半靈魂到了來生只不過是一球囊胚。

　　囊胚偶爾會崩解，不明理由的裂成兩半，每一半擁有相同遺傳物質，形成分離的胎兒，這些就是同卵雙胞胎。另一種情況是兩顆受精卵同時在子宮內著床，這就形成了異卵雙胞胎。異卵雙胞胎比同卵雙胞胎常見，大概每 45 人中有一人是雙胞胎。不過每 8 次懷孕中有一次開始時是雙胞胎，但其中一個胎兒會早死，被母體重新吸收，這就是所謂的「消失的雙胞胎」。由此看來，有很多人在母體中剛開始發育時，其實是雙胞胎，只是很少人知道罷了。

　　流產指的是胚胎或胎兒在還不能養活之前便死亡了。懷孕二十三週之後胎兒死去，稱為死胎，主要症狀是陰道流血，通常伴隨疼痛，孕婦可能也會察覺自己沒有懷孕的感覺了。有些孕婦完全沒有顯現胎兒已死的徵兆，直到定期產檢和超音波掃描時才發現。流產後一般不需要治療，但需要情緒支持，富含同情的心理輔導也有幫助。婦女流產後往往感到悲傷、焦慮、抑鬱，還有一些罪咎感，其實這些都不應該有，我以個人經驗保證，做父親的同樣感到傷心。

　　流產的頻率很難得知，因為許多婦女甚至還不知道自己懷孕，就已應流產了。如上文所述，大約有 50% 的受精卵無法在

子宮內著床，這些都是孕婦在毫不知情的狀態下流掉的。胚胎著床後不久死亡的頻率，幾乎也和著床失敗相當，尤其是雙胞胎。等到婦女知道自己懷孕，流產率大概介於 10% 到 20% 之間。

　　一旦胎兒長到 12 個星期左右，流產的危險就大幅降低了。到了這個階段，許多主要器官都已經初步成形，也開始發揮功能。如果某個重要器官不管用，或是無法順利發育，那麼胚胎就會死去。舉例來說，胚胎應該在第三週或第四週就有心跳，將必要的營養素汲取到微小的胚胎四週，如果沒有心跳，那麼在這麼早的懷孕初期就會流產了。

　　發生流產的具體原因罕有人知，也幾乎無法預防，染色體出錯就是這種情況。除了染色體的問題之外，還有一些常見的原因也會導致流產。

　　位於頸部的甲狀腺分泌荷爾蒙，例如雌激素，功能是控制新陳代謝和生長。甲狀腺功能太活躍會分泌過多荷爾蒙，干擾雌激素調整子宮以利著床的能力；同理，甲狀腺不夠活躍可能造成死胎。所幸甲狀腺的問題可以利用合成甲狀腺激素來治療。

　　糖尿病患者的胰臟雖然還是會製造胰島素，但是他們的胰島素分泌不足，或是身體產生胰島素阻抗。當血糖過高時，胰島素會通知身體採取反應，所以如果缺乏胰島素，身體就會一直把葡萄糖輸送到血流中，就算根本不需要也繼續輸送。懷孕期血糖控制不良會導致許多併發症，例如嬰兒的心臟和神經管缺陷、流產、早產。小心監督血糖值、補充營養、就醫治療都有幫助。

　　讀者可能也猜到了，藥物、酒精、吸菸都會增加早期流產和

死胎的危險。大部分婦女直到月經遲到兩個星期之後，才會意識到自己可能懷孕，此時胎兒的脊柱已經形成，心臟也開始跳了，所以傷害也可能已經造成。

有很少數流產是因為孕婦的身體問題造成的，例如子宮異常或子宮頸無力，支撐不住懷胎的過程，這多半是在懷孕晚期發生。

免疫系統會對它所判定的外來物質發動攻擊，例如細菌或病毒感染，當胚胎形成時，便立即創造出潛在問題，因為它對母體來說顯然是外來物質。如果免疫系統的功能正常，將會欣然受懷孕這件事，胚胎會壓制母體的免疫系統，並且啟動適當過程，指示母體的免疫系統保護胚胎，而不是攻擊胚胎。萬一母體因為罹患自體免疫疾病，造成免疫系統缺陷，這些過程可能就不會發生，於是免疫系統就可能攻擊胚胎，導致反覆流產。自體免疫疾病〔例如多發性硬化症、第一型糖尿病或、克隆氏症（Crohn's disease）〕是身體免疫系統會攻擊和摧毀自己健康組織的疾病。狼瘡（lupus）是一種會增加流產率的自體免疫疾病，原因是這些女性身上帶有額外抗體，雖然沒辦法控制自己擁有這些抗體，但是可以偵測得到，施以治療就能降低流產的風險。

想要減少流產的危險，需要攝取健康的飲食，避免吸菸喝酒等傷害，還要管理糖尿病之類的疾病。不過，除了篩檢胚胎，萬一胎兒的染色體異常，我們也沒有什麼對策，因為上述這些因素導致的疾病並非遺傳得來，父親或母親不可能是帶原者；除非是貓叫症之類的罕見疾病，病因是某條染色體容易斷裂，但也不

一定會出現症狀。一旦染色體異常的嬰兒出生，他們的很多細胞
（甚至是全部細胞）都會帶病，而且沒辦法修復。這時候我們只
能夠管理症狀，幫助孩子盡可能過最好的人生。在可預見的未
來，並不是所有的疾病都能治癒。

第五部

不良行爲

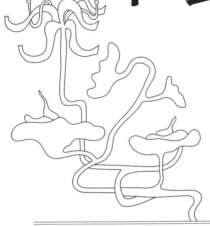

「以眼還眼的老規矩搞得人人瞎了眼。」

《邁向自由：蒙哥馬利的故事》
（*Stride Toward Freedom: The Montgomery Story*），
馬丁・路德・金恩（Martin Luther King），1958[1]

第十八章

不可殺人

　　行文至此，我們所討論的死因大多源自運氣欠佳，例如不幸得到傳染病或遺傳疾病。不過現在我們要換個方向，思考那些出於自己的選擇所造成的死因。

　　我們是世界上最危險的動物，經常傷害自己或別人——彼此殺害，在戰爭中合法殺戮，在平時殺人、意外闖禍、濫用藥物、吃錯誤的食物，甚至結束自己的生命。這一切都是人類處境的核心，因為我們是大型狩獵者，沒有比謀殺更基本、更古老的死因了。

　　一萬年前，有一群游牧民族在肯亞的圖爾卡納湖（Lake Turkana）附近一座潟湖旁搭建臨時營地，這片肥沃的地區是大象、長頸鹿、斑馬的家，也是人類族群喜歡的地點。不過這當中有一群人不是來獵大型動物的，他們的目標是人。他們對營地發動攻擊，殺死了好幾十個人。許多被害者直接曝屍當地，屍體逐漸被潟湖的淤泥和水覆蓋，腐爛到只剩下骷髏。幾千年的歲月流逝，潟湖乾涸成了沙漠，最後表面被風侵蝕，遺骸得以重見天日。

2012 年，專業化石探勘者艾貝亞（Pedro Ebeya）在這個場址發現人類的骨骼碎片。艾貝亞參與為期 5 年的「在非洲」（In-Africa）研究計畫，目的是研究人類在東非的起源。[1] 研究小組發現 27 個人的遺骸，包括十二具完整的骷髏，其中有十具遭受過武器傷害，這表示他們死於其他人類的毒手。骷髏的特徵包括頭顱裡仍然卡著一個箭鏃，頸部受傷，還有頭部遭到七次重擊的傷痕。有兩起手骨折斷的個案，可能是受害者企圖抵擋敵人毆打才造成的。有兩個人的骨頭沒有武器傷害的證據，很可能是雙手被縛致死。死者中有一個年輕的孕婦。[2] 攻擊者使用弓箭、棍棒、木柄斧頭、磨利的石刀——這些武器是設計來殺人，而不是狩獵動物用的。[3] 斧頭所用的石頭並非產自潟湖附近，意謂攻擊者可能是從大老遠過來，目的就是殺人。從遺骸的年代推斷，這場屠殺是已知發生最早的人類族群之間的衝突之一。[4]

人類是狩獵者，但是和其他體型相仿的狩獵者相比，人類的武器很薄弱。和表親黑猩猩相比，人類的爪子一無是處，牙齒細小，顎骨無力，手臂不夠長。不過人類擅長投擲，能夠在一段距離之外投擲石頭、長矛、彈弓、石弩殺死獵物。人類真正厲害的是團隊合作打獵，儘管如此，打獵還是經常失敗，有幸成功殺了一隻大型獵物，自己一小群人也吃不完，因此會和鄰居分享獵物，這樣未來鄰居也會投桃報李。此外，團隊打獵可以分攤危險。

人類行為逐漸演化為合作導向，為了狩獵成功，互助合作是關鍵，他們也開始發展語言溝通，在打獵時使用簡單的命令（停！噓！動手！）來傳達意思。

2012 年，美國人類學家波恩慕（Christopher Boehm）分析 50 個現代狩獵採集團體的文化。[4] 這些團體全部都利用類似法律的社會規範，來預防自私、霸凌、偷竊、過度偏袒近親或朋友。他們的懲罰方式是公開羞辱、訓斥、譏笑、侮辱、避不見面、逐出團體，甚至是死刑。放逐往往有死刑的效果，因為人類在危險的環境中不可能長期獨活。互助合作的行為是好幾千個世代所選擇的模式，所以正義感和公平精神是人之所以成為人的一部分。事實上，人類在行為失當時，會感到羞恥和罪咎，就是對自己的嚴厲懲罰，有時候這種情緒竟然強烈到逼人自殺。

關於狩獵採集的生活方式，很值得一提的是暴力死亡的可能性高低。[5]「我們的數據世界」（Our World in Data）網站創辦人羅瑟（Max Roser）針對 27 個非國家型（non-state）社會做過一份調查，[6] 發現因暴力而死的死亡率介於 4% 到 26%，一般來說大概是 25%。暴力死亡比率最高的是厄瓜多亞馬遜雨林中的瓦拉尼族（Waorani），他們的政策是殺光所有外來者，直到過去幾十年才改變。最和平的是澳洲北部的安巴拉族（Anbara），暴力死亡的比率「只有」4%。這種情況或許反映了現代狩獵採集者特別的地方，他們是不是需要暴力才能生存呢？另一種研究方法是利用考古學證據。考古學家研究過去 1 萬 4 千年裡的 26 個群體，他們的記錄顯示，暴力死亡占死亡總數的比率從零到

60% 不等，平均值是 16%。舊石器時代留下來的骷髏經常顯示暴力死亡的證據，例如骨頭裡卡著箭鏃，頭部也有武器造成的致命傷。針對當今四處為家的狩獵採集群體所做的研究發現，大部分致命攻擊似乎是一對一的事件，而不是像圖爾卡納湖屠殺那種群體對群體的戰鬥。[7] 儘管如此，對傳統非國家型社會〔例如新幾內亞（New Guinea）高地〕的人類學研究證實，小規模衝突經常發生，而且往往以屠殺戰敗團體收場。[8] 最有機會獲准活下去的是有生育力的婦女。

以狩獵採集為生的游牧群體，人數頂多只有幾百人，這些社會裡的人天天見面，彼此非常熟悉。在這種小型群體中，要求成員循規蹈矩的社會規範效果良好，因為人人認識對方。然而隨著群體規模變得太大，可能會分裂成較小群體。西元前 3 千年，蘇美人建立的烏魯克（Uruk）是當時全世界最大的城市，人口約莫 4 萬人。在一百人的小群體中效果良好的懲罰方式，例如公開譴責和放逐，到了規模這麼大的城市就失效了，因為被懲罰的人可以搬去同一社群的其他地方，重新交朋友、找工作，影響不大。這時候就需要新的制度。

書寫是人類最棒的發明之一，將語言轉化成形象，寫下來可以保存、可以分享。人類歷史中至少在獨立發明過三次書寫──各是在中東、中國和中美洲。和其他許多發明一樣，最古老

的書寫起源自中東。發明書寫的人是作帳的會計，用文字來促進交易，後來延伸到碑文、宗教書寫、詩歌、故事，以及記錄國王的事跡。不久之後，最初的律法被寫成文字，我們所知道的最古老法典寫於西元前 2100 年左右，是以蘇美國王的名字烏爾納姆（Ur-Nammu）命名的《烏爾納姆法典》。到了巴比倫（現在的伊拉克）的《漢摩拉比法典》（*Code of King Hammurabi*），內容就更廣泛了。這部法典是在 1901 年發現的，它被雕刻在巨大的石塊上，用意顯然是公開展示。法典以漢摩拉比國王的名義書寫，用的是阿卡德語（Akkadian），目前在巴黎羅浮宮（Louvre）美術館展出。石頭上方刻著漢摩拉比國王從太陽神（Shamash）手中接下律法的圖像，下方則是完整的法典，雕刻在高 2.25 公尺的石板上，內容以阿卡德語書寫。

這部法典總共包含 282 條法律，[9] 已經足以管理整個帝國。（相較之下，美國每年新增加 4 萬條新法，沒有人真正確知美國總共究竟有多少法律。[10]）漢摩拉比法律全部是按照這個格式寫的：如果你做了這件壞事，就會得到這樣的懲罰。

這些法條包含家事法、商業與管理，還有巴比倫眾神的全力加持。法律通常根據當事人的性別或在巴比倫社會所屬的階級而定，舉個例子，醫生為仕紳治好重傷，可以索取 10 個銀幣作報酬，如果治療的對象是自由人，報酬 5 個銀幣，如果是奴隸，只收費兩個銀幣。同理，醫生治死了富有的病人，需要被砍斷雙手作懲罰，如果治死的是奴隸，只需要賠錢了事。大多數懲罰都是罰款，不過也常常動用死刑。《漢摩拉比法典》沒有監禁犯人

的規定。以下舉若干法條為例：

(1) 任何人在長者面前控訴任何罪行，卻無法證明指控事項，如果控訴罪刑應處死刑，那麼此人將被處死。（不可容忍誣告。）

(2) 任何人犯下強盜罪行被捕，應處以死刑。（不可偷竊。）

(3) 任何人打開溝渠灌溉自家農作物，但不慎將水淹沒隔壁農田，應該以穀物賠償鄰居的損失。（有許多法條是為農人訂定的。引底格里斯河和幼發拉底河的水灌溉農田，在巴比倫是至關重要之事，因為當地降雨非常稀少。農人都以穀物支付賠償，而不是用金錢賠償，大概是因為前者對農人比較容易。）

(4) 任何人與親生母親亂倫，母子都處焚刑。（性法律。）

(5) 挖人眼睛的人，自己的眼睛也會被挖掉。（以眼還眼。）

(6) 如果挖他人奴隸的眼睛，或是打斷他人奴隸的骨頭，須賠償對方一半的奴隸價值。（奴隸比自由人廉價。）

　　雖然《漢摩拉比法典》得到天神的認可，但是法典裡沒有宗教法，看起來漢摩拉比並不關心自己的人民信奉或不信奉哪些神明，和《舊約聖經》截然不同。《舊約聖經》的很多部分是一千年之後在巴比倫流域書寫和編纂，對於《聖經》中的法條，上帝扮演更中心的角色，「十誡」中明令「除了我以外，你不可有別的神」（出埃及記 20:3）。鼓勵信仰其他神明將處以死刑：「如

果你的親兄弟、你的子女、你的愛妻，或是你的摯友偷偷慫恿你，告訴你：『我們去拜其他的神吧』……不要屈從也不要聽信。不能同情他們。不能赦免他們或保護他們……丟石頭砸死他們。」（申命記 13:6-10）。這樣的國家尋求控制人民的思想，而不只控制人民的行為。

　　閱讀《漢摩拉比法典》時，有件事令人十分驚訝：幾千年來人性幾乎沒有改變。甚至過了 4 千年以後，我們對漢摩拉比所定義的犯罪行為，大致還是認同的，唯有奴隸制度的合法性明顯是個例外。《漢摩拉比法典》之前的司法制度很隨意，不透明也不公平，所以漢摩拉比頒布的這些法律是一大進步。法律被雕刻在巨大耐久的石板上，公開豎立讓所有人觀看、閱讀（假設他們能識字）。不良行為的後果藉此公諸於世，作為防範犯罪的手段。人們經常祈求天神加重法律的份量。除非證明有罪，否則當事人應該被視為無罪。同一社會階級者犯下同一罪行，都應接受相同的處罰。以前，令人害怕的罪犯、有人脈或有錢財的罪犯，可能比不討人喜歡或弱小的罪犯獲得較為寬容的待遇。就像法典上所說的，漢摩拉比的目的是「將正義之法引入吾土，摧毀邪心之人和作惡之人；如此便無恃強凌弱之事……照亮吾土，增進人類福祉」，[10] 至今這些仍是值得稱頌的目標。

　　我們可以為國家下一個定義：在一定區域內，由政府行使

職權管轄的一個有組織的政治群體。大約 5 千年前的蘇美是最早出現國家，築城牆保護城市，管轄周邊土地。相形之下，非國家型社會的權力並非集中在一個人或少數人手裡（譬如國王或一群貴族），他們不見得是游牧民族，也可以是自治村落。他們缺少職業分工，社會上不見君王、軍人、行政官、教士、收稅官，所以也缺少稅收與中央集權的產物，例如金字塔、宮殿、神廟等等。因為國家可以透過建造良好的城市與書寫留下長遠的記錄，所以我們對過去的認識都被這些記錄左右。儘管如此，在幾乎整部歷史中，大部分的人生活在沒有國家的社會裡。4 千年前的國家只占據極小地區，其餘都是廣大的無國家區域（所謂的野蠻民族），比起來簡直是滄海一粟。一直到西元 1600 年，國家才開始主宰地球上的大部分地方，當時歐洲人在大部分的美洲土地上掌握了控制權。

1651 年，霍布斯（Thomas Hobbes）出版《利維坦》（*Leviathan*）[11] 一書，堪稱最有影響力的政治論述之一。霍布斯在書中主張，為了防止群體對抗群體的無政府戰爭狀態，為了免於不斷身陷暴力死亡的恐懼與危險之中，人民心甘情願選擇放棄行動自由。只要交出統治主權國的權利，就可以（也應該）避免戰爭。這個主權國會訂定法律，實施任何必要措施，以保障和平、維護社會安全，防止內戰的災難；霍布斯認為內戰是最糟糕的情況。這本書是霍布斯在英國內戰期間寫的，那一場戰爭主要在爭奪英國統治權，戰況複雜而激烈，間有天主教和新教對抗的大量暴力行為，這種宗教對峙在 17 世紀的歐洲很常見。英國內戰在

英倫三島全面爆發，愛爾蘭的戰況尤其殘酷。以戰死人數占總人口比例來說，這是英國歷史上死傷最慘重的戰爭，因此霍布斯親眼見證失去政府的可怕效應。

　　和狩獵採集社會相比，國家以農業為基礎，這點顯示霍布斯的主張其來有自。最早的統治者也許會把財富納入自己的口袋，並且奪去廣大民眾的自由和權力，但也確實減少了世間的暴力。想像一下舊石器時代的兩群獵人狹路相逢時，會發生什麼事？如果雙方有血緣關係，就比較有合作的理由，因此會先花時間攀關係，討論可能的家庭聯繫。但若是沒有關係的陌生人呢？他們會戰鬥還是會和平分手？戰鬥顯然是危險的事情，很容易就會造成人員受傷或死亡，不過也有潛在報酬：贏家能夠奪取輸家的財產，不僅是財物，還包括土地與女人。如果有一小群人覺得自己比對方更高大、更強壯，那麼一定會忍不住選擇輕鬆拿下對方。其次，既然兩個群體已經發現彼此，可能的話，徹底消滅對方是比較安全的做法，否則斬草不除根，落敗的倖存者未來可能糾集更多戰士捲土重來。最安全的選擇可能是先下手為強，最理想的情況是全數殲滅，這樣就沒有人會逃走再回頭報仇。最後，成功的戰士可以在群體內贏取極崇高的名聲和地位。脾氣急躁和被壓制的年輕人亟欲對同儕展示氣概；殺過人的戰士可經由衣著或刺青，炫耀他們新獲得的崇高地位，恆久穩固自己的位置。因此謀殺陌生人能得到報酬，而不是懲罰——畢竟連法律都不反對。

　　相較之下，在有法律的國家，如果個人自力救濟尋求正義，譬如報復對方殺害自己親友，並不能得到國法容忍。德國社會學

家韋伯（Max Weber）在 1919 年指出，國家自行壟斷合法使用暴力的權利。[12] 事實上，韋伯更進一步將國家定義為：能夠獨占權利，在疆土內使用和授權武力對抗人民的組織。復仇被禁止，因為只有國家有權決定罪與罰。好的統治者，譬如漢摩拉比，會向百姓承諾公平懲罰罪犯。行為不檢的後果已經逐字逐句事先言明，所以辯稱不知道不能作為藉口。無論個人多麼勢單力薄，都能有信心國家會替他討個公道。同理，罪犯也會害怕整個制度針對他，而不只是被害人的家屬想找他報仇。罪犯不會下手殺死被害人全家，以免對方向他報仇，因為這麼做沒有意義——懲罰罪犯的是國家，而不僅是被害人的家屬，所以蠻力不再管用。此外，法律有神明背書，不但增加威信，舉頭三尺有神明，犯罪者無論如何也逃脫不掉懲罰。

由國家接收權利以決定如何使用暴力，造成的缺點是人民失去自由，即使那是可以殺人無罪的自由。只要是在國家體制下生活，我們就沒有權利拒絕法律的規範，也無權尋求私下報仇。我們生在法治國家，無法拒絕自己不苟同的價值觀和法律，就算獨裁統治者濫用職位剝削、鎮壓百姓，也無可奈何。以國家為基礎的統治，好處是犯罪大量減少，尤其是謀殺案。這就是社會契約，[13] 道德哲學家和政治哲學家已經討論過很多。由此可知法典是人類最偉大的發明之一。

除了法律之外，國家也創造了職業軍隊以提升國力。[14] 過去發生戰爭時，全村男丁必要時統統出去作戰，現在不一樣了，戰鬥這份職業只留給訓練有素的士兵，他們配備鎧甲、精緻武器

和馬匹。即使城市被敵人征服，也沒有屠殺農人的理由；農人是資產，因為他們生產糧食。和職業軍人相比，農夫打仗不堪一擊，就算有仇想報也辦不到。到了兩千年前，因為有城牆和軍隊守護邊界，中國和羅馬帝國內部廣袤地域得以達到和平。城牆裡的城市距離潛在敵人可能有數百英里遠，隨著國家越來越大，百姓在戰爭中被殺的機率大幅降低。

就我們所知，古往今來最暴力的國家是墨西哥的阿茲特克，國祚起於 1345 年，止於 1521 年。阿茲特克人很愛打仗，目的是征服鄰國，勒索對方納貢。第二個重要目標是抓俘虜：倒楣被抓的犯人將被送上神壇獻祭。所有阿茲特克男孩在 15 歲就開始接受戰鬥訓練，哪怕已有其他工作，也可能被徵召入伍。對阿茲特克文化來說，戰爭太重要了，所以他們會事先安排所謂的「花之戰」（Flower Wars），和鄰國兵戎相見，就像現代人安排體育賽事一樣，雙方在戰前講好各出多少人，以保持戰鬥公平。他們作戰的目標是讓個別戰士有機會擒拿俘虜，贏得聲望，這和今天的足球比賽實在有異曲同工之妙。

俘虜的心臟被挖出來，在金字塔上獻祭，這種事發生的頻率高得嚇人：1519 年入侵墨西哥的西班牙記錄員報告，阿茲特克神廟展示一排又一排的骷髏頭，成千上萬顆骷頭被木棍穿過太陽穴串在一起。有人猜測西班牙人是不是言過其辭，目的是替自己征服和毀滅阿茲特克文明找合理藉口。然而，2017 年墨西哥市出土一排 12 公尺寬的骷髏頭架遺跡，和西班牙人的描述如出一轍。[15] 這架骷髏頭位在大神廟（Templo Mayor）的基部——

金字塔頂端有兩座神廟，分別獻給戰神（Huitzilopochtli）和雨神（Tlaloc）。骷髏架兩端各有兩座 5 公尺高的塔，是拿架上開始破碎的骷髏建造的。西班牙人被阿茲特克人的宗教嚇壞了，尤其是目睹自己的士兵被俘虜後，在神廟上活生生被挖出心臟獻祭。1521 年西班牙人征服並摧毀這個城市之後拆除大神廟，原址鋪平改建成墨西哥市的一部分。

雖然阿茲特克帝國的人民中，有 5% 最後因暴力而死亡，可是和狩獵採集者相比，這個數字還是算低的。從 1900 年到 1960 年間，美國和歐洲雖然經歷兩場世界大戰，但暴力死亡率大概只有 1%。目前殺人致死率最高的地區是拉丁美洲、加勒比海、南非。2016 年，謀殺率最高的國家是薩爾瓦多、宏都拉斯、委內瑞拉，比美國高了 15 倍，而美國的謀殺死亡率是日本的 55 倍。[16] 假如國家衰弱，其他團體（譬如犯罪幫派）就能夠逕行動用暴力。中美洲是廣泛組織犯罪的大本營，幫派互槓，國家則忙著應付強盜、綁架、勒索和毒品交易等罪行。槍械、興奮藥物、酒精很容易取得，又增加了危險因子，尤其對年輕男性危害更大。犯罪橫行逼走了合法企業，創造更多貧窮和失業人口，接下來貧窮和犯罪便形成惡性循環。也許我們正在目睹新型態的衝突，不僅是國與國之間的戰爭，還有以組織犯罪為基礎的衝突，就像薩爾瓦多那樣。[17]

下一個部分要討論自殺，可能會令某些人感到不舒服。

對於 16 歲到 40 歲左右的年輕人，頭號死因是自殺。下次你凝視鏡子時，不妨想想你眼前的這個人是最可能殺死你的人──比地球上所有的人對你更危險。人類是已知唯一會用暴力對付自己的物種，還會使用武器自戕。

世界上自殺率最高的國家是蓋亞那、賴索托和史瓦濟蘭，不過自殺數據並不可靠，因為許多國家根本不蒐集正確的資料。[18]2021 年，世界衛生組織估計只有 80 個國家的自殺資料得到妥善記錄。[19] 自殺是很不名譽的恥辱，甚至是非法的，所以許多死亡案件被登載成意外，譬如路況良好但駕駛人卻直直開車去撞樹，實際上不是意外而是蓄意自殺。因此蓋亞那、賴索托和史瓦濟蘭之所以自殺死亡率排名這麼前面，至少反映當地如實記錄自殺案件。自殺是全球現象，2019 年的自殺案件中，有 77% 發生在低所得和中所得國家。15 歲到 19 歲青少年的死因中，自殺排名第四。[20] 此外，每次自殺死亡的背後大約還有 20 次自殺未遂的案例。

金門大橋（Golden Gate Bridge）連接美國舊金山和北方的馬林郡（Marin County），於 1937 年通車。如果你從橋面往下跳，需要花 4 秒鐘才會落水，有足夠時間讓你思考這件事，然後就會以每秒 75 英里時速撞擊水面。假如僥倖沒死於這股衝擊力道，你會感受到腳盤、雙腿、背部斷裂的極度痛苦。這些傷勢讓你無法在冰冷的海灣裡游泳，所以最後還是會溺死。偶爾有路過的船隻救起這些倖存者，可惜他們往往落到終身殘廢的下場。很多倖

存者事後接受訪問時表示，他們在跳下橋的那一刻就後悔了，可以確定的是，他們的餘生都無法心平氣和接受自己當初的這項選擇。加州高速公路巡邏警察曾攔阻 515 個打算在金門大橋一躍而下的人，後來這些人當中只有大約 10% 再次走上絕路。[20] 由此看來，奪走自己性命的決定幾乎都是一時衝動，那些設法熬過痛苦、懸崖勒馬的人，日後都很慶幸當初沒有真的做傻事。

　　自殺背後有一整套複雜的原因，當事人會出現強烈的情緒痛苦。很多自殺者因為心理疾病苦苦掙扎，特別是憂鬱症和躁鬱症。憂鬱症尤其難察覺，可能持續好幾十年。企圖自殺者的社經地位可能比較低，處於性別弱勢，往往沒有子女。人類是高度社會性動物，非常介意別人怎麼看待自己，深刻的羞恥感就可能逼迫當事人動自殺的念頭。新聞界或社群媒體關於自殺的報導不負責任，例如描述自殺者使用的自戕方法，可能會引起脆弱者的認同，繼而模仿其自殺舉動。

　　有些文化比較能接受自殺，反觀另一些文化甚至認為自殺是犯罪。主要宗教都譴責自殺，認為生命是上天的恩賜，不可拋棄，否則將會下地獄，或是來生必有惡報。不過對於沒有宗教信仰的人，自殺為何是壞事？一個人對自己身體定然有自主權，想幹什麼就幹什麼對吧？有人從功利主義的層面來探討這個問題。雖然奪走自己的生命可能結束自己（暫時）的苦痛，卻會對所有愛你、關心你的生者造成深刻、長遠的傷痛，造成的整體痛苦更深更廣，因此自殺帶來極為負面的效果。遺憾的是，當人處在想要一了百了的自殺狀態時，心裡常會出現一種幻覺，就是沒人關

心自己、自己的存在是負擔、自己離開世間會讓別人獲得解脫。當事人也很難想像情況會有所改善，這些錯誤信念會降低自我傷害的障礙。這時候旁人可以多花時間陪伴心理脆弱的人，提醒他們，還有別人關愛他們，因而減少自殺的危險。任何非惡意的人際接觸都有幫助。

1935 年，英格蘭教會（Church of England）年輕的教區牧師韋拉（Chad Varah）第一次主持葬禮儀式。死者是 13 歲的女孩，她相信自己得了性病，將來一定會痛苦且恥辱的死去，因此選擇自殺一了百了。事實上女孩根本沒有病，她只是來了初經。這場平白無辜的自殺悲劇改變了韋拉牧師的一生。他在女孩的墳墓旁立誓，將要貢獻自己的人生，打敗導致女孩死亡的羞恥、孤離和無知。他要對那些有自殺念頭的人，雙管齊下提供性教育和情緒支持。

韋拉除了履行教會職責，還為兒童漫畫《女孩與鷹》（*Girl and Eagle*）撰寫故事，協助創造《丹‧達爾》（*Dan Dare*）漫畫——漫畫的主人翁丹‧達爾是太空時代堅毅不拔的英雄人物。韋拉也提供性教育，使他在青年會（youth club）的演講非常受歡迎，尤其吸引打算結婚的年輕情侶。1952 年，韋拉寫了一篇討論性的文章，刊登在擁有廣大讀者群的《照片郵報》（*Picture Post*）。不出所料，這個話題引來保守人士的憤怒，但事後令韋

拉震驚的是，他收到 235 封信，來信的人都需要找人談談——可以分擔他們的恐懼、憂慮、祕密的人。其中有些人甚至承認動了自殺的念頭。當時倫敦每天通報的自殺案件有三起。韋拉於是明白，絕望的人有迫切找人談談的需求，而且需求很大。

1953 年，韋拉搬到倫敦市聖史蒂芬（St Stephen）教堂的新教區，和祕書璞羅瑟（Vivien Prosser）共事。他的新教堂有一個當時很不尋常的特色，那就是配備現代高科技：電話。這給了韋拉開展新服務的機會——「自殺緊急專線」。韋拉動用他透過漫畫認識的報社人脈，開始宣傳新服務。《每日郵報》（*Daily Mail*）構思了一句標語：「打電話給好撒馬利亞人」（Telephone Good Samaritan），這是出自《聖經》的典故，講述一個被人輕視的宗教弱勢團體中，有個信徒請撒馬利亞人（Samaritans）對迫切需要幫助的陌生人伸出援手。需要透過電話或面對面會談得到支持的人，很快就讓韋拉和璞羅瑟應接不暇，還好有很多人志願幫忙，有些志工會陪伴訪客，和他們一起等候韋拉的約談。這些訪客往往不肯等候，就開始對志工滔滔不絕傾訴自己的問題，他們講完就離開，不需要再和韋拉見面。於是韋拉很快就了解「志工對訪客的益處比我更大」。

短短幾個月後，韋拉就把支持來電者的任務完全交給志工。撒馬利亞會一開始從只有兩個人和一部電話起步，如今已經擁有兩萬個志工，分會遍及英國和愛爾蘭共和國，每天不分日夜，平均每 6 秒鐘接聽一通來電。撒馬利亞會滿足情緒困擾者的需求，打電話來的人可以找人聊聊，而不會遭到批評或價值評判。接電

話的志工傾聽來電者的心聲，而且替他們保密，提出開放性問題，不論對方做了什麼，他們一概表達同情和諒解。撒馬利亞會拓展到海外，名為「世界益友會」（Befrienders Worldwide），在30 幾個國家設立分支機構。撒馬利亞會和類似的組織拯救很多生命，因為他們提供希望、支持，或只是在安全環境中傾聽來電者的傾訴。

　　從 1953 年到 1974 年，韋拉持續擔任倫敦分會主任，從1974年到1986年擔任撒馬利亞會的會長。他是《論壇》（Forum）性教育雜誌的諮詢顧問，也是英國最大的愛滋病慈善機構特倫斯・希金斯信託（Terence Higgins Trust）的贊助人。韋拉 80 幾歲時創辦「男性反女孩割禮」（Men Against Genital Mutilation of Girls）運動，主動去見東非移民，說服他們不要再施行這種殘酷的儀式。2007 年，韋拉牧師（並有博士、爵士頭銜）去世，享年 95 歲。有鑑於撒馬利亞會的完整匿名制，根本無法追蹤來電者，我們很難估算韋拉的志業究竟拯救了多少人。豪無疑問，必然是數以萬計。

第十九章
酒精和成癮

　　1948 年，俄羅斯西部的斯羅傑村（Slyozi）開始重新繁榮起來；德國侵略占領該村 3 年後，終於在 4 年前被趕走了。村裡100 個居民大多在鄰近的集體農場工作，也有人自己養蜜蜂、雞、牛和豬。然而 50 年之後，這個村子一片死寂，絕大多數建築物人去樓空、屋舍腐朽，人口只剩 4 人，最年輕的塔瑪拉（Tamara）79 歲。斯羅傑村的最後一個男性居民已經在一年前去世了。

　　整個俄羅斯到處看得到這種鄉村景象，居民全部都是老年婦女，不然就是整個村子徹底被遺棄。2010 年，俄羅斯有將近4 萬座村莊的人口不足 10 人，幾乎全部是老婦人。[1] 年輕人都搬進城市找工作，和尋求更好的機會，他們的母親和祖母留在村子裡生活，父親和祖父則留在墳墓裡。這種情況反映了俄羅斯男性和女性預期壽命的巨大差異——足足 10 年。俄羅斯女性的預期壽命是 78 歲，在歐洲來說並不算長，但也超過全世界的平均值，反觀俄羅斯男性的預期壽命卻只有 68 歲。

　　俄羅斯男性之所以壽命較短，背後有多種社會因素，譬如

欠缺醫療照護、工作危險、抽菸、失業。不過頭號原因是酒精，很多俄羅斯男性平均每天喝一瓶伏特加，導致不到 60 歲就死亡的例子比比皆是。[2]

俄羅斯婦女很清楚她們的男人是怎麼死的。79 歲的伊娃諾夫娜（Zinaida Ivanovna）住在斯羅傑村附近的威瓦夷村（Velye），她說：「酗酒是這一帶的大問題，簡直是惡夢。這裡的男人一拿到養老金就去喝酒，手裡有東西就拿去變賣，以便多買一些酒。他們什麼都喝──喝走私酒，甚至喝玻璃清潔液。」[3]

俄羅斯是怎麼弄到這個地步的？我們和自己最喜歡的藥物（酒精）關係很複雜，這種現象要怎麼解釋？為了回答這些問題，就必須回頭看看幾千年前我們的游牧祖先最初碰見酒精的情形。

人類最早什麼時候開始喝酒？喝的是什麼酒？答案已經不可考。不過我們倒是猜得出來葡萄酒最早是從哪裡來的。[4]野生種歐亞葡萄是現代釀酒葡萄的祖先，至今仍生長在土耳其東部、亞美尼亞和喬治亞等地。我們可以想像當初發生的事：早期游牧民族遷徙到一座土壤肥沃的山谷，發現沿河的向陽坡面長滿結實累累的野生葡萄樹，葡萄實在太多，他們一時吃不完，就把成熟的果實放進木製容器保存，這是他們用石斧雕刻出來的。很多過熟的葡萄裂開來或壓碎了，汁液流到容器底部。接著這些被遺忘的水果發生有趣的變化：葡萄汁冒出大泡泡和小泡沫，釋放濃濃

的二氧化碳，在液體上結成一層，並將氧氣排除出去。這時候葡萄汁開始發酵，逐漸轉變成葡萄酒。

幾個星期後，容器底部紅色的混濁液體被發現了，有人勇敢的啜飲一口，喜歡上這種汁液，它不但比葡萄汁更好喝，還會帶來令人愉悅、鎮定的感覺。可惜這項偶然的發明只產出少量葡萄酒，但已經足以鼓勵這群游牧民族，明年重回這座山谷時再進一步做實驗。接下來他們刻意在容器裡保留大量葡萄，出產的葡萄酒足夠大家一起分享。

這是人類第一次接觸大量酒精性飲料，所以不必多喝也能喝醉，醺醺然的人們很開心，很能社交，更愛聊天，更愛圍繞著營火唱歌跳舞。隨著酒喝越多，行為也開始逾矩了，有些人變得有攻擊性，另一些拋開一切束縛；有人嘔吐，還有人昏倒。第二天早上大家都體驗到宿醉的滋味，他們發誓不再喝酒，但是很快又忘記誓言，繼續開開心心尋歡作樂。幾個星期後，剩餘的葡萄酒和空氣接觸之後氧化變成醋，少量的醋可以讓食物更美味，可是沒有人會一次灌下一整瓶醋。於是這群人又得等到第二年，才能再釀新酒。

隨著投入的時間增加，以及不斷的嘗試錯誤，釀酒的過程獲得進一步改善：在容器上加裝緊密的蓋子，有助減緩葡萄酒轉化成醋。酒液底部有棕色的泥狀沉澱物，如果加一些到新的葡萄汁中，釀酒的過程會更快、更可靠。現在人們刻意將葡萄壓碎榨汁——傳統方法是光腳去踩葡萄，也可使用其他品種葡萄釀酒或與現成的酒混合。

　　上面的故事雖然是捏造的，但是我們有很可靠的證據，證明最早生產葡萄酒的城鎮，都鄰近野生葡萄樹生長的地區。1965 年到 1973 年間，一支加拿大探險隊挖掘伊朗西部的古代遺址高丁丘（Godin Tepe），當地出土的陶罐裡有殘留的酒石酸，這是酒發酵時產生的化學物質，還有花青甙色素（anthocyanin pigment），紅葡萄酒的顏色就是靠它染成的。陶罐顯然是專門設計用來裝酒的，罐上有小孔，適合讓二氧化碳逸出，同時排出多餘的空氣（密封容器裡若有發酵物質，隨著壓力累積，可能有爆炸的危險。）這些瓶罐是 5 千年前留下來的遺物。[5] 從西西里（Sicily）[6] 和亞美尼亞（Armenia）[7] 出土的陶器碎片上，找到甚至更古老的葡萄酒餘緒。

　　釀造葡萄酒後來成為高加索山附近的中東早期文明很重要的一部分，並且逐漸延伸到希臘、羅馬世界，變成最受歡迎的加工飲料。[8] 和其他眾多發明一樣，中國人很可能也獨立發現了葡萄酒。中國河南省賈湖遺址出土的葡萄籽，大約是 8 千年前留下來的，在同一處遺址發現的陶器裡，也找到酒石酸和葡萄酒的其他化學物質。[9]

　　啤酒釀造起於文明萌芽初期，可以追溯到 1 萬 3 千年前。[10, 11] 小麥、大麥是人類很早就耕種的穀物，空氣中的酵母菌孢子在潮濕的麥粒上繁殖，然後發酵成酒糊。酵母將糖轉化成二氧

化碳和酒精，製造熱量供酵母生長。人類最古老的書寫記錄中，有蘇美人對啤酒女神寧卡西（Ninkasi）的讚美詩，同時也是釀酒方子，詩中有幾句詞是這樣寫的：

寧卡西，是您在罐中浸泡麥芽，
寧卡西，是您將煮過的麥芽漿撒在大蘆葦墊上。
是您用雙手捧著絕妙的麥芽汁，
以蜂蜜（和）葡萄酒釀造（它）。

這很可能是釀酒女子唱的歌，可惜曲調已經佚失。早期啤酒是用乾草當吸管喝的，以免喝到底下的沉澱物質。釀造啤酒的技術從蘇美傳到埃及、希臘和羅馬，在北歐特別受歡迎，因為當地太冷，種不了葡萄。羅馬人瞧不起啤酒，認為那是野蠻人喝的，歷史學家塔西佗（Tacitus）寫道：「條頓人喝一種用大麥或小麥發酵釀造的可怕飲料，和葡萄酒絕不能比。」[12] 塔西佗此言頗有些偏見，他還說日耳曼的天氣世界最糟，[13] 日耳曼人都是騙子。[14]

啤酒之所以受重視，不僅因為味道好，滋味讓人陶醉，還因為它是比水更安全的飲料。受到汙染的水裡可能有大量致病微生物，但是酒精和釀造過程可以殺死這些微生物。中世紀最流行淡啤酒，釀造時間只需要短短幾天，酒色混濁，還加入各種物質調味，例如樹皮、香草、雞蛋。當時人人都喝淡啤酒，連小孩都喝，這並不代表全部的人天天都喝醉酒，因為酒精濃度只有1%。

現代啤酒的酒精濃度大概是 4%，當年那種濃度的啤酒既稀少，也比較昂貴。另外一種發酵產品是麵包，因此麵包裡也含有一些酒精，不過大多在烘焙過程中蒸發完了。

　　現代的啤酒消費反應它的起源：平均每人消費啤酒量最高的地方是歐洲北部和中部，[15] 捷克人也喝得很凶。以全世界來看，人民特別愛喝酒的國家，以前都曾受到酒類起源地的影響，譬如全世界每人啤酒平均消費量第二高的納米比亞，曾經是德國殖民地。葡萄酒消費量最高的地方是南歐和其他葡萄酒生產國，例如澳洲、烏拉圭、阿根廷。烏拉圭和阿根廷從前大部分的居民來自西班牙和義大利，他們帶來了釀造葡萄酒的技術。平均每人葡萄酒消費量最高的國家是天主教廷梵蒂岡市，那裡的人口全部是男性，全部是成年人，喜歡一起吃飯、分享美酒。[16] 至於東歐人和東亞人則對烈酒情有獨鍾。[17]

　　釀酒時如果餵酵母太多糖分，發酵被推到極限，就會產生太多乙醇，酵母隨之死亡。根據酵母品種的不同，當乙醇含量達到 14% 左右，就會發生這種情況，因此葡萄酒的酒精濃度上限大概就是這個水準。

　　不過還有辦法能做出更烈的酒，那就是蒸餾。乙醇在攝氏 78 度沸騰，水的沸點則是攝氏 100 度，這意謂如果把乙醇和水的混合物（譬如葡萄酒）煮沸，乙醇會先轉化為氣體揮發。等到

氣體冷卻還原回液體狀態，再收集起來，汁液裡的乙醇濃度就會比原始混合物高出很多。

　　幾千年前的中國和中東就已使用蒸餾法製造藥物、香水，也用蒸餾法將海水提煉成飲用水，以及製造酒精飲料。多虧冷卻盤管的發明，蒸餾過程得到大幅改善，和先前的直管蒸餾設備相比，冷卻盤管能更有效的冷卻氣體，使更多氣體濃縮還原為液態。11 世紀的波斯全能天才伊本・西那（Ibn Sina）寫了很多本書，其中一本就描述使用冷卻盤管蒸餾的方法，他將玫瑰花瓣蒸餾出油脂，然後製造玫瑰精油，用來治療心臟疾病。

　　現在我們可以利用所有植物的發酵產物，經由蒸餾方法加工，藉此製造烈酒。對俄羅斯來說，最重要的酒是大約一千年前發明的伏特加酒，發明地點可能在波蘭或俄羅斯（波蘭和俄羅斯至今仍然為了誰發明伏特加爭論不休）。伏特加這個名字來自俄文的 voda，意思就是水。蒸餾的概念是土耳其人從中東傳進東歐的，因為東歐太冷了，不適合種植葡萄，所以必須使用其他的植物。最早生產伏特加的記錄來自西元 9 世紀的俄國，而史料中首度提到蒸餾酒廠則在 1174 年。波蘭人宣稱他們早在 8 世紀就發現伏特加，不過他們指的很可能是以葡萄酒蒸餾所得到的白蘭地酒。西元 15 世紀，俄羅斯的修道院開始利用穀物製造伏特加。

　　伏特加在俄羅斯帝國受歡迎的主要原因，是沙皇為了創造收入而大力推銷。1540 年，沙皇「恐怖伊凡」（Ivan the Terrible）對伏特加課重稅，還成立一個酒館網絡，享有伏特加的獨賣權。家庭蒸餾的私酒一概禁絕，只有貴族享受例外。到了 17 世紀，

伏特加已經成為俄羅斯的國家飲料，皇宮裡和慶典上都經常供應。這一切措施讓伏特加聲名鵲起，進一步鼓勵百姓飲用。伏特加稅很有賺頭，居然高達全國整年收益的 40%。1863 年，沙皇亞歷山大二世（Alexander II）終止政府壟斷伏特加生產，於是普通人也能製造和販賣自己的產品，伏特加的價格下跌，並且外銷到國外，消費量再度創新高。此時伏特加已經深埋在俄羅斯文化中。[18]

到了蘇聯時代，政府對酒精的態度在禁止和鼓吹之間擺盪。1917 年俄國大革命之後，列寧（Lenin）企圖禁止伏特加，不出所料失敗了。在他看來，只有世界上的勞工保持神智清醒，才能夠團結一致。反之，史達林（Stalin）本身就是好酒之徒，他和政治局（Politburo）朋友的深夜會議，不免演變成伏特加狂歡會。[19] 史達林又走回沙皇的老路，課徵伏特加稅以增添國家財源。到了 1970 年代，伏特加稅重回政府收入的 1/3，每人每年飲酒量上升到 15.2 公升。容許大眾沉醉酒鄉可以減少政治異議，有助維護共產黨政權。俄羅斯歷史學家兼異議人士梅德韋傑夫（Zhores Medvedev）在 1996 年主張：「這種『大眾鴉片』（伏特加）或許解釋了俄羅斯的國家財產何以能重新分配，國家企業何以能如此快速轉移到私人手上，而沒有引發任何嚴重的社會動盪。」[20]

1985 年，不小心終結了蘇聯體制的偉大改革家戈巴契夫（Mikhail Gorbachev）決定要解決酒精造成的龐大問題。當時酗酒已經成為蘇聯的第三大殺手，前兩項死因則是心臟病和癌症。戈巴契夫對酒精宣戰，採用的措施包括大規模媒體宣傳活動，提

高葡萄酒、啤酒和伏特加的售價，限制銷售量。在工作崗位、火車上或公共場所醉酒的人，可能會遭到起訴，甚至電影中的飲酒畫面都必須剪掉。很多釀酒廠因此一蹶不振。

戈巴契夫的計畫奏效，做妻子的開始比較常看見神智清楚的丈夫（生育率因而提高），預期壽命延長了，工作生產力也有所改善。然而很多人被迫改喝非法的家庭製私酒，還有些人自己找替代品，竟然喝下防凍液中毒。由於國營販酒站的銷售量減少，稅收跟著下滑。戈巴契夫原本希望工人上班時神智清醒、不宿醉，就可以提高生產力，藉此彌補下滑的稅收，可惜天不從人願。戈巴契夫後來在俄羅斯很不受歡迎，反酒精運動正是原因之一。

蘇聯解體之後，葉爾欽（Boris Yeltsin）成了俄羅斯聯邦（Russian Federation）的第一任總統，他自己很愛喝酒，取消共產黨時代重新實施的國家壟斷賣酒政策，造成酒類供應大幅上升。1993年，俄羅斯國民飲酒量回升，每人每年平均消費14.5公升純酒精，使俄羅斯人成為全世界喝酒喝最凶的民族。另外，酒精消費排行榜前十名的國家，還有白俄羅斯、摩爾多瓦、立陶宛、烏克蘭，[21] 這些國家都曾經是俄羅斯帝國和蘇聯的一部分。反之，飲酒最少的都是伊斯蘭國家，因為那些國家不是強烈反對飲酒，就是將酒精列為非法物品。

推論人類在過去一萬年才開始喜歡喝酒，是很合邏輯的假

設，中東和中國都在那段時間開始釀造葡萄酒和啤酒。然而最近的 DNA 證據卻顯示，人類喜歡上喝酒的時間，可以回推到更久更久以前。

酒精是毒物，所以喝酒時需要將它分解成毒性較低的成分。這個分解過程的第一步就是乙醇氧化成為乙醛，這是由酒精脫氫酶催化的。肝臟裡有高濃度酒精脫氫酶，胃裡也有，所以能夠盡快開始對乙醇作用。ADH_4 版本的酒精脫氫酶會催化許多分子的分解，可是在大多數物種體內，它很不容易和乙醇結合。人類和表親類人猿是例外，在他們體內，ADH_4 分解乙醇的速度比其他靈長類動物快 40 倍。大約一千萬年前，人類的祖先演化得到這種快速版 ADH_4，暗示當時乙醇可能漸漸成為人類飲食的一部分。這些早期猿類是大猩猩、黑猩猩和人類的共同祖先，他們並不會釀啤酒或葡萄酒，而是吃下過熟的水果，天然酵母使水果發酵，製造出乙醇。類人猿吃森林的樹上掉下來的水果，而不像猴子摘採樹枝上的水果，這一點是吻合的。[22] 因此乙醇很可能早在一千萬年前就開始進入類人猿的飲食，那時候人類根本還不存在。這件事所追溯到的，是人類祖先開始在平地上生活，而不再住在樹上的時間。

人類大概有 20 個基因是用來製造酒精脫氫酶以代謝乙醇，因為 DNA 序列改變，製造出來的酶略有不同，所以乙醇對每個人產生的效果差異也很大。舉例來說，東亞人身上常見的一個序列變異導致他們對酒精反應不良，喝了酒以後容易臉紅、頭痛、噁心。[23] 基於這些遺傳差異，東亞人和波里尼西亞人酒精中毒的

比率便低於歐洲人。[24]

這種現象背後可能的解釋是，一萬年前的人類很少喝酒，就算喝也肯定不能喝很多，畢竟所有人對酒精都很敏感。隨著酒精變成飲食的重要部分，使酒精毒性較低的基因突變雀屏中選。比較晚近才接觸酒精的人種，對酒精容忍度顯得比較低，因為他們還沒有花太多時間完成 DNA 的改變，以應付乙醇的累積。

乙醇分子具有很多不同的效果，有些有益人體，有些卻對人體有害。關於乙醇對人體影響的研究，大多來自流行病學。一般是找兩組實驗對象，一組攝取大量酒精，另一組攝取很少酒精或完全不攝取，然後觀察兩組的健康有無差異，如果有差異，就可能得到酒精導致變異的結論。

這種研究方式問題多多。其中一個問題是兩組人可能一開始就不相同，例如有些人喝酒少的原因是經濟負擔不起，所以這組人可能帶有各種與貧窮相關的健康問題，而另一組實驗對象比較富裕、買得起酒喝，他們就沒有這些健康問題。只因為一組人的健康狀況比另一組差，不見得就是酒精造成的，還需要額外實驗來證明。

由此可見，推斷酒精對健康會產生何種影響，是很不容易的事。有些研究比較嚴謹，由多個研究團隊採用不同的方法，反覆進行實驗，如此得到的結果比較理想。根據這類研究，我們得

到了若干結論：適量飲酒似乎對健康有益，[25,26] 包括減少心血管疾病、中風、壓力、第二型糖尿病、膽囊結石、阿茲海默氏症。[27] 適量飲酒的意思是每星期攝取十單位酒精，但不是一次喝完，而是分好幾天喝。換算起來，大概是每星期喝一瓶紅酒，紅酒很可能比啤酒好，因為它含有更多抗氧化劑。

　　這些研究是比較適度飲酒的人和從來不喝酒的人。不過滴酒不碰也不是沒有好處，就算喝點小酒有益心臟，但肝臟卻比較喜歡完全不喝酒的身體。

　　血腦屏障在正常狀況下會防止有毒分子進入我們最寶貴的器官，可是乙醇卻能輕易穿越，影響人的心智和行為狀態。攝取少量酒精能改善心情，增加社交能力與自信，但是如果喝醉，人就會變得魯莽、不顧後果。舉個例子，被眼鏡蛇咬傷的人當中，有 40% 是喝醉酒的男性，至於那些故意去逗弄眼鏡蛇，活該被咬的人當中，有 93% 是醉酒的。[28] 喝太多酒會導致暴力、受傷、視線模糊、混淆、嗜睡、缺乏理解、喪失平衡與記憶、語言障礙、噁心嘔吐。喝醉酒的人出意外、體溫過低、溺水的危險更高。飲酒量極高時會造成知覺喪失、昏迷，甚至因為急性酒精中毒而死亡。

　　長期飲酒過量對健康有很多不良影響：心血管問題，包括心肌無力、心律不整、高血壓、中風等危險。肝臟在分解酒精中扮演最吃重的角色，所以如果肝功能失常，有可能會致命。肝臟的疤痕組織會慢慢累積成為肝硬化，最終導致肝衰竭。胰臟會發炎腫脹。大腦也受到影響，情緒和行為都因酒精改變，比較難思

慮清晰，行動也失去協調。青少年喝酒的影響尤其嚴重，因為會改變大腦中負責心情和情緒部分的 DNA。[29] 酒精致癌，特別是頭頸部、喉嚨、肝臟、乳房、子宮、大腸的癌症。如果母親在懷孕期間酗酒，嬰兒的出生缺陷更普遍。酗酒的人比較容易得傳染病，例如肺炎和肺結核，[30] 等同於自殺。最後，飲酒過量會使免疫系統衰弱，疾病更容易攻擊身體。目前世界上每年有 300 萬人間接死於酒精，直接死因則是外傷、消化疾病、心血管疾病、糖尿病、傳染病、癌症、癲癇和其他病症。

2018 年，有一篇涵蓋極廣的文獻綜述出刊，內容分析 592 項酒精影響健康的研究，研究對象包括 15 歲以上所有年齡層的男性和女性，地點多達 195 處。將所有正面、負面影響加重計分之後，結果發現最有益身體的每週酒精攝取量是……零。[32] 抱歉了。

酒精最陰險的效果是它的上癮本質。成癮是不由自主的持續使用某種物質或從事某種行為，即使本人知道這樣做有害，也控制不了自己。成癮始於使用者感覺那些活動很愉快，譬如嗑藥（包括酒精）、賭博、上網、購物。愉快的感覺創造心理興奮，於是產生更強的衝動，想要重複那項活動，以便重溫愉悅的快感。賭博贏錢就是典型的成癮行為。

加拿大醫生麥特（Gabor Maté）在溫哥華治療藥物成癮者，他自己的癮頭是買古典音樂 CD，耗資成千上萬元買早已擁有但還沒聽過的 CD。這種大腦被劫持的狀況很讓人震驚，至少非成癮者這麼認為。有一次，無法抵抗的衝動讓他丟下接生到一半的嬰兒，匆匆跑去音樂門市店。[33] 有些人對成癮很脆弱，幾乎任何

能帶來愉快的東西，都讓他們不可自拔，結果造成對健康、財富、人際關係的災難性後果。

　　大腦如何適應成癮物質或行為，開始渴求帶來愉悅的東西，以致成癮？有一項廣為接受的解釋把焦點放在神經傳導物質多巴胺（dopamine）。這種模式主張，不論對哪種物質上癮，大腦被控制的方式都一樣，[34] 也就是釋放依核（nucleus accumbens）中的多巴胺；依核是一群神經細胞，和動機、報酬、愉悅、強化學習有關聯。依核的附近就是海馬迴和杏仁核，前者主管記憶，後者處理情緒。河馬迴和杏仁核儲存滿足感和愉悅的記憶，重複接觸成癮物質或行為會刺激前額葉皮質，這是負責做計畫和執行任務的部分，因此成癮活動所帶來的愉悅，是與渴望、追求這些活動連結在一起的。

　　許多證據顯示多巴胺與藥物成癮有關：欠缺多巴胺的實驗動物，做什麼事都無精打采，演變到極致甚至會絕食死亡。這些動物不肯學習如何找食物和遮風避雨的地方，也不知道如何避開導致疼痛的刺激，因為長期記憶的形成需要神經細胞釋放多巴胺，它和刺激產生報酬連結在一起。大腦可以適應習慣性使用成癮藥物，方法是減少大腦內多巴胺受體的量。古柯鹼、安非他命、鴉片製劑、酒精、咖啡因、尼古丁、大麻、巴比妥酸鹽（barbiturates）、苯二氮平類（benzodiazepines）都會活化多巴胺系統，不過強度和機制各不相同。暴食和有害成癮行為（如賭博）的作用方式也類似。[35] 雖然多巴胺模式備受青睞，可是它將所有成癮都歸因於渴求一種神經傳導物質，必然是太過簡化了。[36] 成

癮是很複雜的行為，視藥物的特性和人與人的不同，都會有所差異。有些刺激物質可以使多巴胺的分泌量激增，但對愉悅或成癮的效果並不太，反之對酒精成癮來說，大腦裡的類鴉片（opioid）似乎比多巴胺更重要。

注射或吸食藥物比口服藥物更容易成癮，因為效果更快、更強烈。長久下來，大腦會產生適應，所以成癮活動開始失去原有的愉悅效果，相同份量的化學物質所製造的報酬和愉悅比以前低，身體逐漸發展耐受力，於是癮君子需要越來越大的刺激，才能創造相同的興奮感。因此咖啡迷比較喜歡更濃郁的咖啡，有賭癮的人覺得有需要加碼賭注，而藥癮者則會一直增加用藥劑量。

對於已經無法自拔的成癮者，上癮活動往往已經給不了太多愉悅，可是他們依然繼續油然生出強烈的渴求。成癮者可能會說：「我不曉得自己為什麼抽菸，我甚至不喜歡菸。」大腦想要成癮物質或成癮活動，但就算滿足渴求，得到的快樂卻很少，充其量只是從渴求中解脫而已。大腦記得與渴求物質相關的環境線索，譬如享受上癮物質的地點，這些線索會觸發條件反應和強烈的渴求：有賭癮的人可能會抗拒誘惑，直到路過自己最喜愛的投注站，忽然就不由自主地走進去下注；有酒癮的人保持清醒好幾年，直到有人遞了一瓶威士忌給他，忽然就無法抵擋了。

麥特治療藥物成癮者時，慢慢了解這些人的許多人生故事，他的著作《餓鬼的疆域》（*In the Realm of Hungry Ghosts*）討論成癮，裡面就描寫很多這樣的故事。麥特治療的所有成癮患者有一個共通點，那就是童年時期受到創傷——家庭暴力、父母離

婚、家人濫用藥物或酗酒、父親或母親死亡、遭受身體虐待或性虐待。每一個不幸的童年經驗，都使當事人未來濫用物質的機會多出 3 倍。[33]

因此藥物成癮往往是當事人的自我醫療手段，試圖藉此減緩因童年創傷與壓力所造成的痛苦。此外，他們的創傷經驗損害大腦發育，[38] 多巴胺迴路、杏仁核、前額葉皮質都可能受到永久影響，這些會經由血流、腦電活動、癲癇發作顯示出來。這類人對壓力情境比較敏感，所以對於提供短暫壓力釋放的物質或活動，反應也會比較強烈，即使長期來說會造成傷害也在所不惜。話雖如此，我們明白為何懲罰成癮者的效果適得其反，因為懲罰的痛苦只會增強他們使用藥物以求緩解的欲望。人類特別容易感受壓力的情境，大致來說就是不確定、失控、衝突的情境，以及欠缺情緒支持的人際關係，[39] 而上面列出的創傷情境都可能具有這些特徵，兒童面對不安全的情境尤其脆弱，因為他們非常依賴父母的愛與保護。

現在我們可以看出為什麼酒精中毒在俄羅斯這麼普遍了：第一，幾任沙皇故意誘惑人民喝酒，好掙錢供養他們自己和其他俄國貴族。他們需要用這筆稅收來養俄羅斯軍隊，以維護自己的奢華生活。透過國營酒館的促銷，伏特加逐漸成為俄羅斯文化的一部分。這項政策在創造營收方面大獲成功，但是卻付出可怕的社會代價和醫療代價。

其次，上個世紀東歐兒童遭受的創傷可能是最慘痛的，俄羅斯經歷多次恐怖的戰爭，包括對日本（1904-5），對同盟

國（1914-17），對德國（1941-45）。1917 年俄國發生的兩場
革命讓第一次世界大戰慘澹收場，接著俄國革命又轉變成多個
派系的內戰，直到 1923 年才結束。內戰最糟糕的影響是 1921
年到 1922 年間發生饑荒，導致 500 萬人死亡。布爾什維克派
（Bolshevik）的勝利促成共產黨蘇聯建國，此後因為蘇聯政府統
治失當，饑荒頻頻發生，尤其是 1932 年到 1933 年、第二次世界
大戰，還有 1947 年的這幾次饑荒最嚴重。蘇聯在第二次世界大
戰中的傷亡人數高於其他任何參戰國，死亡人數多達兩千萬，幾
乎半數蘇聯人口在德國占領期間活得心驚膽戰。1924 年到 1953
年，蘇聯在史達林的恐怖統治下，警察監視無孔不入，動輒懷疑
有人搞破壞，任意處死人民，或是判刑後關押在殘暴的戰俘營
裡。數以百萬計俄羅斯人被殺或被起訴。這一切致使非常多兒童
遭到創傷，他們的父母被戰爭、饑荒或祕密警察奪走性命，也難
怪長大後會在酒瓶中尋求慰藉，短暫紓解情緒痛苦。

　　不論在哪一個國家，酗酒的人往往都不是盡責的父母，他
們忽略自己的孩子，甚至暴力相向，這又製造出另一個受創的世
代，意謂痛苦將延續下去。

　　一般人都相信，海洛英、大麻、古柯鹼、LSD（麥角酸酰二
乙胺）、搖頭丸（ecstasy）之類的非法藥物非常容易上癮，而且
極度危險。不過我在此選擇撰寫酒精而非禁藥，理由有兩點：第

一，喝酒的人遠超過嗑藥的人，原因是飲酒文化接受度高、合法、歷史久遠，而且酒精飲料的味道好。使用量僅次於酒精的唯一藥物是菸草。[40] 第二，我討論酒精的原因是它很危險。2010 年，布里斯托大學（University of Bristol）教授納特（David Nutt）領導的一項研究提出，某獨立科學委員會舉辦一場關於藥物的工作坊，根據 16 項指標，為 20 種藥物打分數，其中 9 項指標是關於藥物對個人造成的傷害，7 項指標是關於藥物對別人造成的傷害。這些指標經過加權計分，顯示其相對重要性，每一項的滿分是一百分。[41]

這 20 種藥物全都有害，可是如同下圖所示，傷害最大的是酒精。在對個人造成傷害的排行榜上，酒精固然只占第四位，次於快克古柯鹼（crack cocaine）、海洛英和甲基安非他命，可是在對他人造成傷害的排行榜上，酒精高居第一。酒精遠比其他藥物造成更多外傷、意外、暴力，星期六夜晚的醫院急診室裡總是擠滿酒精受害者。雖然香菸無疑是最危險的，可是沒有人會因為剛剛吸了尼古丁，就開始和別人打架或把車給撞了。

從這張圖，讀者能明白為什麼菸草和酒精合法，而迷幻蘑菇、大麻、LSD 不合法嗎？我也不明白。

納特擔任過英國政府的藥物濫用諮詢委員會（Advisory Council on the Misuse of Drugs）主任委員，2009 年 10 月，媒體廣泛報導他說酒精和菸草比許多非法藥物傷害力更大，包括大麻、LSD 和搖頭丸在內。[43] 當時的內政大臣姜森（Alan Johnson）裝作沒聽到，但是第二天納特就被開除了。[44]

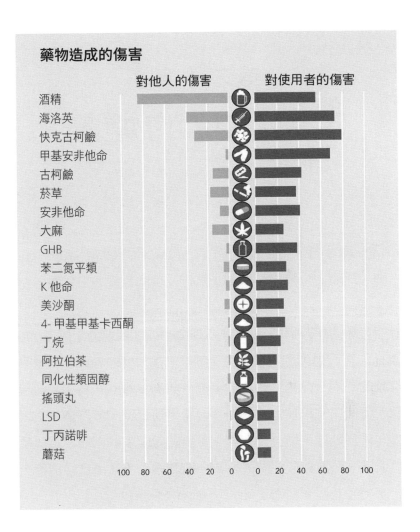

藥物的整體傷害計分排行榜，右半欄是各種藥物對使用者個人造成的傷害，左半欄是對他人造成的傷害。[41,42]GHB ＝ γ－羥基丁酸，LSD ＝麥角酸酰二乙胺。
（Drugs ordered by their overall harm scores, © David Nutt. Graphs by Philip Beresford, data by Andrew Doig.）

第二十章
又黑又臭的煙霧

　　1492 年 8 月 3 日，哥倫布（Christopher Columbus）從西班牙出發，展開史上最重要的海上航行，他的船隊有三艘船，總計 90 個船員。哥倫布是生於熱那亞（Genoa）的義大利人，但是效力於西班牙的伊莎貝拉女王（Queen Isabella）和斐迪南國王（King Ferdinand）。當時西班牙的對手葡萄牙在印度群島貿易，賺到非常可觀的利潤，葡萄牙船隻向東繞行非洲，帶回香料和其他異國貨品。哥倫布宣稱他走一條捷徑就能更快抵達印度群島，也就是反方向繞行地球，橫渡大西洋。哥倫布說服斐迪南和伊莎貝拉資助他遠航，藉此獲取相同的財富。他們誰也不知道這條捷徑上有無比廣袤的北美洲和南美洲大陸。

　　哥倫布的船隊出發兩個月之後，首先碰到巴哈馬，然後抵達面積更大的古巴島和伊斯帕尼奧拉島（Hispaniola，譯按：即海地島）。等到他返回西班牙，記述自己發現了新世界，整個歐洲為之震動，這件事開啟美洲新世界和舊世界的大改造。哥倫布大交換（Columbian Exchange）引發植物、動物、疾病、礦物、

觀念、人員跨越大西洋的流通，在很多方面深刻影響後人。自此之後，政治、權力、宗教、食物、健康，以及其他無數事物都發生變化，再也回不到從前。[1]

對於美洲原住民來說，這次接觸是大災難。1943 年西班牙大批人馬又回來了，以征服的姿態在當地強迫施行他們自己的文化，尤其是基督教。更糟的是，數十種致命疾病從歐洲被他們帶來美洲，殺死了大概 90% 的美洲居民。美洲原住民和西班牙人不一樣，對麻疹、天花、斑疹傷寒、霍亂、流行性感冒、白喉、猩紅熱、百日咳等等疾病沒有抵抗力，經常同時感染好幾種傳染病。

歐洲人也得到報應，源自美洲的梅毒被帶回歐洲。歐洲第一宗梅毒病例的記錄是在 1495 年的那不勒斯，當時法國一支軍隊雇用西班牙傭兵入侵那不勒斯，不巧傭兵曾經和哥倫布一起航行過。根據記錄所載的 1495 年來推斷，應該是哥倫布第一次或第二次去美洲後，返航時把第一批罹患梅毒的歐洲人帶了回去。一直到 20 世紀，梅毒似乎是歐洲流傳最廣的疾病之一，不過因為它經由性接觸感染，尤其是嫖妓，所以名聲很糟糕，以致缺乏完好的數據。現在梅毒已經可以使用抗生素治療，但是每年依然新增 600 萬個病例，[2] 導致潰瘍、腦膜炎、中風、失智症、失明、心臟問題、不孕、出生缺陷。現在全球每年有 10 萬人死於梅毒。[3]

儘管梅毒是致命疾病，但和來自美洲的另一個禮物相比，致命性堪稱小巫見大巫。友善的巴哈馬居民率先迎接哥倫布和他的

手下，他們送上禮物，包括哥倫布一行人從未見過的稀奇水果，還有一種植物曬乾的葉子，叫做「塔巴可斯」（tabacos，亦即菸草）。西班牙人莫名其妙，他們嘗一嘗葉子，發現根本不能吃，就隨手丟下船，一個星期後才發現該拿這些菸葉做什麼。他們看見古巴的原住民嚼食菸葉，或是用曬乾的菸葉捲入香草，一頭點燃，另一頭放在嘴裡吸入煙霧。哥倫布在 1942 年 11 月 6 日的日誌上記錄，他看見「男男女女手裡拿著燒了一半的野草，原來是他們習慣點燃之後吸煙霧的香草。」哥倫比的一些水手也嘗試吸菸，發現挺有樂趣，但也很快就注意到菸草會讓人上癮。有一個染上菸癮的水手名叫赫雷茲（Rodrigo de Jerez），他回到西班牙後把自己的同胞嚇壞了，因為赫雷茲的嘴巴、鼻子噴出煙霧，以前大家都會把這種事情和魔鬼聯想在一起。西班牙宗教裁判所（Inquisition）起訴赫雷茲行撒旦之舉，將他逮捕並下獄 7 年，這一來赫雷茲有大把時間反省，早知道就應該讓煙草留在船下，千萬別碰。

　　菸草（Nicotiana tabacum）是野生植物，生長在玻利維亞和阿根廷北方的安地斯山東面坡地上，它是 70 餘種原生菸草植物中的一種。[4] 美洲原住民用菸斗吸菸草，用菸葉塗敷傷口，牙疼時嚼菸葉止痛。西元前 500 年，中美洲馬雅人就已經栽種菸草植物，從該地一直延伸到密西西比河谷。巫師（Shamans）也吸菸草，那是不同的品種，稱為黃花菸草（*Nicotiana rustica*），比普通的煙草後勁更強，尼古丁含量多 10 倍，還含有多種精神作用化學物質。吸黃花菸草讓巫師產生性靈經驗，不過這一種菸草始

終沒有在歐洲流行起來，只有俄羅斯例外，因為黃花菸草在那裡很容易生長，人人都能免費嗨一把。

　　哥倫布的航行掀起歐洲國家前往美洲探險、征服、殖民的巨大浪潮，英國姍姍來遲。到 16 世紀末葉，加拿大和美國中西部被法國占據，巴西被葡萄牙人統治，西班牙盤據的廣大領土包含大部分南美洲和墨西哥、德克薩斯、加利福尼亞等地。英國在美洲的活動大多牽涉海盜的行動，當時西班牙船滿載財寶跨越大西洋，引來海盜船上老練手水的攻擊，畢竟從西班牙人手裡搶奪，遠比直接跑去印加和阿茲特克搶寶物容易多了。隨著海上小衝突的增溫，英國人下了一個結論，如果能在新世界興建永久殖民地，就可以當作自家船艦的基地，還可以把國內越來越多的窮人送過去，因為倫敦、布里斯托這些地方不想要他們了，而新世界是收容這些窮人的好地方。至於窮人對這項計畫覺得如何，英國當局根本不在乎。

　　1585 年，英國人嘗試在紐芬蘭（Newfoundland）和北卡羅萊納（North Carolina）的羅阿諾克（Roanoke）殖民，但都以失敗收場（殖民地的居民不是全部死光，就是拋棄定居地）。英國在美洲的下一個嘗試地點是維吉尼亞（Virginia），民間投資人設立倫敦維吉尼亞公司（Virginia Company of London），目標是在北美洲殖民以牟利，有鑑於羅阿諾克殖民地慘澹收場，英國女

王伊莉莎白一世（Elizabeth I）變得謹慎，不想砸自己的錢資助任何殖民地。由於西班牙人先前在祕魯和墨西哥的殖民地靠黃金發大財，投資人希望更北邊的英國殖民地也能效法。1607 年，144 個英國男子和男孩建立了詹姆斯鎮（Jamestown）殖民地，這是隨英國國王詹姆斯一世（King James I）命的名。

　　殖民地的居民得到指示，他們來這裡的目的是替投資人賺錢，不然來自祖國的支持將會終止。因此很多人浪費時間去找尋根本不存在的金子，或是去騷擾原住民鄰居索討金子，而不是努力開闢新農場。第一年冬天很寒冷，許多居民感染瘧疾。第一年過後，最初那 144 個人只剩下 38 個活著，其餘都死了。最慘的是 1609 年到 1610 年的那個冬天，殖民地居民稱之為「饑餓時期」。然而維吉尼亞公司堅持送更多船居民過去殖民地，包括婦女在內，直到 1624 年公司破產為止。然後維吉尼亞就變成皇家殖民地了——堪稱國家替破產公司紓困的早期例子。

　　一旦大家都接受詹姆斯鎮永遠不可能靠黃金獲利，居民就開始嘗試其他收入來源，譬如吹玻璃、養蠶、種葡萄。維吉尼亞只有一種農作物銷回英國能賣好價錢：菸草。彼時詹姆斯國王雖然反對，但英國還是興起吸菸的風氣。1604 年，詹姆斯國王在他的《菸草駁斥書》（*A Counterblaste to Tobacco*）中寫道：「吸菸這種風俗令人望之生厭、聞之生怨，它傷及大腦、損及肺部，和那又黑又臭的煙霧最近似的，是恐怖的無底深淵冥河上散發的煙氣。」1916 年，詹姆斯想辦法克服以上的觀點，自己授權給自己壟斷菸草買賣，菸草稅成了便利的收入來源。

殖民者羅爾夫〔John Rolfe，寶嘉康蒂（Pocahontas）的丈夫〕從西印度群島進口菸草種子到詹姆斯鎮，發現菸草在當地生長良好。10 年之後，大量菸葉開始輸出到英國。菸草種植對英國殖民北美洲具有深遠的影響，首先，菸草使新殖民地成功賺大錢，和先前的殖民計畫相比，菸草是可以長遠獲利的產業，而且具有成長力，鼓勵更多人移民到北美洲。移民通常是契約雇工，他們拿到一張前往維吉尼亞的免費船票，交換去農場打工 5 年左右，工作期限事先就約定好，期滿就得到自由。其次，種菸草需要大量的土壤，種植三季之後，土裡的營養成分消耗殆盡，就必須休耕，因此強力促進開墾新土地，使殖民地朝向西方擴張。最後，雖然新世界充滿希望，但是契約雇工制度的吸引力仍不足以號召潛在移民，於是殖民地開始從西非進口奴隸。奴隸不必綁定 5 年契約，可以用一輩子，還可以驅使他們比英國來的自由人更賣力工作。非洲奴隸也比較不會得瘧疾，結果是菸草工業的殷切需求使維吉尼亞淪為奴隸州。250 年後，美國北方自由州和南方奴隸州兵戎相見，打起了內戰，維吉尼亞自然是站在南部邦聯（Confederacy）這一邊。這個地區的北卡羅萊納州、肯塔基州、喬治亞州、維吉尼亞州，至今依然是美國最大的菸草生產重鎮。

在 20 世紀以前，吸菸主要是使用陶製菸斗，也可直接咀嚼菸葉、捲成雪茄菸抽，或是做成鼻菸用嗅的。現在我們知道吸菸

斗和雪茄會導致肺癌、喉癌、大腸癌、胰臟癌，以及心臟病和肺病。[5] 嚼菸草會導致口腔癌、牙齦疾病、心血管疾病，還會掉牙齒。吸鼻菸會造成鼻癌、喉癌、胰臟癌、口腔癌、心臟病發作、中風。[6] 這些都已經夠糟了，可是吸香菸的壞處比這些更嚴重得多。

1880 年之前，香菸都是手工做的，工人每分鐘只能捲幾支菸，因此香菸既稀少，價格也昂貴，等到機械化生產之後，香菸就變成量大、廉價的產品。1880 年，美國發明家邦薩克（James Bonsack）發明每分鐘可以捲 210 支香菸的機器，比手工製快了 50 倍。這件事的起因是香菸產業懸賞 7 萬 5 千美元，獎勵任何能製造出可靠捲煙設備的人，邦薩克受到獎金激勵才發明捲菸機。這台機器先捲出一條長長的香菸，然後再用剪刀剪成段。這一剪不僅剪斷香菸，也把生產價格剪掉一大截，而且製造出來的香菸品質佳、賣相好。

邦薩克和香菸製造商杜克（James Buchanan Duke）合作進入這一行。杜克小名「巴克」（Buck），在 1880 年開始生產手工香菸，製造地點是北卡羅萊納州的德罕市（Durham），品牌名稱叫「德罕杜克」（Duke of Durham）。不久後杜克聽說了邦薩克的發明，了解這台機器具有潛力。其他公司不願在邦薩克身上投資，因為那台機器經常故障，而且他們覺得沒有市場，因為消費者比較喜歡手工製香菸，不過杜克願意為邦薩克賭一把。杜克和邦薩克公司（Bonsack Company）的一位技師合作，把機器改良得更可靠，並且和邦薩克談判，取得機器的獨家使用權。

　　此時杜克擁有大規模生產香菸的獨特能力，隱隱掌握了強大的競爭優勢。問題是當時香菸的需求量很低。1890 年，菸草多數用於菸斗、雪茄、口嚼菸草，香菸的銷售量相較之下只占了很小一部分，因此杜克推出一系列絕妙的行銷活動，希望改變人們使用菸草的方式。

　　機器做的香菸看起來乾淨勻整，市場行銷將它塑造成比雪茄更衛生的產品，因為捲雪茄時用的是人的手和口水。餐廳裡准許抽香菸，但不許抽雪茄和菸斗。香菸使用方便快速，是工作空檔休息時的理想選擇。香菸的原文「cigarette」，意思就是「小雪茄」，所以人們假設它比較安全。事實上，當時香菸常常被吹捧對健康有益，不只是廣告這麼說，連 1906 年以前的製藥百科全書都這麼說。有時候醫生甚至開香菸作為治療咳嗽、感冒、肺結核的處方。這些醫生並不是白癡，只是吸菸對健康的害處要過幾十年才顯現出來，意謂要經過很長的時間，才能夠明白香菸造成什麼傷害。

　　1902 年，杜克買下英國對手皇家菸草公司（Imperial Tobacco），和他自己的美國煙草公司（American Tobacco Company）合併，成為英美菸草公司（British American Tobacco），[7] 目前是全世界第四大菸草公司。香菸的成功令人稱奇，它不但取代了其他種類的菸草消費，而且整體市場也一路成長。第一次世界大戰期間（1917-18），香菸使用量開始跳升，到了第二次世界大戰（1941-45）和韓戰（1950-53）時，美國政府確保士兵獲得充足的香菸配給，以保持軍中士氣。菸草公司甚至免費奉送阿兵哥數

以百萬支香菸，這樣他們戰後返鄉就成了忠實的消費者（說得更準確一點，是成了上癮的消費者）。

　　香菸在其他國家也呈現相同的成長模式。儘管菸草最早是在 16 世紀傳入英國，可是直到 19 世紀末葉，吸菸才成為英國文化中很重要的一部分。到了 20 世紀中期，80% 英國男人和 40% 英國婦女都吸菸，換算起來，每個成年人每一年消耗 3 公斤菸草。[8]

　　杜克於 1925 年去世，彼時他已經創造出一個龐大的新產業，用香菸牢牢勾住全世界。杜克不是壞人，並不是明知這個產品會致命還靠它賺大錢，他不知道吸菸可能非常危險，即使自己死於當時依然罕見的肺癌，他也沒有意識到吸菸有礙健康。杜克捐款一億多美元給北卡羅萊納州德罕市的三一學院（Trinity College），後來學院改名杜克大學（Duke University），成為全世界排名頂尖的大學。如果杜克沒有改良邦薩克的機器，毫無疑問也會有別人開始大規模生產香菸，因為當時其他人也在開發捲菸機器的原型。比較值得爭辯的是，如果不是杜克天縱英才，在行銷、廣告、心理學、定價各方面出奇制勝，香菸的地位還會這麼穩固嗎？假如沒有杜克，也許今天人們還在嚼菸草、抽雪茄，那麼吸菸的死亡率可能會低很多。

　　如今菸草工業面對的一個問題是，不論掛什麼品牌，香菸

都是同一種產品，因此只能用包裝和行銷來訴求不同的消費群。廣告對於品牌區隔非常關鍵。

我們拿雷諾煙草公司（R. J. Reynolds Tobacco Company，簡稱 RJR）做例子，說明該公司如何促銷旗下的駱駝牌（Camel）香菸。駱駝牌是在第一次世界大戰前不久問市的，當時被歸為「溫和」的香菸，RJR 公司的主打標語是：「我願意為駱駝走一英里路」，這句標語一用數十年。另外一句標語宣稱有益健康——「想要消化好，就抽駱駝牌」，還指稱醫生也選擇駱駝牌，這點就令人質疑了。RJR 公司會先送一包駱駝牌香菸給醫生，接著立刻問對方最喜歡哪一個品牌的香菸，然後這項調查得到的結論就導引出 RJR 使用的這句標語：「抽駱駝牌香菸的醫生比抽其他牌子香菸的更多。」

1987 年，RJR 改變策略，創造了卡通角色駱駝喬伊（Joe Camel）。這個角色從一開始就備受爭議，美國醫學會（American Medical Association）抨擊駱駝喬伊拿孩子作為目標：1991 年的研究發現，91% 的 6 歲兒童會將駱駝喬伊正確聯想到吸菸。[9] 駱駝牌成了年輕吸菸者的首選，在 18 歲到 24 歲年齡層的吸菸者中，市場占有率成長了將近一倍。不過，1997 年 RJR 打輸官司，被迫支付一千萬美元，作為加州兒童的反菸教育基金。[10]RJR 面對更多的法律行動和爭議，只好撤掉駱駝喬伊這個角色。[11]

菸草傳入歐洲後，吸菸易上癮的本質很快就被注意到了。1623 年，英國散文家兼哲學家培根（Francis Bacon）寫道：「我們這個時代，菸草使用量遽增，以某種隱密的快感征服人，因此一旦習慣，日後便很難戒除。」[12] 當然，培根並不知道菸草究竟是怎麼征服人的。

吸菸會讓人心情好，一部分原因來自於直接效果，另一部分原因來自於紓解戒斷症狀。吸入煙霧使尼古丁進入肺部，迅速被吸收到血液中，短短幾秒內便被送進大腦。尼古丁和大腦裡的受器蛋白（receptor protein）結合，本來受器蛋白通常是和乙醯膽鹼（acetylcholine）結合，這是腦細胞彼此用來傳遞訊號的神經傳導物質。刺激這些受器會釋放大腦中的許多其他神經傳導物質，在成癮者身上很常見的一種正是多巴胺，它會給人帶來愉悅和衝動。[13]

身體持續接觸尼古丁會發展出耐受性、渴望、戒斷症候，癮君子往往太常吸菸，導致他們的乙醯膽鹼受器永遠充滿了尼古丁。開始吸菸時所得到的報酬，也就是影響精神的作用，會隨著重複接觸尼古丁而慢慢失效。因此吸菸的人這時候已經不是為了尋求愉悅的報酬而吸菸，而是想要避免戒斷症候群，如果他們體內的尼古丁含量降低，釋放大腦受器，就會開始出現這些症狀。尼古丁戒斷會導致脾氣暴躁、心情低落、緊張焦慮，這些一樣是透過神經傳導物質輸送，給當事人很渴望吸菸的強烈誘因。

吸菸和其他成癮行為有一點很普遍，就是對精神的作用會因為制約效果而提高：吸菸者可能每次吃完飯後都會抽根菸，或

在喝咖啡、喝啤酒時吸菸，也可能是和吸菸同好一起吞雲吐霧。吸菸的環境，吸菸的滋味、氣味、感覺，或是撫觸香菸的手感，這些加總起來都和吸菸的快感連結在一起。從吸入煙霧到尼古丁起作用，這段時間很短暫，有助於連結吸菸的行動和美好心情。當吸菸者明白吸菸可以讓自己覺得比較美好，那麼壞心情也可能成為吸菸的制約線索，因此任何讓他們感到煩躁的來源，都可能刺激他們吸菸。[14]

　　人對吸菸的反應大多是天生的。尼古丁溶解於水，然後在身體各處循環，到了肝臟被 CYP_2A6 酶分解，尼古丁轉化成效力弱得多的化學物質可替寧（cotinine）。[15] 人體內有許多不同版本的 CYP_2A6 酶，它們將尼古丁轉化成可替寧的效率並不相同。可以快速分解尼古丁的人更容易染上菸癮，因為他們需要更常吸菸，才能維持體內的尼古丁濃度，這種人也比較難戒菸。反之，若是體內 CYP_2A6 酶版本分解尼古丁速度較慢，通常吸菸的數量較少，吸入煙霧比較不深，因為對尼古丁的渴望沒有那麼強烈，這種人如果想要戒菸，也比較不會出現嚴重的戒斷症狀。

　　如果你想設計一種讓人上癮的產品，大概很難打敗香菸。有多少其他藥物能逼迫使用者每天吃幾十次，就像老煙槍每天抽幾十根菸那樣？整體來說，香菸集許多特色於一身，才使得它特別容易上癮，將雪茄遠遠拋在後面：香菸便宜、零卡路里、使用方便，幾秒之內就產生藥效，但數小時內效果又會消退。吸菸會抑制食慾，所以戒菸人的體重很可能會增加，使其對戒菸打退堂鼓。此外香菸是合法的。如果香菸不是對人的危害那麼大，這一

切本來不是太嚴重的問題。

　　一開始，香菸的害處一點都不明顯，事實上，1570 年代的西班牙醫生孟納德斯（Nicolás Monardes）推薦用菸草治療數十種疾病，其中之一是癌症，真令人詫異。[16] 孟納德斯的書介紹「菸草」和「尼古丁」這些字眼，引發了吸菸是否有益健康的辯論。舉例來說，1659 年，荷蘭醫生埃弗拉德（Giles Everard）寫了一本書，以英文印行，書名叫做：《萬靈丹；發現萬能菸草的神奇功效》（*Panacea; or the universal medicine, being a discovery of the wonderfull vertues of tobacco*）。[17] 埃弗拉德宣稱有了菸草就不需要醫生了，因為「它是天然植物，不是醫生的好朋友；因為吸菸本身就是對抗所有毒物和傳染病的強大解藥。」其他人並不相信這種說法，批評者指出菸草「對年輕人有害且危險」，[18] 或說「將煙霧吞進胃和肺的習慣危害極大。結果會使肺部會動彈不得，心臟備受威脅，最終毀壞整個身體。」[19] 早在 1868 年，愛丁堡皇家醫院（Royal Infirmary of Edinburgh）的外科醫生萊薩斯（John Lizars）就在書中警告吸菸會導致口腔癌，他說：「年輕人體質受到傷害可能不會立刻顯現出來，但是最終必然會釀成國家的大難。」[20] 儘管如此，肺癌在 1900 年時仍然是很少見的疾病。19 世紀中葉已經很少醫生宣稱菸草能夠治病，不過吸其他物質能治療氣喘的說法依然存在。直到第二次世界大戰結束後很久，還有醫生推銷和使用醫療用香菸，這是專門設計用來治療呼吸道問題的香菸。[21]

　　從 1905 年到 1945 年，英國的肺癌病例數增加了 20 倍，

可是沒有人知道原因。所謂「吸菸者咳嗽」變得很尋常，患者慢慢演變成身體隨便動一動就呼吸急促，也出現胸痛、體重減輕、咳血。英國醫學研究委員會（Medical Research Council）很憂心肺癌迅速蔓延，於是請倫敦衛生醫學院（London School of Hygiene）的流行病學家奚爾（Austin Bradford Hill）進行調查。奚爾做出很恰當的選擇，聘請醫學研究委員會的鐸爾（Richard Doll）一起合作，鐸爾先前研究的是胃潰瘍的病因。一開始他們倆人沒有想過吸菸是肺癌流行的原因，雖然有一些小規模研究指向這個方向，但是他們的主要假設是道路交通日益繁忙才造成肺癌流行，畢竟 20 世紀上半葉，道路交通成長和肺癌病例增加這兩件事是齊頭並進的。

1949 年，鐸爾和奚爾探望倫敦幾家醫院的 709 個疑似肺癌病患，請對方填答問卷，敘述自己的家庭病史、飲食、曾經罹患的疾病。問卷自然也詢問對方是否從事與道路有關的工作，值得慶幸的是，還問了他們是否吸菸。除了肺癌患者這一組之外，他們還在醫院另外找了因為不同病因而住院的 709 人，作為對照組。比照之下，吸菸和肺癌之間的關聯立刻突顯出來，研究人員還發現證據，顯示吸菸越頻繁的人，得癌症的風險越高。癌症病例的成長和香菸使用量的成長是併行的，只不過兩者之間有 20 年的落差。正因為從一開始吸菸到發病所經過的歲月太漫長，所以香菸才殺死那麼多人。吸菸是定時炸彈，數百萬使用者早就上癮，遲早會得癌症。

鐸爾當機立斷戒了菸，但其他人還不肯相信：也許這項結

果反映倫敦特殊現象？於是鐸爾和奚爾將研究對象擴充到 5 千名病患的記錄，他們分別來自劍橋、布里斯托、里茲（Leeds）、紐卡素（New Castle）。結果竟然一模一樣。

1951 年，醫學研究委員會出資讓兩位醫生嘗試另一項策略——寄發問卷給英國全部 6 萬名醫生，詢問對方的吸菸習慣。[22] 有 4 萬 0500 位醫生答覆問卷。此後，這些醫生當中只要有人去逝，主管出生、婚姻、死亡登記的英國註冊總署就會寄一份死亡證明副本給鐸爾和奚爾。3 年後，有 36 個醫生死於肺癌，他們每一個都吸菸。雖然這項結果明顯令人震驚，不過有一個問題：不吸菸的對照組人數太少——只有 13% 的醫生不吸菸，因此又花了許多年的時間，才針對非吸菸者的死因取得充分資料。隨著研究持續進行，額外的結論也跟著浮現：吸菸者比非吸菸者大約早死 10 年，而戒菸（特別是年輕就戒菸）會延長預期壽命。其他團體也證實並延伸這兩位醫生的發現：吸菸導致其他無數組織的癌變；吸菸造成心臟病、中風、支氣管炎、氣腫、肺炎、氣喘、第二型糖尿病、陽痿；二手煙也很危險；吸菸會傷害血管；孕婦吸菸可能導致流產、死胎和早產。

為什麼吸菸會得癌症？當細胞不應該生長時卻開始生長，癌症就發生了。我們體內的每一個細胞都源自於受精卵那個單一細胞，經過分裂、分化，形成所有的組織和器官。有些細胞型態需要持續分裂，譬如骨髓、皮膚、腸子的細胞，透過這種方式讓新細胞取代死亡的細胞，至於其他細胞在受傷之後需要分裂，以修補受損細胞。細胞的生長一般都受到嚴密的控制，當細胞無法正

常回應喊停的訊號，反而繼續生長下去，就可能發展成癌組織。細胞之所以無法正常回應，是因為細胞裡的 DNA 突變，改變了蛋白質調節細胞生長的方式。致癌基因（oncogenes）如果突變，就會刺激細胞生長。反之腫瘤抑制基因（tumor suppressor genes）則替蛋白質編碼，阻止受損細胞生長；假如腫瘤抑制基因突變了，細胞就會在不應該生長的時候生長。舉一個例子，如果細胞的 DNA 受損太嚴重，就會啟動腫瘤抑制基因 TP53，它所編碼的蛋白稱為 p53。通常 p53 會阻止受損細胞分裂，甚至可以促使受損細胞自殺，藉此除掉可能發展成腫瘤的細胞。

由此可見，任何能使 DNA 突變的東西都容易致癌。這方面菸草特別在行，它所製造的無數突變化學物質（mutagenic chemicals）直接送進肺部，能夠生成致癌基因和失去功能的腫瘤抑制基因。菸草製造的化學物質之一是苯比啶（benzopyrene），它會和 DNA 裡的鳥嘌呤（guanine）鹼基作用，破壞 DNA 的結構，並且導入突變。苯比啶尤其擅長造成 p53 基因裡三種關鍵鳥嘌呤的突變，阻止 p53 發揮應有的功能，因此肺細胞就變成了癌細胞。[23]

苯比啶只是菸草煙霧已知含有的數十種致癌物質當中的一種，這些物質不僅是有機化學物質，煙霧中還包含有毒金屬，例如鉛、砷、鎘。此外，除了尼古丁之外還有其他具有神經作用的化合物，香菸燃燒的高溫會生出這些物質，增加吸菸的上癮性質。

基於大眾健康而禁菸的好處極大，遠超過接種疫苗、衛生設備和抗生素。然而要怎麼才能達成禁菸目標呢？沒有任何國家徹底禁菸，這其實是正確的做法：如果把香菸銷售改成非法行為，勢必會造成犯罪狂飆，數以百萬計癮君子將會拼命找尋賣家，組織犯罪必定飆升，為了控制這門價值數十億美元的生意，黑幫械鬥勢不可免。一旦禁菸，香菸價格將會上揚，癮君子只好幹點偷雞摸狗的勾當，好盡快弄錢買下一包菸。尼古丁的癮頭實在太強烈，所以很多吸菸者永遠無法戒除，即使吸菸習慣變成犯罪也在所不惜。1920 年到 1933 年，美國頒布禁酒令，禁止生產和銷售酒精，結果導致組織犯罪接管賣酒生意。有鑑於吸菸者的數字龐大，尼古丁的成癮性質又那麼強大，想要禁絕吸菸肯定會比禁用海洛英、古柯鹼或大麻的後果更嚴重。

　　政府企圖阻止公民吸菸，並不是最近才有的現象。第一個禁止在公共場所吸菸的是教宗烏爾巴諾七世（Pope Urban VII），他於 1590 年下令教堂內禁止吸菸，違者將被逐出教會。換句話說，在教堂門口等待彌撒開始時，很快吸上幾口菸，就可能讓你的靈魂下地獄受火刑，永世不得超生。教宗禁菸的法律一直持續到 1724 年。鄂圖曼帝國的蘇丹穆拉德四世（Murad IV）在禁菸方面的作為，讓烏爾巴諾教宗的禁令看起來十足軟弱。1633 年，穆拉德四世下令帝國內禁絕所有的酒精、咖啡、菸草，違者處死，還自己出面收拾那些違反禁令的人。他會喬裝打扮微服出巡，親

自去伊斯坦堡的酒館調查，一抓到有人吸菸，便脫掉便服露出真正的身分（大驚奇！）然後砍掉對方的頭。如果你是蘇丹，是可以幹這種事的。還好土耳其吸菸者和咖啡愛好者蠻幸運的，穆拉德四世的接班人，也就是他的弟弟易卜拉欣一世（Ibrahim the Mad）繼位後取消禁令。穆拉德四世殺死其他三個弟弟，以防他們叛變，易卜拉欣一世就此罹患創傷後精神疾病，他在成長期間一直被軟禁在伊斯坦堡的皇宮裡，深恐自己會是下一個被害者。俄羅斯沙皇也在同一段時間對菸草下手，不過懲罰比土耳其人寬容得多。第一次違反禁令者的刑罰是割鼻、鞭笞，或是放逐到西伯利亞。只有再犯者才會處以死刑。

20 世紀初，許多美國州轉向反菸。1900 年，北達科他州（North Dakota）、華盛頓州（Washington）、愛荷華州（Iowa）、田納西州（Tennessee）都禁止香菸，到了 1920 年，陸續有十一州加入禁菸行列。這項措施造成的結果是雪茄消費量大幅上升。希特勒痛恨吸菸，對香菸課重稅，他禁止國民在政府建築裡吸菸，也出資贊助科學計畫，調查吸菸對健康的影響，結果同樣發現吸菸和肺癌有關。1945 年，希特勒頒布的法律作廢，到了 1950 年，雖然對買菸的人施加年齡限制，可是不管在哪裡，對吸菸行為幾乎已經不設限了。

自從希爾和鐸爾的研究結果出刊，反菸行動在 1950 年以後陸續出爐。第一項任務就是說服公共健康團體，吸菸會對健康構成威脅。到 1954 年時，英國政府已經接受吸菸會導致肺癌，衛生大臣麥克勞德（Iain Macleod）向國會報告，這兩者之間的連

結「真實無誤」，並在同一天召開記者會，然而他在記者會上講話時竟然還吸菸，簡直是扯自己後腿。麥克勞德不怎麼真心的說：「年輕人最好要警惕，吸菸過度顯然有危險」，還說：「關於衛生部何時應該警告大眾不要吸菸，現在還不到時候。」麥克勞德勉為其難接受鐸爾和希爾的結論，但不打算配合推出什麼辦法。[25]

美國也有類似舉動。1957 年，美國衛生局長伯恩尼（Leroy Burney）宣示，美國公共衛生局（US Public Health Service）的官方立場是「證據指出吸菸和肺癌之間存在因果關係」。1964 年的報告《吸菸與健康：諮詢委員會呈交美國衛生局長之報告》（*Smoking and Health: Report of the Advisory Committee to the Surgeon General of the United States*）發揮最大的影響力，得到媒體廣泛的報導。[26] 只因為公共教育和反菸運動，數百萬人真的戒菸了。

反菸草工業的政治行動也跟上腳步：1965 年美國率先在香菸包裝上加註警語，英國在 1971 年跟進，而且警語越來越露骨。1965 年，英國禁止電視播放香菸廣告，美國則在 1970 年有樣學樣，最終禁止所有的菸草廣告和促銷。無數國家先是在飛機、巴士、火車上限制吸菸，最後完全禁止。首先是設立非吸菸區，然後實施禁菸，逐步適用工作場所、餐廳和其他公共室內空間，最終在這些地方全面禁止吸菸。2011 年，紐約將禁令延伸到城市裡的公園和海灘。哪怕天氣寒冷還下著雨，癮君子也只能被迫擠在酒吧外面。吸菸的法定年齡提高了，稅金增加了，走私菸成為

打擊目標。反菸的社會壓力越來越強，人們支持制定更嚴格的法律，堅持不吸二手菸的權利。

一開始，大家以為只要把吸菸的危險資訊公諸於世，就足以促成戒菸，因為一般形容吸菸行為是「習慣」，而不是「成癮」。美國衛生局長直到 1988 年才承認香菸的成癮本質。尼古丁貼片在 1992 年上市，之後又發明電子菸（vaping），進一步模仿吸菸的動作，幫助癮君子滿足心理和化學的渴望。在支援團體的支援下，戒菸比較容易成功，這一點和其他成癮相同。

肺癌受害人宣稱煙草公司明知道吸菸的危險，卻刻意隱瞞消費者，因此對菸草公司提起法律訴訟。煙草公司冀望否定吸菸的風險和成癮本質，這自然一場冗長、艱辛但沒有勝算的仗。由於傳統市場式微，他們轉向其他國家賺取利潤，例如一度封閉對外貿易的前共產國家，特別是中國。在美國政府祭出經濟制裁的威脅之下，日本、南韓、台灣都允許美國公司在國內販售菸草產品。[27] 2015 年，吸菸率最高的國家是印尼。[28]

反菸措施確實有效，若能多管齊下效果更好。從 1960 年以來，美國每人消費的香菸數不斷減少，因為開始明瞭香菸與癌症之間的關聯，再加上大量反菸宣傳，接下來的 20 年癌症罹患率隨之下降。過去幾十年來，美國、英國和其他積極解決問題的國家裡，肇因於吸菸的無數疾病也都顯著下降，例如癌症、氣腫、心臟病、中風，而預期壽命則大幅延長。事實上，近年來對公共衛生所採取的措施當中，降低吸菸率的效果是最大的。目前全世界大約有 13 億人口經常吸菸，他們絕大多數是男性，而菸草每

年殺害 900 多萬人。[29] 隨著煙草公司將目標轉向新市場，非洲、中東與香菸有關的死亡率都上升了。

不論你對菸草公司的管理高層有什麼意見，他們其實並不想殺害自己的顧客。這個產業長久以來一直很珍惜的夢想，是開發無害的香菸。這種香菸還是應該保留尼古丁，這樣才能久久勾住顧客不放，而且如果將尼古丁分離出來，它對健康的直接風險並不大，僅有的危險是成癮的特質。從 1950 年代開始，菸草工業的科學家就想盡辦法，希望透過修改香菸設計，或是尋覓新的煙草品種，一方面保留尼古丁，另一方面減少致癌物。這些公司面臨的問題是，即使他們成功了，然後嘗試在市場銷售「安全」的新式香菸，會不會暗示其他所有的香菸都「不安全」？畢竟香菸工業始終堅決抗拒香菸不安全的講法。[27] 菸草燃燒時產生的高溫無法避免會生成致癌物，因此追尋無害香菸最終需要採用現代替代方法，也就是在低溫下輸送尼古丁，譬如電子菸。究竟電子菸是否完全無害，目前還是存疑，我們依然靜觀其長期效果，不過可以肯定的是吸電子菸總比吸入香菸的煙霧好多了。

我們能徹底消滅吸菸嗎？2014 年英國醫學會（British Medical Association）投票贊成一項簡單但是激進的中止吸菸計畫，[30] 打算立法規定不得販賣菸草給西元兩千年後出生的任何人，否則就是非法行為。用這種方式，到 2100 年左右，吸菸行為就會完全消失。依年齡改變法律規定的做法很常見，譬如兒童不得駕駛車輛，不能投票，必須接受教育。不過依照出生日期執法將是首開先河，想到 38 歲的人可以吸菸，37 歲的人卻不得吸

菸，感覺確實怪怪的。

　　截至目前英國政府對該提案置之不理，沒有國家嘗試過執行這種史無前例的立法。如果前文所討論的政策持續下去，吸菸比率應該會持續下降，也許根本不必採用限制吸菸人口這種手段。希望我們最終會變成不吸菸的世界，讓香菸永遠待在歷史的菸灰缸中。

第二十一章
任何速度都不安全

　　直到上一個世紀，陸路交通工具指的就是用兩腿走路，幸運的話，還有馬匹代步。當然現在馬匹已經大致被機動車輛取代了，雖然以每一英里行駛里程的死亡人數來看，汽車是比馬匹安全，可是隨著過去幾百年交通量巨幅成長，機動車輛已經成為人類主要殺手。

　　和其他無數的發明一樣，汽車的發展是循序漸進的過程，期間很多人貢獻良多。不過發明汽車的最大功臣應是卡爾‧賓士和貝爾妲‧賓士伉儷（Karl and Bertha Benz），1885 年，他們在德國的曼海姆市（Mannheim）打造出第一輛兩人座的三輪汽車，引擎是他們自己設計的內燃機。賓士申請的多項專利令人讚歎，包括速度調節系統、電池火星點火裝置、火星塞、化油器、離合器、變速器、散熱水箱。所有專利都以卡爾的名字提出申請，不過其中有一些是他和妻子貝爾妲合夥發明的，當時德國專利書上不得列出已婚婦人的名字。1888 年，性格剛毅的貝爾妲沒有告訴丈夫，就開著新打造的車子，帶上兩個十幾歲的兒子長

途試駕，去拜訪她住在普福爾茨海姆（Pforzheim）的母親，途中還暫停下來發明了煞車墊。這趟旅程中，貝爾妲用自己的髮夾通堵塞的燃料管，還拿束襪帶替一條電線絕緣。她在小鎮維斯洛赫（Weisloch）的藥房停下來買燃料，現在那家藥房對面樹立一座紀念雕像，除了緬懷貝爾妲的成就，也頌揚這處世界上第一個加油站。這趟長達 180 公里的旅程獲得媒體熱烈宣傳，也幫助賓士的生意一炮而紅。

　　儘管第一輛商用汽車和引擎的製造者是法國人和德國人，可是真正讓汽車一飛沖天的是美國人。因此我們要將焦點放在這裡：美國放手讓百姓高速駕駛重達一公噸的金屬箱子之後，如何應付隨之而來的重大危險？一開始，汽車是很昂貴、奢侈的產品，只小量生產。1908 年亨利・福特（Henry Ford）在市場上推出「福特 T 型車」（Model T Ford），這種情況就改觀了。T 型車容易駕駛，價格又便宜，事實上車價每年都下跌。福特在密西根州（Michigan）底特律市（Detroit）中央的高地公園（Highland Park）蓋汽車工廠，工廠裡裝設第一條輸送帶裝配線。裝配線生產大幅減少 T 型車的製造時間，[1] 福特公司又用高薪和縮短工時來吸引手藝最好的工人，允許他們購買自己製造的汽車，這一來工人的薪水又回到公司的口袋中。良好的工作條件和薪水有助於補償裝配線上枯燥乏味、一再重複的工作。1913 年，福特成為

世界最大汽車製造商，到了 1918 年，美國有一半汽車是 T 型車。1927 年是福特生產 T 型車的最後一年，至此該公司總共製造了 1500 萬輛 T 型車——這項紀錄直到 1972 年才被打破。

　　1950 年，美國登記有案的汽車共計 2500 萬輛，絕大多數是在第二次世界大戰之前出廠。到了 1958 年，這個數字增加到 6700 萬輛，和福特的目標相吻合：他曾說，有一份好工作的男人都應該買得起車子。到了 1950 年代末期，每 6 個有工作的美國人當中，就有一個受雇於汽車工業。此時不但富人買得起車子，中產階級也買得起，汽車成為美國文化的重心，地位遠超過其他國家。為了支持 1950 年代以汽車為基礎的生活方式，新型態企業紛紛出籠，譬如大型購物中心、得來速（drive-through）餐廳、汽車電影院。汽車在音樂、電視節目、書籍中扮演主角，無數電影裡出現汽車追逐的畫面。從 1956 年開始，一條又一條新建的州際高速公路落成，加速民眾使用汽車，趨勢如下頁第一個圖表顯示。

　　雖然過去一百年來，道路行駛里程逐年穩定成長，但同時期的死亡率卻呈現相當不一樣的模式。第二個圖表顯示 1921 年到 2017 年，美國每一億英里行駛里程的車禍死亡人數。1921 年是開始記錄此一數據的頭一年，死亡人數是 24.09，到了 2017 年，只剩下 1.16 人，每英里死亡人數整整少了 20 倍。這是怎麼做到的？

　　儘管福特 T 型車是史上第一款暢銷車，但是它也非常危險。T 型車的後輪剎車效果很差，前輪根本沒剎車；引擎點燃

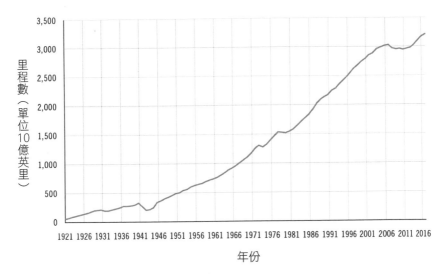

1921 年到 2017 年美國行駛里程數 [2,3]

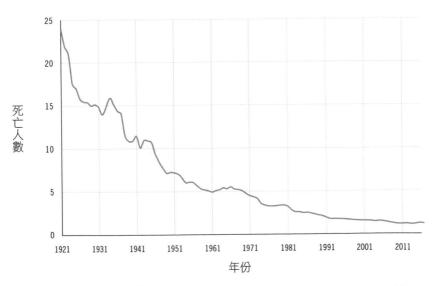

1921 年到 2017 年美國每一億英里行駛里程的車禍死亡人數 [2,3]

時，手搖啟動器可能會打斷人的手臂；鑄鐵製的轉向柱（steering column）正對駕駛人心臟，一旦撞車隨時會把人戳死；燃料箱的位置在座椅下方，萬一出事正好把人活活燒死；平板玻璃車窗在車禍時往前刺，足以把人割成一片片。T 型車沒有座椅安全帶，沒有方向燈，沒有擋風玻璃雨刷，沒有時速表，沒有後照鏡，肯定也沒有安全氣囊、杯架、音響、冷氣或衛星導航系統。萬一不幸翻車，車裡的人頭下腳上，被車子壓在底下。總算還有一點值得安慰，車子的時速不超過 45 英里。

對大多數汽車製造商而言，安全不是頭號考量，很多安全設施都是可有可無，也很少針對汽車安全性做研究。可是 1965 年，來自康乃狄克州（Connecticut）的 32 歲律師納德爾（Ralph Nader）改變了一切：他向世界上最有權勢的公司〔通用汽車公司（General Motors，簡稱 GM）〕宣戰。

納德爾生於 1934 年，他是黎巴嫩移民，在普林斯頓大學（Princeton University）和哈佛法學院（Harvard Law School）接受教育。從年輕開始，納德爾就搭便車遊歷美國，親眼目睹過無數次車禍，因此一直對汽車安全（或者說是汽車欠缺安全）很感興趣。有一場車禍特別令他耿耿於懷：出事的車子時速僅有 15 英里，坐在車子前座的小孩在衝力下往前甩，撞擊前面的置物箱，置物箱的門剛好因車禍衝擊彈開，孩子的頭就這樣被硬生生切了

下來。後來納德爾在哈佛法學院唸書時回想當初這樁車禍，進而思考車禍的法律歸屬問題。當時的主流意見是駕駛人造成車禍，所以是他的錯；納德爾不同意——他責怪設計車子的人。[4] 由於置物箱的門設計不良，缺少可靠的門栓，在意外中成了銳利的武器，害死了一個孩子。

納德爾的第一篇文章刊登在《哈佛法律評論》（*Harvard Law Review*），題目是「美國汽車：為死亡而設計」（American Cars: Designed for Death），光是標題就足以說明他絕不妥協的行事作風，文章痛斥汽車製造商重視車子的外觀甚於安全。1964年，美國勞工部副部長莫尼漢（Daniel P. Moynihan）注意到納德爾的文章，他對汽車安全也有類似的興趣，1959 年曾經親自撰文，題為「高速公路流行病」（Epidemic on the Highways）。[5]1965 年他聘請納德爾擔任勞工部的兼職顧問，請納德爾寫一篇報告，建議聯邦政府加強監管高速公路安全。可惜效果不彰。

納德爾為自己沒有能夠發揮影響力感到灰心，於是辭掉工作，著手撰寫他那本殺傷力驚人的書：《任何速度都不安全：美國汽車內設的危險》（*Unsafe at Any Speed*：*The Designed-In Dangers of the American Automobiles*）。[6] 納德爾寫好大綱和頭幾章之後，就開始寄給可能有興趣的出版社，可惜對方大多很冷淡，因為預料這本書賣不了幾本。有一家出版社告訴納德爾，會對這本書「感興趣的主要是保險經紀人」。最後紐約的出版商葛羅斯曼（Richard Grossman）找上門，表示他對納達爾以前寫的一篇關於汽車安全的文章印象深刻。葛羅斯曼想要出版這本書，

但也懷疑書的銷路大概不會好。就像他在 2007 年說的：「那本書始終有個行銷問題：即使書中的每一個字都是真的，就算他所說的每一件事都令人義憤填膺，問題是人們會想要讀那樣的東西嗎？」[7]

納德爾的書開篇就寫道：「半個世紀以來，汽車帶來死亡、創傷，還給幾百萬人造成最無法估量的悲傷與損失。」他指出既有的科技能夠使車輛更安全，但是汽車製造商卻不去利用，唯恐侵蝕他們的利潤。《任何速度都不安全》這本書特別強調，汽車上有製造商明知危險的無數個組件，包括：

（1）廣泛使用鍍鉻的雨刷、方向盤、前車蓋、保險桿、儀表板，這種材質容易反射陽光，妨礙駕駛人視線。

（2）從某些方向看不見汽車燈光，因為燈座埋在保險桿裡面，或是被車體的其他部分擋住而看不清楚。

（3）有色擋風玻璃造成夜間駕駛困難。

（4）排檔桿的配置缺乏標準化，尤其是自動排檔。當駕駛人買新車時，因為習慣舊車的模式，往往將「前進檔」和「倒退檔」弄反了。

（5）儀表板設計沒有考慮到駕駛人萬一犯錯的情況。有一件車禍發生的原因，是駕駛人想要打開點菸器，卻把車前大燈關掉了，原來這兩個控制鈕長得一模一樣，而且兩個鈕的位置並排放在一起。

（6）製造不良，欠缺品質管制。納德爾報告 1963 年針對 32

輛新車所做的測試報告，結果每一輛都有瑕疵，包括：漏雨、窗戶脫軌、門把掉落、分電盤蓋損壞、車速表指針歸零不動、座椅調整裝置失靈、點火電門鎖沒辦法鎖上、門關不牢、引擎漏油、方向燈打開以後關不掉、油量表不準確、前輪校準失效，還有像已故消費者聯盟（Consumers Union）的布萊迪（Mildred Brady）所說的，車前大燈「瞄準的是地上，或是來車駕駛的眼睛，不然就是樹上的小鳥。」

（7）車外尖銳突起的設計可能傷害行人，譬如 1959 年份凱迪拉克（Cadillac）的魚鰭式車尾，外型「詭異肖似劍龍尾巴」。紐約行人因車禍死亡的個案中，有 25% 肇事車輛在事發當下時速只有 14 英里，甚至不到 14 英里──所以才會有這個書名（《任何速度都不安全》）。被害人的身體被汽車的裝飾品、保險桿邊緣、尾翼和其他尖銳零件刺穿。行人被車子撞到時，保險桿的形狀沒有使受害人轉向避開，反而將他們輾壓過去。

（8）儀表板邊緣銳利、堅硬，沒有襯軟墊，按鈕、控制器突出於外。

（9）座椅安全帶只是選購配件。通用汽車的首席安全工程師甘德洛特（Howard Gandelot）辯稱安全帶沒有用，他說：「我很難相信座椅安全帶可以提供駕駛人更多保護，因為這種安全型方向盤就足以保護駕駛人，只要他的雙手握牢方向盤的邊緣，就可以利用它吸收能

量的性能。」

甘德洛特宣稱「駕車大眾沒興趣真正使用座椅安全帶」。[6]此外座椅安全帶會限制駕駛人探身使用某些控制器，會弄皺他的西裝，還會帶來疼痛。

儘管這些汽車的問題都能夠矯正過來，可是納德爾的主要批判原因是汽車製造商的態度。他們找了一大堆藉口，解釋為什麼不應該把車子製造得更安全，他們宣稱發生車禍從來不是因為車子設計不良，而是因為「開車的人是瘋子」。[6]如果肇事原因是機械問題，那是因為駕駛人沒有好好保養車子。汽車設計是由造型設計師決定的，而造型設計師只是順應消費者的需求罷了。如果為了阻止陽光刺激駕駛人的眼睛，就採用不會閃閃發亮的表面塗料，那麼肯定會引起消費者抗議，所以汽車製造商不能這麼做。有時候車子發生撞擊時，冒險跳出車外反而比留在車子裡更安全。不管在設計上做多少修改，也不管一般駕駛人願意使用什麼約束裝置（如安全帶），在車子發生撞擊時都無法確保人員安全。[6]

納德爾指稱，車禍養活很多產業，醫療、警察、行政、法律、保險、汽車維修、葬儀等等行業，都因為車禍而欣欣向榮，反觀預防傷亡卻掙不到多少錢。利潤永遠是第一優先，哪怕利潤最大化意謂每年會有上萬人傷亡；總而言之，汽車製造商為了賺錢而殺人。「可是人類社會真正可貴之處，必須是事先防範事故傷害的作為，而不是事故發生之後再來收拾善後。」

納德爾的書把汽車公司高階主管氣得暴跳如雷，尤其是書中指名道姓打臉許多人。為了回應這本書，他們想了好幾招，譬如：

- 置之不理。這本書一開始賣得不好，所以負面宣傳可能慢慢就消失了。
- 承認過去犯的錯誤，從中學習教訓，然後開始製造更安全的汽車。
- 質疑這本書，因為它包含無數錯誤、不準確的說法和誇大其辭。
- 嘗試摧毀納德爾的信譽。他們可以竊聽納德爾的電話、雇用私家偵探調查他的財務狀況和私生活、打電話威脅他的朋友和家人，或者可以雇用妓女設局陷害他。

以上每一種方法都有助抹黑納德爾的名聲，損害他的人格和信用，藉此殺雞儆猴，不要妄想挑釁通用汽車公司。

結果他們選了最後那一招。

納德爾的書出版之後不久，就開始擔任民主黨參議員魯比科夫（Abe Ribicoff）的無給職顧問。納德爾告訴魯比科夫，他懷疑自己被人跟蹤。魯比科夫很重視這件事，於是開會調查這樁騷擾案件，地點選在美國參議院的會議室，而且現場有電視攝影機和許多記者。通用汽車執行長羅許（James Roche）以證人身分被傳喚到場，他被要求宣誓證詞無偽，只好被迫承認雇用私家偵探調查納德爾。魯比科夫生氣的說：「所以你們（通用汽車公司）

雇用偵探，想要給這個年輕人潑髒水，抹黑他的人格，只因為他指出你們的汽車不安全嗎？」魯比科夫把通用汽車的報告扔在桌上，咆哮說：「然後你們什麼爛事也沒發現！」接下來納德爾在所有三家全國電視頻道的新聞上露臉，也登上全國新聞報紙的頭版。[4]

這次宣傳的效果，讓《任何速度都不安全》這本書的銷售量飆升，由此可見葛羅斯曼和納德爾探聽過的其他出版社都大錯特錯，他們都以為納德爾的書缺乏商業潛力——沒想到得力於通用公司慷慨協助促銷，這本書成為 1966 年美國非小說類暢銷書。

納德爾控訴通用公司侵犯隱私，兩年後雙方達成庭外和解，通用汽車賠償納德爾 42 萬 5 千美元，這是隱私權法史上最高庭外和解金。納德爾用這筆收入創辦「回應公義訴求之法研究中心」（Center for the Study of Responsive Law），[8] 該研究中心至今仍致力促進消費者權益。

納德爾的書來得很及時，他的讀者已經準備好傾聽，而政治人物也終於準備好採取行動。雖然 1960 年代車禍殺死的人沒有心臟病、癌症、中風那麼多，卻是 44 歲以下美國人的頭號死因。[9]

另一個絕妙的觀念花了 50 年才徹底落實，那就是強制所有車主上路前必須先通過駕駛考試。以前往往是由賣車的營業員指點新車主開車，營業員不太可能會說：你車子開得不夠好，所以不能把車子賣給你。1908 年，羅德島州（Rhode Island）率先要求車主必須通過考試才授予駕駛執照，那一年正是福特 T 型車

上市那年。到了 1930 年，美國有 32 個州都要求必須取得駕駛執照才能開車，不過只有 15 個州強制車主接受駕駛考試。1959 年，南達科他州成為最後一個強制要求駕駛考試的州，話又說回來，早期考駕照並不太困難。

到了 1960 年，汽車設計已經有了無數改良，加裝擋風玻璃雨刷、後照鏡、方向燈、可減少頭部受傷的頭枕、折疊式轉向柱（collapsible steering column）、液壓剎車、儀表板加裝減震墊，而且全部都是標準配備。最早使用安全玻璃製造擋風玻璃是在 1927 年，以防止撞擊時玻璃碎裂。1930 年代，通用汽車開始做撞擊測試，觀察車子在不同速度下撞擊時，究竟會發生什麼事，後來測試中又加入假人。改良汽車和道路設計、駕駛人接受訓練顯然有效，到 1960 年，車禍死亡人數因此大幅減少（見前表）。

1950 年代發明了許多更先進的汽車安全技術，包括安全氣囊、吸收撞擊能量的撞擊緩衝區（crumple zone）、碟式剎車。1959 年，富豪汽車公司（Volvo）發明三點式座椅安全帶，肩帶呈對角線，膝蓋部分也設計膝帶，不過剛開始時是額外的選用配備，很少車主願意多花錢安裝這種安全帶。所以納德爾沒有挑剔汽車設計者需要更努力加強新的安全配備，而是指出技術已經存在，但汽車公司就是不肯使用。

1956 年 7 月，美國國會針對交通安全召開第一次聽證會，

不過接下來的 10 年並未達成多少立法和法規方面的成果。[10] 等到《任何速度都不安全》這本書出版之後，通用汽車的惡劣行徑曝了光，國會趁勢迎合輿論，堅決站在獨行英雄納德爾這一邊，對抗大惡棍通用汽車。

1966 年，美國國會通過「國家交通與機動車輛安全法案」（The National Traffic and Motor Vehicle Safety Act），並由詹森總統（President Lyndon Johnson）簽署。這項法案要求汽車製造商採用安全標準，以減少民眾因為汽車的設計、建造或運作不良而發生車禍的風險。相關的「高速公路安全法案」（Highway Safety Act）也在同一時間通過，立法規範高速公路的設計，並成立「國家高速公路安全管理局」（National Highway Safety Bureau），負責落實新的法規。接下來官方強制汽車必須配備一系列安全裝置，包括方向盤和儀表板加襯墊、座椅安全帶、安全玻璃、後方倒車燈、緊急閃光燈。之後又陸續規定加裝安全氣囊、防鎖死煞車、車身動態穩定系統（electronic stability control）、倒車鏡頭、自動煞車系統。規定強制配備這些裝置意謂沒有汽車製造廠處於競爭劣勢，大約在相同時間，其他國家也採取類似的措施。

過去 50 年來，由於消費者和立法當局的要求，汽車製造商持續改良車子的安全性。他們的新發明包括慣性捲筒（inertia reel）安全帶、間歇式擋風玻璃雨刷、維持抓地力的循跡防滑控制（traction control）、頭枕、車內電子、電腦輔助設計與模擬、撞擊防護系統（目的是分散撞擊時的力道）、更堅固的鋼鐵和其他材料、盲點偵測警示系統（停車時利用照相機和動態感應器避

免擦撞）、保持車子直線前進的自動駕駛系統、側面衝撞安全氣囊、防滑系統、行人偵測系統。全世界的新法都強制乘客坐汽車前座和後座都必須繫安全帶，並且舉辦更嚴格的駕駛考試。[11] 政府單位開始對所有汽車進行撞擊測試，發布測試結果，並且給車輛的安全性打分數。他們考慮行人可能被車撞的風險，也考慮駕駛人和乘客出車禍的危險。下一階段的進步，可能是可以互相分享資訊的自動駕駛車輛，甚至能檢查駕駛人是否打瞌睡。[12]

外界批評納德爾的書不正確、不公平、錯誤連篇，這樣的批評也不是沒有道理，書中包含大量工程資訊，可能超過讀者所能理解，他指摘的某些車款甚至已經不生產了。此外這本書寫得不像文學作品，反而像法庭上檢察官朗讀的起訴書。這些都不重要，納德爾的目標是促使汽車製造商開始正視安全，不要再製造明知危險的車輛。自我約束不管用，所以必須透過立法來達成這個目標。就這一點而言，《任何速度都不安全》極為成功——這本書出版 50 年以來，納德爾啟發的新法律和政府機關已經防止350 萬人因車禍而罹難。[13]

後來納德爾繼續爭取消費者權利，資助其他消費者運動團體，包括「公共利益研究集團」（Public Interest Research Groups）、「汽車安全中心」（Center for Auto Safety）、「潔淨用水行動計畫」（Clean Water Action Project）。納德爾參加過 4 次總統選舉，成績最好的一次是西元兩千年，獲得 2.7% 選民投票支持。儘管成就斐然，還是有很多人痛恨納德爾，2005 年，由 15 位保守派學者和公共政策領袖組成的小組，投票選出《任

何速度都不安全》是 19 世紀和 20 世紀最有害的書之一，排名第 22。[14] 我猜納德爾根本不在乎。

從有汽車之初，酒醉駕車就被視為犯罪行為。1897 年 9 月 10 日，25 歲的倫敦年輕人史密斯（George Smith）開著自己的計程車去撞牆，成為歷史上第一個因酒醉駕駛被捕的人，這名聲實在不光彩。1910 年，美國紐約頒布第一套懲罰酒醉駕車的法律，一開始沒有辦法測量醉酒程度，所以交給逮捕酒醉駕駛的警察去決定嫌犯是否醉到沒辦法開車。雖然大家都知道驗血是量化酒醉程度的可靠辦法，可是在路邊對嫌犯驗血很不實際。1927 年，科學家發現呼吸的酒精濃度和血液裡的酒精濃度密切相關，一開始被稱作「醉度測量計」（drunkometer）的呼吸測試器（breathalyser）顯得很有價值。雖然酒醉駕車違法，當時也已經可以利用化學藥物和呼吸中酒精的作用，直接偵測酒精濃度，但是相信的人很少。如果有人因酒駕被送上法庭，幾乎都能夠全身而退，因為一般大眾很少認為酒醉駕車是犯罪，既是犯罪，一旦定罪後將遭到嚴逞。人們認為這樣的法律不公道，也無法施行。即使到了 1960 年代，仍然有人在辯論酒醉駕車究竟危不危險。[15]

1980 年 5 月 3 日，加州費爾奧克斯（Fair Oaks）的 13 歲少女萊特娜（Cari Lightner）和一個朋友走路去教會參加慶典時，

被後方來車撞死，駕駛人布栩（Clarence Busch）酒醉駕車肇事。萊特娜被撞飛，鞋子掉在原地，人跌落在 125 英尺外的街上當場死亡。布栩沒有停下來幫忙，反而趕回家，他告訴妻子「別去看車子」，然後就不省人事。布栩撞死萊特娜時是保釋身分，他兩天前才因為酒醉肇事逃離現場被逮捕。過去 4 年布栩已經有 3 次酒醉駕車定讞的記錄，但這些都不足以吊銷他的加州駕駛執照。[16]

警察告訴萊特娜的母親康笛絲（Candace），肇事駕駛很可能只受到聊勝於無的懲罰。康笛絲非常憤怒與悲傷，她成立「人母反酒駕」（Mothers Against Drunk Driving，簡稱 MADD）組織，發起反酒醉駕駛的運動。康笛絲放棄自己的工作，拿出積蓄挹注這項運動，她的目標是推動更嚴格的立法，不再忍受她所謂的「唯一被社會接受的殺人方式」，並且提高大眾的意識。[17] 這是一個轉捩點，改變了民眾對酒醉駕駛的容忍度。

康笛絲與 MADD 聯手，加上加州州長布朗（Jerry Brown）、總統雷根（Ronald Reagan）的支持，幫助扭轉美國人對酒醉和嗑藥駕車的態度。[17] 他們努力的結果促成法律對血液酒精濃度的限量降低，准許喝酒的法定年齡提高，如今美國所有州都規定 21 歲以上才能飲酒。酒醉駕駛不再逍遙法外，而是會被定罪，懲罰是入監服刑或罰鍰，吊銷駕照，而且必須購買更昂貴的保險。有關單位可以強制車輛安裝點火自動鎖定裝置（ignition interlock device），如果駕駛人沒有通過儀表板上加裝的呼吸感應器酒精檢測，就無法發動車子的引擎。儘管大眾有意識的反對

酒駕，法律也祭出高規格罰則，但是酒醉駕車依然問題嚴重。2017 年，美國有 1 萬 0874 人死於酒駕肇事，大概占機動車輛肇事死亡總人數的 20%。[18]

　　由於上述所有的改革，以及更完善的醫療照護，現在每一英里行駛里程已經比過去安全很多，可是隨著交通量的增加，車禍依然是主要殺手。下圖顯示美國自 1921 年以降機動車輛肇事造成的總死亡人數。最糟的年份是 1972 年，那一年之後，美國政府開始戮力改革，成果極為亮眼；1972 年以來，美國的總行駛里程數增加了 2.5 倍，但是死亡人數卻下降了。除了醫療照護優於以往，緊急救護服務也改善了道路交通事故的處理方式。

　　美國的道路交通死亡人數雖然居高不下，但情況本來可能更糟糕。去過印度和非洲的觀光客經常說起這些國家對道路規則態度散漫。2016 年，全世界因道路交通死亡人數最多的國家，是非洲西部的賴比瑞亞，每年每 10 萬人中有 35.9 人死於車禍，死亡人數最少的國家是位於義大利半島的聖馬利諾（San Marino），死亡人數是零。聖馬力諾之所以有這個成績，是出於統計上的僥倖，因為這個國家的面積實在太迷你了，其次是馬爾地夫（Maldives）和密克羅尼西亞（Micronesia），兩者都是小島組成的國家，開車開不了多遠就碰到大海了。[19] 西歐國家的道路十分安全，美國排名位於中間，道路最危險的國家，是那些新近才有足夠財富買得起車的國家，他們需要長時間教育駕駛人，並且調整這些駕駛新手的態度。

　　二十幾歲的年輕人不會得失智症，罹患心臟病、癌症、中

風、肺部疾病或糖尿病的風險也很低。對於十幾、二十幾或三十幾歲的人來說，道路交通創傷仍然是他們的頭號死因。

美國自 1921 年至 2011 年的機動車輛肇事死亡總人數 [2,3]

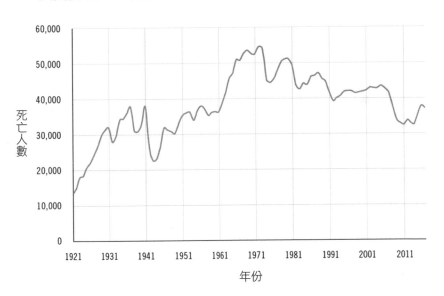

更光明的未來？

「人生沒有什麼好怕的，只需要了解就行。現在就是
深入了解生命的時候，這樣我們就能減少恐懼。」

《我們不安定的居處》（*Our Precarious Habitat*），
居里夫人（Marie Curie）[1]

　　過去一萬年來，人類死亡的原因已經徹底改變了。在解剖
構造上與現代人最接近的遺骸，是 20 萬年前留下來的，[2] 而這
20 萬年來，人類 95% 的時間都過著狩獵採集的生活，飲食健康，
肢體活躍。許多常見傳染病，例如麻疹、天花、鼠疫、傷寒，當
時幾乎聞所未聞。不過那時候的世界依然危險，意外層出不窮，
尤其打獵的時候很多人被大型動物殺死，可能被天敵吃掉，也可
能被獵物反擊，甚至被同類殘殺。放棄游牧生活、住在永久居所、
種植農作物、畜養牲口，這些改變使得人們享有更多食物，面對

的暴力減少，可是也付出昂貴的代價。只依靠幾種植物作為主要糧食來源，導致人類營養不良，一旦農作歉收，就有發生饑荒的危險。對大多數人來說，在田地裡工作是痛苦的生存方式，打獵和戰鬥的樂趣只保留給菁英分子。為了得到人民的供養，統治者提供正義和安全作為交換，（理想上）保護城市居民不遭受野蠻人的攻擊。更長遠來看，定居大型聚落造成大規模傳染病的累積，這些病多數是來自與人一起生活的動物或日常汙水。過游牧生活時，固然也會從動物身上染病，例如老鼠傳染的鼠疫，整個族群可能都被消滅，然而最糟的也不過就是這樣了，病原體和被害者同歸於盡。當時的人口很少，族群之間的接觸零零星星，所以疾病無法長久待在人類群體中。反之，當人們開始住進城市，人口稠密加上與病原體彼此適應，最終形成大量疾病，兒童經常罹患這些病，像是水痘、猩紅熱、德國麻疹。到了這個時候，傳染病已經成為頭號死因。

得力於某些前所未聞、最天才、最重要的思想，人類終於打敗傳染病。這些思想如今看來太理所當然了，很難相信以前曾經不被廣泛接納。首先是蒐集和分析數據。西元 1600 年左右倫敦刊行《死亡率報表》，自此開始有系統的記錄死亡數據，在那之前，疾病與病因的關聯多半只是靠猜測。相對而言，葛蘭特研究《死亡率報表》的資料，就能斷言住在鄉下比住在城市健康，因為他有數字可以證明。同理，史諾醫生認定受到汙染的水是霍亂的成因，但他之所以能取信狐疑的官員，是靠不厭其煩走遍蘇荷區霍亂病患的住家，才發現他們全都飲用布洛德街水泵的水。

　　醫學思想最偉大的革命是細菌理論——肉眼不可見的微生物竟是疾病的主因。為什麼應該喝乾淨的水？為什麼應該清洗身體、衣物和住家？為什麼應該吃新鮮的食物？為什麼應該在無菌條件下動外科手術？細菌理論讓這些問題都有了合理的答案。落實潔淨的要求，醫院就能成為病人復原的安全處所，而不是慘遭感染的溫室。有了質量更好的食物，可以戰勝饑荒和營養不良，也使身體更強壯，能夠抵抗疾病。釐清特定的致病微生物之後，自然而然引導先驅者追尋殺死致病原的方法，或是將其轉變成疫苗。為了找出有效的藥物，需要臨床試驗，因此必須利用實驗組和對照組，兩者之間的唯一差別就是研究針對的潛在變數或療方，譬如船醫林德將水手分組，測試不同食物對抗壞血病的效果。

　　所有這些研究都利用科學方法，這是挖掘自然世界可靠資訊的最佳方法。科學研究有一個重點偶爾會被忽略：科學發現只有公開刊登出來才算數。如果沒有人知道，那麼新發明等於是廢物，就像分娩難產時可以使用產鉗相助，然而產鉗這項發明卻被保密了上百年。知識必須讓所有人都能獲取，這樣知識才有用處，才能夠印證和積累。我們如今之所以能過上有史以來最健康、最富裕的生活，主要就是拜科學之賜。

　　從 19 世紀末葉以來，人類打敗暴力、饑荒、營養不良、傳染疾病，使得預期壽命大幅延長，也使得癌症、糖尿病、中風、心臟衰竭變成主要死因。雖然這些非傳染性疾病最重要的風險因子是年齡，然而肥胖、吸菸、酗酒、不運動等因素的普及，也加

重上述疾病的嚴重性。除此之外，遺傳疾病對健康永遠都具有深刻的影響力。

麻疹、產褥熱、霍亂這類疾病的解決辦法直接了當，例如接種疫苗、勤洗手、加強衛生。反觀治療非傳染性疾病則需要採用大量複雜的手段，例如更好的診斷、預防、手術、藥物，才能降低死亡率。儘管挑戰很棘手，人類再次獲得了不起的進步。下圖顯示自 2001 年到 2019 年英國男性與女性的主要死因（英國算是典型的工業化國家）。這些數字是死亡率，亦即每 10 萬個具代表性的樣本中，每一年每一種疾病的死亡人數。

2001 年到 2019 年英國男性主要死因 [3]

每 10 萬名男性標準化死亡率

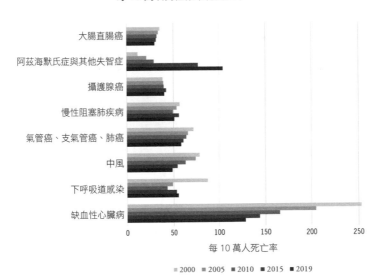

每 10 萬人死亡率

■ 2000　■ 2005　■ 2010　■ 2015　■ 2019

2001 年到 2019 年英國女性主要死因 [3]

每 10 萬名女性標準化死亡率

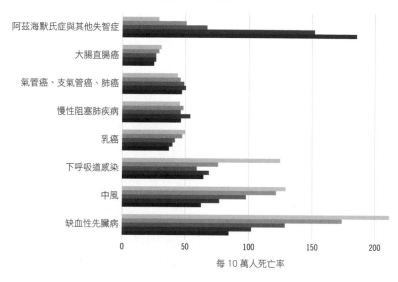

阿茲海默氏症與其他失智症
大腸直腸癌
氣管癌、支氣管癌、肺癌
慢性阻塞肺疾病
乳癌
下呼吸道感染
中風
缺血性先臟病

每 10 萬人死亡率

■ 2000　■ 2005　■ 2010　■ 2015　■ 2019

　　2001 年的頭號殺手是心臟病和中風，相較之下，現在它們的死亡率只剩下當時的一半左右，這必須感謝此類疾病的預防、管理和治療有了非常大的改善。大部分主要癌症的死亡率也減少了，尤其是乳癌、大腸癌和直腸癌。男性和女性的肺癌死亡率情況大不相同：因肺癌死亡的男性減少了，女性卻沒有，原因是一開始只有男性吸菸，女性後來才跟上，所以開始吸菸然後戒菸對健康產生的影響，在男性身上很明顯，女性則還未看出結果。未來這張圖表上肯定會有新冠病毒的一席之地，不過目前我們還未掌握數據。

　　人類預防、偵測、治療非傳染性疾病的能力越來越傑出，預期壽命不斷延長，其他死因逐漸取代傳統死因。最重要的是，我們目睹失智症的死亡率大幅上升，不僅西方國家如此，已度過人口轉型期的國家，例如印度和中國，也開始出現大量老齡人口，因此失智症發病的頻率急速增長。如今阿茲海默氏症是全世界最昂貴的疾病，不僅因為它很普遍，也因為它經常需要家人放棄工作，來照顧自己摯愛的親人，而且進入晚期病程後，還需要入住安養機構接受長期照顧。相對來說，令人猝死的疾病如心臟病或中風，提供照護家屬的負擔就沒有那麼大。阿茲海默氏症沒有好藥可用，現有的藥物只能緩解症狀，而且效用維持不到一年。由於老年人的數量和占人口比率都在成長，我們迫切需要可以預防、治療的新藥物，哪怕只是延緩阿茲海默氏症發病的藥物也很有幫助。因此，目前看來未來的世界是老人擁有功能正常的身體，但心靈卻因失智症所苦。

　　一旦了解疾病背後的科學，我們就能夠設法找出解決辦法，不一定非要昂貴或高科技的辦法不可，像是疫苗、濾水器、肥皂，還有脫水時為身體補充液體，所需要的成本都很低廉，因此應該讓所有的人都能使用，潔淨的飲水和衛生的環境始終都很關鍵。國與國之間的疆界是我們想像出來的產物，導致傳染病的微生物根本不予理會，因此唯有所有的國家都參與，小兒麻痺、龍線

蟲、瘧疾和其他多種疾病的防治計畫才能夠成功。舉例來說，如果 1970 年代我們忽略了索馬利亞或孟加拉，那麼今日天花依然存在。治理不彰的國家或戰亂的區域，讓健康照護工作者無法施展所長，對於所有的人來說都很危險，因為那些地方將成為疾病的大本營。奈及利亞、巴基斯坦、阿富汗的小兒麻痺症遲遲無法根除，就是很不幸的例子。同理，有些群體的人拒絕參加疫苗接種，或是拒絕接受為了消滅疾病而採取的措施，都會害我們無法根絕疾病，幸運的是 1970 年代沒有發生大規模反對接種天花疫苗的運動。如果你真的認為兒童不應該接種麻疹、腮腺炎和德國麻疹混合疫苗（簡稱 MMR），那麼弔詭的是你更應該賣力推動全球接種疫苗，因為等到這三種疾病根除之後，就永遠不需要再施打 MMR 疫苗了。小兒麻痺、龍線蟲、象皮病（elephantiasis）、熱帶莓疹（yaws）、淋巴絲蟲病（lymphatic filariasis）、麻疹、腮腺炎、德國麻疹、河盲症（river blindness）、梅毒、鉤蟲病等疾病，都是我們目前想要根除的目標。[4] 更具挑戰性，也更重要的根除目標是瘧疾、愛滋病和肺結核。

　　應付流行病、饑荒和其他災難不僅需要國際合作，當潛在的災難發生時，也需要有吹哨人儘早提出警示。農作物歉收或新疾病出現時，整個世界都必須接獲通報，以便在它們釀成大禍之前迅速解決問題。政府總是會忍不住否認問題的存在，而不是警告鄰國，以免自己看起來很失敗。另外，媒體也應該負起責任，必須公平報導問題，不論怎麼做，都不應該選擇替某一方政客辯護。話又說回來，雖然肺結核、愛滋病、瘧疾繼續危害人間，還

有突然爆發的新冠病毒盛極一時，可是從長遠來看，從 19 世紀以來，傳染疾病的嚴重程度就一直在減緩。如果我們繼續維持這樣的進步，就能讓更多國家度過人口轉型，大家通力合作，締造一個人人活得又健康、又長久的樂園。

人類是破壞狂，為了達成自己的目標，使用了地球上絕大多數土地，只給其他物種留下珍貴的狹小空間。我們將很少量的物種（例如稻米和雞隻）拓展到世界各地，卻對很多其他的物種趕盡殺絕。人類破壞環境的終極原因是人口太多了，如果想要減少人口數目，減少對環境的破壞，只有兩條路可以走：第一條是災難，也許是核子戰爭導致文明崩解，也許是氣候變遷無法阻擋，也許是爆發毀滅性的流行病（最可能的是流行性感冒的新病株，致命性將遠高於新冠病毒），也許是超級火山爆發（最可能的地點是美國黃石公園），也許是行星撞地球，或者是其他的災難。假如有一顆寬 10 英里的巨石高速朝著地球衝過來，我們能做的其實很少；假如真的發生了，那麼十大死因排行榜就需要迅速改寫了。

第二條路是減少我們對地球施加的壓力，方法就是少生孩子，最後世界將會達到穩定的和諧狀態。人類的壽命延長，並不會使人口增加，反而是生育率下降，人口也會開始下滑，這一點和大家的直覺相反，尤其是如果我們將兒童死亡率降到極低，讓女孩子都接受教育，並且讓所有人都能擁有避孕工具，[5] 就更有希望成功減少世界人口了。人口穩定下降是避免毀滅的最佳希望，如果全世界的生育率都減低，那麼確實可望實現這個目標。

未來數十年，人類的死因可能會產生什麼變化？我們可以指望新冠病毒疫情不久就會結束，也可以合理推估其他既有的趨勢，至少未來幾年的趨勢應該預測得出來。我們預期心臟病、肺病、中風的死亡率將會持續下降，而第二型糖尿病和失智症的死亡率將會增加。癌症是比較複雜的情況，未來趨勢將視不同患病器官而有所差異。由於其他疾病已經被攻克，所以罹患癌症的人數顯得比較多，不過我們正在發現更好的化學療法、診斷和治療方法。將來世界將會繼續發現新藥，醫學和一般科學也會持續進步。即使失智症方面也已露出一線曙光，我們終將發展出新藥，能夠有效中斷失智症的病程，或是預防它發病。[6]

　　更有趣的問題是，未來是否會出現新穎的醫療突破，徹底改變人類死亡的方式？當今的死亡原因未來會不會大抵克服，再也看不到分娩、麻疹、鼠疫的併發症？如果會的話，要怎樣才能做到？

　　遺傳疾病一直都存在，因為 DNA 的複製從來不是完美的，突變無可避免。截至目前，我們能做的僅是篩選遺傳問題，以及治療這些疾病的症狀。不過現在人類即將進入下一波健康照護的

革命，就像第十六章所說的，屆時只要移除致病的基因突變，就能從根源徹底打敗遺傳疾病。我們的主要目標是那些可惡的單一突變所造成的嚴重疾患，例如血友病、囊腫纖化症、早發性阿茲海默氏症、延胡索酸酶缺乏症。然後可能會把焦點轉移到複雜的多基因疾病，甚至是老化本身。

　　過去的報告指出成千上百個 SNP 會影響老化和預期壽命。舉例來說，有一項研究探討新英格蘭的 801 個人瑞（平均年齡104 歲）身上的遺傳變異，拿他們和另外 914 個具有相同種族背景的對照組做比較。[7] 結果發現 130 個基因內有 281 個 SNP 顯然會影響壽命長短，已知有許多基因與老化過程有關，例如阿茲海默氏症、糖尿病、心臟病、癌症、高血壓。其中有兩個基因特別突出，分別是 APOE 和 FOXO3。我們已經知道，APOE 的變異極容易影響罹患阿茲海默氏症的可能性，[8] 而 FOXO3 基因所編碼的蛋白質，在許多細胞活動中掌管基因的開關，例如細胞死亡、免疫系統、心血管疾病、幹細胞生成、癌症。[9] 看來人瑞身上的 SNP 能夠延緩因老化所產生的常見問題，如果能在我們的DNA 中導入這些改變，或許可能延長壽命。

　　知曉與生俱來的 DNA 序列，就有可能預測終其一生罹患疾病的可能性。此外，現在人類已能夠追蹤身體每一天的情況，密切關注自己的健康。取小量血液、唾液、糞便、尿液、呼吸的樣

本，就能夠定期測量生物分子的濃度。糞便檢測特別有用，因為能顯示腸道中的細菌。正確擷取某個器官的運作情形，就能曉得體內究竟是什麼情況，尤其是測量 DNA、RNA、蛋白質的濃度、序列、結構，也可用相同方法檢驗特定組織內甚至個別細胞內的其他化學物質。[10] 功能不良的細胞，生物分子濃度和正常細胞的濃度有差異，不然就是會發生基因突變，特別是身體有新的感染或基因突變有罹癌傾向時，更容易出錯，到時候節制細胞生長的基因表現就會一團混亂。我們可以攜帶偵測器追蹤身體狀況、測量大腦活動，評估說話、走路、行動的方式，還能偵測個體是在活動還是在睡覺。智慧型手錶就是朝這個方向走出的一小步。

　　追蹤所有這些資訊，會得出數以百萬計的數據，彙總之後便可描述身體的情況。執行複雜機器學習演算法的電腦，接受判讀模式的訓練之後，就可以詮釋上述數據，並利用數據做出最佳預測。所以當電腦注意到警訊時，早在個體發生任何症狀之前許久，就能夠偵測到身體出狀況了。人工智慧系統有監視身體狀況的潛力，加上利用數十億人的數據訓練出來的經驗，將容許我們在疾病的最初階段就介入。到時候我們可以及早發現癌症、神經疾患和新陳代謝疾病，測知時間將比現在提早好幾年。那時候也會有個人化的治療措施，針對每個人的身體情況做調整，譬如釐清腫瘤裡究竟發生哪些突變，而不是把所有人一股腦的歸入相同的診斷。

　　器官移植所需要的器官供應量遠遠趕不上需求量。腎臟移植病人有時候必須忍受好幾年的痛苦，經常和洗腎機綁在一起，苦等也許永遠等不來的器官。隨著預期壽命延長，這種現象將會越來越嚴重。

　　然而不久之後我們就不必再苦等器官捐贈，而是利用自己的細胞培育新的器官，滿足移植器官的需求。幹細胞有能力生長和分化成為新的細胞種類，我們已經知道怎樣把皮膚細胞變成幹細胞，然後培養這些幹細胞，再把它們轉變成我們選擇的細胞種類。因為是用自己的細胞做起始原料，最後形成的器官和我們的基因一模一樣，所以不會被自體免疫系統排斥。舉例來說，我們可以製造新的胰臟胰島細胞（islets cells），讓它們分泌胰島素，以幫助糖尿病患者。我們也可以在自己體能達到巔峰狀態時（比方20歲時），提取身體的細胞加以冷凍，過幾十年再拿出來使用。要說服細胞組成結構足夠龐大、功能足夠完好的器官，以便完全取代舊的器官，不是一件容易的事，[11]但是現在我們有了助力：3D列印可以做出完全符合想取代器官的模型或架構。未來因為器官衰竭造成死亡的憾事，將成為明日黃花。更激進的想法是，如果器官因為老化持續喪失功能，哪怕器官沒有得病，我們也可以換一個新的。或許以後的人活到60歲就去醫院汰舊換新，換一套新的肺臟、腎臟、肝臟、胰臟、心臟，將會成為老人的例行公事。[12]

　　除此之外，我們還可以先改變幹細胞的DNA，然後再用它

來培育新的器官。假設要培養一個新的肝臟，可以把已知對肝臟功能最有利的 DNA 序列放進去，並且事先除去細胞中的任何遺傳問題。舉個例子，幹細胞在放入骨髓之前就已經編輯過，使它們能抵抗 HIV 病毒，或是治好了鐮形血球貧血症；[13] 活猴子肝臟中的基因經過編輯，可以降低膽固醇濃度。[14] 目前，我們每一個細胞裡的 DNA 都是相同的，因此常常有妥協的情況，因為對心臟有利的基因序列可能對胰臟不利。未來 DNA 編輯成為幹細胞器官替換治療的一部分後，就可以針對每個器官的功能，給予最理想的 DNA。這樣一來，我們就能擁有奧運金牌短跑健將的心臟，和職業網球選手的肺臟，屆時人只有在大腦無法再發揮功能時才會死亡，因為身體的其他部位都能夠獲得升級，而長年與慢性殘疾共存的日子也將會結束。

上述這一切科學進展，還有其他很多項目，現在都正在研發之中，[15, 16] 未來它們應該都能運用在人體上，目前看不出有無法克服的阻礙，所以我們很快就必須面對道德議題，選擇是否要實際利用這些技術。

謝　辭

　　1981 年我 14 歲，看到電視播放的《宇宙》（*Cosmos*）影集，那是太空人薩岡（Carl Sagan）所撰寫和主持的節目，堪稱科學和歷史的經典巨作。當時為了配合這部影集還出了一本書，我在書裡討論占星術的部分讀到下面這段文字：「葛蘭特在 1632 年彙總倫敦市的死亡率統計數字。除了嬰兒和兒童疾病，以及奇怪的疾病如『光芒乍現』和『國王之病』，還有其他可怕的死因。我們在 9535 例死亡中，發現有 13 個人死於『星象』，比死於癌症的人還多。我很好奇他們的症狀是什麼。」[1]

　　我也很好奇。這幾句話在我心裡埋下一顆種籽，最終發芽茁長，變成了這一本書。

　　我最先想寫一本關於死亡原因如何改變的書，當時想的是寫醫藥方面的故事。可是令我驚訝的是，我一再發現先人解決許多重大問題的方法，和醫療照護其實沒什麼關係，進步反而經常來自更好的法律、政治、工程、統計、經濟學，或只是一些企圖心很強、很有才華的人發揮非常棒的點子，然後努力克服很多阻力，讓大家接受他們的想法。這意謂當我試圖撰寫關於死因的歷史時，需要掌握比原先預期的更廣泛的領域。沒關係，反正我從

來都不喜歡用人為方式劃分知識的領域。世界是由截然不同的力量互動所生成的，只有部分是來自人類的決定。

本書是集 40 年的閱讀與沉思，以及我與多位朋友、同事、學生聊天的成果。我從非常多人的鼓勵和批評（兩者都極為寶貴）中獲益，尤其必須感謝我的經紀人哈德嫚（Caroline Hardman），謝謝她給我這個寫作新手機會，也謝謝她提供的支持、專業知識、忠告和時間。我要感謝布魯姆斯伯里出版社（Bloomsbury Publishing）的傑出編輯霍爾西（Jasmine Horsey）、史萬森（Bill Swainson）、科許波姆（Alexis Kirschbaum）、淮布蘿（Lauren Whybrow）和蒯芮（Kate Quarry），他們替我潤色文章：從敦促我撰寫全新章節，到幫我修改大寫字母，幫助極大。布魯姆斯伯里出版社的傑出團隊裡的貝絲特（Catherine Best）、萊絲柏恩（Stephanie Rathbone）、汪艾蜜（Amy Wong）、柏滕（Akua Boateng）和瑪莎迪（Anna Massardi）協助校對、美編、製作、行銷、公關，在此一併致謝。感謝柯布（Matthew Cobb）和戴維斯（Dan Davis）耐心指導我怎樣才能讓書順利出版（我原先很天真的以為，出版就是寫好一本書，然後寄給出版社就完事了）。班玻（Emyr Benbow）很好心的向我解釋醫學和法律系統判定死亡原因的程序。另外要謝謝下面這些人，他們都給了我關於文稿方面的寶貴意見：Susan Barker, Alistair MacDonald, Paul Redman, Lucy Doig, Penny Doig, Sarah Doig, Peter Tallack, Andrew Lownie, Dan Davis, Helen Stuart, Emyr Benbow, Mohammad Husain, John Caddis, Sasha Golovanov, Marina Golovanova, Geoff Hooper,

Shivani Kaura, Amanda Dalton, Jeremy Derrick, Jen McBride, Simon Pearce, Ali Ashkanani, Anna Mayall and Steve Deane。我要特別謝謝朵德（Sarah Dowd），她很仁慈的從頭到尾閱讀並校對整本書。亞丹姆森（Antony Adamson）告訴我 CRISPR 基因編輯方法的進展。謝謝撒馬利亞會的媒體主任費拉瑟（Lorna Fraser）和媒體顧問郝麗（Monica Hawley），以及撒馬利亞會的每一位工作人員，他們教我關於自殺的事，並協助我以負責任的方式撰寫這一部分。

我很感激雇主曼徹斯特大學（University of Manchester），他們容許我花費太多時間從事這項寫書計畫，其實我本來應該寫的是爭取贊助的研究計畫。對於指責本書過度簡化和掛一漏萬的批評，我坦然認罪，藉口是這本書的篇幅上限只有英文 10 萬字。至於書裡所有的錯誤，一概由我負責任。

附錄

生命表數據

　　表 A1 顯示英國的生命表數據，內容是 2014 年到 2016 年，從 0 歲到 100 歲的分齡死亡人數。生命表是一種呈現死亡年齡的標準方式，對各種領域來說都是非常重要的工具，譬如公共衛生、保險、政府。表格左上角從 10 萬個新生兒作為起點，「存活者」這一欄顯示在左欄的某一個年齡（X）還有多少人存活。「X 歲死亡人數」則顯示有多少人會在那個年齡死亡。舉例來說，10 萬個新生兒當中，有 423 個男嬰和 352 個女嬰會在滿周歲之前死亡，所以 1 歲的存活者數目分別減少到 9 萬 9578 個男嬰和 9 萬 9649 個女嬰，這兩個數字是最接近的整數值。「X 歲後預期壽命」，這一欄顯示從左欄的年紀（X）算起，某人可以指望平均再活多少年。利用表中所有的數據來估計餘命是很複雜的計算，因為我們需要知道每一個年紀有多少人，還有他們在那個年紀死亡的可能性。在此最大的假設是未來一百年一切都不改變，舉例來說，如果癌症找到解藥，那麼每一個年紀的死亡人數將會減少，而受到癌症影響最大的年齡層，將會出現幅度最大的

表 A1　英國生命表

數據為 2014 年到 2016 平均值，資料來源：英國國家統計局 [24]

年紀	男性			女性		
X	存活者	X 歲死亡人數	X 歲後預期壽命	存活者	X 歲死亡人數	X 歲後預期壽命
0	100,000	423	79.2	100,000	352	82.9
1	99,578	31	78.5	99,649	25	82.2
2	99,547	16	77.5	99,624	14	81.2
3	99,531	13	76.5	99,610	10	80.2
4	99,518	9	75.6	99,600	8	79.2
5	99,509	9	74.6	99,592	7	78.2
6	99,500	9	73.6	99,585	7	77.2
7	99,491	9	72.6	99,578	7	76.2
8	99,483	7	71.6	99,570	6	75.2
9	99,476	9	70.6	99,564	7	74.2
10	99,468	9	69.6	99,558	6	73.2
11	99458	10	68.6	99,552	6	72.2
12	99,448	10	67.6	99,546	6	71.2
13	99,439	10	66.6	99,540	11	70.2
14	99,429	12	65.6	99,529	11	69.2
15	99,416	16	64.6	99,518	14	68.3
16	99,401	21	63.6	99,504	16	67.3
17	99,380	29	62.7	99,488	15	66.3
18	99,350	41	61.7	99,473	21	65.3
19	99,309	45	60.7	99,452	21	64.3
20	99,264	47	59.7	99,431	20	63.3

年紀	男性			女性		
X	存活者	X 歲死亡人數	X 歲後預期壽命	存活者	X 歲死亡人數	X 歲後預期壽命
21	99,217	50	58.8	99,411	22	62.3
22	99,167	50	57.8	99,389	22	61.3
23	99,117	55	56.8	99,367	23	60.4
24	99,062	54	55.8	99,344	23	59.4
25	99,008	58	54.9	99,321	25	58.4
26	98,950	62	53.9	99,297	27	57.4
27	98,888	62	52.9	99,269	27	56.4
28	98,825	66	52.0	99,243	33	55.4
29	98,760	69	51.0	99,210	35	54.4
30	98,691	73	50.0	99,175	38	53.5
31	98,617	75	49.1	99,137	41	52.5
32	98,542	89	48.1	99,096	46	51.5
33	98,453	87	47.2	99,050	49	50.5
34	98,366	95	46.2	99,001	53	49.6
35	98,271	101	45.2	98,949	58	48.6
36	98,170	108	44.3	98,890	65	47.6
37	98,063	112	43.3	98,826	67	46.6
38	97,950	130	42.4	98,759	75	45.7
39	97,821	134	41.4	98,684	80	44.7
40	97,687	153	40.5	98,604	93	43.7
41	97,534	165	39.6	98,511	96	42.8

年紀	男性			女性		
X	存活者	X歲死亡人數	X歲後預期壽命	存活者	X歲死亡人數	X歲後預期壽命
42	97,369	170	38.6	98,415	107	41.8
43	97,199	186	37.7	98,308	114	40.9
44	97,013	207	36.8	98,194	126	39.9
45	96,806	215	35.8	98,068	144	39.0
46	96,591	231	34.9	97,924	150	38.0
47	96,361	256	34.0	97,774	160	37.1
48	96,105	263	33.1	97,614	173	36.1
49	95,842	289	32.2	97,441	183	35.2
50	95,553	320	31.3	97,259	208	34.3
51	95,233	331	30.4	97,051	228	33.3
52	94,902	354	29.5	96,823	246	32.4
53	94,548	378	28.6	96,577	269	31.5
54	94,170	415	27.7	96,308	289	30.6
55	93,755	467	26.8	96,020	322	29.7
56	93,288	501	26.0	95,698	347	28.8
57	92,787	542	25.1	95,351	380	27.9
58	92,245	597	24.2	94,971	403	27.0
59	91,649	654	23.4	94,568	454	26.1
60	90,995	726	22.6	94,115	495	25.2
61	90,269	786	21.7	93,620	529	24.4
62	89,483	844	20.9	93,090	586	23.5

年紀	男性			女性		
X	存活者	X 歲死亡人數	X 歲後預期壽命	存活者	X 歲死亡人數	X 歲後預期壽命
63	88,639	931	20.1	92,504	629	22.6
64	87,708	1005	19.3	91,876	676	21.8
65	86,703	1070	18.5	91,200	721	20.9
66	85,633	1137	17.8	90,479	790	20.1
67	84,496	1208	17.0	89,689	840	19.3
68	83,288	1310	16.2	88,849	935	18.5
69	81,978	1433	15.5	87,915	1,012	17.6
70	80,545	1558	14.8	86,903	1,131	16.8
71	78,987	1702	14.0	85,772	1,236	16.1
72	77,284	1844	13.3	84,536	1,356	15.3
73	75,441	1986	12.7	83,180	1,502	14.5
74	73,455	2202	12.0	81,677	1,628	13.8
75	71,253	2350	11.3	80,049	1,780	13.1
76	68,903	2478	10.7	78,269	1,968	12.3
77	66,425	2651	10.1	76,301	2,104	11.6
78	63,774	2822	9.5	74,197	2,291	11.0
79	60,953	2994	8.9	71,906	2,496	10.3
80	57,959	3220	8.3	69,409	2,775	9.7
81	54,739	3365	7.8	66,634	2,988	9.0
82	51,374	3577	7.3	63,646	3,256	8.4
83	47,797	3759	6.8	60,389	3,530	7.9

年紀	男性			女性		
X	存活者	X 歲死亡人數	X 歲後預期壽命	存活者	X 歲死亡人數	X 歲後預期壽命
84	44,038	3859	6.3	56,860	3,775	7.3
85	40,179	3966	5.9	53,085	3,963	6.8
86	36,213	3961	5.5	49,121	4,176	6.3
87	32,252	3943	5.1	44,946	4,330	5.8
88	28,310	3890	4.7	40,616	4,396	5.4
89	24,420	3684	4.4	36,219	4,435	5.0
90	20,737	3482	4.0	31,785	4,398	4.6
91	17,255	3143	3.8	27,387	4,144	4.3
92	14,112	2829	3.5	23,243	3,915	4.0
93	11,283	2502	3.2	19,329	3,580	3.7
94	8,782	2146	3.0	15,749	3,296	3.4
95	6,636	1742	2.8	12,453	2,822	3.2
96	4,894	1384	2.6	9,631	2,361	3.0
97	3,510	1030	2.5	7,270	1,898	2.8
98	2,480	807	2.3	5,372	1,538	2.6
99	1,673	574	2.2	3,834	1,198	2.4
100	1,099	410	2.1	2,636	871	2.2

改變。

我們可以利用這些數據,來推測人口的各種統計數字。譬如說,死亡機率最低的年紀是 8 歲——在 10 萬個人當中,只有

7 個男孩和 6 個女孩在 8 歲死亡。從這個年紀開始，死亡率穩定上升，到了男性 85 歲、女性 89 歲時，死亡率到達顛峰。這些是死亡年齡眾數（modal age at death）——也就是最可能死亡的年齡。出生後第一年是兒童時期最危險的一年，一旦滿周歲之後，死亡率就急遽下降，直到男性 55 歲、女性 57 歲才又達到相同的死亡率。由於遺傳問題，嬰兒的風險特別高，可能早產，也能碰到與分娩過程有關的問題，或是死於至今依然神祕的嬰兒猝死症候群。

表 A1 顯示，54 歲的男性預期壽命（餘命）是 27.7 年。54 歲男性在接下來的一年內死亡的機率是：

55 歲男性死亡機率

$$1 - \frac{55\text{ 歲男性人數}}{54\text{ 歲男性人數}} = 1 - \frac{93755}{94170} = 0.4\%$$

每年 0.4% 的死亡率機率還算是低的。不過，如果這名男性現年 90 歲，那麼接下來一年內死亡的機率，就大幅跳升到 16.8%，而預期壽命只剩下 4 年。不過，54 歲的人活到 90 歲的可能性究竟如何？

54 歲男性活到 90 歲的機率

$$= \frac{90\text{ 歲男性的人數}}{54\text{ 歲男性的人數}} = \frac{20737}{94170} = 22\%$$

比較起來，同樣是 54 歲，女性活到 90 歲的機率就高多了。

54 歲女性活到 90 歲機率

$$= \frac{90 \text{ 歲女性的人數}}{54 \text{ 歲女性的人數}} = \frac{31785}{96308} = 33\%$$

33 除以 22 等於 1.5，意思是如果妳是女性，那麼妳活到 90 歲的可能性比男性多了 50%，而且這個趨勢會隨年齡增加。因此活到最老的人大部分是女性。男性在 54 歲之前死亡的機率是：

男性在 54 歲之前死亡的機率 $= 1 - \frac{94170}{100000} = 6\%$

所以大約 6% 的男性會在 54 歲以前死亡；女性是 4%。利用這張表，可以相當容易計算出你的預期壽命機率。當然，這些是整體英國人口的平均數。如果你的生活習慣好（跑步、維持健康體重、良好的飲食……），或是生活習慣不好（抽菸、吃太多垃圾食物、吸毒……），都可能改變自己的壽命長短。

注 釋

導言

1 W.M. Bowsky, 'The Plague in Siena: An Italian Chronicle, Agnolo di Tura del Grasso, Cronica Maggiore', in *The Black Death: A Turning Point in History?*, Holt, Rinehart & Winston: 1971, pp. 13–14.

2 A. White, 'The Four Horsemen', in *Plague and Pleasure. The Renaissance World of Pius II*, Catholic University of America Press: Washington DC, 2014, pp. 21–47.

第一部

1 J. Graunt, 'Natural and Political Observations Mentioned in a Following Index, and Made Upon the Bills of Mortality', in *Mathematical Demography*, Vol. 6, *Biomathematics*, Springer: Berlin, Heidelberg, 1977.

第一章

1 N. Browne-Wilkinson, 'Airedale National Health Service Trust v Bland〔1993〕AC 789', 1993, https://lucidlaw.co.uk/criminal-law/homicidemurder/unlawful-killing/airedale-nhs-trust-v-bland/（accessed 11 May 2021）.

2 M. Cascella, 'Taphophobia and "life preserving coffins" in the nineteenth century', *History of Psychiatry*, 27, 2016, 345–9.

3 L. Davies, ' "Dead" man turns up at own funeral in Brazil', *Guardian*, 24 October 2012.

4 A.K. Goila and M. Pawar, 'The diagnosis of brain death', *Indian Journal of Critical Care Medicine* 13, 2009, 7–11.

5 J. Clark, 'Do You Really Stay Conscious After Being Decapitated?', 2011, https://science.howstuffworks.com/science-vs-myth/extrasen soryperceptions/lucid-decapitation.htm（accessed 25 June 2021）.

6 L. Volicer et al., 'Persistent vegetative state in Alzheimer disease – Does it exist?', *Archives of Neurology* 54, 1997, 1382–4.

7 H. Arnts et al., 'Awakening after a sleeping pill: Restoring functional brain networks after severe brain injury', *Cortex* 132, 2020, 135–46.

第二章

1 N. Boyce, 'Bills of Mortality: tracking disease in early modern London', *The Lancet* 395, 2020, 1186–7.

2 R. Munkhoff, 'Searchers of the Dead: Authority, Marginality, and the Interpretation of Plague in England, 1574–1665', *Gender & History* 11, 1999, 1–29.

3 L. Barroll, *Politics, Plague, and Shakespeare's Theater: The Stuart Years*, Cornell University Press: Ithaca, New York, 1991.

4 N. Cummins et al., 'Living standards and plague in London, 1560–1665', *Economic History Review* 69, 2016, 3–34.

5 J. Graunt, 'Natural and Political Observations Mentioned in a Following Index, and Made Upon the Bills of Mortality', *Mathematical Demography*, Vol. 6, *Biomathematics*, Springer: Berlin, Heidelberg, 1977.

6 J. Aubrey, 'John Graunt: A Brief Life', in *Brief Lives and Other Selected Writings*, ed. A. Powell, Charles Scribner's Sons: New York, 1949.

7　W. Farr, in 'Annual Report of the Registrar-General for England and Wales', HMSO: 1842, p. 92.

8　World Health Organization, 'History of the development of the ICD', http://www.who.int/classifications/icd/en/HistoryOfICD.pdf

9　World Health Organization, 'ICD-11 for Mortality and Morbidity Statistics（Version: 05/2021）', 2021, https://icd.who.int/browse11/l-m/en（accessed 6 July 2021）.

10　World Health Organization, 'International Statistical Classification of Diseases and Related Health Problems（ICD）', 2021, https://www.who.int/standards/classifications/classification-of-diseases（accessed 6 July 2021）.

11　World Health Organization, 'The top 10 causes of death', 2020, https://www.who.int/news-room/fact-sheets/detail/the-top-10-causes-ofdeath（accessed 6 July 2021）.

12　R. Rajasingham and D.R. Boulware, 'Cryptococcosis', 2019, https://bestpractice.bmj.com/topics/en-gb/917（accessed 6 July 2021）.

第三章

1　World Health Organization, 'World health statistics 2016: monitoring health for the SDGs, sustainable development goals, Annex B: tables of health statistics by country, WHO region and globally', 2016.

2　Office for National Statistics, 'National life tables, UK: 2014 to 2016', 2017, https://www.ons.gov.uk/releases/nationallifetablesuk2014to2016（accessed 6 July 2021）.

3　J.L. Angel, 'The Bases of Paleodemography', *American Journal of Physical Anthropology*, 30, 1969, 427–38.

4　J. Whitley, 'Gender and hierarchy in early Athens: The strange case of the disappearance of the rich female grave', *Metis. Anthropologie des mondes grecs anciens*, 1996, 209–32.

5   B.W. Frier, 'Demography', in *The Cambridge Ancient History XI: The High Empire, A.D. 70–192*, ed. Peter Garnsey, Alan K. Bowman and Dominic Rathbone, Cambridge University Press: Cambridge, 2000, pp. 787–816.

6   R.S. Bagnall and B.W. Frier, *The Demography of Roman Egypt*, Cambridge University Press: Cambridge, 2006.

7   B.W. Frier, 'Roman Life Expectancy: Ulpian's Evidence', *Harvard Studies in Classical Philology*, 86, 1982, 213–51.

8   P. Pflaumer, 'A Demometric Analysis of Ulpian's Table', *JSM Proceedings*, 2014, 405–19.

9   R. Duncan-Jones, *Structure and Scale in the Roman Economy*, Cambridge University Press: Cambridge, 1990, pp. 100–1.

10   M. Morris, *A Great and Terrible King: Edward I and the Forging of Britain*, Windmill Books: London, 2008.

11   S.N. DeWitte, 'Setting the Stage for Medieval Plague: Pre-Black DeathTrends in Survival and Mortality', *American Journal of Physical Anthropology* 158, 2015, 441–51.

12   The Human Mortality Database, 2018,https://www.mortality.org/hmd/FRATNP/STATS/E0per.txt

13   L. Alkema et al., 'Probabilistic projections of the total fertility rate for all countries', *Demography*, 48, 2011, 815–39.

14   S. Harper, *How Population Change Will Transform Our World*, Oxford University Press: Oxford, 2016.

15   The World Bank, 'DataBank', 2019, https://databank.worldbank.org/home.aspx

16 UNICEF, 'Child Mortality Estimates', 2019, https://childmortality.org/
data

17 J.S.N. Anderson and S. Schneider, 'Brazilian Demographic Transition and
the Strategic Role of Youth', *Espace Populations Societes*〔Online〕,
2015, http://eps.revues.org/

18 Causes_of_Death, 'Leading Causes of death in Ethiopia', 2017, http://
causesofdeathin.com/causes-of-death-in-ethiopia/2（accessed 6 July
2021）.

19 S.E. Vollset et al., 'Fertility, mortality, migration, and population scenarios
for 195 countries and territories from 2017 to 2100: a forecasting analysis
for the Global Burden of Disease Study', *The Lancet* 2020, 396, 1285–
1306

20 TES_Educational_Resources, 'World Statistics: GDP and Life Expectancy',
2013, https://www.tes.com/teaching-resource/worldstatistics-gdp-and-life-
expectancy-6143776#（accessed 6 July 2021）.

21 OECD, 'Life expectancy at birth', OECD Publishing: Paris, 2015.

22 E.C. Schneider, 'Health Care as an Ongoing Policy Project', *New England
Journal of Medicine*, 383, 2020, 405–8.

23 J.A. Schoenman, 'The Concentration of Health Care Spending', *NIHCM
Foundation Brief*〔Online〕, 2012.

24 S.H. Preston, 'The changing relation between mortality and level of
economic development（Reprinted from Population Studies, Vol. 29, July
1975）', *International Journal of Epidemiology*, 36, 2007, 484–90.

25 D.E. Bloom and D. Canning, 'Commentary: The Preston Curve 30 years
on: still sparking fires', *International Journal of Epidemiology*, 36, 2007,
498–9.

26 M.J. Husain, 'Revisiting the Preston Curve: An Analysis of the Joint

Evolution of Income and Life Expectancy in the 20th Century', 2011, https://www.keele.ac.uk/media/keeleuniversity/ri/risocsci/docs/economics/workingpapers/LeY_KeeleEconWP_JamiHusain.pdf

27 J.W. Lynch et al., 'Income inequality and mortality: importance to health of individual income, psychosocial environment, or material conditions', *British Medical Journal*, 320, 2000, 1, 200–4.

28 P. Martikainen et al., 'Psychosocial determinants of health in social epidemiology', *International Journal of Epidemiology*, 31, 2002, 1,091–3.

29 R. Wilkinson and K. Pickett, *The Spirit Level: Why Equality is Better for Everyone*, Penguin, 2010.

第二部

1 J. Snow, 'On the Mode of Communication of Cholera', J. Churchill 1849.

第四章

1 World Health Organization, 'Global Health Observatory（GHO）data', 2019, https://www.who.int/gho/mortalityburden_disease/lifetables/situationtrends/en/（accessed 6 July 2021）.

2 A.M.T. Moore et al., *Village on the Euphrates: From Foraging to Farming at Abu Hureyra*, Oxford University Press: Oxford, 2000.

3 A. Mummert et al., 'Stature and robusticity during the agricultural transition: Evidence from the bioarchaeological record', *Economics & Human Biology*, 9, 2011, 284–301.

4 J.C. Scott, *Against the Grain*, Yale University Press: Yale, CT, 2017.

5 L.H. Taylor et al., 'Risk factors for human disease emergence', *Philosophical Transactions of the Royal Society B: Biological Sciences*,

356, 2001, 983–9.

6   W. Farber, 'Health Care and Epidemics in Antiquity: The Example of Ancient Mesopotamia', in *Health Care and Epidemics in Antiquity: The Example of Ancient Mesopotamia*, Oriental Institute, 2006.

7   W.R. Thompson, 'Complexity, Diminishing Marginal Returns, and Serial Mesopotamian Fragmentation', *Journal of World-Systems Research*, 3, 2004, 613–52.

8   K.R. Nemet-Nejat, *Daily Life in Ancient Mesopotamia*, Hendrickson: Peabody, MA, 1998.

9   D.C. Stathakopoulos, *Famine and Pestilence in the late Roman and early Byzantine Empire*, Routledge: Abingdon, 2004.

10 E. Burke and K. Pomeranz, *The Environment and World History*, University of California Press: Oakland, CA, 2009.

11 G.J. Armelagos et al., 'The Origins of Agriculture – Population-Growth During a Period of Declining Health', *Population and Environment*, 13, 1991, 9–22.

12 J.M. Diamond, 'The Worst Mistake in the History of the Human Race', 1999, https://www.discovermagazine.com/planet-earth/the-worstmistake-in-the-history-of-the-human-race（accessed 6 July 2021）.

13 N.P. Evans et al., 'Quantification of drought during the collapse of the classic Maya civilization', *Science*, 361, 2018, 498–501.

14 W.T. Treadgold, *A Concise History of Byzantium*, Palgrave: Basingstoke, 2001.

15 A. Hashemi Shahraki et al., 'Plague in Iran: its history and current status', *Journal of Epidemiology and Community Health*, 38, 2016, e2016033-e2016033.

16 W. Naphy and A. Spicer, *The Black Death. A History of Plagues 1345–*

1730, Tempus Publishing: Stroud, UK, 2000.

17 G.D. Sussman, 'Was the black death in India and China?', *Bulletin of the History of Medicine*, 85, 2011, 319–55.

18 L. Wade, 'Did Black Death strike sub-Saharan Africa?', *Science*, 363, 2019, 1022.

19 M. Wheelis, 'Biological warfare at the 1346 Siege of Caffa', *Emerging Infectious Diseases*, 8, 2002, 971–5.

20 R. Horrox, *The Black Death*, Manchester University Press, 1994, pp. 14–26.

21 L.H. Nelson, 'The Great Famine（1315–1317）and the Black Death（1346–1351）', 2017, http://www.vlib.us/medieval/lectures/black_death.html（accessed 6 July 2021）.

22 O.J. Benedictow, 'The Black Death: The Greatest Catastrophe Ever', *History Today*, 55, 2005.

23 P. Daileader, *The Late Middle Ages*, The Teaching Company, 2007.

24 S. Cohn, 'Patterns of Plague in Late Medieval and Early-Modern Europe', in *The Routledge History of Disease*, Routledge: Abingdon, UK and New York, 2017, pp. 165–82.

25 W. Jewell, *Historical Sketches of Quarantine*, T.K. and P.G. Collins: Philadelphia, 1857.

26 S.M. Stuard, *A State of Deference: Ragusa/Dubrovnik in the Medieval Centuries*, Philadelphia: University of Pennsylvania Press, 1992.

27 P.A. Mackowiak and P.S. Sehdev, 'The Origin of Quarantine', *Clinical Infectious Diseases*, 35, 2002, 1071–2.

28 K.I. Bos et al., 'Eighteenth century Yersinia pestis genomes reveal the long-term persistence of an historical plague focus', *Elife*, 5, 2016.

29 C.A. Devaux, 'Small oversights that led to the Great Plague of Marseille

（1720–1723）: Lessons from the past', *Infection Genetics and Evolution*, 14, 2013, 169–85.

30　D.J. Grimes, 'Koch's Postulates – Then and Now', *Microbe*, 1, 2006, 223–8.

31　E. Marriott, *Plague*, Metropolitan Books/Henry Holt & Co: New York, 2003.

32　M. Simond et al., 'Paul-Louis Simond and his discovery of plague transmission by rat fleas: a centenary', *Journal of the Royal Society of Medicine*, 91, 1998, 101–4.

33　D. Wootton, *Bad Medicine: Doctors Doing Harm Since Hippocrates*, Oxford University Press, 2007, p. 127.

34　C. Demeure et al., 'Yersinia pestis and plague: an updated view on evolution, virulence determinants, immune subversion, vaccination and diagnostics', *Microbes and Infection*, 21, 2019, 202–12.

35　G. Alfani and C. O Grada, 'The timing and causes of famines in Europe', *Nature Sustainability* 1, 2018, 283–8.

36　D.M. Wagner et al., 'Yersinia pestis and the Plague of Justinian 541–543 AD: a genomic analysis', *Lancet Infectious Diseases*, 14, 2014, 319–26.

37　G.A. Eroshenko et al., 'Yersinia pestis strains of ancient phylogenetic branch 0.ANT are widely spread in the high-mountain plague foci of Kyrgyzstan', *PLoS One*, 12, 2017, e0187230-e0187230.

38　P.D. Damgaard et al., '137 ancient human genomes from across the Eurasian steppes', *Nature*, 557, 2018, 369–74.

39　D.W. Anthony, *The horse, the wheel, and language: How Bronze-Age riders from the Eurasian steppes shaped the modern world*, Princeton University Press, 2007.

40　N. Rascovan et al., 'Emergence and Spread of Basal Lineages of Yersinia pestis during the Neolithic Decline', *Cell*, 176, 2019, 1–11.

41　S. Rasmussen et al., 'Early Divergent Strains of Yersinia pestis in Eurasia 5,000 Years Ago', *Cell*, 163, 2015, 571–82.

42　J. Manco, *Ancestral Journeys: The Peopling of Europe from the First Venturers to the Vikings*, Thames and Hudson: London, 2015.

43　S.K. Verma and U. Tuteja, 'Plague Vaccine Development: Current Research and Future Trends', *Frontiers in Immunology*, 7, 2016.

44　A. Guiyoule et al., 'Transferable plasmid-mediated resistance to streptomycin in a clinical isolate of Yersinia pestis', *Emerging Infectious Diseases*, 7, 2001, 43–8.

45　T.J. Welch et al., 'Multiple Antimicrobial Resistance in Plague: An Emerging Public Health Risk', *PLoS One*, 2, 2007, e309.

第五章

1　N. Barquet and P. Domingo, 'Smallpox: The triumph over the most terrible of the ministers of death', *Annals of Internal Medicine*, 127, 1997, 635–42.

2　S. Riedel, 'Edward Jenner and the history of smallpox and vaccination', *Proceedings（Baylor University Medical Center）*, 18, 2005, 21–5.

3　A.S. Lyons and R.J. Petrucelli, *Medicine – An Illustrated History*, Abradale Press, Harry N. Abrams Inc: New York, 1987.

4　A.G. Carmichael and A.G. Silverstein, 'Smallpox in Europe before the Seventeenth Century: Virulent Killer or Benign Disease?', *Journal of the History of Medicine and Allied Sciences*, 42, 1987, 147–68.

5　R. Ganev, 'Milkmaids, ploughmen, and sex in eighteenth-century Britain', *Journal of the History of Sexuality*, 16, 2007, 40–67.

6　E. Jenner, *An Inquiry into the Causes and Effects of Variola Vaccina,*

Samuel Cooley, 1798.

7　J.F. Hammarsten et al., 'Who discovered smallpox vaccination? Edward Jenner or Benjamin Jesty?', *Transactions of the American Climatological Association*, 90, 1979, 44–55.

8　P.J. Pead, 'Benjamin Jesty: new light in the dawn of vaccination', *The Lancet*, 362, 2003, 2,104–9.

9　The_Jenner_Trust, 'Dr Jenner's House Museum and Gardens', 2020, https://jennermuseum.com/（accessed 22 June 2020）.

10　J. Romeo, 'How Children Took the Smallpox Vaccine around the World', 2020, https://daily.jstor.org/how-children-took-the-smallpoxvaccine-around-the-world/（accessed 22 June 2020）.

11　C. Mark and J.G. Rigau-Perez, 'The World's First Immunization Campaign: The Spanish Smallpox Vaccine Expedition, 1803–1813', *Bulletin of the History of Medicine*, 83, 2009, 63–94.

12　Editorial, 'The spectre of smallpox lingers', *Nature*, 560, 2018, 281.

13　World Health Organization, 'Global polio eradication initiative applauds WHO African region for wild polio-free certification', 2020, https://www.who.int/news/item/25-08-2020-global-polio-eradic ationinitiative-applauds-who-african-region-for-wild-polio-freecertification（accessed 6 July 2021）.

14　F. Godlee et al., 'Wakefield's article linking MMR vaccine and autism was fraudulent', *British Medical Journal（BMJ）*, 342, 2011.

15　R. Dobson, 'Media misled the public over the MMR vaccine, study says', *BMJ*, 326, 2003, 1,107.

16　Centers for Disease Control and Prevention, 'Historical Comparisons of Vaccine-Preventable Disease Morbidity in the U.S. – Comparison of 20th Century Annual Morbidity and Current Morbidity: Vaccine-Preventable

Diseases', 2018, https://sta cks.cdc.gov/view/cdc/58586（accessed 4 August 2021）.

17 US Food and Drug Administration, 'First FDA-approved vaccine for the prevention of Ebola virus disease, marking a critical milestone in public health preparedness and response', 2019, https://www.fda.gov/news-events/ press-announcements/first-fda-approved-vaccineprevention-ebola-virus-disease-marking-critical-milestone-publichealth（accessed 6 July 2021）.

18 A. Gagnon et al., 'Age-Specific Mortality During the 1918 Influenza Pandemic: Unravelling the Mystery of High Young Adult Mortality', *PLoS One*, 8, 2013, e69586.

19 M. Worobey et al., 'Genesis and pathogenesis of the 1918 pandemic H_1N_1 influenza A virus', *Proceedings of the National Academy of Sciences of the USA*, 111, 2014, 8,107–12.

20 C.H. Ross, 'Maurice Ralph Hilleman（1919–2005）', *The Embryo Project Encyclopedia*〔Online〕, 2017.

21 A.E. Jerse et al., 'Vaccines against gonorrhea: Current status and future challenges', *Vaccine*, 32, 2014, 1,579–87.

第六章

1 H. Southall, 'A Vision of Britain Through Time: 1801 Census', 2017, http://www.visionofbritain.org.uk/census/GB18 01AB S_1/1（accessed 6 July 2021）.

2 Anon., *The Economist*, 1848.

3 S. Halliday, 'Duncan of Liverpool: Britain's first Medical Officer', *Journal of Medical Biography*, 11, 2003, 142–9.

4 W. Gratzer, *Terrors of the Table: The Curious History of Nutrition*, Oxford University Press: Oxford, 2005.

5　E. Chadwick, *Report on the Sanitary Conditions of the Labouring Poor of Great Britain*, W. Clowes & Son: London, 1843, p. 661.

6　S. Halliday, *The Great Filth: The War Against Disease in Victorian England*, Sutton Publishing: Stroud, Gloucestershire, UK, 2007.

7　ONS, 'How has life expectancy changed over time?', 2015, https://www.ons.gov.uk/peoplepopulationandcommunity/birthsdeathsandmarriages/lifeexpectancies/articles/howhaslifeexpectancychangedovertime/2015-09-09（accessed 6 July 2021）.

8　S. Bance, 'The "hospital and cemetery of Ireland": The Irish and Disease in Nineteenth-Century Liverpool', 2014, https://warwick.ac.uk/fac/arts/history/chm/outreach/migration/backgroundreading/disease（accessed 6 July 2021）.

9　A. Karlins, 'Kitty Wilkinson – "Saint of the Slums" ', 2015, http://www.theheroinecollective.com/kitty-wilkinson-saint-of-the-slums/（accessed 6 July 2021）.

10　K. Youngdahl, 'Typhus, War, and Vaccines', 2016, https://www.historyofvaccines.org/content/blog/typhus-war-and-vaccines（accessed 6 July 2021）.

11　A. Allen, *The Fantastic Laboratory of Dr. Weigl: How Two Brave Scientists Battled Typhus and Sabotaged the Nazis*, W.W. Norton: London, 2015.

12　H.R. Cox and E.J. Bell, 'Epidemic and Endemic Typhus: Protective Value for Guinea Pigs of Vaccines Prepared from Infected Tissues of the Developing Chick Embryo', *Public Health Reports*（*1896–1970*）, 55, 1940, 110–15.

13　B.E. Mahon et al., 'Effectiveness of typhoid vaccination in US travelers', *Vaccine*, 32, 2014, 3,577–9.

第七章

1 Centers for Disease Control and Prevention, 'Cholera in Haiti', 2021, https://www.cdc.gov/cholera/haiti/（accessed 6 July 2021）.

2 S.J. Snow, 'Commentary: Sutherland, Snow and water: the transmission of cholera in the nineteenth century', *International Journal of Epidemiology*, 31, 2002, 908–11.

3 S. Almagro-Moreno et al., 'Intestinal Colonization Dynamics of Vibriocholerae', *PLoS Pathogens*, 11, 2015.

4 S.N. De et al., 'An experimental study of the action of cholera toxin', *Journal of Pathology and Bacteriology*, 63, 1951, 707–17.

5 S.N. De and D.N. Chatterje, 'An experimental study of the mechanism of action of Vibriod cholerae on the intestinal mucous membrane', *Journal of Pathology and Bacteriology*, 66, 1953, 559–62.

6 K. Bharati and N.K. Ganguly, 'Cholera toxin: A paradigm of a multifunctional protein', *Indian Journal of Medical Research*, 133, 2011, 179–87.

7 P.K. Gilbert, 'On Cholera in Nineteenth-Century England', *BRANCH:Britain, Representation and Nineteenth-Century History* 〔Online〕, 2012, http://www.branchcollective.org/?ps_a rticles=pamela-k-gilberton-cholera-in-nineteenth-century-england（accessed 24 November 2020）.

8 M. Pelling, *Cholera, Fever and English Medicine, 1825–1865*, Clarendon Press: Wotton-under-Edge, 1978, pp. 4–5.

9 Royal College of Physicians of London, 'Report of the General Board of Health on the Epidemic Cholera of 1848 and 1849', *British and Foreign Medico-Chirurgical Review*, 1851, 1–40.

10 J. Snow, *On the Mode of Communication of Cholera*, John Churchill:

London, 1849.

11 S. Garfield, *On the Map*, Profile Books: London, 2012.

12 R.R. Frerichs, 'Reverend Henry Whitehead', 2019, https://www.ph.ucla.edu/epi/snow/whitehead.html（accessed 6 July 2021）.

13 H. Whitehead, *Special investigation of Broad Street*, 1854.

14 R.R. Frerichs, 'Birth and Death Cerificates of Index Case', 2019, https://www.ph.ucla.edu/epi/snow/indexcase2.html（accessed 6 July 2021）.

15 F. Pacini, 'Osservazioni microscopiche e deduzioni patologiche sulcholera asiatico', *Gazzetta Medica Italiana: Toscana*, 4, 1854, 397–401, 405–12.

16 M. Bentivoglio and P. Pacini, 'Filippo Pacini: A Determined Observer', *Brain Research Bulletin*, 38, 1995, 161–5.

17 N. Howard-Jones, 'Robert Koch and the cholera vibrio: a centenary', *BMJ*, 288, 1984, 379–81.

18 Centers for Disease Control and Prevention, 'Cholera – Vibrio cholera infection. Treatment', 2018.

第八章

1 C. Niemitz, 'The evolution of the upright posture and gait– a review and a new synthesis', *Naturwissenschaften*, 97, 2010, 241–63.

2 L. Brock, 'Newborn horse stands up for the first time', 2011, https://www.youtube.com/watch?v=g1Qc 28Pf KpU（accessed 6 July 2021）.

3 P.M. Dunn, 'The Chamberlen family（1560–1728）and obstetric forceps', *Archives of Disease in Childhood – Fetal and Neonatal Edition*, 81, 1999, F232–F234.

4 D. Pearce, 'Charles Delucena Meigs（1792–1869）', 2018, https://www.general-anaesthesia.com/people/charlesdelucenameigs.html（accessed 6 July 2021）.

5   I. Loudon, *The Tragedy of Childbed Fever*, Oxford University Press: Oxford, 2000.

6   P.M. Dunn, 'Dr Alexander Gordon（1752–99）and contagious puerperal fever', *Archives of Disease in Childhood*, 78, 1998, F232–F233.

7   O. Holmes, 'On the contagiousness of puerperal fever', *New England Quarterly Journal of Medicine and Surgery*, 1, 1842, 503–30.

8   E.P. Hoyt, *Improper Bostonian: Dr. Oliver Wendell Holmes*, William Morrow & Co: New York, 1979.

9   I. Semmelweis, *The Etiology, Concept, and Prophylaxis of Childbed Fever*, 1861.

10 S. Halliday, *The Great Filth: The War Against Disease in Victorian England*, Sutton Publishing: Stroud, Gloucestershire, 2007.

第九章

1   CBS News, 'The 20 Deadliest Animals on Earth', 2020, https://www.cbsnews.com/pictures/the-20-deadliest-animals-on-earth-ranked/（accessed 15 June 2020）.

2   H. Ritchie and M. Roser, 'Our World in Data: Deaths by Animal', 2018, https://ourworldindata.org/causes-of-death#deaths-by-animal（accessed 15 June 2020）.

3   J. Flegr et al., 'Toxoplasmosis – a global threat: Correlation of latent toxoplasmosis with specific disease burden in a set of 88 countries', *PLoSOne*, 9, 2014, e90203.

4   G. Desmonts and J. Couvreur, 'Congenital toxoplasmosis: A prospective study of 378 pregnancies', *New England Journal of Medicine*, 290, 1974, 1,110–16.

5   Centers for Disease Control and Prevention, 'Parasites – Guinea Worm:

Biology', 2015, https://www.cdc.gov/parasites/guineaworm/biology.html（accessed 6 July 2021）.

6　The Carter Center, 'Guinea Worm Eradication Program', 2021, https://www.cartercenter.org/health/guinea_worm/index.html（accessed 6 July 2021）.

7　World Health Organization, 'Dracunculiasis eradication: global surveillance summary, 2020', 2021, https://www.who.int/dracunculiasis/eradication/en（accessed 6 July 2021）.

8　World Health Organization, 'Dengue and severe dengue', 2021, https://www.who.int/news-room/fact-sheets/detail/dengue-and-severedengue（accessed 6 July 2021）.

9　Centers for Disease Control and Prevention, 'Yellow Fever', 2018, https://www.cdc.gov/globalhealth/newsroom/topics/yellowfever/index.html（accessed 16 June 2020）.

10　World Health Organization, 'Yellow Fever', 2019, https://www.who.int/news-room/fact-sheets/detail/yellow-fever（accessed 6 July 2021）.

11　P.H. Futcher, 'Notes on Insect Contagion', *Bulletin of the Institute of the History of Medicine*, 4, 1936, 536–58.

12　B.S. Kakkilaya, 'Malaria Site. Journey of Scientific Discoveries', 2015, https://www.malarias ite.com/history-science/（accessed 26 June 2020）.

13　E. Pongponratn et al., 'An ultrastructural study of the brain in fatal Plasmodium falciparum malaria', *American Journal of Tropical Medicine and Hygiene*, 69, 2003, 345–59.

14　Institute of Medicine（US）Committee on the Economics of Antimalarial Drugs, 'The Parasite, the Mosquito, and the Disease', in *Saving Lives, Buying Time: Economics of Malaria Drugs in an Age of Resistance*, ed. K.J. Arrow, C. Panosian and H. Gelband, National Academies Press:

Washington, DC, 2004, pp. 136 –67.

15 Centers for Disease Control and Prevention, 'Malaria Disease', 2019, https://www.cdc.gov/malaria/about/disease.html（accessed 18 June 2020）.

16 F.E.G. Cox, 'History of the discovery of the malaria parasites and their vectors', *Parasites & Vectors*, 3, 2010, 5.

17 Institute of Medicine（US）Committee on the Economics of Antimalarial Drugs, 'A Brief History of Malaria', in *Saving Lives, Buying Time*, pp. 136–67.

18 E. Faerstein and W. Winkelstein, Jr., 'Carlos Juan Finlay: Rejected, Respected, and Right', *Epidemiology*, 21, 2010.

19 UNESCO, 'Biography of Carlos J. Finlay', 2017, http://www.unesco.org/new/en/natural-sciences/science-technology/basic-sciences/lifesciences/carlos-j-finlay-unesco-prize-for-microbiology/biography/（accessed 24 June 2020）.

20 A.N. Clements and R.E. Harbach, 'History of the discovery of the mode of transmission of yellow fever virus', *Journal of Vector Ecology*, 2017, 42, 208–22.

21 W. Reed et al., 'Experimental yellow fever', *Transactions of the Association of American Physicians*, 1901, 16, 45–71.

22 W.L. Craddock, 'The Achievements of William Crawford Gorgas', *Military Medicine*, 1997, 162, 325–7.

23 D. McCullough, *The Path Between the Seas: The Creation of the Panama Canal, 1870–1914*, Simon & Schuster: New York, 1977.

24 P.D. Curtin, *Death by Migration: Europe's Encounter with the Tropical World in the Nineteenth Century*, Cambridge University Press: Cambridge, 2008.

25 R. Carter and K.N. Mendis, 'Evolutionary and historical aspects of the burden of malaria', *Clinical Microbiology Reviews*, 2002, 15, 564–94.

26 J. Whitfield, 'Portrait of a serial killer', *Nature*〔Online〕, 2002. https://doi.org/10.1038/news021001-6（accessed 3 October 2002）.

27 C. Shiff, 'Integrated approach to malaria control', *Clinical Microbiology Reviews*, 2002, 15, 278–93.

28 B. Greenwood and T. Mutabingwa, 'Malaria in 2002', *Nature*, 2002, 415, 670–2.

29 R.L. Miller et al., 'Diagnosis of Plasmodium Falciparum Infections in Mummies Using the Rapid Manual Parasight（TM）-F Test', *Transactions of the Royal Society of Tropical Medicine and Hygiene*, 1994, 88, 31–2.

30 W. Liu et al., 'Origin of the human malaria parasite Plasmodium falciparum in gorillas', *Nature*, 2010, 467, 420–5.

31 D.E. Loy et al., 'Out of Africa: origins and evolution of the human malaria parasites Plasmodium falciparum and Plasmodium vivax', *International Journal for Parasitology*, 2017, 47, 87–97.

32 G. Hoher et al., 'Molecular basis of the Duffy blood group system', *Blood Transfusion*, 2018, 16, 93–100.

33 G.B. de Carvalho and G.B. de Carvalho, 'Duffy Blood Group System and the malaria adaptation process in humans', *Revista Brasileira de Hematologia e Hemoterapia*, 2011, 33, 55–64.

34 R.E. Howes et al., 'The global distribution of the Duffy blood group', *Nature Communications*, 2011, 2, 266.

35 M.T. Hamblin and A. Di Rienzo, 'Detection of the signature of natural selection in humans: evidence from the Duffy blood group locus', *American Journal of Human Genetics*, 2000, 66, 1,669–79.

36 W. Liu et al., 'African origin of the malaria parasite Plasmodium vivax', *Nature Communications*, 2014, 5, 3,346.

37 F. Prugnolle et al., 'Diversity, host switching and evolution of *Plasmodium vivax* infecting African great apes', *Proceedings of the National Academy of Sciences of the USA*, 2013, 110, 8,123–8.

38 A. Demogines et al., 'Species-specific features of DARC, the primate receptor for Plasmodium vivax and Plasmodium knowlesi', *Molecular Biology and Evolution*, 2012, 29, 445–9.

39 A. Zijlstra and J.P. Quigley, 'The DARC side of metastasis: Shining a light on KAI1-mediated metastasis suppression in the vascular tunnel', *Cancer Cell*, 2006, 10, 177–8.

40 X.-F. Liu et al., 'Correlation between Duffy blood group phenotype and breast cancer incidence', *BMC Cancer*, 2012, 12, 374–9.

41 K. Horne and I.J. Woolley, 'Shedding light on DARC: the role of the Duffy antigen/receptor for chemokines in inflammation, infection and malignancy', *Inflammation Research*, 2009, 58, 431–5.

42 G.J. Kato et al., 'Sickle cell disease', *Nature Reviews Disease Primers*, 2018, 4, 18,010.

43 Centers for Disease Control and Prevention, 'Elimination of Malaria in the United States（1947–1951）', 2018, https://www.cdc.gov/malaria/about/history/eliminationus.html（accessed 6 July 2021）.

44 Centers for Disease Control and Prevention, 'Malaria's Impact Worldwide', 2021, https://www.cdc.gov/malaria/malaria_worldwide/impact.html（accessed 6 July 2021）.

45 M. Wadman, 'Malaria vaccine achieves striking early success', *Science*, 2021, 372, 448.

46 M. Scudellari, 'Self-destructing mosquitoes and sterilized rodents: the

promise of gene drives', *Nature*, 2019, 571, 160–2.

47 S. James et al., 'Pathway to Deployment of Gene Drive Mosquitoes as a Potential Biocontrol Tool for Elimination of Malaria in Sub-Saharan Africa: Recommendations of a Scientific Working Group', *American Journal of Tropical Medicine and Hygiene* 2018, 98, 1–49.

48 E. Waltz, 'First genetically modified mosquitoes released in the United States', *Nature*, 2021, 593, 175–6.

49 R.G.A. Feachem et al., 'Malaria eradication within a generation: ambitious, achievable, and necessary', *The Lancet*, 2019, 394, 1,056–112.

第十章

1 R. Woods and P.R.A. Hinde, 'Mortality in Victorian England: Models and Patterns', *Journal of Interdisciplinary History*, 1987, 18, 27–54.

2 R.W. Fogel, *The Escape from Hunger and Premature Death, 1700–2100: Europe, America, and the Third World*, Cambridge University Press: Cambridge, 2004.

3 F. Bosch and L. Rosich, 'The contributions of Paul Ehrlich to pharmacology: A tribute on the occasion of the centenary of his Nobel Prize', *Pharmacology*, 2008, 82, 171–9.

4 S. Riethmiller, 'From Atoxyl to Salvarsan: Searching for the magic bullet', *Chemotherapy*, 2005, 51, 234–42.

5 F.R. Schaudinn and E. Hoffmann, 'Vorlaufiger Bericht uber das Vorkommen von Spirochaeten in syphilitischen Krankheitsprodukten und bei Papillomen' 〔Preliminary report on the occurrence of Spirochaetes in syphilitic chancres and papillomas〕, *Arbeiten aus dem Kaiserlichen Gesundheitsamte*, 1905, 22, 527–34.

6 J. Mann, *The Elusive Magic Bullet: The Search for the Perfect Drug,*

Oxford University Press: New York, 1999.

第三部

1   E. Jenner, 'An Inquiry into the Causes and Effects of Variola Vaccina ', Samuel Cooley, 1798.

第十一章

1   T.R. Malthus, 'An Essay on the Principle of Population As It Affects the Future Improvement of Society, with Remarks on the Speculations of Mr. Goodwin, M. Condorcet and Other Writers', 1st edn, J. Johnson in St. Paul's Churchyard: London, 1798.

2   G. Alfani and C. O Grada, 'The timing and causes of famines in Europe', *Nature Sustainability*, 2018, 1, 283–8.

3   W. Rosen, *The Third Horseman: A Story of Weather, War, and the Famine History Forgot*, Penguin, 2015.

4   C.S. Witham and C. Oppenheimer, 'Mortality in England during the 1783–4 Laki Craters eruption', *Bulletin of Volcanology*, 2004, 67, 15–26.

5   T. Thordarson and S. Self, 'The Laki (Skaftar-Fires) and Grimsvotn Eruptions in 1783–1785', *Bulletin of Volcanology*, 1993, 55, 233–63.

6   T. Thordarson and S. Self, 'Atmospheric and environmental effects of the 1783–1784 Laki eruption: A review and reassessment', *Journal of Geophysical Research: Atmospheres*, 2003, 108.

7   L. Oman et al., 'High-latitude eruptions cast shadow over the African monsoon and the flow of the Nile', *Geophysical Research Letters*, 2006, 33, L18711.

8   C. O Grada, *Famine: A Short History*, Princeton University Press: Princeton, USA, 2009.

9   T. Vorstenbosch et al., 'Famine food of vegetal origin consumed in the Netherlands during World War II', *Journal of Ethnobiology and Ethnomedicine*, 2017, 13.

10 W.W. Farris, *Japan to 1600: A Social and Economic History*, University of Hawaii Press, 2009.

11 J. Aberth, *From the Brink of the Apocalypse: Confronting Famine, War, Plague, and Death in the Later Middle Ages*, Routledge, 2000.

12 A. Keys et al., *The Biology of Human Starvation*, University of Minnesota Press, 1950.

13 L.M. Kalm and R.D. Semba, 'They Starved So That Others Be Better Fed: Remembering Ancel Keys and the Minnesota Experiment', *The Journal of Nutrition*, 2005, 135, 1,347–52.

14 D.R. Curtis and J. Dijkman, 'The escape from famine in the Northern Netherlands: a reconsideration using the 1690s harvest failures and a broader Northwest European perspective', *The Seventeenth Century*, 2017, 1–30.

15 J. Hearfield, 'Roads in the 18th Century', 2012, http://www.johnhe arfield.com/History/Roads.htm .

16 Anon, 'Friendly advice to the industrious poor: Receipts for making soups', s.n.: England, 1790.

17 A. Smith, 'An Inquiry into the Nature and Causes of the Wealth of Nations', Strahan & Cadell: London, 1776.

18 A. Sen, *Poverty and Famines: An Essay on Entitlement and Depravation*, Oxford University Press: USA, 1990.

19 A. Sen, *Development as Freedom*, Alfred Knopf: New York, 1999.

20 F. Burchi, 'Democracy, institutions and famines in developing and emerging countries', *Canadian Journal of Development Studies /*

Revuecanadienne d'etudes du developpement, 2011, 32, 17–31.

21 W.L.S. Churchill, in *The World Crisis*, New York Free Press, 1931, p. 686.

22 G. Kennedy, 'Intelligence and the Blockade, 1914–17: A Study in Administration, Friction and Command', *Intelligence and National Security*, 2007, 22, 699–721.

23 D.A. Janicki, 'The British Blockade During World War I: The Weapon of Deprivation', *Inquiries Journal/Student Pulse* 〔 Online 〕, 2014. http:// www.inquiriesjournal.com/a?id=899 (accessed 11 May 2018).

24 I. Zweiniger-Bargielowska et al., *Food and War in Twentieth Century Europe*, Burlington: Ashgate Publishing Limited, 2001, p. 15.

25 I. Materna and W. Gottschalk, *Geschichte Berlins von den Anfangen bis 1945*, Dietz Verlag Berlin, 1987, p. 540.

26 W. Philpott, *War of Attrition: Fighting the First World War*, Overlook Press, 2014.

27 W. Van Der Kloot, 'Ernst Starling's Analysis of the Energy Balance of the German People During the Blockade 1914–1919', *Notes and Records of the Royal Society of London*, 2003, 57, 189–90.

28 H. Strachan, 'The First World War', in *The First World War*, Penguin: New York, 2005, p. 215.

29 C.P. Vincent, *The Politics of Hunger: The Allied Blockade of Germany, 1915–1919*, Ohio University Press, 1986.

30 L. Grebler, 'The Cost of the World War to Germany and Austria-Hungary', in *The Cost of the World War to Germany and Austria-Hungary*, Yale University Press, 1940, p. 78.

31 M.E. Cox, 'Hunger games: or how the Allied blockade in the First World War deprived German children of nutrition, and Allied food aid subsequently saved them', *Economic History Review*, 2015, 68, 600–31.

32 C.E. Strickland, 'American aid to Germany, 1919 to 1921', *Wisconsin Magazine of History*, 1962, 45, 256–70.

33 V.J.B. Martins et al., 'Long-Lasting Effects of Undernutrition', *International Journal of Environmental Research and Public Health*, 2011, 8, 1,817–46.

34 D.J.P. Barker, 'Maternal nutrition, fetal nutrition, and disease in later life', *Nutrition*, 1997, 13, 807–13.

35 C. Li and L.H. Lumey, 'Exposure to the Chinese famine of 1959–61 in early life and long-term health conditions: a systematic review and metaanalysis', *International Journal of Epidemiology*, 2017, 46, 1,157–70.

36 L.H. Lumey et al., 'Association between type 2 diabetes and prenatal exposure to the Ukraine famine of 1932–33: a retrospective cohort study', *Lancet Diabetes & Endocrinology*, 2015, 3, 787–94.

37 L.H. Lumey et al., 'Prenatal Famine and Adult Health', in *Annual Review of Public Health*, Vol. 32, ed. J.E. Fielding, R.C. Brownson and L.W. Green, Annual Reviews: Palo Alto, 2011, pp. 237–62.

38 D. Wiesmann, 'A global hunger index: measurement concept, ranking of countries, and trends', *FCND discussion papers*, International Food Policy Research Institute（IFPRI）, 2006, 212.

39 P. French, *North Korea: State of Paranoia*, Zed Books, 2014.

40 BBC News, 'North Korea hunger: Two in five undernourished, says UN', 2017, https://www.bbc.co.uk/news/world-asia-39349726（accessed 6 July 2021）.

41 NationMaster, 'Current military expenditures as an estimated percent of gross domestic product', 2007. https://www.nationmaster.com/country-info/stats/Military/Expenditures/Percent-of-GDP

42 A. Rice, 'The Peanut Solution', *New York Times Magazine*, 2010.

第十二章

1 R.W. Fogel, *The Escape from Hunger and Premature Death, 1700–2100: Europe, America, and the Third World*, Cambridge University Press: Cambridge, 2004.

2 G.J. Mulder, 'Ueber die Zusammensetzung einiger thierischen Substanzen', *Journal fur praktische Chemie*, 1839, 16, 129.

3 J.F. von Liebig and W. Gregory, *Researches on the chemistry of food, and the motion of the juices in the animal body*, Taylor & Wharton: London, 1848.

4 J. Sire de Joinville, *Histoire de Saint-Louis ecrite par son compagnon d'armes le Sire de Joinville*, Paris, 2006.

5 W. Gratzer, *Terrors of the Table: The Curious History of Nutrition*, Oxford University Press: Oxford, 2005.

6 J. Lind, *A Treatise on the Scurvy in Three Parts*, Sands, Murray and Cochran for A. Kincaid and A. Donaldson: Edinburgh, 1753.

7 M. Bartholomew, 'James Lind's Treatise of the Scurvy（1753）', *Postgraduate Medical Journal*, 2002, 78, 695–6.

8 D.I. Harvie, *Limey: The Conquest of Scurvy*, Sutton Publishing: Stroud, 2002.

9 K.J. Carpenter, 'The Discovery of Vitamin C', *Annals of Nutrition & Metabolism*, 2012, 61, 259–64.

10 A. Cherry-Garrard, *The Worst Journey in the World*, Vintage: London, 2010.

11 K.J. Carpenter et al., 'Experiments That Changed Nutritional Thinking', *Nutrition*, 1997, 127, 1017S–1053S.

12 L.R. McDowell, *Vitamin History, the Early Years*, First Edition Design Publishing: Sarasota, FL, 2013.

13 Y. Sugiyama and A. Seita, 'Kanehiro Takaki and the control of beriberi in the Japanese Navy', *Journal of the Royal Society of Medicine*, 2013, 106, 332–4.

14 A. Holst and T. Frolich, 'Experimental studies relating to ship-beri-beri and scurvy', *Journal of Hygiene*, 1907, 7, 634–71.

15 G. Drouin et al., 'The Genetics of Vitamin C Loss in Vertebrates', *Current Genomics*, 2011, 12, 371–8.

16 World Health Organization, 'Investing in the future: A united call to action on vitamin and mineral deficiencies', 2009. https://www.who.int/vmnis/publications/investing_in_the_future.pdf（accessed 17 Sept 2021）.

17 H. Ritchie and M. Roser, 'Micronutrient Deficiency', 2019. https://ourworldindata.org

18 Centers for Disease Control and Prevention, 'Micronutrients', 2021, https://www.cdc.gov/nutrition/micronutrient-malnutrition/index.html（accessed 6 July 2021）.

第十三章

1 World Health Organization, 'Overweight and Obesity', 2019. https://www.who.int/gho/ncd/risk_factors/overweight/en/

2 M. Di Cesare et al., 'Trends in adult body-mass index in 200 countries from 1975 to 2014: a pooled analysis of 1698 population-based measurement studies with 19.2 million participants', *The Lancet*, 2016, 387, 1,377–96.

3 R.W. Fogel, *The Escape from Hunger and Premature Death, 1700–2100: Europe, America, and the Third World*, Cambridge University Press:

Cambridge, 2004.

4   G. Eknoyan, 'A history of obesity, or how what was good became ugly and then bad', *Advances in Chronic Kidney Disease*, 2006, 13, 421–7.

5   C.Y. Ye et al., 'Decreased Bone Mineral Density Is an Independent Predictor for the Development of Atherosclerosis: A Systematic Review and Meta-Analysis', *PLoS One*, 2016, 11.

6   World Population Review, 'Kuwait Population 2019', 2019. http://worldpopulationreview.com/countries/kuwait-population（accessed 6 July 2021）.

7   S. Al Sabah et al., 'Results from the first Kuwait National Bariatric Surgery Report', *BMC Surgery*, 2020, 20, 292.

8   H. Leow, 'Kuwait', 2019. https://www.everyculture.com/Ja-Ma/Kuwait.html.

9   World Health Organization, 'Obesity', 2021. https://www.who.int/topics/obesity/en/（accessed 6 July 2021）.

10 A.J. Zemski et al., 'Body composition characteristics of elite Australian rugby union athletes according to playing position and ethnicity', *Journal of Sports Sciences*, 2015, 33, 970–8.

11 A.J. Zemski et al., 'Differences in visceral adipose tissue and biochemical cardiometabolic risk markers in elite rugby union athletes of Caucasian and Polynesian descent', *European Journal of Sport Science*, 2020, 20, 691–702.

12 J.S. Friedlaender et al., 'The genetic structure of Pacific islanders', *PLoS Genetics*, 2008, 4.

13 J.M. Diamond, 'The double puzzle of diabetes', *Nature*, 2003, 423, 599–602.

14 J.V. Neel, 'Diabetes Mellitus – A Thrifty Genotype Rendered Detrimental

by Progress', *American Journal of Human Genetics*, 1962, 14, 353–362.

15　J.R. Speakman, 'Thrifty genes for obesity, an attractive but flawed idea, and an alternative perspective: the "drifty gene" hypothesis', *International Journal of Obesity*, 2008, 32, 1,611–17.

16　A. Qasim et al., 'On the origin of obesity: identifying the biological, environmental and cultural drivers of genetic risk among human populations', *Obesity Reviews*, 2018, 19, 121–49.

17　R.L. Minster et al., 'A thrifty variant in CREBRF strongly influences body mass index in Samoans', *Nature Genetics*, 2016, 48, 1,049–54.

18　D. Hart and R.W. Sussman, 'Man the Hunted: Primates, Predators, and Human Evolution', Westview Press: Boulder, CO, 2002.

19　Minstero Della Cultura, 'Neanderthal, dalla Grotta Guattari al Circeo nuove incredibili scoperte', 2021. https://cultura.gov.it/neanderthal（accessed 17 May 2021）.

20　M. Pigeyre et al., 'Recent progress in genetics, epigenetics and metagenomics unveils the pathophysiology of human obesity', *Clinical Science*, 2016, 130, 943–86.

21　C.W. Kuzawa, 'Adipose tissue in human infancy and childhood: An evolutionary perspective', in *Yearbook of Physical Anthropology*, Vol. 41, ed. C. Ruff, 1998, Wiley-Liss, Inc: New York, 1998, pp. 177–209.

22　C.M. Kitahara et al., 'Association between Class III Obesity（BMI of 40–59 kg/m（2）) and Mortality: A Pooled Analysis of 20 Prospective Studies', *Plos Medicine*, 2014, 11.

23　B. Lauby-Secretan et al., 'Body Fatness and Cancer – Viewpoint of the IARC Working Group', *New England Journal of Medicine*, 2016, 375, 794–8.

24　C.P. Kovesdy et al., 'Obesity and Kidney Disease: Hidden Consequences of the Epidemic', *Canadian Journal of Kidney Health and Disease*, 2017, 4, 2054358117698669-2054358117698669.

25 W.L. Xu et al., 'Midlife overweight and obesity increase late-life dementia risk: A population-based twin study', *Neurology*, 2011, 76, 1,568–74.

26 N.H. Lents, 'Maladaptive By-Product Hypothesis', in *Encyclopedia of Evolutionary Psychological Science*, ed. T.K. Shackelford and V.A. Weekes-Shackelford, Springer International Publishing: Cham, Switzerland, 2019, pp. 1–6.

27 P.A.S. Breslin, 'An Evolutionary Perspective on Food and Human Taste', *Current Biology*, 2013, 23, R409–R418.

28 P.L. Balaresque et al., 'Challenges in human genetic diversity: demographic history and adaptation', *Human Molecular Genetics*, 2007, 16, R134–R139.

29 E. McFadden et al., 'The Relationship Between Obesity and Exposure to Light at Night: Cross-Sectional Analyses of Over 100,000 Women in the Breakthrough Generations Study', *American Journal of Epidemiology*, 2014, 180, 245–50.

30 J. Theorell-Haglow et al., 'Both habitual short sleepers and long sleepers are at greater risk of obesity: a population-based 10-year follow-up in women', *Sleep Medicine*, 2014, 15, 1204–11.

31 J. Wheelwright, 'From Diabetes to Athlete's Foot, Our Bodies Are Maladapted for Modern Life', 2015. https://www.discovermagazine.com/the-sciences/from-diabetes-to-athletes-foot-our-bodies-aremaladapted-for-modern-life（accessed 6 July 2021）.

32 New England Centenarian Study, 'Why Study Centenarians? An Overview', 2019. https://www.bumc.bu.edu/centenarian/overview/（accessed 6 July 2021）.

33 B.J. Willcox et al., 'Demographic, phenotypic, and genetic characteristics of centenarians in Okinawa and Japan: Part 1 – centenarians in Okinawa', *Mechanisms of Ageing and Development*, 2017, 165, 75–9.

34 Okinawa Research Center for Longevity Science, 'The Okinawa Centenarian Study', 2019. https://www.orcls.net/ocs

35 B. Schumacher et al., 'The central role of DNA damage in the ageing process', *Nature*, 2021, 592, 695–703.

36 B.J. Willcox et al., 'Caloric restriction, the traditional Okinawan diet, and healthy aging – The diet of the world's longest-lived people and its potential impact on morbidity and life span', in *Healthy Aging and Longevity*, Vol. 1,114, ed. N.J. Weller and S.I.S. Rattan, Wiley-Blackwell: Malden, 2007, pp. 434–55.

37 L. Fontana et al., 'Extending Healthy Life Span – From Yeast to Humans', *Science*, 2010, 328, 321–6.

38 S.Z. Yanovski and J.A. Yanovski, 'Long-term Drug Treatment for Obesity: A Systematic and Clinical Review', *Journal of the American Medical Association*, 2014, 311, 74–86.

39 National Institute of Diabetes and Digestive and Kidney Diseases, 'Prescription Medications to Treat Overweight and Obesity', 2021. https://www.niddk.nih.gov/healthinformation/weight-management/prescription-medications-treatoverweight-obesity（accessed 17 February 2021）.

40 J.P.H. Wilding et al., 'Once-Weekly Semaglutide in Adults with Overweight or Obesity', *New England Journal of Medicine*, 2021.

第四部

1 L. Pasteur, 'Germ Theory and Its Applications to Medicine and Surgery', *Comptes Rendus de l' Academie des Sciences* 1878, 86, 1037–1043.

第十四章

1 A. Lange and G.B. Muller, 'Polydactyly in Development, Inheritance, and Evolution', *Quarterly Review of Biology*, 2017, 92, 1–38.

2 J. Klein, *Woody Guthrie: A Life*, Dell Publishing/Random House, Inc.: New York, 1980.

3 Woody Guthrie, 'This Land is Your Land', 1944, https://www.youtube. com/watch?v=wxiM rvDb q3s（accessed 6 July 2021）.

4 K.B. Bhattacharyya, 'The story of George Huntington and his disease', *Annals of Indian Academy of Neurology*, 2016, 19, 25–8.

5 G. Huntington 'On Chorea', *Medical and Surgical Reporter of Philadelphia*, 1872, 26, 317–21.

6 J. Huddleston and E.E. Eichler, 'An Incomplete Understanding of Human Genetic Variation', *Genetics*, 2016, 202, 1,251–4.

7 Genomes Project Consortium, 'A global reference for human genetic variation', *Nature*, 2015, 526, 68–74.

8 G. Mendel, 'Versuche uber Pflanzenhybriden', *Verhandlungen desnaturforschenden Vereines in Brunn*, 1866, IV, 3–47.

9 R. Marantz Henig, *The Monk in the Garden: The Lost and Found Genius of Gregor Mendel, the Father of Genetics*, Houghton Mifflin: Boston, 2001.

10 E.W. Crow and J.F. Crow, '100 Years Ago: Walter Sutton and the Chromosome Theory of Heredity', *Genetics*, 2002, 160, 1–4.

11 C.D. Darlington, 'Meiosis in perspective', *Philosophical Transactions of the Royal Society of London*, 1977, B277, 185–9.

12 N.S. Wexler, 'Huntington's Disease: Advocacy Driving Science', in *Annual Review of Medicine*, Vol. 63, ed. C.T. Caskey, C.P. Austin and J.A. Hoxie, 2012, pp. 1–22.

13 J.F. Gusella et al., 'A Polymorphic DNA Marker Genetically Linked to Huntington's Disease', *Nature*, 1983, 306, 234–8.

14 F. Saudou and S. Humbert, 'The Biology of Huntingtin', *Neuron*, 2016, 89, 910–26.

15 H. Paulson, 'Repeat expansion diseases', *Handbook of clinical neurology*, 2018, 147, 105–23.

16 M. Jimenez-Sanchez et al., 'Huntington's Disease: Mechanisms of Pathogenesis and Therapeutic Strategies', *Cold Spring Harbor Perspectives in Medicine*, 2017, 7.

17 I. Ionis Pharmaceuticals, 'Ionis Pharmaceuticals Licenses IONIS-HTT Rx to Partner Following Successful Phase 1/2a Study in Patients withHuntington's Disease', 2017. http://ir.ionispharma.com/news-releases/news-release-details/ionis-pharmaceuticals-licenses-ionis-htt-rxpartner-follow ing（accessed 6 July 2021）.

18 D. Kwon, 'Failure of genetic therapies for Huntington's devastates community', *Nature*, 2021, 180, 593.

19 Z. Li et al., 'Allele-selective lowering of mutant HTT protein by HTT–LC3 linker compounds', *Nature*, 2019, 575, 203–9.

20 D. Grady, 'Haunted by a Gene', *New York Times*〔Online〕, 2020. https://www.nytimes.com/2020/03/10/health/huntingtons-disease-wexler.html

第十五章

1 Genetics Home Reference, 'Fumarase deficiency', 2020. https://ghr.nlm.nih.gov/condition/fumarase-deficiency（accessed 6 July 2021）.

2 J. Dougherty, 'Forbidden Fruit', *Phoenix New Times*〔Online〕, 2005. https://www.phoenixnewtimes.com/news/forbidden-fruit-6438448

3   M. Oswaks, 'Tiny Tombstones: Inside the FLDS Graveyard for Babies Born from Incest', *Vice.com* 〔 Online 〕, 2016. https://www.vice.com/en_us/article/qkgymp/tiny-tombstones-inside-the-flds-graveyardforbabies-born-from-incest (accessed 17 Sept 2021).

4   R. Sanchez, 'Fort Knox has nothing on polygamist compound', *Anderson Cooper Blog 360°* 〔 Online 〕, 2006. http://edition.cnn.com/CNN/Programs/anderson.cooper.360/blog/2006/05/fort-knox-has-nothingon-polygamist.html (accessed 17 Sept 2021).

5   J. Hollenhorst, 'Sex banned until Warren Jeffs' prison walls crumble, FLDS relatives say', 2011. https://www.deseret.com/2011/12/30/20391030/sex-banned-until-warren-jeffs-prison-walls-crumble-flds-relatives-say (accessed 5 July 2021).

6   T.K. Danovich, 'The Forest Hidden Behind the Canyons', 2019. https://www.theringer.com/2019/6/24/18692816/flds-short-creekpolygamyfeature (accessed 5 July 2021).

7   L. Yengo et al., 'Extreme inbreeding in a European ancestry sample from the contemporary UK population', *Nature Communications*, 2019, 10.

8   H. Hamamy, 'Consanguineous marriages: Preconception consultation in primary health care settings', *Journal of Community Genetics*, 2012, 3, 185–92.

9   N. Al-Dewik et al., 'Clinical genetics and genomic medicine in Qatar', *Molecular Genetics and Genomic Medicine*, 2018, 6, 702–12.

10 P.K. Joshi et al., 'Directional dominance on stature and cognition in diverse human populations', *Nature*, 2015, 523, 459–462.

11 C.R. Scriver, 'Human genetics: Lessons from Quebec populations', *Annual Review of Genomics and Human Genetics*, 2001, 2, 69–101.

12 A.M. Laberge et al., 'A "Fille du Roy" introduced the T14484C Leber

hereditary optic neuropathy mutation in French Canadians', *American Journal of Human Genetics*, 2005, 77, 313–17.

13 N.J.R. Fagundes et al., 'How strong was the bottleneck associated to the peopling of the Americas? New insights from multilocus sequence data', *Genetics and Molecular Biology*, 2018, 41, 206–14.

14 M.N. Leathlobhair et al., 'The evolutionary history of dogs in the Americas', *Science*, 2018, 361, 81–5.

15 Z.Y. Gao et al., 'An Estimate of the Average Number of Recessive Lethal Mutations Carried by Humans', *Genetics*, 2015, 199, 1,243–54.

16 V. Grech et al., 'Unexplained differences in sex ratios at birth in Europe and North America', *British Medical Journal*, 2002, 324, 1,010–11.

17 E.I. Rogaev et al., 'Genotype Analysis Identifies the Cause of the "Royal Disease" ', *Science*, 2009, 326, 817.

18 S.M. Carr, 'Hemophilia in Victoria pedigree', 2012. https://www.mun.ca/biology/scarr/Hemophilia_in_Victoria_pedigree.jpg（accessed 27 May 2020）.

19 E.I. Rogaev et al., 'Genomic identification in the historical case of the Nicholas II royal family', *Proceedings of the National Academy of Sciences of the USA*, 2009, 106, 5,258–63.

第十六章

1 K. Maurer et al., 'Auguste D and Alzheimer's disease', *The Lancet*, 1997, 349, 1,546–9.

2 T.G. Beach, 'The History of Alzheimer's Disease – 3 Debates', *Journal of the History of Medicine and Allied Sciences*, 1987, 42, 327–49.

3 R. Katzman, 'Prevalence and Malignancy of Alzheimer Disease – A Major Killer', *Archives of Neurology*, 1976, 33, 217–18.

4   R.H. Swerdlow, 'Pathogenesis of Alzheimer's disease', *Clinical Interventions in Aging*, 2007, 2, 347–59.

5   G.G. Glenner and C.W. Wong, 'Alzheimer's disease: Initial report of the purification and characterization of a novel cerebrovascular amyloid protein', *Biochemical and Biophysical Research Communications*, 1984, 120, 885–90.

6   S.N. Chen and G. Parmigiani, 'Meta-analysis of $BRCA_1$ and $BRCA_2$ penetrance', *Journal of Clinical Oncology*, 2007, 25, 1,329–33.

7   M.N. Braskie et al., 'Common Alzheimer's Disease Risk Variant within the CLU Gene Affects White Matter Microstructure in Young Adults', *Journal of Neuroscience*, 2011, 31, 6,764–70.

8   C.C. Liu et al., 'Apolipoprotein E and Alzheimer disease: risk, mechanisms and therapy', *Nature Reviews Neurology*, 2013, 9, 106–18.

9   C.J. Smith et al., 'Putative Survival Advantages in Young Apolipoprotein 4 Carriers are Associated with Increased Neural Stress', *Journal of Alzheimer's Disease*, 2019, 68, 885–923.

10 M. Wadman, 'James Watson's genome sequenced at high speed', *Nature*, 2008, 452, 788.

11 K.A. Wetterstrand, 'The Cost of Sequencing a Human Genome', 2020. https://www.genome.gov/about-genomics/fact-sheets/Sequencing-Human-Genome-cost（accessed 6 July 2021）.

12 M.J. Owen et al., 'Rapid Sequencing-Based Diagnosis of Thiamine Metabolism Dysfunction Syndrome', *New England Journal of Medicine*, 2021, 384, 2,159–61.

13 D. Dimmock et al., 'Project Baby Bear: Rapid precision care incorporating rWGS in 5 California children's hospitals demonstrates improved clinical outcomes and reduced costs of care', *American Journal of Human*

Genetics, 2021, 108, 1231–1238.

14 Human Fertilisation and Embryology Authority, 'Pre-implantation genetic diagnosis（PGD）', 2019. https://www.hfea.gov.uk/treatments/embryo-testing-and-treatments-for-disease/pre-implantation-genetictesting-for-monogenic-disorders-pgt-m/（accessed 6 July 2021）.

15 T. Jonsson et al., 'A mutation in APP protects against Alzheimer's disease and age-related cognitive decline', *Nature*, 2012, 488, 96–9.

16 L.S. Wang et al., 'Rarity of the Alzheimer Disease-Protective APPA673T Variant in the United States', *JAMA Neurology*, 2015, 72, 209–16.

17 S.J. van der Lee et al., 'A nonsynonymous mutation in PLCG$_2$ reduces the risk of Alzheimer's disease, dementia with Lewy bodies and frontotemporal dementia, and increases the likelihood of longevity', *Acta Neuropathologica*, 2019, 138, 237–50.

18 E. Evangelou et al., 'Genetic analysis of over 1 million people identifies 535 new loci associated with blood pressure traits', *Nature Genetics*, 2018, 50, 1,412–25.

19 R. Ray et al., 'Nicotine Dependence Pharmacogenetics: Role of Genetic Variation in Nicotine-Metabolizing Enzymes', *Journal of Neurogenetics*, 2009, 23, 252–61.

20 G. Alanis-Lobato et al., 'Frequent loss-of-heterozygosity in CRISPRCas9-edited early human embryos', *Proceedings of the National Academy of Sciences*, 2021, 202004832.

21 D. Cyranoski, 'Russian "CRISPR-baby" scientist has started editing genes in human eggs with goal of altering deaf gene', *Nature*, 2019, 574, 465–6.

22 R. Stein, 'Gene-Edited "Supercells" Make Progress In Fight Against Sickle Cell Disease', *Shots: Health News from NPR*〔Online〕, 2019. https://www.npr.org/sections/health-shots/2019/11/19/780510277/geneedited-

supercells-make-progress-in-fight-against-sickle-cell-disease

23 McKusick-Nathans Institute of Genetic Medicine, 'Online Mendelian Inheritance in Man, OMIMR', 2021. https://www.omim.org（accessed 6 July 2021）.

24 L. Yengo et al., 'Meta-analysis of genome-wide association studies for height and body mass index in～700,000 individuals of European ancestry', *Human Molecular Genetics* 2018, 27, 3,641–9.

25 J.E. Savage et al., 'Genome-wide association meta-analysis in 269,867 individuals identifies new genetic and functional links to intelligence', *Nature Genetics*, 2018, 50, 912–19.

第十七章

1 J.L.H. Down, 'Observations on an ethnic classification of idiots', *Clinical Lecture Reports, London Hospital*, 1866, 3, 259–62.

2 N. Howard-Jones, 'On the diagnostic term "Down's disease"', *Medical History*, 1979, 23, 102–4.

3 G. Allen et al., ' "MONGOLISM" ', *The Lancet*, 1961, 277, 775.

4 T. Cavazza et al., 'Parental genome unification is highly error-prone in mammalian embryos', *Cell*, 2021, 2,860–77.

5 P. Cerruti Mainardi, 'Cri du Chat syndrome', *Orphanet Journal of Rare Diseases*, 2006, 1, 33.

6 Five P-Society, 'Five P-Society Home Page', 2020. https://fivepminus.org （accessed 6 July 2021）.

7 M. Medina et al., 'Hemizygosity of delta-catenin（$CTNND_2$）is associated with severe mental retardation in cri-du-chat syndrome', *Genomics*, 2000, 63, 157–64.

8 K. Bender, 'Cri du Chat Syndrome（Cry of the Cat）', 2009. http://ji-

criduchat.blogspot.com/（accessed 5 July 2021）.

9　K. Oktay et al., 'Fertility Preservation in Women with Turner Syndrome: A Comprehensive Review and Practical Guidelines', *Journal of Pediatric and Adolescent Gynecology*, 2016, 29, 409–16.

第五部

1　Martin Luther King, *Stride Toward Freedom: The Montgomery Story*, Harper & Brothers: New York, 1958.

第十八章

1　'In Africa: The role of East Africa in the evolution of human diversity', 2021. http://in-africa.org/in-africa-project/（accessed 6 July 2021）.

2　M.M. Lahr et al., 'Inter-group violence among early Holocene huntergatherers of West Turkana, Kenya', *Nature*, 2016, 529, 394.

3　M.M. Lahr, 'Finding a hunter-gatherer massacre scene that may change history of human warfare', 2016. https://theconversation.com/findingahunter-gatherer-massacre-scene-that-may-change-history-of-humanwarfare-53397（accessed 6 July 2021）.

4　C. Boehm, *Moral Origins: The Evolution of Virtue, Altruism, and Shame*, Basic Books: New York, 2012.

5　L.H. Keeley, *War Before Civilization: The Myth of the Peaceful Savage*, Oxford University Press: Oxford, 1997.

6　M. Roser, 'Ethnographic and Archaeological Evidence on Violent Deaths', 2013. https://ourworldindata.org/ethnographic-and-archaeologicalevidence-on-violent-deaths（accessed 6 July 2021）.

7　D.P. Fry and P. Soderberg, 'Lethal Aggression in Mobile Forager Bands and Implications for the Origins of War', *Science*, 2013, 341, 270–3.

8   J.M. Diamond, 'A Longer Chapter, About Many Wars', in *The World Until Yesterday*, Penguin: London, 2012, pp. 129–70.

9   L.W. King, 'The Code of Hammurabi', 2008. http://avalon.law.yale.edu/ancient/hamframe.asp（accessed 6 July 2021）.

10 T. Delany, *Social Deviance*, Rowman & Littlefield: Lanham, Maryland, 2017.

11 T. Hobbes, *Leviathan*, 1651.

12 M.K.E. Weber, 'Politik als Beruf', in *Gesammelte Politische Schriften*, Duncker & Humblot: Munchen, 1921, pp. 396–450.

13 J.-J. Rousseau, *The Social Contract*, Penguin: London, 1968.

14 C. Tilly, *Coercion, Capital, and European States, ad 990–1992*, Basil Blackwell: Cambridge, MA, 1992.

15 L. Wade, 'Feeding the gods: Hundreds of skulls reveal massive scale of human sacrifice in Aztec capital', *Science*, 2018, 360, 1,288–92.

16 The World Bank, 'Intentional homicides（per 100,000 people）', 2016. https://data.worldbank.org/indicator/vc.ihr.psrc.p5

17 M. Kaldor, *New and Old Wars: Organized Violence in a Global Era*, Polity Press: Cambridge, 2012.

18 World Health Organization, 'Suicide rate estimates, age-standardized Estimates by country', 2021. https://apps.who.int/gho/data/node.main.MHSUICIDEASDR?lang=en（accessed 6 July 2021）.

19 World Health Organization, 'Suicide', 2021, https://www.who.int/newsroom/fact-sheets/detail/suicide,（accessed 6 July 2021）.

20 R.H. Seiden, 'Where are they now? A follow-up study of suicide attempters from the Golden Gate Bridge', *Suicide and Life-Threatening Behavior*, 1978, 8, 203–16.

21 Samaritans, 'Our History', 2019. https://www.samaritans.org/

aboutsamaritans/our-history/（accessed 6 July 2021）.

22 'Rev. Dr Chad Varah Obituary', *Guardian*, 8 November 2007.

23 Science Museum, 'Telephones Save Lives: The History of the Samaritans', 2018. https://www.sciencemuseum.org.uk/objects-and-stories/ telephonessave-lives-history-samaritans

第十九章

1 M. Moreton, 'The Death of the Russian Village', 2012. https://www. opendemocracy.net/en/odr/death-of-russian-village/（accessed 7 July 2012）.

2 D. Zaridze et al., 'Alcohol and mortality in Russia: prospective observational study of 151,000 adults', *Lancet*, 2014, 383, 1,465–73.

3 L. Harding, 'No country for old men', *Guardian*, 11 February 2008.

4 P. McGovern et al., 'Early Neolithic wine of Georgia in the South Caucasus', *Proceedings of the National Academy of Sciences*, 2017, 114, E10309–E10318.

5 A.G. Reynolds, 'The Grapevine, Viticulture, and Winemaking: A Brief Introduction', in *Grapevine Viruses: Molecular Biology, Diagnostics and Management*, ed. B. Meng, G. Martelli, D. Golino and M. Fuchs, Springer: Cham, Switzerland, 2017.

6 D. Tanasia et al., '$_1$H-$_1$H NMR $_2$D-TOCSY, ATR FT-IR and SEMEDX for the identification of organic residues on Sicilian prehistoric pottery', *Microchemical Journal* 2017, 135, 140–7.

7 H. Barnard et al., 'Chemical evidence for wine production around 4000 BCE in the Late Chalcolithic Near Eastern highlands', *Journal of Archaeological Science*, 2011, 38, 977–84.

8 M. Cartwright, 'Wine in the Ancient Mediterranean', *Ancient History*

Encyclopedia 〔 Online 〕, 2016. https://www.ancient.eu/article/944/

9　H. Li et al., 'The worlds of wine: Old, new and ancient', *Wine Economics and Policy*, 2018, 7, 178–82.

10　L. Liu et al., 'Fermented beverage and food storage in 13,000 y-old stone mortars at Raqefet Cave, Israel: Investigating Natufian ritual feasting', *Journal of Archaeological Science: Reports*, 2018, 21, 783–93.

11　J.J. Mark, 'Beer', *Ancient History Encyclopedia* 〔 Online 〕, 2018. https://www.ancient.eu/Beer/

12　M. Denny, *Froth! The Science of Beer*, Johns Hopkins University Press: 2009.

13　Tacitus, *Annals*, New English Library, 1966, p. 19.

14　Velleius Paterculus, *Compendium of Roman History: Res Gestae Divi Augusti*, Vol. II, Loeb, 1924, p. 118.

15　World Population Review, 'Beer Consumption by Country 2020', 2020. https://worldpopulationreview.com/countries/beer-consumptionbycountry/ 〔accessed April 2020〕.

16　N. McCarthy, 'Which Countries Drink the Most Wine?', 2020. https://www.statista.com/chart/6402/which-countries-drink-the-most-wine/ 〔accessed April 2020〕.

17　J. Conway, 'Global consumption of distilled spirits worldwide by country 2015', 2018, 〔accessed April 2020〕.

18　A. Nemtsov, *A Contemporary History of Alcohol in Russia*, Sodertorn University: Sweden, 2011.

19　S. Sebag Montefiore, *Stalin: The Court of the Red Tsar*, Orion Publishing Co.: London, 2003.

20　Z. Medvedev, 'Russians dying for a drink', *Times Higher Education*, 1996. https://www.timeshighereducation.com/news/russians-dyingfor-adrink/99996.article（accessed 17 Sept 2019）.

21　World Health Organization, 'Alcohol Consumption 2014'. https://www.who.int/substance_abuse/publications/global_alcohol_report/msb_gsr_2014_3.pdf

22　M.A. Carrigan et al., 'Hominids adapted to metabolize ethanol long before human-directed fermentation', *Proceedings of the National Academy of Sciences of the USA*, 2015, 112, 458–63.

23　H.J. Edenberg, 'The genetics of alcohol metabolism – Role of alcohol dehydrogenase and aldehyde dehydrogenase variants', *Alcohol Research & Health*, 2007, 30, 5–13.

24　T.V. Morozova et al., 'Genetics and genomics of alcohol sensitivity', *Molecular Genetics and Genomics*, 2014, 289, 253–69.

25　Mayo Clinic Staff, 'Alcohol: Weighing risks and potential benefits', 2018. https://www.mayoclinic.org/healthy-lifestyle/nutrition-and-healthyeating/in-depth/alcohol/art-20044 551（accessed 7 July 2021）.

26　T. Marugame et al., 'Patterns of alcohol drinking and all-cause mortality: Results from a large-scale population-based cohort study in Japan', *American Journal of Epidemiology*, 2007, 165, 1,039–46.

27　Alzforum, 'AlzRisk Risk Factor Overview. Alcohol', 2013. http://www.alzrisk.org/riskfactorview.aspx?rfid=12（accessed 7 July 2021）.

28　J. Case, 'Hubris and the Serpent: The Truth About Rattlesnake Bite Victims', 2019. https://www.territorysupply.com/hubris-truth-aboutrattlesnake-bite-victims（accessed 7 July 2021）.

29　J.P. Bohnsack et al., 'The lncRNA BDNF-AS is an epigenetic regulator in the human amygdala in early onset alcohol use disorders', *Alcoholism: Clinical and Experimental Research*, 2018, 42, 86A.

30　National Cancer Institute, 'Alcohol and Cancer Risk', 2018. https://www.

cancer.gov/about-cancer/causes-prevention/risk/alcohol/alcoholfact-sheet（accessed 7 July 2021）.

31 World Health Organization, 'Global action plan on alcohol: 1st draft', 2021. https://www.who.int/substance_abuse/facts/alcohol/en（accessed 7 July 2021）.

32 M.G. Griswold et al., 'Alcohol use and burden for 195 countries and territories, 1990–2016: a systematic analysis for the Global Burden of Disease Study 2016', *Lancet*, 2018, 392, 1,015–35.

33 G. Mate, *In the Realm of Hungry Ghosts*, Vermilion: London, 2010.

34 HelpGuide, 'Understanding Addiction', 2021. https://www.helpguide.org/harvard/how-addiction-hijacks-the-brain.htm（accessed 7 July 2021）.

35 R.A. Wise and M.A. Robble, 'Dopamine and Addiction', *Annual Review of Psychology*, 2020, 71, 79–106.

36 D.J. Nutt et al., 'The dopamine theory of addiction: 40 years of highs and lows', *Nature Reviews Neuroscience*, 2015, 16, 305–12.

37 J.M. Mitchell et al., 'Alcohol consumption induces endogenous opioid release in the human orbitofrontal cortex and nucleus accumbens', *Science Translational Medicine*, 2012, 4, 116ra6.

38 C.M. Anderson et al., 'Abnormal T2 relaxation time in the cerebellar vermis of adults sexually abused in childhood: potential role of the vermis in stress-enhanced risk for drug abuse', *Psychoneuroendocrinology*, 2002, 27, 231–44.

39 S. Levine and H. Ursin, 'What is Stress?', in *Stress, Neurobiology and Neuroendocrinology*, ed. M.R. Brown, C. Rivier and G. Koob, Marcel Decker: New York, 1991, pp. 3–21.

40 H. Ritchie and M. Roser, 'Drug Use', 2019. https://ourworldindata.org/drug-use（accessed 15 May 2021）.

41 D.J. Nutt et al., 'Drug harms in the UK: a multicriteria decision analysis', *Lancet*, 2010, 376, 1,558–65.

42 K. Kupferschmidt, 'The Dangerous Professor', *Science*, 2014, 343, 478–81.

43 A. Travis, 'Alcohol worse than ecstasy – drugs chief', *Guardian*, 29 October 2009.

44 M. Tran, 'Government drug adviser David Nutt sacked', *Guardian*, 30 October 2009.

第二十章

1 C.C. Mann, *1493: Uncovering the New World Columbus Created*, Knopf: New York, 2011.

2 L. Newman et al., 'Global Estimates of the Prevalence and Incidence of Four Curable Sexually Transmitted Infections in 2012 Based on Systematic Review and Global Reporting', *PLoS One*, 2015, 10.

3 R. Lozano et al., 'Global and regional mortality from 235 causes of death for 20 age groups in 1990 and 2010: a systematic analysis for the Global Burden of Disease Study 2010', *Lancet*, 2012, 380, 2,095–128.

4 R.S. Lewis and J.S. Nicholson, 'Aspects of the evolution of Nicotiana tabacum L. and the status of the United States Nicotiana Germplasm Collection', *Genetic Resources and Crop Evolution*, 2007, 54, 727–40.

5 S.J. Henley et al., 'Association between exclusive pipe smoking and mortality from cancer and other diseases', *JNCI: Journal of the National Cancer Institute*, 2004, 96, 853–61.

6 M.C. Stoppler and C.P. Davis, 'Chewing Tobacco（Smokeless Tobacco, Snuff）Center', *MedicineNet*〔Online〕, 2019. https://www.medicinenet.com/smokeless_tobacco/article.htm

7   CompaniesHistory.com, 'British American Tobacco', 2021. https://www.companieshistory.com/british-american-tobacco/ (accessed 7 July 2021).

8   M. Hilton, *Smoking in British Popular Culture 1800–2000*, Manchester University Press: Manchester, UK, 2000, pp. 1–2.

9   P.M. Fischer et al., 'Brand Logo Recognition by Children Aged 3 to 6 Years – Mickey Mouse and Old Joe the Camel', *JAMA: Journal of the American Medical Association*, 1991, 266, 3,145–8.

10 Associated Press, 'Reynolds will pay $10 million in Joe Camel lawsuit', 1997. https://usatoday30.usatoday.com/news/smoke/smoke50.htm (accessed 7 July 2021).

11 S. Elliott, 'Joe Camel, a Giant in Tobacco Marketing, Is Dead at 23', *New York Times*, 11 July 1997.

12 I. Gately, *Tobacco: A Cultural History of How an Exotic Plant Seduced Civilization*, Grove Press: New York, 2001.

13 J.A. Dani and D.J.K. Balfour, 'Historical and current perspective on tobacco use and nicotine addiction', *Trends in Neurosciences*, 2011, 34, 383–92.

14 N.L. Benowitz, 'Nicotine Addiction', *New England Journal of Medicine*, 2010, 362, 2,295–303.

15 R. Ray et al., 'Nicotine Dependence Pharmacogenetics: Role of Genetic Variation in Nicotine-Metabolizing Enzymes', *Journal of Neurogenetics*, 2009, 23, 252–61.

16 N. Monardes, *Medicinall historie of things brought from the West Indies*, London, 1580.

17 G. Everard, *Panacea; or the universal medicine, being a discovery of the wonderfull vertues of tobacco*, London, 1659.

18 E. Duncon, *Rules for the preservation of health*, London, 1606.

19 T. Venner, *A briefe and accurate treatise concerning the taking of tobacco*, London, 1637.

20 J. Lizars, *Practical observations on the use and abuse of tobacco*, Edinburgh, 1868.

21 M. Jackson, ' "Divine stramonium": the rise and fall of smoking for asthma', *Medical History*, 2010, 54, 171–94.

22 R. Doll and A. Bradford Hill, 'The Mortality of Doctors in Relation to their Smoking Habits: A Preliminary Report', *British Medical Journal*, 1952, 1, 1,451–5.

23 G.P. Pfeifer et al., 'Tobacco smoke carcinogens, DNA damage and p53 mutations in smoking-associated cancers', *Oncogene* 2002, 21, 7,435–51.

24 R. Doll and A. Bradford Hill, 'Smoking and Carcinoma of the Lung – Preliminary Report', *British Medical Journal* 1950, 2, 739–48.

25 D. Wootton, *Bad Medicine: Doctors Doing Harm Since Hippocrates*, Oxford University Press: 2007, p. 127.

26 A.J. Alberg et al., 'The 2014 Surgeon General's Report: Commemorating the 50th Anniversary of the 1964 Report of the Advisory Committee to the US Surgeon General and Updating the Evidence on the Health Consequences of Cigarette Smoking', *American Journal of Epidemiology*, 2014, 179, 403–12.

27 C. Bates and A. Rowell, 'Tobacco Explained: The truth about the tobacco industry...in its own words', Center for Tobacco Control Research and Education, UC San Francisco: 2004.

28 World Health Organization, 'Prevalence of Tobacco Smoking', 2016. http://gamapserver.who.int/gho/interactivecharts/tobacco/use/atlas.html （accessed 7 July 2021）.

29 World Health Organization, 'Tobacco', 2021. https://www.who.int/health-

topics/toba cco#tab=tab_1（accessed 7 July 2021）.

30 G. Iacobucci, 'BMA annual meeting: doctors vote to ban sale of tobacco to anyone born after 2000', *British Medical Journal*, 2014, 348.

第二十一章

1 Ford Motor Company, 'Highland Park', 2020. https://corporate.ford.com/articles/history/highland-park.html（accessed 7 July 2021）.

2 'Motor Vehicle Traffic Fatalities and Fatality Rates, 1899–2015', *Traffic Safety Facts Annual Report*〔Online〕, 2017. https://cdan.nhtsa.gov/TSFTables/Fatalities%20and%20Fatality%20Rates%20（1899–2015）.pdf.

3 National Highway Traffic Safety Administration, 'National Statistics', 2019, https://www-fars.nhtsa.dot.gov/Main/index.aspx（accessed 7 July 2021）.

4 J. Doyle, 'GM and Ralph Nader, 1965–1971', 2013. https://www.pophistorydig.com/topics/g-m-ralph-nader1965-1971/（accessed 7 July 2021）.

5 D.P. Moynihan, 'Epidemic on the Highways', *The Reporter*, 1959, 16–22.

6 R. Nader, *Unsafe at Any Speed: The Designed-In Dangers of the American Automobile*, Grossman: New York, 1965.

7 C. Jensen, '50 Years Ago, "Unsafe at Any Speed" Shook the Auto World', *New York Times*, 2015.

8 M. Green, 'How Ralph Nader Changed America', 2015. https://www.thenation.com/article/how-ralph-nader-changed-america/（accessed 7 July 2021）.

9 A.D. Branch, 'National Traffic and Motor Vehicle Safety Act', 2019.

https://www.britannica.com/topic/National-Traffic-and-Motor-Vehicle-Safety-Act（accessed 7 July 2021）.

10 'Congress Acts on Traffic and Auto Safety', in *CQ Almanac 1966*, Congressional Quarterly: Washington, DC, 1967, pp. 266–8.

11 Automobile Association, 'The Evolution of Car Safety Features: From windscreen wipers to crash tests and pedestrian protection', 2019. https://www.theaa.com/breakdown-cover/advice/evolution-of-carsafety-features（accessed 7 July 2021）.

12 E. Dyer, 'Why Cars Are Safer Than They've Ever Been', 2014. https://www.popularmechanics.com/cars/a11201/why-cars-are-safer-thantheyve-ever-been-17194116/（accessed 7 July 2021）.

13 Press Room, 'On 50th Anniversary of Ralph Nader's "Unsafe at Any Speed", Safety Group Reports Auto Safety Regulation Has Saved 3.5 Million Lives', 2015. https://www.thenation.com/article/on-50th-anniversary-of-ralph-naders-unsafe-at-any-speed-safety-group-reportsauto-safety-regulation-has-saved-3-5-million-lives/（accessed 7 July 2021）.

14 I.M. Cheong, 'Ten Most Harmful Books of the 19th and 20th Centuries', 2005. https://humanevents.com/2005/05/31/ten-most-harmful-booksofthe-19th-and-20th-centuries/（accessed July 7 2021）.

15 M. Novak, 'Drunk Driving and The Pre-History of Breathalyzers', 2013, https://paleofuture.gizmodo.com/drunk-driving-and-the-pre-historyofbreat halyzers-1474504117（accessed 7 July 2021）.

16 C. Lightner, 'Cari's Story', 2017. https://wesavelives.org/caris-story/（accessed 7 July 2021）.

17 Biography.com Editors, 'Candy Lightner Biography', 2019. https://www.biography.com/activ ist/candy-lightner（accessed 7 July 2021）.

18 National Highway Traffic Safety Administration, 'Drunk Driving', 2018.

https://www.nhtsa.gov/risky-driving/drunk-driving（accessed 7 July 2021）.

19 World Health Organization, 'Road Safety', 2016. http://gamapserver. who.int/gho/interactivecharts/roadsafety/road_traffic_deaths2/atlas.html （accessed 7 July 2021）.

結語

1 M.A. Benarde, *Our Precarious Habitat*, Norton, 1973.

2 A.S. Hammond et al., 'The Omo-Kibish I pelvis', *Journal of Human Evolution*, 2017, 108, 199–219.

3 World Health Organization, 'Global health estimates: Leading causes of death', 2021, https://www.who.int/data/gho/data/themes/mortality-andglobal-health-estimates/ghe-leading-causes-of-death（accessed 16 Aug 2021）.

4 D.R. Hopkins, 'Disease Eradication', *New England Journal of Medicine*, 2013, 368, 54–63.

5 S.E. Vollset et al., 'Fertility, mortality, migration, and population scenarios for 195 countries and territories from 2017 to 2100: a forecasting analysis for the Global Burden of Disease Study', *The Lancet*, 2020, 396, 1285–1306.

6 J. Cummings et al., 'Alzheimer's disease drug development pipeline: 2020', *Alzheimer's and Dementia: Translational Research and Clinical Interventions*, 2020, 6, e12050.

7 P. Sebastiani et al., 'Genetic Signatures of Exceptional Longevity in Humans', *PLoS One*, 2012, 7.

8 A.D. Roses, 'Apolipoprotein E affects the rate of Alzheimer's disease expression: β-amyloid burden is a secondary consequence dependent on

APOE genotype and duration of disease', *Journal of Neuropathology and Experimental Neurology*, 1994, 53, 429–37.

9　B.J. Morris et al., 'FOXO3: A Major Gene for Human Longevity – A Mini-Review', *Gerontology*, 2015, 61, 515–25.

10　E. Pennisi, 'Biologists revel in pinpointing active genes in tissue samples', *Science*, 2021, 371, 1,192–3.

11　J.L. Platt and M. Cascalho, 'New and old technologies for organ replacement', *Current Opinion in Organ Transplantation*, 2013, 18, 179–85.

12　M. Cascalho and J.L. Platt, 'The future of organ replacement: needs, potential applications, and obstacles to application', *Transplantation Proceedings*, 2006, 38, 362–4.

13　L. Xu et al., 'CRISPR-Edited Stem Cells in a Patient with HIV and Acute Lymphocytic Leukemia', *New England Journal of Medicine*, 2019, 381, 1,240–7.

14　K. Musunuru et al., 'In vivo CRISPR base editing of PCSK9 durably lowers cholesterol in primates', *Nature*, 2021, 593, 429–34.

15　M.H. Porteus, 'A New Class of Medicines through DNA Editing', *New England Journal of Medicine*, 2019, 380, 947–59.

16　H. Li et al., 'Applications of genome editing technology in the targeted therapy of human diseases: mechanisms, advances and prospects', *Signal Transduction and Targeted Therapy*, 2020, 5, 1.

謝辭

1　C. Sagan, *Cosmos*, Random House, 1980.

科學人文 89

人類死亡史：從瘟疫到失智症
This Mortal Coil: A History of Death

作　　者—安德魯‧鐸義格（Andrew Doig）
譯　　者—李宛蓉
編　　輯—張啟淵
企　　劃—鄭家謙
封面設計—吳郁嫻

董 事 長—趙政岷
出 版 者—時報文化出版企業股份有限公司
　　　　　108019 臺北市和平西路三段二四〇號四樓
　　　　　發行專線—（〇二）二三〇六六八四二
　　　　　讀者服務專線—〇八〇〇二三一七〇五 （〇二）二三〇四七一〇三
　　　　　讀者服務傳真—（〇二）二三〇四六八五八
　　　　　郵撥—一九三四四七二四時報文化出版公司
　　　　　信箱— 10899 臺北華江橋郵局第九九信箱
時報悅讀網— http://www.readingtimes.com.tw
法律顧問—理律法律事務所 陳長文律師、李念祖律師
印　　刷—勁達印刷有限公司
初版一刷—二〇二三年四月二十一日
定　　價—新臺幣六二〇元
（缺頁或破損的書，請寄回更換）

時報文化出版公司成立於一九七五年，
並於一九九九年股票上櫃公開發行，於二〇〇八年脫離中時集團非屬旺中，
以「尊重智慧與創意的文化事業」為信念。

人類死亡史：從瘟疫到失智症 / 安德魯‧鐸義格 (Andrew Doig) 著；
李宛蓉譯 . -- 初版 . -- 臺北市：時報文化出版企業股份有限公司，
2023.04
　面；　公分 . -- (科學人文；89)
譯自：This mortal coil : a history of death

ISBN 978-626-353-637-1(平裝)

1. CST: 死亡 2.CST: 病因 3.CST: 歷史

516　　　　　　　　　　　　　　　　　112003536

ISBN 978-626-353-637-1
Printed in Taiwan